|光明社科文库|

化育初心
——追光路上的北化故事

宋来新　邹立娜◎主编

光明日报出版社

图书在版编目（CIP）数据

化育初心：追光路上的北化故事 / 宋来新，邹立娜
主编．－－北京：光明日报出版社，2022.10
 ISBN 978－7－5194－6844－6

Ⅰ.①化… Ⅱ.①宋… ②邹… Ⅲ.①北京化工大学
—学校管理—文集 Ⅳ.①G649.281-53

中国版本图书馆 CIP 数据核字（2022）第 210241 号

化育初心：追光路上的北化故事

HUAYU CHUXIN：ZHUIGUANG LUSHANG DE BEIHUA GUSHI

主　　编：宋来新　邹立娜	
责任编辑：杜春荣	责任校对：阮书平
封面设计：中联华文	责任印制：曹　净

出版发行：光明日报出版社
地　　址：北京市西城区永安路 106 号，100050
电　　话：010－63169890（咨询），010－63131930（邮购）
传　　真：010－63131930
网　　址：http://book.gmw.cn
E － mail：gmrbcbs@ gmw.cn
法律顾问：北京市兰台律师事务所龚柳方律师
印　　刷：三河市华东印刷有限公司
装　　订：三河市华东印刷有限公司
本书如有破损、缺页、装订错误，请与本社联系调换，电话：010-63131930

开　　本：170mm×240mm	
字　　数：485 千字	印　张：27
版　　次：2023 年 1 月第 1 版	印　次：2023 年 1 月第 1 次印刷
书　　号：ISBN 978－7－5194－6844－6	
定　　价：99.00 元	

版权所有　　翻印必究

编写组

主　编： 宋来新　邹立娜
编委会：（以姓氏笔画为序）
　　　　　王小健　尹　平　丛　迪　刘一君　李　浚
　　　　　李建华　邱　添　邹德勋　陈　思　徐宇涵
　　　　　梁若昕　韩　悦　魏长林

序　言

什么是光？

在北京化工大学，光是大先生筑梦引路、灿若灯火的奉献之光，是科研人攻坚克难、为国铸剑的创新之光，是青年人自信自强、昂扬向上的奋进之光，抑或是学校数十载立德树人、化育初心的科教之光……这一束束光穿越六十四年历史风雨，汇聚成照亮北化人奋进新征程、建功新时代的"母校之光"，投射出一个又一个向阳而生、追光前行的坚毅身影。

这些身影、这些故事、这些感动、这些奋斗是北京化工大学立足中国大地，办好中国特色社会主义大学，落实立德树人根本任务的精彩剪影，是新时代北化人赓续红色血脉、砥砺报国之志、传承校训精神的生动体现。纸张翻动，岁月留痕，时光在书本中定格，并逐渐沉淀成一份能引发一批人共情的难忘记忆。我们以这样的方式致敬曾经、现在和未来的追梦人，并为那些生生不息的北化追光者点赞。此时，无论你现在身在何处，经历何事，是已至耄耋之年，或依旧风华正茂，都能在这里看到自己曾经的样子。

历史是过往的现在，现在是正在发生的历史。六十四年前，北化前辈们带着"培养尖端科学发展所需的高级化工技术人才"的拳拳赤子心出发；六十四年后，我们已踏上推动高质量发展，深入推进"双一流"建设的崭新征程。北京化工大学的筹建者之一赵君陶先生在筹建学校时曾深情地说："我们要建的不是房子，而是一所有好风气、好精神的大学。"艰苦创业高楼起，自信昂扬精神立。如今，我们欣喜地看到日新月异、欣欣向荣的北化校园里，处处皆是踔厉奋发、勇毅前行的忙碌身影，为建校前辈们的殷殷嘱托写下了愈加丰富的时代注脚。化育初心、笃行不息，这些人和事已然成为学校事业发展的另一种诠释，这样的人和事每天还在源源不断地涌现上演。

春风化雨，润物无声。本书收录的一百余篇文稿呈现出的北化人和北化事既包含了光荣与梦想，也珍藏着泪水与思考，希望提供给读者的是一个标尺，告诉他们什么是初心使命，什么是育人育才，从而能够在面临"乱花渐欲迷人眼"的复杂抉择前保持"咬定青山不放松"的执着定力；希望提供给读者的是一种昭示，告诉他们什么是艰苦奋斗，什么是务实力行，从而能够在遭遇"山重水复疑无路"的困顿逆境时找到"柳暗花明又一村"的崭新出路；希望提供给读者的是一份动力，告诉他们什么是绳锯木断，什么是水滴石穿，从而能够在陷入"拔剑四顾心茫然"的短暂失意后重获"直挂云帆济沧海"的不竭动力。

　　本书以简洁白描的笔法、娓娓道来的风格、朴实真挚的文字深度还原人物成长的心路历程，深入挖掘荣誉背后的艰难曲折，深情刻画身边榜样的奋斗群像，旨在让身边人讲述身边事，用身边事教育身边人，进而在潜移默化中弘扬主旋律、传播正能量。本书所有文稿都是近年来发表在学校各类媒体平台，师生反响较好的人物通讯、活动侧记、深度报道等，大多由学校师生亲自采访、亲笔创作，我们在此向所有参与者表示衷心的感谢。

本书编写组
2022 年 3 月

目 录
CONTENTS

第一章　师说心语，如沐春风 ·· 1

杨卫民：带出一支"博士玉米收割队" ··· 3

戴　伟：一个"老北化人"的一天 ·· 5

吴　浩：雄心遍吴地，春风且浩然 ·· 8

魏寿彭："老北化人"与学校的"三种时态" ································ 12

李春喜：春溪之鲤，乐游其间 ··· 16

尹梅贞：桃李不言，梅贞竹韵自芳华 ·· 19

杨　屹：行于此，屹于此 ·· 22

李效玉：人效玉，气则刚 ·· 25

高正明：投身科研不忘初心，启智树德诲人不倦 ························· 27

赵秀英：得万间广厦，庇天下英才 ·· 30

向中华：亦师，亦益友 ··· 33

卫　敏：求是琢真，讷言敏行 ··· 35

吴一弦：从来巾帼多奇志，教学科研敢争先 ································ 38

徐泽敏：高校辅导员的人生"跨考" ·· 41

冯　越：梅花香自苦寒来 ·· 46

杨祖荣：《化工原理》的撰书人 ·· 50

王志华：我的初心就是守好课堂 ·· 53

武冠英：我的科研成果就是要被社会所用 ···································· 58

任福来：退伍老战士讲述经历核武器试验的故事 ························· 61

马秀清：最小的"主任"，担着最大的责任 ································· 64

1

郭　青：甘做学生"旧竹枝" ……………………………………… 68
于文博：催化新时代与新青年的"化学反应" ………………… 72
邢鹏举：让师生吃上可口的年夜饭 ……………………………… 76
李群生：创造了纯度 99.99999999% 的奇迹 …………………… 79
谢鹏程：用"3D 复印"技术创下 30 秒的"北化速度" ……… 83
卢济金：70 年前曾跨过鸭绿江与敌厮杀 ……………………… 88
石景光：执笔撰写《英雄儿女》的故事 ……………………… 92
黄晋阳：站在讲台上比躺在病床上管用多了 ………………… 97
王俊琪：带出过"学霸班"的王老师 ………………………… 102
童贻刚：多次直面病毒的"老将" …………………………… 106

第二章　青语青询，风华正茂　　　　　　　　　111
阿依古丽：扎根边疆的"月亮花" …………………………… 113
张亚丽：见义勇为　奉献无悔 ………………………………… 116
杜湖泽：退役两年后，仍是合格的"军人" ………………… 119
刘　杰：面向阳光，便一往无前 …………………………… 122
盖　括：一支笔　一个梦 …………………………………… 126
张泽鑫：像一只爬山虎，山有多高我爬多高 ………………… 129
杨华光：愿化雄鹰，展翅高飞 ………………………………… 133
张宣玉：一个关于"Designer"的故事 ……………………… 136
鲍天宇：一个工科男的英语梦 ………………………………… 140
关晓妮：拄着双拐"奔跑"在追梦路上 ……………………… 144
丁　村：只愿生命延续，无悔志愿选择 ……………………… 148
白智群："爱心 90 后"的"支教梦" ………………………… 151
黄毅超：拧身而上掌舵未来 …………………………………… 154
秦　柳："秦博士"的创业"神话" ………………………… 157
王　荣：不坚强，软弱给谁看 ………………………………… 160
于洋洋：走出世界冠军的"光环之下" ……………………… 163
赵群超：行走在边防线上的北化人 …………………………… 166
周　祥：我把青春献边防 …………………………………… 169
孙殿明：才华溢殿堂，青春当明灿 …………………………… 172

高俊涛：相遇在时空里的青春与大爱	174
刘一君：工科生的新闻梦，在路上永不停歇	177
阎育阳：心筑志愿墙，梦画青春窗	180
韩长坤：北化"刀哥"的责任和坚持	182
管伟江：7篇SCI，影响因子累计74	184
潘　超：环工学子，用青春记录"往先"	187
张　璇：不躬行，终觉浅	190
任力宁：走进他的"口语王国"	192
张　宇：草原上的班主任，静待着花开	196
石美浓：如梅芬芳、香而不浓	200
李　言：再见，"呼伦湖"舰	202
梅傲寒：想明白，就去努力了	205
栗振华：科研之路这么走	208
叶热托里肯·巴达义：不是谁的20岁都这般精彩	211
高　腾：放弃北大直博的"化大之星"	215
赵紫荆：GPA 4.06的"学霸"是这样炼成的	218
王慧妍：要坚强、要向上	221
高　媛：放弃直博机会去西部支教的北化女孩	225
张　健：被科研"耽误"的"马拉松运动员"	230
杨少轩：在毕业设计中找到科研的兴趣	233
邱大平：累积影响因子超70的北化博士	235
曹　东：挫折中寻找科研机遇	237
陈明军：矿井下的粉尘"克星"	240
陈永兴：用画笔，战斗在另一个"战场"	243
冯俊飞：高，实在是高！	246
党丹沁：有"颜"又有"才"	249
黄思洁：适合自己的才是最好的	251
刘乔溪：做勇于追梦的北化人	253
崔益铭：多重身份，使命不变	256
徐天然：做一个"舞动"的志愿者	259
颜昊清：把专业"学"成爱好和生活	262
侯守成：GPA3.92，获7份推免资格的"宝藏男孩"	264

第三章　序章再启，追光前行·················267

新校区土建工程师张海龙的一天·················269
新校区灯火阑珊处的静与动·················272
那一刻，他们流泪了·················274
2016级准新生代表的访谈报道·················278
致敬青春，卫国戍边·················281
新校区建设"招标人"的故事·················286
图书馆"诞生记"·················290
新校区体育馆"顶升"纪实·················293
新校区建设的"较真儿人"·················296
驻守在离天空最近地方的"北化人"·················299
"数"说新校区，这些数字你应该知道·················305
"相遇"在北化的三代人·················309
鸿雁南飞，他们的心却留在了北方草原·················311
国庆阅兵预备役方队里的北化人·················315
助力阅兵观礼，北化校友做了这些事·················317
北化首届毕业生姚世信的报国故事·················321
中国成功接种"非典"疫苗的第一人·················324
北化教授穿上"蓝马甲"秒变护校人·················327
请党组织收下我的"特殊党费"·················330
北化人打响科技战"疫"·················333
北化开启"脱贫+抗疫"两促进工作模式·················336
北化青年在战"疫"中绽放绚烂之花·················339
北化校友驰援武汉火神山医院建设·················344
"1班"不一般，3个学霸宿舍全部读研·················347
为这件事，北化师生齐上阵·················351
"扶贫小屋"装下大梦想·················356
保研率100%，宿舍六人包揽75项荣誉·················360
这俩学霸，真甜！·················364
2020年，留在"版面"里的北化故事·················368
打造"后勤学校"，探索"劳动育人"新模式·················374
北京化工大学将劳动教育融入党史学习教育全过程·················378

听课日志里记录的"难忘的思政课"	380
美育教育实践基地"枫叶广场"建设侧记	384
北京化工大学打造"奔跑的党史课"	386
全国第四！北化男篮取得历史性突破	388
精英1701班，这个班28人继续深造	389
北化原创科研题材校史话剧《化碳为纤》公演	393
100%深造率的化学学院本科生第二党支部	395
"红色引擎"为青年人才成长保驾护航	399
《百家讲坛》里的北化故事	401
罗勇教授，你们的事迹藏不住了	406
因为她，我想勇敢做梦	409
党建思政创优引领，五育并举赋能提质	412
"刻""画"百年征程，笔墨"丈量"初心	417

第一章 师说心语，如沐春风

师者，所以传道授业解惑也。

——《师说》

杨卫民：带出一支"博士玉米收割队"

"听说在老焦家地里收玉米的那些人都是北京来的大学老师和博士？"

"是啊，领头的那个还是大教授呢！"

国庆长假期间，从北京赶到当地农户老焦家收割玉米的一行9人成了山西晋中市榆次区东阳村老乡们街谈巷议的话题。

这些"北京来的博士"，是北京化工大学高分子材料先进制造创新团队的老师和同学们，而"领头的大教授"是教育部"长江学者奖励计划"特聘教授、北京化工大学机电工程学院教授杨卫民。

这事，要从中秋国庆双节长假前说起。北京化工大学今年七月份毕业留校的焦老师，要在假期期间回家帮助年迈的父母和妹妹一起抢收玉米。为此，他向所在的高分子材料先进制造创新团队负责人杨卫民教授请假。一向关心团队教师成长发展的杨卫民教授，像往常一样询问了焦老师家里的详细情况和困难。让焦老师万没想到的是，杨老师当即决定，带领团队成员一起去他家帮助他的父母收割玉米。杨老师的想法一提出，很快得到了团队成员们的积极响应，大家定下来了具体行程。杨老师还特别嘱咐，"我们自带干粮，尽量不给焦老师父母添麻烦"。

10月1日，国庆长假第二天，杨卫民教授一行9人踏上前往山西的火车，经过多次换车和数公里山路的步行，8个小时后大家到达了焦老师的家乡。

玉米地一望无边，就像一片金色的海洋。大家不顾旅途的疲惫，第二天一大早，就一起来到玉米地。这些习惯了在实验室敲打键盘和摆弄自动化器械的老师和同学们挽起袖子，喊着号子比赛收玉米。团队中的老师和同学很多人从来没有干过农活，即使干过的也是很多年没有下过地了，但大家依然热情高涨，干劲倍增，谁都不肯掉队。

有的同学脸晒黑了，有的胳膊被划肿了，有的手还磨出了泡，但大家没有一个叫苦的，仍然比着劲干。中午，老师和同学们围坐田间，一口干粮，一口凉开水，吃得格外香甜，直到晚上六点多才收工回家。"他们干活很仔细，很像样！"乡亲们对这些博士们纷纷赞赏。仅仅两天时间，六亩地里的玉米被老师和同学们全部收割完成。

看到这些，焦爸爸和焦妈妈又是高兴，又是感动。"没有你们来，我们可干不了这么快，这么好"，焦爸爸说，"看到孩子有这么多好的领导和同事，能在这样的单位工作，我们很放心、很高兴"。

说起这次活动，杨卫民老师说："团队的建设和发展要靠大家共同的努力，除了在科研教学工作中相互帮助、相互支持以外，更要关心关注大家生活中的困难。尤其是现在的年轻教师，负担很重，焦老师家里这种情况，我们团队有义务帮助他。也希望通过这次活动，让他感受到大家对他的关心，使他踏实工作，尽快成长。"当然，通过这次山西行，团队每位成员都切身体会到了付出汗水、收获喜悦的意义。每一个人在这个过程中都很有感触，很有收获。

两天时间很短暂，但对于杨老师和他团队的每一个人来说，一定是一段快乐的记忆，这也是一个难忘的国庆假期。（文/张弘鹏）

本文发表于 2012 年 10 月

戴 伟：一个"老北化人"的一天

17年前，一名英国学者，毅然辞去英国埃克塞特（Exeter）大学化学系教学委员会主席的职务，只身来到北京化工大学从事科研工作。面对同事们的疑惑，他淡淡地说："再过几年你们去中国看看，就会理解我为什么做出这样的选择。"

他，就是为很多北化人所熟知，漂洋过海、钟情北化的戴伟（David G. Evans）。

17年过去了，如今的戴伟已经成了地地道道的北化人，同时他也是英国皇家化学会北京分会的主席，曾先后获得过中国"友谊奖""国际科学技术合作奖"，以及英国"大英帝国勋章"等重大奖项，还受到过国务院前总理温家宝同志的接见。

跌宕的人生经历，瞬间就打动了我——是什么，让这个才华横溢的英国化学家，如此坚定地选择了北化？在北化的这17年里，他又有着哪些难忘的经历？

4月13日，我带着满心好奇，跟随戴伟和学校的研究生志愿者到打工子弟小学——博文实验学校开展"快乐科学"支教活动。

清晨，旭日初升。

穿过安静的校园，我匆匆地赶到无机楼前，却发现这里早已是一派热闹的场景，志愿者们正在忙着搬运各种实验器材和药剂。

"这些是我们实验组全体老师和同学，花了整整一天才准备好的"，正在读博士一年级的王桂荣，向我解释了眼前众多实验材料的由来。

除了戴伟和北化四名学生志愿者以外，还有两位分别来自牛津大学和伦敦大学学院的英国老师加入了今天这次支教队伍，他们与北京化工大学化工资源有效利用国家重点实验室正开展着长期合作。戴伟告诉我，"快乐科学"支教是由北京化工大学、英国皇家化学会（RSC）与英国慈善机构民工子弟基金会（MCF）联合主办的一项中外合作公益活动，学校的学生们对这项活动有着极高的热情，报名的人很多，他只能轮流带他们去。

车上，戴伟不断地向我们强调要注意自己的言行，因为"我们的每一个动作、每一句话都能成为孩子们模仿的对象，所以一定要注意"。

"民工子弟学校的教学条件都很艰苦，我们这个活动的初衷之一，就是希望让这些小孩从小就可以接触到科学的魅力。"谈到孩子，戴伟的眼睛显得格外柔和，"这些都是给孩子们准备的奖品，有巧克力，有饼干……"

30多千米的行程，却不够戴伟讲完他和孩子们之间的故事……

当窗外的场景逐渐变成了低矮的平房，我意识到，此行的目的地——博文实验学校就要到了。穿过一条曲折的土路，在尘飞土扬中，我们的车终于在校园的院子里停稳。

没有想象中的羞涩和怕生，本来在院子里玩耍的孩子们，呼啦一声便围了过来，叽叽喳喳地闹成一片。

第一次见到如此架势的我，顿时感到头皮都有些发麻。"孩子们都很可爱，就是年纪还小，会比较闹一点。"看出了我的紧张，已经是第三次参加支教活动的宁波笑着安慰道。

"大家都还记得我吗？"教室里，戴上了护目镜的戴伟，酷似孩子们最喜爱的肯德基爷爷。

"记得！"孩子们异口同声地回答道。虽然条件艰苦，可他们灿烂的笑容却足以改变世界。此时的戴伟不像是北京化工大学的特聘教授，反倒更像是一个"孩子王"，带领着孩子们在化学王国里邀游。往日里又蹦又闹的孩子们，现在却老实无比，一个个瞪圆了好奇的大眼睛，如同"小尾巴"一样紧紧地贴在戴维身后。

"老师！老师！是把C溶液倒进D溶液里，还是把D溶液倒进C溶液里呀？"小小的合成实验，在孩子们眼中却是那么地神奇。

"第一次活动时，学生们连试管都还不认识呢！"戴伟自豪地告诉我，"他们已经有很大进步了"。

而同样是第一次参加的研究生田锐，他的表现就比我从容得多，他说："和孩子们做实验是一个非常奇妙的过程，他们的思维灵动、奇妙，总是有你意料之外的想法。"

整个讲授过程中，孩子们亲自体会着聚乙烯醇（PVA）高分子和硼酸钠的混合溶液是如何形成可以拉伸的聚合物材料，也感受着玉米淀粉加水后形成非牛顿流体的奇妙，通过自己动手，孩子们享受着科学实验所具有的独特魅力。

实验结束后，我也见识到了小孩子的破坏力：整个教室里几乎没有一块干净的地方。"每次实验后,我们都要收拾好久",语气虽然颇有些无奈,但戴伟的眼中却全是快乐。

在离别时,孩子们拉着我们的衣角依依不舍道:"老师!老师!你们明天还会来吗?"

"我们明天来不了。"

"那你们下周还来吗?"

"下周也不能,但我们保证以后每个月都会来,好吗?"

"太好了!下次做实验,我一定会做得更好!"

夕阳下,我们踏上了归途。

和煦的春风顽皮地从车窗钻进了车里,轻柔地抚摸着劳累了一天,正倚靠在座位上酣睡的年轻志愿者们。我不禁想起了戴伟的一句话,"学校的志愿者们才是真正的英雄"。的确,年轻的他们就像那一捧清茶,虽然没有华丽的色泽和醇厚的味道,淡淡的清香却足以让人回味无穷。

虽然没来得及和忙碌的戴伟多说上几句话,也没能更加深入地了解他的故事,但是和孩子们在一起时,戴伟那纯真的笑容却深深地印在了我的脑海里。

我望向窗外,今天天气真好!(文/江晓)

本文发表于 2013 年 4 月

吴　浩：雄心遍吴地，春风且浩然

在北京化工大学的发展道路上，常州院的崛起是重要的里程碑。近几年来，常州院捷报频传，社会影响力也在逐渐增大。光环的背后，是常州院工作团队的齐心协力和默默付出。平凡的北化人，靠着自己的智慧和毅力，为学校的大开放战略写下了浓墨重彩的一笔，向世人展示着来自常州的"不平常"。

"吴地南行担重务，浩荡常风铸宏图。"常州院的工作团队中，副院长吴浩既是其中的代表，也是普通的一员。2008年6月，他被学校派驻至常州院，负责成立、管理、建设等工作。近七年的吴地南行之路，他和团队的战友们，付诸了太多汗水，见证了太多历史，创造了太多辉煌。

献礼校庆，敢做"大开放"战略的试金石

"多年以来，北京化工大学被社会定位为'行业院校、京城院校'。作为化工行业的高水平院校，北化已经打造出了自己独特的行业品牌。那么该如何利用'京城'的资源优势，而又该如何突破'京城'的区域限制，是学校寻求新的发展点的关键。"

谈到建院背景，吴浩说："正是在这一形势之下，常州院应运而生，这看似是北京化工大学对外寻求发展的一小步，却标志着学校'大开放'战略的进一步开拓与落实。"

2008年11月，时任常州市委书记范燕青及学校党委书记王芳为常州院正式揭牌，常州院全面开启各项工作。吴浩在常州院担任办公室主任，协助陈标华院长、聂俊副院长和张新生副院长管理研究院，之后又担任副院长、支部书记至今。

2008年正值北京化工大学建校50周年校庆，而常州院也恰在这一年成立。北化人用常州院开辟的新天地向母校虔诚献礼，吴浩等常院人将冲破一切艰难

险阻,让北化精神传播到更远的地方。

筚路蓝缕,"吴"将上下而求索

万事开头难,尽管项目启动之前已经做好了充分预案,但真正落实下来时,才发现需要做的事情比想象中更多。作为一名地道的"科研男",吴浩需要随时转变角色,应对各种新业务和新变化。

"一两个人,一间办公室,财务、资产、科技、推广、人事都需要亲力亲为,资金、场地有限,不能也不敢招聘过多职员,只招了一人与我担当多面手,既要做内部管理,也要天天往外跑推广技术。"谈及常州院建设初期困难时,吴浩总结为资金、人员和场地,可谓是"路漫漫其修远兮","吴"将上下而求索。仔细咀嚼品味他说的一字一句,或许有些苦涩,但蕴含更多的是字里行间的坚忍与执着。

2009年,通过团队的努力,在常州市科教城的大力协助下,研究院以极为优惠的价格租用了1000平方米的实验室和办公室,这便有了最初的根据地。

随后,聂俊教授、银凤翔教授、张军营教授等相继建立实验室,常州院的科研工作正式展开。吴浩和科研团队开始以各个实验室成果为基础,与周边企业开展技术合作洽谈,并取得了较为丰硕的成果,为各个实验室的发展提供了宝贵的资金基础。

同时,为促进研究院的快速发展,他带领团队整合常州院科研机构,多方争取政府资源,经过长时间的坚持和努力,最终获得常州市五大产业支撑计划公共技术服务平台1000万元支持和江苏省产学研联合重大载体1000万元支持,为研究院的快速发展一解资金上的燃眉之急。

雄关漫道,且看春光正好处

2010年,学校根据常州院的发展情况,决定在常州市科教城兴建"北京化工大学常州科技大厦",为常州院的发展提供空间支持。

在项目启动之初,为了更好地完成大厦建设,吴浩和团队成员必须要对建筑学有一定了解。于是,他开始了一边学、一边做的工作模式,花费大量的时间和精力补充建筑学知识。

工程实施中，令人最为担心的是安全问题。作为现场总负责人的吴浩，无数次在工地上检查，与施工人员讨论，力保万无一失。但凡有火警，他肯定会急匆匆赶到现场，将原因调查清楚，并确保问题被彻底解决才离开，走的时候还不忘提醒现场工作人员一定要避免再次发生。

有段时间，常州市因为出现施工事故，对工程抓得特别紧，他对大厦的建设要求更为严格，精神上的压力也达到了极点，但最终他们还是坚持下来，并迎来了常州院发展的"春天"。

2012年，"北京化工大学常州科技大厦"建成并投入使用，为常州院提供了2.6万平方米的物理空间，也为常州院的发展奠定了坚实的空间基础，成为常州院发展之路上的重要基石。

2014年，常州院被认定为"江苏省产业技术研究院碳纤维应用技术研究所"。江苏省产业技术研究院效仿德国弗劳恩霍夫应用研究促进协会，建立了先进的多元化投入体系、灵活的人才引进机制以及先进的成果转化机制。这在一定程度上突破了传统的管理办法，为常州院的快速发展提供了先进的机制。

截至2015年年初，吴浩等常州院工作团队人员建设了3个江苏省重大平台，申报并获批纵向科技项目67项，与企业签订横向项目123项，总计获得政府计划资金9600余万元，企业合同1.4亿元，申请专利280项，授权37项。

继往开来，沧海云帆志鸿鹄

俗话说："当我们拿花送给别人的时候，首先闻到花香的是你自己。"以诚待人，用心处事，这是吴浩在与商业伙伴交流沟通时的基本原则。他喜欢"工作设计"，也就是在处理工作前，一定会以实际操作者或接受者的身份在头脑中先把整个工作流程细致地"体验"一遍，通过两种身份的对接，发现工作中的关键问题，不断完善各种细节。

于是，每一个和吴浩打过交道的人都会被他的虔诚和细心所打动。他说："闻道有先后，术业有专攻。每个人都是自己的老师，其实人与人之间的交流，企业与企业的合作，本身就是心与心之间的理解与体谅。"

北京化工大学2015新年音乐会的舞台上，校长谭天伟为吴浩颁发2014年校长奖。"虽然，只有我一人站在聚光灯下，但我深知，这是属于所有'常院人'的荣誉，是所有人辛苦付出的成果，这也是对所有人工作的肯定。我们向一直以来支持常州院工作的人致谢，也向团队中所有的成员致敬！在这崭新的起点上，处于时代发展的浪潮之巅，常州院定当不负学校师生厚望，再接再厉，创造更多辉煌!"采访最后，吴浩真诚而坚定地说道。(来源/党委宣传部)

本文发表于 2015 年 4 月

魏寿彭："老北化人"与学校的"三种时态"

对魏寿彭老师采访，是在一个阳光明媚的下午。近两个小时的访谈里，魏老师从中国的化工产业、北京化工大学的历史发展，到人才培养、学科建设……如数家珍、侃侃而谈。

你丝毫感觉不到，坐在你面前的是一位近八十岁的老人。他身上涤荡的热情、激情以及发自内心地对民族化工产业、对学校的关注与热爱，让我们感动，甚至震惊。

"过去时""现在时""将来时"是他常挂在嘴边的三个词，"团队""大家""学校"是他总会反复强调的三个词。他总说，他所做的一切，只是一位普通退休教师应该做的，而像他这样的老师，还有很多。他们默默关注着学校的发展，默默贡献着自己的力量。他们不为名利，不图回报，只为北京化工大学能有一个更好的明天。

初识"过去时"

五十多年前，魏寿彭老师来到北化，那时他还年轻，身影挺拔。在以后漫长的时光里，他向一届届学生灌溉知识的甘露。时间一晃，五十多年过去了。

今天的他，身影已经不再似当时那般挺拔，但还不停歇，依旧奔跑在工作的第一线——只不过这次是以另一种方式传授知识，邀请这世界的"将来时"们探寻"美丽化工"的奥秘。

北京11所高中、5所大学，外地9省区、30所高中，29场以"美丽化工与绿色化工"和"在改革创新中前进的北京化工大学"为主题的报告，是他参与学校招生宣传工作的一部分。

当得知自己获评"校长奖"之后，他说："这个奖不是我个人的，是奖给一千七百位化工大学离退休职工的。这一千七百人中像我这样的人还有很多，我们都十分关心化工大学的发展,这是我们这些'过去时'的共同荣誉。我们更希望学校现在的老师和同学们,还有即将到来的、我们的'将来时'会做得更好。"

他说这话的时候,神情自豪,声音洪亮,好像清晰地穿过五十多年的风雨,给我们讲述着老一代北化人的坚持和守望。

"过去时"的过去

魏寿彭老师身上有一种坚毅与执着。这种坚毅与执着源自责任,源自他发自内心的对学校的热爱。二十多年前,经济管理学院刚刚成立,那时候还叫"五系",还有很多工作要做。

魏老师刚到"五系"担任系主任,就立下了军令状:三年内拿下硕士学位授予权。一年之后,一纸发文,"五系"迎来了第一个硕士点。为此,他被学校授予"有突出贡献的研究生指导教师"称号。

不仅如此,他还推动"五系"在同期拿下了教授审批权和IIT证书,后者由国际贸易培训中心颁发,逐渐形成了今天经济管理学院的精品——IBC课程,为化工贸易培养了大量的优秀人才。如今IBC毕业的早期学生正在世界各地从事着石油、化工产品贸易,为化工产业的发展输送了大批优秀人才。

"能宣传,是因为我们站在北京化工大学的肩膀上"

高招咨询会是学校招生宣传的重要平台,动辄十几所甚至几十所学校一起"PK",一字一句都是学校实力与影响力的体现。"软物质中心""创新人才培养""'三位一体'人才培养"……这些不少北化人都不太了解关注的词,经过重新排列组合,在他十几分钟的讲述里,描绘出了一个神秘的"化工王国"。

有在高校任职的家长在参观了学校的实验室之后,转而让孩子报考北化。"我们的化工更有优势,就像个拳头一样,更集中。我们的精细化工、生物化工、能源化工、高分子都很厉害,这是我们已经取得的成绩,我们需要通过招生宣传让更多的人知道。我们能宣传,不是能说,是因为我们就站在北京化工大学的肩膀上。"

"小车不倒只管推"

参加招生工作已经有一段时间了，在这段时间里，他也摸索出了一套有效的工作方法。"我们的招生对象不仅仅是学生，学生的家长、老师、亲友也很重要。在这些人里，懂化工的最好，不懂的话你需要进行科普，消除他们对化工的错误认识，然后再说化工对国家的贡献，再来介绍化工大学的相关专业。"

在 2014 年，他就提出建议，在招生工作中充分发挥校友会的作用，突出学校在化工行业的资源优势，加强在特大型石化企业集中地区的招生宣传力度。在去年的高考招生中，大庆地区提档线比本科一批控制线高出 102 分，生源质量得到了很大提高。

"我们能够做的很有限。"他这样说。他给学校招生队伍中"老同志"的定位是"小车不倒只管推"——这个原本出现在抗战时期的描述。他的解释是这样的：化工大学的"现在时"在前面努力拉动，输送后备力量这种事情就交给他们。他们贡献着，他们也快乐着。

"1960 年我就来到了化工大学，再也没离开过。我是党和国家培养的，和学校一起成长的，不能分开了。其实我所说的内容很简单，总结起来就是爱党、爱国、爱化工、爱化工大学。"当说起这些话的时候，他的语气很幸福。

"我比较幸运"

在招生工作人员的眼中，他是位充满激情的"老同志"，积极地参加各地的招生工作，有时候还会主动请缨。"魏老师在工作现场特别热情，特别敬业，也特别精神，一口气就能讲四五十分钟，各种问题都能解答。做报告也特别精彩，能够吸引很多学生和家长。而且现在看来，魏老师去过学校的生源质量也都得到了很大提高。"招生办的工作人员这样评价他。

因为在招生工作中的突出贡献，他获得了 2015 年的校长奖。但当谈及这个荣誉的时候，他的反应却很平淡。"这些都一样，东西都是团队做的，但是不能都给呀，因为比较活跃，所以就给了我，我比较幸运。但我觉得越低调，越幸福。"

但很多人可能不知道，他是"首都五一劳动奖章"、国务院政府特殊津贴获得者，北京市第十届人民代表大会代表，同时还担任过中国工程系统工程学会秘书长、中国工业与应用数学学会理事、全国高校化学工程专业教学指导委员会委员、中石油节能高级顾问、学校教师发展中心顾问等。目前担任北京市人才交流中心顾问，为多个地区领导干部进行能源化工和系统工程授课，并推荐校内多位院士、教授进行专题讲座报告。

"过去时"说的话

"团队'现在时'的成绩我们在讲，谈的对象是'将来时'"，他说，"我们这些'过去时'对'现在时'的工作很满意，他们还有'将来时'才代表了化工大学的希望"。他说，他希望更多的离退休教职工、老师、院士、学者、学生加入北京化工大学招生宣传的队伍中，希望"现在时"和"将来时"们能够讲究方法，猛攻尖端前沿、重点难点，带着勇气，创造化工大学更好的明天。
（文/梁若昕）

本文发表于 2016 年 4 月

李春喜：春溪之鲤，乐游其间

李春喜教授总是带着平淡的笑容，说话语调很轻，一幅题写着"淡泊名利、波澜不惊"的书法作品挂在墙上。你可能不会记住满柜的专业书，不会记住他平实的笑容，但是桌上的一把泥茶壶，胸口的一枚党章，总是他抹不掉的印记——一个是君子之道，一个是处世之理。

"踏实，自然，是我做党员的基本原则"

顺其自然是一种生活方式，也是一种境界。能在喧嚣浮沉之间不随波逐流，又气定神闲，是一种修养，也是一种愿景。"很难说我对自己有什么具体目标，但是你要明白党性是要融入骨髓里的，不要功利。"

李教授 2014 年和 2015 年连续两年被评为学校高被引学者，然而他的论文数量却是最少的，确确实实是因兴趣而执笔，为国家而研究，这也是他所恪守的"不功利"。他很多次回想自己的初心，作为一个党员最初的动力是什么？"现在很多年轻人太浮躁，不能潜下心来做事，被外界的评价所累。"

在入党初期，李春喜教授就坚信，只要每一步都踏踏实实走好，那结果就不会辜负自己，自己肯定能为本行业做出一些贡献。2008 年北京市技术发明二等奖、2009 年中国石油和化工协会科技进步一等奖等荣誉就是对他这么多年辛勤耕耘的见证。

何为"两学一做"？基础在学，关键在做。"怎么做"是一个看似简单，却要用几十年去回答的问题。李春喜教授爱看文献，每每看到一些行业内顶尖文章，总要和自己对话，看自己是否能发掘到一些新的思路。

厚厚的专业书摆满了他的书架，很多书都是烫着金字、用线封边的绝版。它们的顺序时常改变，李教授兴起就会拿起一本，可能待放下时，茶已经换了好几壶。

"怎么发动学生？老师就是模范。"

他从来没有推荐他的学生入党，但是他的学生里党员比例很高，还有几个学生会主席。学生们坐在办公室里，李教授就在小隔间里，时间久了，隔间的门从没关过，窗户也换成透明的了。

"党员来源于群众，决不能脱离群众。"这句话是李教授生活的真实写照。只要实验室有学生，必定也会有他，从周一到周日，从早上八点到晚上七点，不论寒暑，李教授总会在实验室里看着文献。

"怎么发动学生加入这个组织呢？老师就是模范。"李教授指着隔间外的办公室，十几个学生坐满，偌大的办公室也显得狭小。"我从来不硬性要求学生什么时候该来，也没有打卡的制度，全凭兴趣，全凭自觉，学生有决定自己道路的权利。"

实验室的学生对李教授的看法很直接：尊敬却不畏惧。"李老师怎么做大家看在心里，如果我们自己有地方做得不好，应该是羞愧，而不是一种胁迫。"

李春喜教授参加工作几十年来，总是把平淡的笑容挂在脸上，对他人宽容一点，这是给年轻人鼓励和机会；把苛责和严厉用于反省自己，这是不愧对自己胸前的党章。

传道授业解惑，担忧自己做得还不够好

李教授没什么爱好，能让他泡一壶茶，看上两篇文章也是一种享受，就仿佛是吃过珍馐海味，总是让他酣畅淋漓。关心学生学习状况，了解自己的课程效果，是他每次见到学生必须谈及的内容。

他最为关注的是学生的学习效果。他时刻牢记自己是一名人民教师，传道授业解惑便是他自己所遵循的师道，而与学生成为莫逆之友，才是李教授所期待的师生关系。

"我希望我的学生成为复合型人才，他们能够去探索更宽广的道路。"李教授说得很自豪，也很担忧，自豪在于那些为社会为国家做出卓越贡献的学生，担忧自己做得不够好……

"我从来不给自己的实验室做宣传，我觉得学生们应该是先喜欢这个方向再

17

去认识我。"这也是他常说的"不功利",学生们自有自己的选择。正是这种与人为善的性格,千里之行积于跬步的态度,让他荣获了北京化工大学优秀教师称号,这是一个教师最为欣慰的,因为他获得的是学生的肯定。(文/曾思源)

本文发表于 2016 年 10 月

尹梅贞：桃李不言，梅贞竹韵自芳华

桃李不言，下自成蹊；梅贞竹韵，不争自艳。她，是一位普通的人民教师；她，又是一位青年女科学家。岁月更替的点滴积淀，磨砺出宝剑的锋芒；不忘初心的始终坚持，丈量出奋斗的价值。

走进科技大厦一个普通的实验室，不大的空间里，摆满了桌子和实验设备，留出一条狭窄的过道。沿着过道推开门，就走进了尹梅贞教授的办公室。房间里整洁有序、不乏生机，窗台上的几盆绿植给整个房间增添了不少亮色。就是在这样一个小天地里，尹梅贞老师日复一日地进行着她的科研工作。

平静面对获奖

当官方公布获奖结果时，刷屏的微信群、接连不断的祝福短信、周围好友同事的祝贺问候，似乎一夜之间将尹老师放在了聚光灯下，很多人的目光都投到了她身上。面对学生和同事的祝贺，尹老师欣慰之余又显得很平静："最初是在学院的网站上公布的，被学生们传到微信群里，之后就在群里刷屏了，接着很多人就给我发来了祝贺的消息。"而且，尹老师的学生还在微信群里开起了她的玩笑："老师这么优秀，做学生的压力好大呀！"

再次谈起获奖时，尹老师仍然在反复强调：这件事情不值得太多的宣传，学校还有很多更优秀的人。

据了解，"中国青年女科学家奖"是由中华全国妇女联合会、中国科学技术协会、中国联合国教科文组织全国委员会、欧莱雅（中国）有限公司于2004年共同设立的，旨在表彰奖励在基础科学和生命科学领域取得重大和创新性成果的青年女科技工作者。该奖每年评选1次，迄今每届获奖者不超过10人。奖项是被称为"女性诺贝尔科学奖"的"欧莱雅—联合国教科文组织世界杰出女科学家成就奖"这一国际荣誉在中国的延伸，也是国内女科技工作者的最高荣誉之一。在第十三届"中国青年女科学家奖"评选中，尹梅贞教授成功获评，成为我校继吴一弦教授后第 2 位获此殊荣的青年女科学家。

严谨科研路

尹梅贞教授主要围绕"荧光拓扑高分子材料的构建与功能化"这一高分子材料领域的重要前沿课题，开展荧光功能高分子的设计、合成以及生物应用的系统研究。简单来说，就是将荧光小分子穿上一层特殊的外衣，使其能够黏附在各种各样的细胞上，帮助人类探寻生命的奥秘。这项技术已经在农业害虫防治和医学抗肿瘤领域有了一定应用。但是尹老师表示，这项技术仍处于实验室阶段，真正到临床阶段，还有很长的路要走。

严谨，是深深镌刻在眼前这位科学家身上的品质，让人们不由敬佩。

谈及这项技术的研究过程，尹老师说，这是一个理论与实践反复磨合的过程。研究不是两耳不闻、埋头苦干，而是需要不断地与应用使用者沟通。否则，研究人员只是根据自己的想象来研究，对于具体实践并不一定有用处。她认为："这样的研究不算有价值。"

细数过往的无数个日日夜夜，既有遇到瓶颈时的失落挫败，也有克难攻坚后的欣喜畅快。科研，本就不是一朝一夕能做好的事，而是需要一点一滴的努力和坚持。世间纷繁，尹老师的心中却仍留有一片执着的净土。

严师与慈母

传道授业、教书育人，是尹梅贞教授的另一部分工作。作为博士生导师，她对学生的研究工作要求甚为严格，不允许有一丝一毫的差错。她要求学生多看文献，了解国际最前沿的研究情况；她会经常带着学生去听一些报告，与一些学界"大牛"交流；也会引导学生攻克一些难题。但尹老师的严格，正是她受学生爱戴和尊敬的地方。"严师出高徒"，尹老师培养出了一批又一批优秀的学生。尹老师认为，对学生们的培养，不仅是传授给他们知识，更重要的是能够让学生看到未来，能够对自己研究的课题有信心。

生活中的尹老师，是学生们口中"无微不至的长辈"。有位学生说，尹老师会经常催促他们去锻炼身体。尹老师为人亲切，待人热情、真诚，很能体谅学生。为了工作方便，尹梅贞教授和她团队的学生们建立了一个微信群，但是尹老师主动提出让学生们再建立一个只有学生而没有自己的微信群。

她笑着说："有些话学生更愿意在他们之间交流，需要给他们一定的自由空间。"在学生们眼里，尹老师是一盏指路的明灯，也是暖阳。

"Enjoy life, enjoy research. 无论是自己的工作还是家庭，都要去享受它，热爱它，才不会心力交瘁。"尹老师流利的英语让大家感受到眼前这位女性面对家庭和事业的从容。作为一名科学家，要同时兼顾到工作和家庭，实属不易。在尹梅贞教授看来，家庭和工作都要付出。

回忆起年轻时在德国求学的日子，她说，那时候把实验数据收集好，才敢决定要孩子。孩子出生后，尹梅贞教授一边抱着孩子一边写论文。回国后她拒绝了到研究所做一名专业的研究员，而是选择了回到母校任教，她认为这样既可以更好地照顾孩子，也可以帮助更多的孩子学习化学知识。尹老师说自己不愿意做"女强人"，而更想做一个"强女人"。在尹梅贞教授看来，孝顺父母、夫妻和睦、子女快乐就是她最大的幸福。

也许，获得"青年女科学家"这个称号让尹老师在常人眼中变得有些不一样。但在尹老师看来，一切都如往常，她继续着自己的研究，继续着传道授业解惑，继续着做一个好妈妈、好妻子……

"生命不息，发光不止，无论在哪一个领域都要尽己所能发光发热。"生似竹，绿柳不及虚心叶；生如梅，冰雪无奈坚贞花。人生尽是此芳华！（文/乔佳楠）

本文发表于 2016 年 11 月

杨　屹：行于此，屹于此

25 年前，杨屹教授毕业后来到北京化工大学，带着满腔热情。25 年来，她过惯了披星戴月的生活，也感受过寒风凛冽的隆冬，也见证着一届届学生怀揣梦想而来，又收获满满地离开。对于杨教授来说，从东校区到北校区几十公里的路程，是一辈子也走不完的。

行路间

"在路上"不仅仅是一个流行语，有时候更有些许哲学的深邃味道。很多人都喜欢说自己"在路上"，但很少有人知道自己在哪条路上，更不知道自己在这条路上走了多远、能走多远。杨屹也一直在路上，但她却非常清楚走的是什么路：用她的话来讲，这条路不仅是追寻科研文章、追寻教学成果之路，更是关于为师之道的"修行之路"。

"我在教师这个职业上一干就是 25 年，我觉得我跑赢了时间。" 25 年间，杨屹见证着北京化工大学日新月异的变化。对她而言，岁月给予她最珍贵的礼物，就是当她的学生们欢聚一堂时，大家都穿着黑色的文化衫，上面印着各个学生的名字拼成的"25"。这是对一个老师最高的评价，更是对一个老师最真挚的祝福。

师者，传道授业解惑也。授业解惑固然重要，但何为师道更值得思索。在杨屹眼里，"师生关系也是基本的人与人的关系，相互尊重是我对待学生的原则"。即使是学生的邮件，她基本上都是一一回复，"虽然有时候会忙忘了，即使过了三五天，学生的问题已经解决了，我还是要回复学生，这是对他们求知的肯定，更是对他们的尊重"。

多歧路

杨屹常说,在她的字典里没有"遗憾"和"后悔",因为她根本没有时间去假设另一种生活状态。"既然我在教学岗位上,我就应该把教学做到极致。这是一门艺术,里面让人琢磨的地方还有很多。"

作为老师,杨屹不想辜负学生们求知的眼神,更想在科研层面上给学生提供更多的机会,但如何在科研和教学之间找到平衡,有时候她也会很苦恼。有段时间,她会害怕"低人一等",因为没有更多的精力放在争取科研项目上,给予学生更大的舞台。这种怀疑伴随了她很久。但是她始终明白自己的原则,以及自己为何要当老师。

"做老师就是要教书育人,教课本来就是教师的本职工作,做好本职工作没什么好觉得丢人的。"但是人的时间和精力是有限的,想要兼顾好教学和科研,代价只能是牺牲自己的休息时间。

杨屹早就习惯了每天5小时的睡眠,为了不耽误教学任务,她尽量把会议安排在周末和节假日。现在她也发现,教学和科研也可以互相促进:科研有了成果,才能在课堂上拓宽学生的视野;在课堂上学习到的知识,也为今后的科研打下了坚实的基础。

今已攀

杨屹希望自己学生的生活压力能够小一点,但是绝不能因此突破底线。"弄虚作假能获得一时名利,但是违背了做人原则,长此以往也必定良心不安。"25年来,她收获的不仅仅是尊重和荣誉,更多的是处人待事上的修为。"靠谱"一直是别人对她的评价,也是她对身边人的要求。从建设国家工科基础课程化学教学基地,到开设首批国家级双语示范课,再到如今的国家精品课程,学生缺什么,国家要往哪个方向发展,她就和团队着手攻关哪个方向的难题。

正是这种信念,让她多次获得认可和褒奖:享受国务院特殊津贴,荣获第三届国家级教学名师奖,4次获得国家级优秀教学成果二等奖,5次获得北京市教学成果一等奖,并于今年入选第二批国家"万人计划"教学名师……这些荣誉,是对一位专注于教学的教师的极大肯定和鼓励。

25年过去了，杨屹依然保持着最初的热情和信心，同时更多了一份成熟和睿智。人已到中年，功名利禄反而看得很淡，建功立业的抱负也变成了对岗位默默数十年的坚守。（文/曾思源）

本文发表于2016年12月

李效玉：人效玉，气则刚

一套工夫茶具摆在办公室前不大的桌面上，摆在后面的茶杯似许久"无人问津"，沾染了些尘灰。"我本身不喝茶，这些都是为客人准备的。"李教授把来访的人统称为客人——无论是学生还是到访的学者。从教几十年来，李教授见过太多匆匆走过的"客人"：来也是一杯茶，走也是一杯茶。李教授现在做什么、说什么都很平静，喜怒哀乐早就融入这一樽小小的茶壶里，还有这几十年的匆匆岁月。

气若芳兰，无欲则刚

比起饮茶，李教授更嗜好读书，满柜的书整齐地码好，没有一丝灰尘。"要说作为党员最重要的是什么，我觉得是修养。"李教授说的"修养"，不是一朝一夕能练成的，就如"少说多做"也不是所有人都能践行的。很多国内外的企业家慕名而来寻求合作，但用李教授的话来说，他不是一个商人，对于名利来说，他的欲望不多；相对于经济效益，他更要考虑社会效益。

而对于自己所研究的领域，他喜欢研读热点前沿的论文，一口气读完后，酣畅淋漓。有人为功名利禄做科研，有人为个人理想做科研，李教授考虑更多的则是国家和社会。

李教授作为阻尼材料研究方向的引领者和负责人，针对社会特殊需求，开展了宽温域、宽频谱、高性能阻尼材料的研究，已经形成十余个定型产品，使北化在部分领域具有了较强影响力。对于这些荣誉，李教授闭口不谈，反而回应得很平淡："我没有什么个人贡献或者荣誉，都是集体努力的结果，每个党员都会为国竭尽所能，只是他们更低调，我们看不到而已。"

"在我眼中，所有学生都一样"

李教授作为"碳纤维与功能高分子"教育部重点实验室主任，"水性聚合物合成与应用"北京市工程技术研究中心主任，北京化工大学"水性和特种聚合物"科研团队的负责人，材料学院有机功能材料系的系主任，可谓集众多科研、教学头衔于一身。但对李教授来说，这也意味着巨大的挑战和责任。每天看文献之余，李教授都会把每个实验室走上一遍，亲手指导学生做实验。整个十一楼，你都能看见李教授忙碌的身影。有时候一圈下来，能指导二十多个学生。对于所有的学生——无论是硕士、博士，还是刚刚踏上科研道路的本科生，李教授都一视同仁。

"我教学生没有什么区别，我都会把所有的要领告诉他们，其余的都要靠学生们领悟；有任何问题我也会手把手教，不管学生到了哪种层次。"不过，李教授也感慨，二十年下来，师生关系变了很多，以前可能还是"师父"——无论是知识还是积淀上，都有传承；今天，可能更多的年轻老师只把自己当"老师"看。他希望做学生的指路人，希望关心学生的方方面面："无论是学习还是生活上，我都想去培养他们的兴趣，热爱生活，热爱科研，真的想把他们当成自己的孩子。"

"创新精神很重要，到现在我也没搞透"

李教授作为一名党员，他始终觉得回馈社会、回馈国家很重要，要思国家之所需。李教授掩饰不住自己心中的骄傲："我们团队做科研，总会去了解社会基本需求，国家需要什么，社会经济发展到了什么地步，我们再着手去做科研分析。"但是李教授坦言，怎么创新？何为创新？并不是一个科技工作者三言两语能够说得清楚的，是需要长期摸索和践行的。"我希望所有刚踏入科研之路的青年们，不要只关注热点领域，要从基础做起。"这也是李教授给予的建议：不能急于求成。（文/曾思源）

本文发表于 2016 年 12 月

高正明：投身科研不忘初心，启智树德诲人不倦

提起高正明教授，人们首先想到的就是"长江学者"、科研先锋、"学术大牛"。这样一位德高望重的学术大师，背后有怎样的故事，学新记者团深入采访，与大师对话，挖掘到高老师背后鲜为人知的故事，更被他的大师精神所深深打动。

不要跟风，要跟心

对于每一名求学路上的学子而言，迷茫和诱惑总是一直存在。面对迷茫时的抉择，诱惑时的选择，高教授从自己的经历中找到了答案。在他进行专业选择的时候，正值外界仿真行业、自动化行业风生水起，前途大好，似乎选择了这些热门行业，就与成功和顺利绑定在了一起。

老师、家人、朋友都在劝说他："还有什么犹豫的？这谁都能看出来哪个更有前景。"他也曾试图说服自己："嗯，这样子以后肯定不会后悔。"然而，他无数次询问自己，到底更喜欢什么？想做怎样的人？以后会用怎样的状态面对这个选择？最终，他给出了"叛逆"的答案——化工行业。

"我觉得我最喜欢化工行业，也相信它一直会有活力，前景非常好，事实证明，我当初的选择和认识都是正确的。"谈到当时的选择，高正明教授满是自豪。

的确，化工行业近些年的发展有目共睹，不仅受到国家政策重视，更对社会发展有着举足轻重的影响。而高正明也从选择这个行业开始，求学、深造、钻研，从学士、硕士、博士，成长为教授、"长江学者""学术大牛"。"不跟风，要跟心"，他用自己的人生经历，告诉我们，跟随内心的想法，才能做最好的自己！

不要绿卡，要红旗

如果选择喜欢的方向是他事业的追求，那么坚守祖国和母校，则是他情怀的流露。

从1985年到1992年作为学生在北京化工大学攻读硕士学位和博士学位，他在北京化工大学收获了最充实的青春。后来，高正明为了拓宽视野，在英国萨里大学担任研究员。他严谨的治学态度、扎实的理论基础以及创新的思维方式，受到学校的高度认可。2000年准备回国时，萨里大学给他抛出了橄榄枝：高薪留在英国，获得实验资源保障和英国"绿卡"。

人生又一次抉择摆在他的面前，多少人梦寐以求的光明未来就这样开启大门。但这一次，他没有犹豫："我在中国过得很习惯，在北化待得很开心，那里培养了我，那里是我的家，我的祖国，我的母校。科研或许没有国界，但科学家肯定是有家的。"

于是，他毅然决然选择回国，继续成为北化的一名教师。这一待，就是近20年，他培养了一大批优秀人才，并先后主持和完成了国家自然科学基金、国家"863"计划子课题等开发项目几十项，通过实验研究、模型研究和CFD模拟计算，成功开发了一系列用于工业生产的大型高效搅拌反应器，扭转了我国关键的大型搅拌槽/反应器长期依赖进口的局面，有力地提高了我国有关行业的技术水平和国际竞争力。

不要上天，要踏地

当"你咋不上天"成为社会期许，高教授却告诉我们，年轻人，要求真务实，脚踏实地。他如是告诫学生，也这样要求自己。每一个实验方案的确定，他总会一丝不苟把关；每一堂教学课程的准备，他每一页课件都精心准备。他的学生在接受采访时说："高老师对我们平时很和蔼，但做事上要求很严格。因此，我们每一次汇报都要认真准备，每件事情都会精益求精，否则，肯定会被老师一眼识破。"

他说，现在的社会竞争很大，信息爆炸，学生们很容易被纷繁的外界扰乱心绪。因此，他要求学生脚踏实地，是希望学生们能更专注地学习，也能真正学到东西。培养学生过程中,他善于观察学生,注重因材施教。在和学生的交流中发现他们的长处,不管是长于理论还是善于操作,高教授都能发现他们身上的闪光点,引导学生去做能够充分发挥自身优势的事情,以此让专长理论、应用、实践的学生都能得到个性化发展。

当回答学生非常关心的职业规划和创业问题时,高教授说,做科研,首先要有理性思维,跳出固有成见,灵活思考;其次要踏实、按部就班,贯彻落实每一个步骤。一个处事灵活、有说服力的人,才能把新产品合理规划、归为己用而说服客户,这样的人更适合职场。"找准自己的定位"是他认为最关键的事情。在这种"特殊"的育人模式下,高教授培养的学生都有着出色的成绩和出路。有的在"世界500强"企业就职,有的在科研领域探索,有的进行创业,他们每年教师节还会专程回来,感谢恩师的培养,并给师弟师妹们传授经验。

从我们短暂的采访中,能充分感受到高正明教授的儒雅风范、大师魅力。他是学者,也是教师;他在工作中注重实干主义,在生活中充满理想主义;他对北化有着强烈的归属感,在努力将科研与国际接轨的基础上,又极力推荐学生学习了解中国文化。他一直在心中谨记自己是一名教师,心里装着对后辈的殷切希望。杏坛先侪,桃李满园;高山仰止,正心明德!(文/刘笑宇,戴胜文)

本文发表于2016年12月

赵秀英：得万间广厦，庇天下英才

北京的秋天来得悄无声息，却又在一夜之间遍地金黄。在这个秋天，璀璨的不仅仅是金黄的落叶，还有人心中的温暖和希望……

师生恩情托起未来希望

2016年11月7日，赵秀英老师带着几名已经毕业多年的学生来到了河北省平山县，将19200元送到了平山中学16名孩子的手中。孩子们激动又有些胆怯地从她的手中接过钱，小手不断地摩挲着。看着他们，她的心仿佛一下子融化了，"虽然他们的生活贫困，但他们的眼睛里有希望"。

平山县是国家扶贫开发工作重点县，许多孩子因为家庭贫困交不起学费，不得不告别学校。因为这笔钱，这些孩子将能继续留在课堂，完成学业。

他们是"北京化工大学先进弹性体材料研究中心帮扶基金"成立后的第一批受益人，这个基金的成立要追溯到今年的教师节。每年的教师节，先进弹性体材料研究中心党支部的往届毕业生都会回到学校看望老师，绵绵不断的师生情谊在一届又一届毕业生中传承着。今年老师的一番话让他们有了更深的思考："你们一年年越来越忙，能聚在一起的时间也越来越有限。与其将礼物送给我们，不如用这些心思帮助更多需要帮助的人。"

在支部赵秀英老师的帮助下，贺磊、刘毅、吴晓辉等几位毕业多年的学生联合发起倡议，以研究中心的名义成立帮扶基金，用来帮助贫困的中小学生、留守儿童，丰富偏远山区的教育资源，并对患病儿童进行救助，将同门绵薄之力凝聚成一份大爱，感恩老师，回报社会。很快，倡议得到了支部师生们的回应支持。"北京化工大学先进弹性体材料研究中心帮扶基金"就这样诞生了。

"这次机会来之不易，我们会好好珍惜，像捐助我们的哥哥姐姐那样，好好学习，回报社会。"在捐助活动现场，受助生代表话语清脆，掷地有声。

下一步，北京化工大学先进弹性体材料研究中心党支部计划与平山中学联手建立对平山中学贫困生的长期资助项目，帮助更多的孩子圆梦。受到帮扶的同学不仅会得到研究助学金，同时会得到中心师生联合党支部的党员老师和研究生的持续关注和帮助，为他们的求学和成才持续助力。

赤子之心铸就团队辉煌

德高莫过于博爱人，大爱莫过于广助人。只有一支团队凝聚力强、工作能力强、思想水平高的队伍才能有胸怀天下、敢为人先的志向。北京化工大学先进弹性体材料研究中心党支部成立以来，以为国家育英才、为社会做贡献为目标，为祖国需要做科研，为祖国未来育英才。

研究中心在学术带头人张立群教授的指引下，围绕国家重大需求和国际材料科学领域的发展趋势，确定了以涉及交叉能源、资源、环境、生物和生命、功能性能材料、特种性能材料等领域的"先进弹性体材料研究中心材料制备科学与工程"为主线的发展方向，并一直坚持基础研究和工程技术齐头并进，开创了许多创新性研究工作。说起这些，支部书记赵秀英老师如数家珍："2016年，中心老师发表学术研究论文156篇，其中SCI收录文章95篇；授权中国发明专利51项，申请中国发明专利68项。承担多项科研项目，包括正在研究的'973'计划2项，获得省部级技术发明一等奖1项。"

厚厚的一沓沓文稿，金色的一个个奖杯，红色的一张张证书，都在向人们诉说着这个集体在科研道路上的成就，我们仿佛看到了一个又一个勇士披荆斩棘、所向披靡。

先进弹性体材料研究中心党支部在科研高峰上不断攀登，取得累累硕果。在教学方面，他们也不甘落后，以务实的精神和工科人严谨的态度，培养出了一批又一批优秀人才。

"决不因科研任务重而影响教学，高质量地做好本科生的毕业论文指导和研究生的培养工作，充分发挥党员的模范带头作用"。这是支部对每位党员的要求。他们改变以往每个导师独自指导和管理学生的传统模式，每一名研究生都可以得到中心全体教职员工的指导，这促进了研究成果的多元融合，激发了学生的创造力，提高了他们的科研能力。为研究生制定科研方向，鼓励他们自己提出问题，通过资料调研提出研究方案，充分给学生提供创新空间，也确保了他们的研究少走弯路。

从教学到就业，支部关心学生成长的每一步。支部设立了"阳光弹性体奖学金"，用以帮助经济困难的学生完成学业，人才培养做到"一个都不能少"；针对学生严峻的就业形势，中心支部组织教师党员利用业务关系为就业困难的学生创造工作机会，组织了30余家企业举行产学研合作材料专场招聘会，有效促进学生就业。

一颗红心提升党性修养

学党规党章，学系列讲话，做合格党员，这是每一名共产党员刻在心上的话。"两学一做"活动开展以来，支部积极响应活动号召，创新工作方式方法，以多种方式贯彻相关精神。

考虑到支部老师由于教学科研任务繁重难以协调共同时间的情况，就将线上线下会议有机结合起来，创新线上会议模式，达到线下学"精"，线上学"深"的效果。党支部微信群的建立，帮助全体党员利用碎片时间进行理论学习，由党支部书记、组织委员和宣传委员轮流负责整理和发送的理论学习、时事评论等资料，让支部成员在潜移默化的环境中提升自己的理论水平，激励支部所有成员在科研、教学、育人和社会生活中起到先锋模范作用，用党员的使命责任影响社会上更多的人。

北京市优秀基层党支部、北京高校德育工作先进集体、北京市创先争优先进基层党组织……数不清的荣誉点缀着这个优秀的集体，更有数不清的优秀教师、优秀学生、优秀党员从中不断涌现。正是这样一群不善言辞、潜心学术的科研人，把心中那份责任外化成了一份份科研成果，温暖了一个个贫困学子！褪去这些华丽的装饰，我们看到的是这个集体无坚不摧的信念和绵延不绝的情怀。得万间广厦，庇天下英才，这是一个党组织对党员使命最真诚的告白……
（文/乔佳楠）

本文发表于2017年1月

向中华：亦师，亦益友

向老师不善言谈，所有的喜怒哀乐都用一张笑脸来代替。见到长者前辈，向老师会低头垂胸，以示尊敬；遇见学生晚辈，他会舒眉展目，以示亲和。他唯一不变的，总是那杂糅着人生百味、宠辱不惊的笑脸。

初识为师，深交为父

向老师爱笑，是因为对学生以友相待，对晚辈仍是平等谦逊，不故作威严。向老师特意强调了"师父"二字，初识为师，深交为父。在学生还未进入实验室之前，向老师就监督着大家读英文文献，与其说是监督，不如说是父亲般的严厉。三五学生一字排开，逐字逐句对着老师翻译，向老师就如同大家庭的家长，坐镇中央，威严自来。

"教书育人，重在传承"，这是向老师对于大学生教育的理解，"我以后对自己的孩子，也会这样要求，放学后检查他的功课，既是督促他进步成长，也让我自己有家的感觉"。除监督之外，向老师与学生们谈论最多的便是"创新"二字。他要求的创新，不是刻意求成，而是要参透科学本身的美，兴趣使然和以社会需求为基础，更要学会淡泊名利，心若止水，要真正做到为国解忧，而非攀附热点。当然，向老师也会有失落感，每每看到自己的博士生毕业，看着这些孩子们各奔前程的背影，向老师也只有摆出一副笑脸，默默在心里说，不必追，不必追……

国之所需，心之所切

支撑向老师信念的，正是他的党性：不以物喜，不以己悲，克己奉公的情怀。向老师常向支部的青年研究员提起习近平总书记的话"要把论文写在祖国大地上"。在"两学一做"专题研讨会上，他更是率先发言："我们青年党员就要勤奋工作，不断开拓创新，增长才干，把自己的学术研究成果转化成实际应用，通过技术创新，实现产业化，填补国家空白，兑现我们对党忠诚的诺言。"

向老师没有辜负他的承诺：他曾远赴越南，为国家争取到了第12届世界化学工程大会（被称为"化工奥林匹克盛会"，此前中国从未举办过）暨第21届亚太化工联盟大会的主办权。

为解决贵金属Pt的行业瓶颈难题，课题组创制了可控N掺杂的COP石墨烯，实现了基于二维COP石墨烯材料氧还原电催化性能的调控，创制了贵金属Pt替代的电催化材料，为突破燃料电池工业应用提供了新方案。

不喜不骄，不卑不亢

遇功不喜不骄，遇难不卑不亢是向老师的处事方式。科研的道路没有顶峰，无论现阶段成就如何，都要虚心求教，拓宽视野；科研的道路更不会一帆风顺，无论历经多少挫折坎坷，都要泰然自若，等闲视之。

提携后进与敬重前辈是向老师虚心做人的基础。他常常教导学生："不要羡慕其他人的成果，埋头苦干，虚心学习就好。"学生们恪守着这种精神，不仅获得了多项荣誉，更是获得了南方电网公司等企业以及各级科研单位的青睐。

向老师常常组织参加学术交流活动，和国内外科研人员探讨行业的新技术，未来的新潮流。与行业前辈交流时总是先学会聆听，只学经验，而不急于反驳。观点发生分歧时，仍面挂微笑，谈吐得当，点到为止，风度自显。

内化于心、外化于行既体现一位教授的修养程度，更是一位优秀共产党员的基本素质。无论前路有多少艰难险阻，向中华也不会停下脚步，他要把论文写在祖国的每一寸土地上……（文/乔佳楠）

本文发表于2017年7月

卫　敏：求是琢真，讷言敏行

初见卫敏老师，她的温柔、冷静、做事有条不紊就给我留下了很深的印象。她深邃而坚定的眼睛中透露出对工作不懈的执着与追求。

选择了冷门研究，却用最大的毅力坚持

卫敏老师2001年从北京大学博士毕业，毕业之后选择回到母校进行研究工作。她的研究方向是二维插层化学与功能材料，从2001年开始进行了整整17年。

"最开始的时候，我从事这个方向非常不被人认可，被人认为材料比较小众，没有前途。"当大家都在追求着时下最热的课题时，卫敏老师在她喜欢的领域当中默默耕耘，努力奋斗着。早晨7点，她准时出现在实验室，开始一天的工作。十几年来她养成了从不午休的工作习惯。从入职开始，她保持着每周6天以上的工作时间，甚至晚上回家还要处理工作。这样长时间、高强度的工作状态，卫老师坚持了十几年，无论春夏秋冬、严寒酷暑，从未间断。

卫老师的高度自律不仅表现在科研工作中，每次出差前，她都会规划好每一件事情并且准时完成。这样惊人的时间观念和效率，让她的学生十分敬佩。她指导的博士生刘闻迪这样形容她："卫老师对学生的要求，都建立在她自己首先能够做到的基础上。她总是以身作则，从不说空话去要求别人。作为她的学生，我从心底里佩服卫老师的精神。"

指导学生，她用最完全的投入

在学生眼中，卫敏老师不仅是学术上的"大牛"，有着很多的研究成果，获

得了很多的荣誉，在他们眼中，卫老师更是他们做学问的优秀引航人。对于学生提出的问题，她总是会引经据典、深入浅出地细致讲解，引导学生进行发散思考，找到新的思路和方法。她细致而耐心的讲解，让学生们各个方面的知识点都得到了加强，增强了科研的敏感性和逻辑思维能力。

李印文也是卫敏老师的博士生，他经常会与卫老师交流自己在科研上的想法和思路，对卫老师在科研工作中展现出的优秀品质和专业素养，他感触很深，这种品质和素养也成了他不断学习和追赶的目标。"卫老师在科研上非常严谨，无论是在实验中的合成材料、结构表征、性能评价，还是在调研文献中方向的选择、细节的抓取、隐含内容的解读，以及在撰写文章中创新性的凝练、逻辑结构的建立、语法用词的准确、格式的标准，卫老师无时无刻不在向我们传授着做好科研的不二法门。也只有这样才能发掘出课题的创新点，抓住重要的科学原理，发现新的催化剂结构或是反应机理的新认识。"

卫老师常对她的博士生们说，博士，是一个"攻读"的过程，读博士要学会享受孤独。在读博期间，不可避免会遇到各种各样的问题，都需要逐一克服、解决。而在这个过程中，内因是重要的，要想成长、有所建树，就需要学会忍受寂寞，享受孤独。首先就是要坐得住，能够长时间阅读资料、文献等，认真分析实验现象和数据，深入思考；其次要站得住，认真做好每一个实验，不怕烦琐，不怕辛苦。卫老师大力推进课题组的团结协作精神，同学们之间的合作研究，始终贯穿在每一项科研成果之中。"它山之石可以攻玉"，取长补短，优势互补，才是制胜之道。

卫敏老师严谨认真的工作作风，表现在对学生要求严格，在专业问题上更是求实严谨。她指导学生走自己的路，不跟风，不盲从，认认真真做人，踏踏实实做学问。修改学生的文章，她不仅注重创新性的凝练，更是会从文章的逻辑、结构、语法，甚至会精确到每一个标点符号，都做细致的修改。卫老师课题组有四个研究领域，她对每一个学生的课题都做深入细致了解，因材施教，因人施教，及时了解每一名学生的科研动态，从不对任何学生敷衍了事。

导师和学生密切合作，共赢发展

谈到和学生的相处之道，卫敏老师的话质朴而发人深省。导师和学生，是一种密切合作的关系，不存在隶属关系、上下级关系。研究生，既是你培养的对象，也是你的合作者，是创新思想、科研目标的实践者。导师需要密切跟踪学科前沿，给予明确的方向指导、传道授业、凝练提升，千方百计地帮助学生解决问题和困难；学生需要勤奋刻苦、一丝不苟、勇于实践，二者统筹协同，缺一不可。导师和学生密切合作，充分发挥双方的聪明才智和主观能动性，才能做出高水平的工作。

除了指导科研工作，卫老师十分关注同学们的生活和思想状态。生活上的困难，思想上的困惑，学生们也愿意和卫老师沟通和交流。卫老师用自己丰富的工作经验和人生阅历，为同学们指点迷津，引导方向。学生在球场上打球导致韧带断裂，卫老师知道后第一时间给予关心和鼓励，帮助垫付住院费用，并安排实验室同学们给予照顾和护理。卫老师对学生的关心是无微不至的，也是润物无声的。

科研之余，卫老师还会组织实验室的学生们春游和秋游，和他们一起玩跳绳、唱歌等游戏，让大家在紧张的科研生活中得到放松，增强团队的凝聚力，也让整个实验室充满欢声笑语。学生刘闻迪回忆起前不久的秋游中，她和卫老师一组玩夹气球的游戏，还拿到了第一名。

采访之前，与卫老师取得联系，她给我的第一感觉便是极其温柔又极其干练，思想敏锐，给我留下了深刻的印象。在与卫老师的多次交谈联系中，又很是佩服她的睿智和内在的一种坚忍力量。在采访她的学生的过程中，让我感受到学生对她打心底的尊敬、爱戴和感恩。她在科研的路上走得并不平坦，却能够坚持不懈地积蓄着力量；在十几年的教学过程中，她用心和爱引导着学生在科研的道路上不断攀登……（文/乔佳楠）

本文发表于 2017 年 12 月

吴一弦：从来巾帼多奇志，教学科研敢争先

32年前，面对国外技术的层层封锁，她以巾帼之躯毅然投身到举步维艰的丁基橡胶领域。砺剑十年，她带领团队攻坚克难，最终打破国外垄断，结束了我国丁基橡胶全部依赖进口的历史，使中国成为少数掌握丁基橡胶关键合成技术的国家之一。

32年如一日，她坚守在教学、科研第一线。熟悉她的人都在感叹："她是我们心目中真正的榜样！"而她却总说，自己还要继续努力奋斗。

一路风雨兼程，伴随时间流逝的，是那颗对知识执着追求的心。正如她所坚信的："在科学上没有平坦的大道，只有不畏劳苦沿着陡峭山路攀登的人，才有希望达到光辉的顶点。"她，就是北京化工大学材料科学与工程学院大分子工程系主任、博士生导师——吴一弦。

十年砺剑突重围，潜心科研结硕果

丁基橡胶，全球第四大合成橡胶品种，具有优异的气密性、水密性、化学稳定性及抗曲挠性，是一种与国家支柱产业和人民日常生活密切相关的重要高分子材料。

然而半个世纪以来，其核心技术一直被国外垄断，并对中国实行严格的技术封锁。

1989年，吴一弦22岁。刚刚硕士毕业的她，怀着对科学事业的高度责任心和使命感，全身心扑到科研和教学工作中，精益求精、敢于创新，围绕"异丁烯阳离子聚合"开始了长达十余年的基础研究。

砺剑十年，吴一弦带领团队攻坚克难，研发出了一系列具有自主知识产权的创新技术。2002年，中国石油化工股份有限公司采用吴一弦团队自主研发的异丁烯可控阳离子聚合的理论、方法和工艺技术，成功破解了丁基橡胶生产中

的关键技术,打破了国外垄断丁基橡胶技术的局面,使中国一跃成为少数掌握丁基橡胶关键合成技术的国家之一。

吴一弦又开展了共轭烯烃配位聚合的应用基础研究与技术创新,历经十多年,发明了高活性高定向选择性的催化剂及其制备方法、烯烃可控配位聚合方法及聚合工艺和高性能烯烃基聚合物弹性体制备技术,并进一步通过产学研紧密结合形成了高效聚合成套工业技术,实现了产业化应用,实现关键基础材料国产化,为大规模生产高性能烯烃基聚合物弹性体提供了技术支撑,满足安全、高速、耐久的高性能轮胎对关键材料的要求。

鉴于吴一弦多年来所取得的突出成绩,2000年,她被北京化工大学破格提升为教授,成为学校当时最年轻的女教授;2006年,被中华全国妇女联合会、国家知识产权局、中国发明家协会授予"第三届全国新世纪巾帼发明家新秀奖";2011年,被中国共产党中央委员会组织部、中华人民共和国人力资源和社会保障部与中国科学技术协会授予"第十二届中国青年科技奖";2012年,获中华全国妇女联合会、中国科学技术协会、中国联合国教科文组织全国委员会及欧莱雅(中国)有限公司颁发的"第九届中国青年女科学家奖";2013年,被中华人民共和国人力资源和社会保障部等选入"国家百千万人才工程",并被授予"有突出贡献中青年专家"荣誉称号;2018年,获第十届侯德榜化工科学技术成就奖,2019年,成为中国化工学会会士。

面对成绩,吴一弦显得尤为淡然,她表示:"国家高度重视科研工作,投入了大量资金引进科研人才,改善科研条件,我们没有理由不去把工作做好。"

精诚团结思无涯,"聚合之家"爱无边

"一个人的成功往往是与良好的团队协作密不可分的,在科研中更是如此。"作为科技带头人,吴一弦十分注重科研团队的队伍建设,"科研事业是集体的事业,就像木桶效应那样,不能有短板。"

从2002年开始,吴一弦借鉴她在比利时的留学经历,按月份为研究室成员过集体生日,大家其乐融融。12年来,来自全国各地的莘莘学子,不仅在研究室里体会到可控聚合及先进高分子材料制备研究的乐趣,更感受到家的温暖,学生们亲切地称研究室为"聚合之家"。

吴一弦十分关心青年教师的成长和发展。除了在专业领域的无私帮助外,她还主动关心青年教师在生活上的想法和要求,帮助他们解决困难。她自发为

教师和研究生购买团体意外险，使团队成员感受到组织的关心和温暖，打造了一支素质优良、朝气蓬勃、战斗力强的党员队伍和学科梯队。

在吴一弦的带领下，团队先后承担包括国家"973"基础研究课题、国家"863"高新技术开发项目、国家自然科学基金项目等60余项重大科研攻关课题，获国家技术发明二等奖2项、省部级科技奖励9项，发表学术论文150余篇，获授权的发明专利110余项（其中国际发明专利25项），合作著书《控制阳离子聚合及其应用》1部，受邀参编著作3部，50余次受邀在国际会议上做特邀报告、大会报告和担任分会场主席，2019年任IUPAC离子聚合国际会议主席。

坚守岗位终不悔，教书育人桃李芳

"我们所做的一切仅代表过去，后生可畏，未来是属于年轻人的。"尽管已经承担了繁重的科研工作，但吴一弦始终没有忘却自己作为教师的神圣职责，她坚持教书育人，亲自为学生上课。

吴一弦主讲"聚合物制备工程"本科生课程、"可控聚合与大分子工程"本科学科交叉班课程和"阳离子聚合"研究生课程，都深受学生欢迎。

在课堂上，吴一弦结合自己丰富的科研和实践经验，结合科学研究前沿，深入浅出，把复杂的理论知识形象化，让学生感受着化工科学、材料科学的独特魅力。

为了帮助贫困学生专心完成学业，并鼓励学业和科研优异的学生，在吴一弦的倡导下，研究室先后设立了"学术创新""团队合作""文献汇报""岗位标兵""卫生""科研记录"等多项奖学金。

每年，吴一弦都会从自己的工资中出资加入材料学院设立的"教授奖学金"中。此外，她还拿出自己获"中国青年女科学家奖"的10万元奖金，设立了本科生"萌芽之星奖学金"及研究生"萌芽之星小导师奖学金"。

迄今为止，吴一弦已为国家培养研究生百余名，他们正在各自的工作岗位上为祖国建功立业。（文/江晓、王馨瑶）

本文发表于2018年7月

徐泽敏：高校辅导员的人生"跨考"

从黑龙江来北京工作后，徐泽敏决定离开这里，不是厌倦了城市的生活，而是经过学校选拔培训后，他接受了学校党委交给他的新的使命，投身到扶贫攻坚的一线去，成为一名驻村第一书记。

此前，他在北京化工大学信息学院担任本科生辅导员，原本他是要带着2016级5个班，152名学生直到四年后他们毕业的。但接到学校通知，与领导经过一番谈话之后，他明白，那里的村民可能更需要他。

通辽市科尔沁左翼中旗协代苏木西浩来艾勒嘎查——一个让陌生人觉得很长，甚至不知道该如何断字的地名，就是他此行的目的地。为了记忆这个名字，他曾花过很长的时间，如今成了他最牵肠挂肚的地方。

这里隶属科尔沁地区，蒙古族同胞占比也在九成以上，在未涉足这片土地之前，连徐泽敏都认为"不说住蒙古包，最起码得有大草原吧"。可事实是，这里和其他北方农村没有太大的区别。

这个从小生活在城市的90后青年，迎来了一次重要的人生"跨考"。

"到这里的第一晚，村主任到村部和我彻夜长谈"

这并不是他第一次走进农村，在研究生阶段，他曾跟随导师前往黑龙江40多个县做农村课题的田野调查，那时他们白天进村调研，晚上在县城的宾馆住宿。而这次将是他一个人在这里工作和生活。

2017年7月，徐泽敏来到了这里，村主任帮他在村部安顿好之后，可能是担心小伙子在这里的第一晚不适应，就留了下来。

农村不同于城市，晚上8点半左右，村庄就安静了下来。那晚他和村主任几乎彻夜长谈，聊天的内容也逐渐从嘘寒问暖到了解这里的风土人情和扶贫工作难点，直到凌晨12点，窗外下起了小雨，他们才躺下休息。

徐泽敏记得那晚他俩刚睡下后不久，就听到村主任起床的动静，一看手表，时针刚指过凌晨3点，"我那时候还心想村主任就是把我哄睡着了，他就走了"，直到现在他还为这个幼稚的想法感到惭愧。第二天一早，他听说村主任刚出生的小羊羔死了。

村主任为了陪他错过了为小羊打针的时间，等他赶回去已经晚了。徐泽敏很清楚，在这个农牧结合型的村子里，失去一只小羊对一个家庭意味着什么。这件事村主任从没有在他面前提起，但徐泽敏明白未来他该怎么做。

让村主任在村部陪他，终究不是长远之计，他得自己学会适应这里。一日两餐的生活习惯和朝五晚九的生活作息，在西浩来艾勒不知道已经流传了多少辈，徐泽敏努力调节自己的时间表，以求尽快让自己的生物钟与当地合拍。

窗外太阳能路灯的光亮，"接替"了村主任，让黑夜不再显得那么漫长。但另一个困难也随着天气渐冷暴露出来——房子里没有卫生间，起夜得到院子里的旱厕。

所以，每天晚上7点以后，徐泽敏尽量不喝水，渴了饿了就吃点水果垫垫肚子。他开始逐渐适应这里的生活。

他的工作，得从"一箱鸡蛋"说起

这次人生"跨考"，"考场"就是他脚下的这片土地：辖区面积12300亩，包括耕地7600亩，草地1300亩，还有3400亩林地。"考官"是这里的240户、856位村民，而考题也很明确：在3年内帮助这里6户16人建档立卡的贫困户摆脱贫困。

从到达这里的第一天开始，"考试"结束的倒计时已经启动，徐泽敏用"精准扶贫回头看"作为破题方法，通过大走访、大宣讲、大排查并结合评贫会的方式，在原有建档立卡的12户27人中精准识别出6户16人。他做的第一项工作，得从"一箱鸡蛋"的故事说起。

今年63岁的王金花老人原本不是建档立卡贫困户，他在走访时发现老人的腿脚不便，日常扶着架子才能行动，但一直没有去医院检查治疗。这种情况在贫困户当中比较常见，大多数家庭也是因病致贫，由于家里经济困难，老人生病后只要不危及生命，大多不会去医院。

徐泽敏放心不下，就主动要求带王老去旗医院检查。第二天一早，他开着自己的车去老人家里接她，老人手里提着一个酸奶盒子，说是要带到医院里去。

结果到了医院门口才告诉他,箱子里装的是鸡蛋,他要是不拿,她就不去检查。

拗不过老人的善意,徐泽敏暂且收下了鸡蛋。检查过后,医院建议老人住院,做进一步观察诊断,费用都由徐泽敏暂时垫付。但老人的四个子女中,有三个都不在身边,有一个儿子白天要开电动车"拉活儿",晚上还得回家照顾自己的小女儿。

于是,徐泽敏留了下来。一连三天,他白天回村里工作,晚上再开车一个多小时到县城的医院陪床。这三天里,他从朋友那里借来了一个锅,每天煮几个鸡蛋给老人送去,这些鸡蛋正是前几天老人执意要留给他的。

没多久,"驻村第一书记去医院给老人陪床"在当地传开了,虽然徐泽敏只是觉得做了力所能及的事情,村民们却被这个90后小伙的真诚感动了。"现在贫困户身体不舒服,第一个想到的肯定就是我,这件事之后,大家更信得过我了。"

摸清"穷根",让扶贫工作更有力度

除王金花老人之外,其他几户贫困户也都是患胃癌、脑血栓、股骨头坏死等疾病的"因病致贫"的情况。摸清这个"穷根"之后,他就要有针对地开始扶贫工作的"答题"。

徐泽敏根据"科左中旗扶贫措施40条"中的内容,为每户"因病致贫"的建档立卡贫困户积极协调落实"免费体检""家庭病床""送药服务"等措施,通过扶贫会在村里着力推广"庭院经济"。

徐泽敏和村干部会一起为贫困户精心挑选扶贫牛。以前买东西很少在意价格的他,学会了为几块钱与卖主讨价还价。在他看来,"扶贫的每一分钱都得花在刀刃上"。

把牛牵到农户家,帮着他们在院子的空地里种好蔬菜的同时,徐泽敏已经为这些农产品的销路想好办法了。他着手在北京化工大学昌平校区建立了扶贫创业基地,用于展示和销售特色农产品。同时引导村民树立互联网思维,以"原生态、纯绿色"为主打品牌,建立O2O电商平台。

如今,"考试"时间已过了大半,徐泽敏的"答题思路"也越发准确清晰。为充分调动村民脱贫致富的热情,促进农户的内生动力,在徐泽敏的指导下,成立了农村农业机械合作社,通过协调单位资金21.06万元,购买了青储打包机和青储收割机,免费为建档立卡贫困户收割打包,并以低于市场价的价格为村民服务，利润划入集体经济账户，仅去年就为村集体提供十多万元的收入。

与此同时，他引导村里的致富带头人，成立了西浩来勒销售有限公司，作为当地乃至整个左中地区的农产品销售载体，去年线上线下销售农产品 350 多万。在北京化工大学的收费平台，专门开辟了扶贫专区，为当地的农产品开辟线上销路。

结合当地"三大四会"的要求，着力推进"志智双扶"工作，引导制定村规民约，并结合"爱心超市"，走出了一条变"输血"为"造血"的脱贫之路。当地"种地只种玉米，卖菜全靠自己，上网只打游戏"的状况成为了历史，在村里接入第一根网线的两年后，村民们才真正开始尝到互联网带来的甜头。

脚下沾有多少泥土，心里沉淀多少深情

当然，在"考试"之中，也会有一些"附加题"。比如农活的熟练程度是庄稼人在土地上"安身立命"的基本功，徐泽敏也不想让自己成为例外。到了农忙季节，帮助身体不便的人家收庄稼是常有的事情。

第一次挽起裤腿，手握锄头站在土豆地里的时候，他也曾满怀信心，直到一锄下去，锄头"咬住"几个土豆后，他才意识到这真是个技术活。他像一个不愿意放弃任何加分题的学生一样，一次次认真请教老乡农活的技巧。

这件事让他感触颇深，"脚下沾有多少泥土，心里沉淀多少深情"成了他最常说的一句话。挖土豆，摘豆角，收玉米……凡是村里能用到的农活，他现在都能得心应手了。今年 3 月底，他出差培训的时候，有同事们说他"晒黑了，也变壮实了"，他知道，这是那片他正在挥洒汗水的土地留给他的"标签"。

徐泽敏的心里到底沉淀了多少"深情"，这个只有他自己清楚。曾经高校辅导员的身份，为他的工作提供了很多思路。他从学习蒙语开始，将高校思政教育的"深度辅导"转变为与村民"深度访谈"。

每天的工作和"访谈"内容，他都会写在"民情日记"里，两年的时光，沉淀在六百多页纸上，这些纸上没有辞藻华丽的溢美之词，却流淌着扶贫工作的细致贴心。

有时候，他"深度访谈"的对象也可能是村民家里的小朋友。他发现这里的孩子对发生在"大城市"里的事儿格外感兴趣。2018 年暑假，他邀请北京化工大学信息学院的师生来村里社会实践，让他们给孩子们讲北京的风景名胜，讲美好的大学生活。

  曾作为大学辅导员的徐泽敏，用这种方式也为来自北京的学生上了一堂生动的课，课堂就是他脚下的扶贫"考场"。

  这场已经长达两年的"考试"，"交卷"在即，徐泽敏对通过"考试"充满了信心，他说："不仅作为驻村第一书记的我，从校领导到全校师生，都在关注这个地方的变化，也为当地提供了大量的帮助，我肯定会尽最大的努力来完成使命，这是我的一次人生'跨考'，我不能输，也不可以输。"（文/刘一君）

本文发表于 2019 年 4 月

冯　越：梅花香自苦寒来

2013年上半年，即将博士毕业的冯越正和现在忙着投递简历、参加春招的很多学生一样，面临着人生中的一个重大抉择：出国或在国内做博士后？进企业？还是其他？

面对各式各样的选择，权衡之下，冯越老师发现自己更喜欢在一个相对独立的环境中工作，他希望能够独立带领一个团队，做自己感兴趣的研究。于是，从高考时就选择了生物方向的他，来到了北京化工大学生命科学与技术学院，继续探索这门奇妙的学科。

"很多学校是不愿意让一个刚毕业的博士独立带领一个实验室的。我没有出过国也没做博士后，但北京化工大学看中我的能力和潜力，愿意给我独立工作的机会，所以我就来了这里。"

2018年新年音乐会的舞台上，冯越从谭天伟校长手中接过校长奖，在手模上留下手印、留下名字。

毕业五年后，他仍在做自己最喜欢的事，并且做得不错。

"我感兴趣"

有人说，"21世纪是生命科学的世纪"，生物是一个直接与人类健康、与医学相关的专业，很多人被其广阔的前景所吸引。从高中就对生物这门课程有着浓厚兴趣的冯越老师说，他做研究，主要是因为"兴趣"二字。

冯越老师主要开展的是以X射线晶体学和冷冻电镜为手段的生物大分子结构生物学研究，具体是蛋白质结构生物学。生物学的范畴很广，结构生物学是通过解析蛋白质的结构来了解蛋白质从事生命活动的机理的分支学科。

冯越老师去年发表的论文主题是致病菌嗜肺军团菌——一种致病蛋白的结构生物学研究。军团菌肺炎是一种呼吸系统疾病，由嗜肺军团菌感染而引起，属于非典型肺炎中病情最为严重的一种，严重情况下可能致死。如果研究者了解该致病菌的关键蛋白结构就可以有针对性地设计能够抑制其活性的药物分子，从而抑制病原菌在人体内的正常生长，达到减少病菌感染的目的。

基础研究就像一颗种子，一旦破土而出便能延展出许许多多的枝丫，往更远更广阔的天地生长。在冯越老师研究的基础上，人们能够进一步设计抑制军团菌蛋白活性的小分子药物，可以说，迈出的这一步，为军团菌肺炎的治疗提供了一种新的可能性。

冯越老师谈道："生命科学包罗万象，结构生物学研究的是生命活动在分子，甚至是原子层面的呈现，一旦钻进去的话会看到一些非常有意思的东西，很吸引人。"

对于那些希望选他做导师、跟他一起做研究的同学，冯越老师最先问的是："你感不感兴趣？能不能坚持？愿不愿意通过科研做出一些有意义的东西？"结构生物学的实验本身有时会相对重复，如果有了兴趣和目标作为支撑，就可以在这条路上越走越远。同时它领域宽广，未知繁多，挫折和失败是家常便饭，唯有坚持才有可能取得成功。

"我有责任"

除了埋头实验室专注于自己的科研事业，冯越老师也开设了本科生和研究生的专业课程，主讲结构生物学与生物化学。

"工作压力是有的，但是教学也不能放下，一个大学老师本身就是要去教学的，这是一种责任。"冯越看来，开展教学不仅是教师这个身份的职责所在，也会对自己的科研有促进作用，二者相辅相成。"要讲课给学生的话，自己就必须要对这门课程了解得更深入才行。我在备课过程中会不断去查看这个领域的最新进展，自己也受益。"

上课对于冯越老师来说，是一个温故而知新的过程，"自己讲过的东西印象会比较深。一些经典的知识点经常讲的话就会在脑海里一直记着，自己做研究时有时突然想到这个东西自己讲过，这对实验很有帮助"。

每天清晨，化学工程楼 B504 的门基本都会开着，冯越老师已经开始了他一整天的工作。为了抽出时间陪伴家人，他一般在晚上吃饭的时候回家，晚饭过后再匆匆赶往学校继续工作，一直到很晚的时候才回家休息。

不累吗？

累。

"但是一方面有兴趣，另外我们这个领域竞争激烈，松懈一点的话之前的辛苦可能就都白费了。也不想让自己和学生的努力付之东流吧。"

现在的学生们面临着比过去要多的机会和选择，很多硕士研究生毕业之后不再继续读博士、做科研了。在冯越老师看来，既然选择了成为一名研究生，那在硕士阶段就还是要以做研究为主，这样以后不论做什么工作都有更多选择的余地。"做一件事就要尽量把它给做好，不然还不如不做，优秀也是一种习惯。"

有时看到实验进展得很慢，冯越老师着急得恨不得自己动手去做，但是他手里繁重的工作不允许他花大量的时间与学生一起做实验。"工作以后不能像之前读博士时一样心无旁骛地做实验了，总是有这样那样的事情，所以大家在读研究生时一定要珍惜时间！"

专注认真，珍惜当下，做对人生有意义的事。这是作为老师，他最想教给学生的东西。

"我不服输"

"我身上有一股不服输的劲头。"凭着这股劲头，高考发挥失常与清华大学失之交臂的冯越老师在本科期间发奋读书，最终保送到清华直博。得偿所愿，却发现身边高手如云，加上科研的难度和压力，他一度觉得"自己能毕业就不错了"，但是从不服输的他又怎会甘愿碌碌无为？博士五年一头扎进实验室，心里憋着一股劲儿，在临近毕业的时候他在国际顶尖学术期刊《Nature》上发表了一篇文章，成为同届第一个在《Nature》上发表论文的毕业生。同时，他也获得了2013年清华大学优秀博士论文一等奖、清华大学优秀毕业生以及北京市优秀毕业生。

冯越老师说，他喜欢遇到问题就想办法去解决的过程。在读博期间，他曾经做过一个偏物理方面的实验，新的知识体系需要他从头开始学习，一连几周都没有做出任何的结果。为了解决这个问题，冯越老师每天都在实验室留到很晚才回去，回到寝室之后也要翻看实验记录本，浏览当天的实验，去思考如何解决问题。"每天改进一点，慢慢就把这个事情给解决了。"

研究进展到如今，冯越老师碰到的实验难题也是逐步升级，有时甚至几个月都毫无头绪，但在他看来，只要有强大的动力支撑，有愚公移山的精神，最终破解难题是一种新奇有趣的体验，有一种豁然开朗的感觉。

在做课题时，由于他的实验加办公空间只有不到 40 平方米，资源极其有限，实验仪器不能满足所有学生同时进行实验，迫于无奈，他只得连续两周停了其他人的实验，只让做这个课题的学生开展实验。"大家都很有热情，但是都做实验的话难以保证做这个课题的学生有资源，所以只能采取这种方法。"就是在这样的环境下，他们咬紧牙关、坚持不懈，于 2018 年 5 月 24 日在《Nature》在线发表了题为"Structural basis of ubiquitin modification by the Legionella effector SdeA"的研究长文。

现在实验室条件改善之后，所有学生都能有相对比较充裕的资源和条件专注于自己课题的研究，这让冯越老师更有动力的同时也大大增加了他的工作量，"每天都有很多新的结果和数据，时时刻刻都有事情"，但他乐在其中，也愿意向更高难度的挑战发起冲击。

提到未来几年的计划，冯越老师说，他希望团队能在一两年内再出新的成果，如果有机会的话更想出国学习一段时间，继续深造。

前路长，天地广，我们有理由相信，这个永不服输的人，会在他的人生里，书写更多精彩。（文/刘笑宇）

本文发表于 2019 年 5 月

杨祖荣：《化工原理》的撰书人

杨祖荣，北京化工大学化学工程学院教授，长期从事化工原理教学、实验室建设和化工单元过程的研究工作。现任化工原理教研室主任、化工教学实验中心主任，国家首批精品课程"化工原理"首席教授。

1988年至2002年历任全国高校化工原理教学指导委员会和全国高校化工类及相关专业教学指导委员会委员，国家级有突出贡献专家。1985年至1986年，应邀赴美国Oregon大学化学工程系进行传热方面的合作研究。

编写及编译的著作有：国家级"十五"规划教材《化工原理》两本、北京市精品教材《化工原理实验》及《流体输送》《汽车零件清洗工艺》等，在学术期刊上发表论文50余篇，并负责和参与本科生、硕士生、博士生的培养和指导工作。

所带领的实验室曾获国家教育委员会颁发的"先进集体"称号，先后获国家优秀教学成果奖2项，省部级优秀教学成果奖、科技进步奖7项，与他人合作申报专利2项。曾获北京市教育系统先进工作者、北京化工大学优秀党员、优秀教研室主任、先进个人等称号。

1961年，杨祖荣从大连工学院（大连理工大学）化工机械专业毕业，被分配到当时的北京化工学院（北京化工大学），从推开教室门那一刻起，他便将自己献给了这三尺讲台。

到如今，杨祖荣已经坚持授课六十年了。

六十载坚守，六十载奋斗，为学校、为国家的教育事业做出了贡献。三尺讲台、一块黑板，写满再擦掉的化学符号，字里行间，是他爱岗敬业、无私奉献的教师操守。

一声"老师"，是他的初心，更是他的使命。

"为人师者，传道授业解惑，自己得先有真才实学。"他这么想，也这样做。

1970年到1972年的两年时间，杨祖荣在大庆参与了国内第一个独立设计、制造、生产的现代化石油化工企业的工作。在这里，他不仅学习了多种技术，更学到了大庆人以"两论"为指导的严谨的工作作风，并在他今后的生命里，将这种作风贯彻到底。

1985年，应俄勒冈州立大学化工系主任邀请，他赴美进行为期一年半的研究和学习，杨祖荣说，这段研究学习的经历为他后来的教学和科研奠定了良好的基础。

1988年之后，杨祖荣历任了全国高校化工原理教学指导委员会委员、全国高校化工类及相关专业教学指导委员会委员等。

作为教师，杨祖荣的心中有坚持。坚持学习研究最新的教学和科研成果，以最易懂易通的形式教授给学生；坚持做创新、产学研相结合，引导学生学以致用。作为党员，杨祖荣心中有坚守。守课堂，重教学，为国家培养尖端科学所需的高级化工人才；守初心，重育人，引导学生成长为德智体美劳全面发展的社会主义建设者和接班人。

多年的教学实践过程中，杨祖荣渐渐发现老一套的教学办法不完全适用于当代学生。为了使学生更好地学习、运用知识，为国家培养更多高质量人才，他研究出"三基、两论、一结合"的新型教学理念。

"三基"指老师要注重培养学生的基本概念、基本知识和基本技能。

"两论"指老师授课要以方法论和实践论为指导。

"一结合"指教学要理论和实践相结合。

这一理论付诸实践，立刻得到了教师团队的一致好评，经过一段时间的实践摸索，杨祖荣老师又提出了"三层次教学体系"的教学内容改革。

教学理念的更新，让教师团队的工作事半功倍；教学内容的改革，让学生的知识掌握更加扎实灵活。

七十载岁月匆匆走过，祖国发生了翻天覆地的变化。从当年的艰苦清贫，到如今的窗明几净、设施完备——高大明亮的教学楼、先进的实验室、宁静美丽的校园……这是国家综合实力的巨大进步，更浓缩着一代代"杨祖荣们"的奋斗拼搏。正是他们数十年如一日的坚持与奉献，才换来了祖国的飞速发展，换来我们这代人的岁月静好。

虽然已经年过80，但杨祖荣的脚步始终不曾停下。为了更好地指导学生学习，他结合自身实践经验，组织编写了国家级"十五""十一五""十二五"规划教材、国家级精品教材、北京市精品教材等。

恰逢我校新校区建设之际，杨祖荣教授带领团队，对化工原理实验室原有设备进行大规模更新，先后设计开发了21种具有计算机测控技术的新型化工原理实验装置，同时还为国内高校、研究院等提供多种中试研究设备。助力学校基础设施、实验环境建设，更服务于国家发展。

很多人劝杨祖荣可以享清福了，他嘴上答应着，却一刻也没有离开自己的岗位。高强度的课程和研究给他带来了不小的压力，但每当走进学校登上讲台，杨祖荣便忘记了所有苦和累。他说，与青年教师一起工作，与青年学生一起学习，是一名教师、一名共产党员最重要的使命。

"安然于无闻，执着于真知"，这是杨祖荣60年来兢兢业业的真实写照，也是无数个同他一样的老一辈党员教师身上共同的品质。

正如习近平总书记所说："无数人生成功的事实表明，青年时代，选择吃苦也就选择了收获，选择奉献也就选择了高尚。"

杨祖荣摒弃外界的纷纷扰扰，摒弃喧嚣，只坚守本心，埋头于人才培养和科学研究，为祖国教育事业、科研事业做出贡献。

"我想在我有生之年，多做些力所能及的工作，哪怕是些小事也好。"这是他的付出和坚守，是他作为教师党员的初心使命，也是北化所有一线教师和科研工作者的初心和使命。（文/郭晓璇）

本文发表于 2019 年 10 月

王志华：我的初心就是守好课堂

1984年，刚刚参加工作的王志华走上讲台，迎来了她人生中的第一个教师节，也是全国首个教师节。2019年9月10日，在第35个教师节到来时，她不仅从"工作小白"变身成"科研强人"，还以全国模范教师的身份在人民大会堂受到习近平总书记的亲切接见。

从王志华1989年来到北京化工大学任教，到今天已经刚好30年了。30年来，她曾先后担任十几门本科生基础课程的授课人，现在同时在讲授本、硕、博三层次的课程——本科生的"复杂物质剖析""仪器分析（实验）"，硕士生的"环境分析化学""安全化学"，博士生的"分离分析新方法"。一周七天，除了泡在实验室里指导研究生，就是备课上课，一刻不得闲。

"我的初心是守好课堂"

王志华主讲的"复杂物质剖析"这门课，是一门北化首创的国家精品课程，其中涵盖大量的剖析应用实例和原始复杂的分析谱图，每一章节都可以拿出来单独开课，怎么能在两个课时的时间内给学生讲好每个章节的内容，是王志华和她的教师团队们最棘手也是最迫切的问题。为此，每一堂课，她都精心制作图文并茂的多媒体课件，设计直观框图和剖析流程图，以最简洁直观的方式展示复杂物质的剖析思路和剖析程序，帮助学生准确理解和掌握所学知识。

为了丰富课堂内容，王志华带领教师团队建设更新网络资源，延伸扩大课堂教学范围，对教材"质量"和"结构"进行深入改革，力求反映分析科学领域的新理论和新进展；把教师的科研成果引入课堂，体现科教融合的课程特色……

"我们一直倡导探究式学习方法，希望学生发现、总结生活和科研中的复杂物质剖析课题，鼓励他们把感兴趣的剖析课题写成课程论文。"当然，更重要的是学以致用，开设这门课程的目的，就是希望学生把前几年学到的专业知识学会应用于实践当中，让科研方法从书本中走出来，以问题为导向，采取问题驱动与师生互动的教学方法，让学生学完知识就能应用解决实际问题。授人以渔的教学方法，即使课程结束，从这门课程学到的东西依然能让学生受益终身。

现在，这门课程已经成为国家精品资源共享课，在爱课程和中国大学MOOC平台均有上线，老师与学生线上互动交流，对学生的评论、问题及时给出答复，课堂教学范围随之扩大，教育也从一方小小的课堂推向了全国，服务本校学生的同时也服务了全国的好学者，为保证教学质量，老师们更是付出了翻倍的时间和精力来对待网络课堂。

有教无类，大抵如此。

最近，王志华正忙着再版《复杂物质剖析技术》这本教材，由她参与主编的这本书填补了国内复杂物质剖析方面教材的空白，还获得北京高等教育精品教材和中国石油和化学工业优秀出版物奖·教材奖一等奖。为了它的再版工作，王志华已经准备了将近两年，连去外地出差，包里都是一沓厚厚的复印资料，一张A4纸密密麻麻写满了脚注，每一个知识点、表述、案例都要反复斟酌，有外校的老师遇到她抽空修改教材，翻看笔记时都不禁为她的认真负责而动容。

30年坚守教育教学一线，高质量完成教育教学工作任务，努力推进教育教学改革创新；主编或参编多部国家级规划教材和北京高等教育精品教材，多次获得省部级教材奖；获评北京市高等学校教学名师、全国模范教师；作为国家级工科化学系列课程教学团队和国家工科基础课程化学教学基地骨干成员，把我校应用化学专业建设成为教育部高等学校特色专业；获得北京市优秀教学成果奖，指导学生获得北京市大学生化学实验竞赛特等奖、一等奖……

这份简要却不简单的履历，是王志华30年教书育人的实践成果，是她把全身心投入到教育教学事业的最好证明，是她"守好课堂，守好每一节课"的初心不改，是她"努力工作高质量地完成教育教学任务"的使命担当。

"教学的过程就是育人的过程"

"教育工作者的'初心'和'使命'就是八个字——教书育人，立德树人。"在王志华看来，课程教学与思想教育同向同行，学生要兼有科学素养和社会责任感，老师要践行培养社会主义建设者和接班人的重要使命，为祖国的教育事业奉献力量。她这样说，也一直这样做。

除了课堂基础教学任务，王志华还积极与同学们在课内外互动，为他们答疑解惑，关注、关心学生成长，设身处地地为学生着想。

王志华始终坚信"实践出真知"，为了帮助学生更好地掌握课堂学习内容，她和她的教学团队向学生开放实验室，进行本科生科研训练活动，培养学生科研兴趣的同时，更能让师生面对面沟通。

为了激发学生的创造力，她鼓励学生参加学科竞赛，拿出自己团队已有的科研成果直接转变成竞赛题目，让学生学了知识能立刻就有实践机会，引导他们去参加大学生化学实验竞赛，展示北化学子的风采。学生们毕业之后保研或者出国深造，她特别高兴："很好，这说明我们培养出的学生非常优秀，我们北化的学生到了更高的平台也一样有很强的竞争力！"

有次课程结束时，王志华收到了一封邮件，刚看了两句，心里一动，鼻子酸了。

那信中写道：

恩师台鉴：

恩师万福金安，愚徒自入京求学以来幸蒙教谕。现课业尾结，回首恩谕仍有感于斯怀。

……

夜起子时，信书两封，首及家母，再至恩师。

……

恩师教诲历历在心，没齿难忘。必惜恩勤勉以谢恩师……

读完邮件，思及自己的课堂教学，王志华心里感动于学生的"懂得"，也暗下决心更加勤勉，方能不辜负每一个对科研充满热情的学子。"我常常被学生们的一言一行感动，是他们让我深深地懂得了'教学相长'的真正含义，是他们时时激励着我努力把所有课程上好，是他们让我体会到传播知识、教书育人的快乐！"

走上讲台三十年，王志华常常思考，除了知识、实验方法，我最想教给学生的是什么呢？最应该教给他们的是什么呢？

是提高自身综合素质。

在她看来，如果学生本身素质过硬，无论今后是否从事所学专业领域的工作，都能适应并干好工作，成为祖国建设的栋梁之材。

因而在教学中，王志华一直积极实施素质教育，全程全方位育人，促进学生全面发展，培养学生独立思考、创新思维和终身学习的能力，培养学生坚韧不拔的意志品质和勇于探索的创新精神。

教书，也育人。

"热爱我们的教育事业"

王志华的科研方向是功能纳米材料的可控制备、表征及其在环境分析检测、传感器和催化领域中的应用。目前主持两项国家自然科学基金项目，处于满项状态，科研的压力也水涨船高。

大年三十盯着邮箱里的论文投稿反馈，假期里回到学校修改论文和汇编材料对她来说习以为常，科研已经成了王志华生活中不可或缺的一部分。暑假期间在家修改材料的时候灵感忽至，上午9点开始在电脑前工作，等到终于想起来活动活动身体吃个饭，一抬头已经晚上6点了，一天的时间就这么在指尖划过。

除开陪伴家人的时间，假期也是工作日。这么"拼命"不过是因为她想着："教学和科研互相支撑，把科研做好教学质量一定会更好！"

作为项目负责人，王志华的努力换来了包括国家自然科学基金在内的国家级和省部级科研经费支持、中国分析测试协会科学技术奖一等奖。团队发表的ESI高被引论文，为我校化学学科入围ESI前1‰，进入ESI全球学科排名前100位做出了贡献。

未来，还有更高更远的目标，等着她去实现。"国家正在实施'六卓越一拔尖'计划2.0，目前我们迎来全面振兴本科教育的大好时机"，王志华兴奋地说。

作为教育部高等学校大学化学课程教学指导委员会委员，她想要与化学学院老师们一起深化教育教学改革，建设一流专业（金专），建设一流课程（金课），建设一流基地（建高地）。

作为北京化工大学的一线教师，她想面向学科前沿，面向国家重大需求，在学科交叉方面潜心做好基础研究工作，为我校的双一流建设提供支撑。

谈到"全国模范教师"这个荣誉，王志华说，她心里的模范教师应该忠诚、热爱教育事业，关爱学生，落实立德树人根本任务，坚持以德立身、以德立学、以德施教、以德育德，师德高尚，为人师表；应该爱岗敬业，模范履行岗位职责和义务，在教学改革、教材建设、实验室建设、提高教育教学质量和培养人才等方面成绩卓著，起到示范引领作用；应该在教育教学研究、科学研究等方面取得创造性的成果，成果具有重要的科学价值或取得良好的社会效益，起到模范带头作用。

她一直在朝着"模范"的标准而努力，从前如此，今后依然。

"在人民大会堂和众多模范教师、优秀教师一起见到习近平总书记，我感到无上荣光，更加增强了我作为一名教育工作者的荣誉感和责任感，这不仅仅是我个人的荣誉。我相信北化今后能涌现更多的模范教师，充分展现新时代'四有'好老师的光荣形象，展现北化教师队伍的风采！"

30年，她从年轻教师变成了老教师，带领一届又一届的学生叩响科研大门。

30年，紧跟科技发展前沿改革教学形式和教学手段，科教融合，教学相长。

30年，从阶梯教室里一节课写满四块黑板板书，到后来使用胶片投影仪辅助教学，再到现在采用多媒体进行教学、网络课程共享，在线课程实现翻转课堂教学。

时代在变化，祖国在发展，三尺讲台系国运，作为"立教之本、兴教之源"的一线教师，王志华也会时时鞭策、激励自己，为党育人、为国育才，朝着自己心中的"模范教师"的标杆，朝着新时代"四有"好老师的标准不断迈进，向党和人民，向莘莘学子，交出一份令人满意的答卷。（文/刘笑宇）

本文发表于2019年10月

武冠英：我的科研成果就是要被社会所用

"感谢党中央、国务院授予我们这么高的荣誉，感谢党和国家、学校无微不至的关怀！"2019年9月26日，在北京化工大学"庆祝中华人民共和国成立70周年"纪念章颁发仪式上，93岁的武冠英老师作为离退休老同志代表发言时这样说道。

对于很多北化人来说，"武冠英"是一个"只闻其名未见其人"的名字，很多人只是在《控制阳离子聚合及其应用》这本教材的封面作者处见到过他的名字。今天，就让我们放下这本填补了国内相关领域空白、于2006年获得中国石化协会科技进步奖的教材，来听听它的撰书人的故事。

专注技术 攻坚克难

1951年，刚刚从原中央大学化工系毕业的武冠英被国家首批派往苏联合成橡胶厂实习三年。归国后一直从事合成橡胶科研、教学与工业化工作。1984年，武冠英来到北京化工大学，任高分子系系主任，专攻合成橡胶科研和工业开发，由此开启了一段与"丁基橡胶"斗智斗勇的攻坚克难之旅。

阳离子聚合是一种十分"火爆"的反应。阳离子活性极高，极易发生各种副反应，因此在发现阳离子聚合以后很长一段时间里，人们对它的认识并不深入。这一难题直到20世纪80年代，世界上阳离子聚合实现了由不可控到可控的关键性突破才得以解决。目前，采用阳离子聚合并实现大规模工业化的产品只有丁基橡胶。

"当时国家橡胶业很落后，机缘和责任使我义无反顾投入我国橡胶业的研究和建设。"1956年，在苏联专家指导下，协助四川长寿化工厂，以当时仅有的最基础的化工原料——电石，通过乙烯基乙炔合成氯丁橡胶，终于在1958年，我国第一块氯丁橡胶试制成功，结束了我国没有合成橡胶的工业历史。

1965 年，武冠英带领团队研究顺丁橡胶，顺丁橡胶的连续生产全流程中试试制成功，为我国顺丁橡胶大生产的连续流程奠定基础。

20 世纪七八十年代，武冠英在兰州化工研究院参与并负责丁基橡胶技术工作。由于技术理论基础的研究和储备不足，这个项目工程一再延误，不得已下马。这些挫折深刻地"教训"了当时尚且年轻的他，使他深刻认识到阳离子聚合研究的重要性。

1984 年，武冠英调到北京化工大学，着手准备的第一件事就是组建第一个阳离子聚合研究团队，结合化工学院的特色进行控制阳离子的研究。由于阳离子聚合实验环境有着极其特殊的要求，武冠英带领团队申请了国家自然科学基金，凭借项目支持，攻坚克难，一步一步完成了这项实验，在这个过程中，实验队伍不断壮大，吴一弦教授就是武冠英最早的研究生之一。

有了资金支持，阳离子聚合研究室团队积极开展创新性的基础研究与应用研究，实现了异丁烯、苯乙烯及其衍生物、乙烯基醚等乙烯基单体的控制阳离子聚合，得到了国内外研究同行的认可。

次年，武冠英团队的顺丁橡胶生产连续流程技术获得了国家科技进步特等奖。

成果转化 打破垄断

为加快科研成果向产业转化的步伐，武冠英带领团队深入企业，与中国石油化工股份公司等企业开展合作和联合技术攻关，走科研与产业相结合的道路，他常常告诉学生们："科研成果一定要为国家、为人民服务！"

20 世纪 90 年代，燕山石化公司在国内首次从意大利 PI 公司引进了一套丁基橡胶的生产线，聘请的意方技术人员却对其生产工艺不稳定、严重减产等问题束手无策，燕山石化公司临时决定与北京化工大学合作，聘请武冠英为技术人员临危受命，共克难关。考察了实地情况以后，武冠英发现问题比自己想象的要棘手，受反应速度和反应温度影响，生产过程中发生"堵釜"现象，严重影响工作效率。为此，武冠英带领团队从细节入手，一点一点总结提炼、创造性地改进生产工业，最终解决了这一技术难题。

"我们想办法控制住反应速度，它从几秒几分钟延长到几个小时，这样堵釜的情况可以慢得多。"经过多次实验后，武冠英发现这样做基本上可以解决问题。而这一突破性技术发明也在 2006 年获得了国家技术发明二等奖。

1997年，阳离子聚合研究室团队首次在国内利用控制阳离子聚合方法开展了250吨/年由轻碳四馏分制备低分子量和中分子量两个系列聚异丁烯的中试试验；1998年，获得了中国石油化工集团公司科技进步奖；2002年，利用异丁烯可控阳离子聚合与丁基橡胶聚合新工艺技术开展工业化试验，并成功地将研究成果用于3万吨/年的工业化生产中，制备高分子量的丁基橡胶，取得了突破性的进展，打破了国际上相关聚合技术的垄断。

"与燕山石化公司合作，开展阳离子聚合基础研究和技术开发时我已是年逾古稀，但跟大家一起在现场技术攻关，取得圆满效果，打破了国外的技术垄断，我仍然感到骄傲和自豪！"

作为我国合成橡胶和工业开发的先驱者之一，武冠英获得了国家科技进步特等奖、二等奖等多项奖励，发表几十篇论文，撰写了多部书籍，创办了《合成橡胶》工业期刊，培养了许多像程斌、吴一弦一样的年轻人……为我国合成橡胶工业发展做出重要贡献。

回首过往，武冠英深情地说："我自己一生成长和进步，离不开中华人民共和国的成立，离不开经济社会发展的大环境，我要感谢党和国家的培养，感谢学校的培养和支持！"

如今，目睹学校快速发展，国家蒸蒸日上，武冠英同和他一样的"老北化人"非常高兴。他们衷心地希望每一位北化学子，继承优良传统，奋发有为，有理想，有担当，为学校发展做出更大努力，为国家富强做出更大贡献，努力创造无愧于这个时代的辉煌业绩！

一代人有一代人的使命，一代人有一代人的长征。相信北化学子也定将继承老一辈北化人的奋斗精神，牢记北化人的初心和使命，厚植爱国情、树牢强国志、实践报国行，承担起当代青年大学生的使命责任，不辜负党的期望、人民期待、民族重托，不辜负我们这个伟大时代，将自己锻造成为德智体美劳全面发展的社会主义建设者和接班人！（文/刘笑宇）

本文发表于2019年11月

任福来：退伍老战士讲述经历核武器试验的故事

1964年10月，随着罗布泊上空一声巨响，中国第一颗原子弹试验成功。我校任福来老师那时作为一名进驻罗布泊马兰基地的防化兵，亲身经历了这一划时代的历史事件。

从1964年10月16日第一颗原子弹爆炸成功至1996年宣布停止试验，在马兰基地罗布泊试验场，进行了数十次各种不同当量和各种形式的核武器试验。任福来二十多年的军旅生涯，大部分时间是在马兰基地度过的，他参加了多次各种性质类型和各种形式的核武器试验任务，多次立功受奖，隐姓埋名半个世纪。

如今，每当再提起这个名字时，任福来都会倍感亲切。这里是他的第二故乡，是他的初心所向，也是他的使命所在。

10月18日，我校退伍老战士任福来为北化师生讲述了他亲历的我国第一颗原子弹爆炸幕后不为人知的"使命"故事。

任福来清楚地记得，1964年春节过后，党支部组成临时班，由他负责带队配合执行任务。在一个漆黑的深夜，一阵紧急集合哨声响起，他们迅速打包好行李，背上背包集合，几经更换交通工具，昼夜不停辗转七天，下车时，入眼是一片茫茫戈壁，再经一路颠簸终于在天黑前到达了临时宿营地。

在这里工作要求百倍警惕，绝对保密，实行封闭式管理，这时任福来才知道他们是来参加原子弹试验任务。一路的疲惫顿时消失，个个振奋，掀起了互帮互学训练高潮。

罗布泊地区号称"生命禁区、死亡之海"，"天上无飞鸟，地上不长草，百里无人烟，风吹石头跑"，环境恶劣、缺水少食，在这里生活的人随时面临着生命的极限挑战。

缺水、缺氧，面对这样的艰苦环境，任福来和他的队友们没有退缩，带着对祖国的忠诚、对人民的热爱，战酷暑、抗严寒，头顶烈日战风沙，脚踩冰雪抗严寒，饥餐砂粒饭，渴饮苦水浆，咬牙坚持训练，没有条件就创造条件，坚决完成试验任务。

为了保障核试验安全，任福来及小分队的战士们必须冒着时刻被沙漠吞噬的危险参加保障行动。行前，他们郑重其事地写下了两张纸——留给组织"保证完成任务"的决心书和留给家里人的遗书，每个人心里都做好了有去无回的准备，背上基本的装备，徒步近万里，天为被、地为席，坚守岗位，直到核试验前一个小时才撤离，最终圆满完成环实验场巡逻任务，为我国第一颗原子弹爆炸试验提供了强有力的安全保障。

回忆起当年的战友，任福来忍不住热泪盈眶。

他记得一位飞行员因故障无法投弹，于是毅然向组织发讯息请求牺牲自己，宁可选择坠机投弹也要保证试验如期进行。最后，在大家的齐心协力下，这个飞行员凭借坚定的信念和高超的技术带弹安全返回地面，避免了重大事故的发生。

他记得一位科学家直到生命的最后一息，仍然为祖国冲锋在前，在病床上强撑病痛，用去世前最后的8天时间，整理数据，为核弹事业留下宝贵资料。

任福来记得，在罗布泊，这样的故事，还有很多很多……

半个世纪过去，任福来也从一个年轻的基地防化兵，变成了一名离退休职工。因为在核武器试验过程中受到辐射影响，他的身体一直患有各种疾病。但他说："能在这一辈子有幸参加国家核伟业，尽一份使命一份义务，把热血青春年华奉献给祖国人民，值得！我感到自豪！我无怨无悔！"

正是因为"任福来们"的坚守和付出，罗布泊培养出了一批经验丰富的专家和科技英才，创建了一条我国独立自主、自力更生研发、生产、试验核武器的道路，彻底打破了核垄断、核讹诈，在国际上有了话语权。

"任福来们"怀揣共产党人的"初心"，肩负国家的"使命"，用实际行动诠释着对党和人民承诺的"干惊天动地事，做隐姓埋名人"的铮铮誓言，谱写了我国核事业的壮丽诗篇。

时代进步，国家综合国力、科技实力飞速提升，而这些，都是那些始终奋斗在第一线的先辈们用执着的追求和不懈的努力换来的。那片鲜有人涉足的土地上，铭刻着祖国的军事力量发展，也铭记了一代又一代"任福来们"的初心和使命。

离开军队后，任福来始终记着，要以一名共产党人的身份严格要求自己。要继续传承、发扬那"热爱祖国，艰苦奋斗，无私奉献，大力协同，勇于登攀"的"两弹一星"马兰精神。

他深情寄语北化师生："一定要增强爱国情怀，树立民族自尊心、自信心，把自己的志愿和祖国的需求紧密地联系起来，把远大的理想和振兴中华民族的精神紧密联系起来，把爱国之志变为报国之情，这样人生才能充满激情，国家才能更加强盛。"

而北化人，也会以任福来老师为榜样，学习"马兰人"为了党和国家的事业勇于牺牲、无私奉献的精神，接好历史的接力棒，走好属于我们这一代人的长征路，不忘初心、牢记使命、砥砺前行，为实现中华民族的伟大复兴贡献力量。（文/刘笑宇）

本文发表于 2019 年 11 月

马秀清：最小的"主任"，担着最大的责任

马秀清今年53岁，习惯把头发拢到脑后梳半个马尾，常常都是笑着的模样，学院里的人都知道她热情阳光，乐于助人，学生遇见烦心事也爱找她聊天。她在北化近15年的班主任工作中，林林总总带过10多个班。楼道里碰见认识的女学生时，总会笑着问一句："闺女，干吗去呀？"她自己也有闺女，看着学生总觉得跟自己孩子一样亲。

"一开始，就想当他们在北京的亲人"

2002年，是马秀清留校后的第二年，也是她开始担任班主任的第一年。10多年过去了，回忆起0205班的学生时，马秀清老师还能清晰地记得和他们相处的点点滴滴。

这不是马老师第一次从事教师一职，实际上这已是马秀清工作的第10年。工作后攻读博士然后留校，再次选择老师这份职业，马秀清说这是因为她喜欢这个工作，喜欢跟学生打交道，喜欢跟学生当朋友，和这些二十出头的年轻人相处时，她总觉得自己不由得跟着年轻了起来。于是在不知不觉间，已送走了一张又一张年轻的面孔。

每个学期末给学生家长寄成绩单是北化的传统，这也成了督促同学期末好好复习的动力之一。2003年年底，因为大多学生反映一年级时没收到成绩单，因此马秀清给班里每一个学生家长都打了电话，询问具体情况，同时与家长沟通，让他们了解学生的在校情况。来自全国各地的学生，打往全国各个省市城区的电话，电话打完一查话费单，竟花了700多元钱。

2003年，对我们来说是一个提起来仿佛就能闻到消毒水味的特殊年份，那是非典肆虐的一年。那时候马秀清负责的班级还在昌平老校区，由于担心学生们心理上因封校而产生恐慌，在人们都选择尽量不出门避免感染风险的时候，

马秀清却经常自己坐公交往返城郊两区看望学生。

马秀清担任班主任所带的第一个班级为0205班，在负责0205班的这四年间，马秀清真真正正地将学生们当作自己的孩子一般爱护着，也正是因为这尽心尽责的工作态度，马秀清荣获三次优秀班主任及一次优秀班主任标兵。

每次担任班主任的第一次班会，马秀清都会告诉学生："我就是你们在北京的亲人，不管生活上还是学习上有任何问题，你们都可以来找我。"

她这么说，也这样做。

她帮学生订过回家的火车票，替学生调解过宿舍的纠纷，过节会给学生准备小礼物，元旦当天会跑去昌平校区看学生，去昌平校区监考更要抽空看一看自己班的孩子们，班里有学生生病她也会特地去看望……

她知道自己的学生们从天南海北考到北京不容易，教育好他们是自己作为一名老师、一个班主任的责任与使命。

"耐心、爱心、责任心"

从教20余年，在和学生的相处中，马秀清也在慢慢地改变着自己的教学方式。

现在上课偶然瞥见学生打游戏，会开玩笑似的问一句："你是在玩吃鸡还是王者'农药'啊？"听她这么说，再顽劣的学生也会吐吐舌头，收起手机认真听课。

"中国老师和学生之间、父母和孩子之间都是有代沟的，学生总觉得老师不能理解他。"马秀清老师知道，每一代人的想法不一样，老师必须去了解他们的内心，才能更好地因材施教。

在她看来，一代人生活的环境不一样，同一个年龄段的环境、思维方式不一样，最终他们各方面表现出来的也不一样。曾经被60后、70后、"看不惯"的80后，如今也是社会中流砥柱，在各个行业撑起了一方天地。"不去了解这些学生的话，就不会站在学生的角度去思考问题。"马秀清老师如是说。

学会以朋友的方式和学生打交道，学着更多地去了解学生，学着耐心地引导，学会幽默平和地化解矛盾是她当班主任这些年来的成长和感悟。

马秀清除了当班主任之外，也在慢慢地改变着自己的教学方式，因此有了更多的机会与学生进行交流沟通。尽管如此频繁地见面，马秀清还是定期给学生开班会，抽出一两小时的时间跟学生聊聊生活、谈谈未来。

和 2002 年比起来，马秀清觉得现在关注学生以及与学生沟通交流的渠道也多了，她建立了家长微信群，以便家长能够及时了解孩子的动向，有时为了帮家长找一个出去自习没带手机的学生联系辅导员、联系同班同学、联系学生同宿舍同学，直到家长联系到学生为止；她鼓励学生们参加各种课余活动，希望他们有课业之外的心之所系；她充当任课教师、班主任、心理辅导员等各种角色，愿意花三四个小时甚至更久的时间去倾听学生的内心世界；碰见有特殊情况的学生，马秀清甚至联系学生的亲戚朋友，帮他们解决困难，以便学生能专注学业。她最高兴的是听到学生说："老师，上次跟你聊过后心情好多了。"那意味着学生愿意放下压力打开心结，意味着她的付出是值得的，那是对她最好的肯定。

马秀清老师常说，班主任是这个世界上最小但责任最大的主任，班主任的工作就是不断提高自己，力争做到让学生高兴、让家长放心、让学校满意。只要你有足够的爱心、耐心、责任心去面对学生、面对工作，就没有解决不了的问题。

进入大学的第一次班会课，马秀清就告诉她的孩子们："高中班主任事无巨细，事事都会督促你。大学班主任是引路人，是指引者。上了大学以后，你们既要适应群体学习也要能适应一个人的学习。"

为了成为一个合格的引路人，她努力做到幽默、平和、平等地和学生相处，站在学生的角度上为他们着想，每学期的班会都要跟他们谈一次大学不同阶段的规划，问问学生将来感兴趣的发展方向，鼓励他们坚持自己的选择。

作为引路人，她的任务不是为学生规划出一条通往光明的坦途，而是指导他们叩响事业之门的方向，未来的路上既有荆棘丛生，亦会有柳暗花明。届时希望他们能坚守本心，用今日的学习积淀，为日后逢山开路，遇水搭桥。

马秀清说，现在社会在变化，有些学生可能太过单纯，走出社会会遇到一些挫折，吃些亏，但是无论发生什么事，做人的底线是不能改变的。"只要坚持原则，不会吃大亏。"这是她，也是北京化工大学，最想教给学生的事情。

她教给学生"学会学习"，掌握学习方法是大学最重要的事。

她告诉学生"勇敢前行"，他们将会拥有比父辈更为广阔的天地。

她相信"人之初，性本善"，对每一个学生只要用对了方法，总能引导到正确的路上。

她坚持"做人优先"，要正直，要诚信，要做对社会有益的人。

她的初心，牢牢地系在这些少年人的身上；她的使命，就是引领着他们，去往更高更远的方向。

她是马秀清，一个在北京化工大学当了近十年班主任的老师，她的学生总是说："大学里遇到您，让我知道了什么叫温暖。"她是北京化工大学的一名班主任，还有许许多多优秀老师同她一样，在不同的平凡岗位上为伟大的教育事业做出自己的贡献，为党育人，为国育才，为北化学生的成长，保驾护航！（文/刘笑宇）

本文发表于 2019 年 11 月

郭　青：甘做学生"旧竹枝"

清代的郑燮曾写过："新竹高于旧竹枝，全凭老干为扶持。"郭青老师从1998年留校工作以来，在教师的岗位上兢兢业业走过了数十载，连续担任多届本科班主任，看着一届又一届的学生走进校园，又离开校园。

"我可以看到我的学生慢慢地成长起来，变成熟，是一个很有成就感的事情。"

郭青老师给人的感觉总是和蔼可亲、平易近人的。比起做科研时的严谨，当班主任时的她更多了几分亲和。上课时的一丝不苟和平日里对学生的尽心尽力，让她的学生一提起她都会说："郭青老师她人特别好！"

郭青老师在提起她的学生时总会说，其实她也有很多不懂的地方，虽然教学工作干了很久，但是她始终认为她是在和她的学生一起成长。

守初心，为成长播下种子

大学对于不同的人有着不同的意义，或许是一个全新的开始，或许是要勇敢踏上的征途。郭青老师认为，如果从老师的角度出发，大学最重要的是两个方面，一个是为师者立德树人，一个是为学者德智体美劳全面发展。

大学是学生一个非常重要的成长阶段，在大学期间让很多学生为之困扰的就是——我将来要做什么。郭青老师说，不管学生将来的目标是什么，学好专业知识是为未来的选择打下坚实基础的关键因素。除此之外，在大学的过程中找到自己的人生目标，充实自己的生活，也是非常重要的。

在大学的各个关键节点时，郭青老师一般都会通过班会的形式去关注学生的情况。自己班的学生刚入学时，她来来回回地往返两个校区，给学生开班会，介绍新校区的生活学习设施，详细讲授大学不同阶段中会遇到哪些学习和生活问题，甚至在如何平衡学习、生活、交友这些方面都给予了尽可能的回答和帮助。凡有所虑，皆倾囊相授。面对有特殊情况的学生，郭青老师也会针对性地提出建议，为他们解决问题。"虽然我很难对每个学生都事无巨细，但是我希望对那些有需要的同学，我尽量能为他们去做些事情。"

很多人都会习惯把一代一代的年轻人划分为 80 后、90 后、00 后……而郭青老师认为对于学生来说其实没有很特别的时代印记，在学生时代大家面临的问题都差不多，比如怎么学到知识，如何顺利毕业，怎么建立好自己的人生目标。人们常说的"有教无类"就是希望老师不要在自己心里去区别化对待学生。她这么想，也这样做。在带班的过程中郭青老师慢慢意识到，学生将来未必从事本专业，大学对于他们来说更多是一个摸索成长的过程。作为班主任，她四年来做得最多的功课是给他们提供不同的建议，推己及人，理解他们的不同的想法。

"所以，我只能说是一个引路人。"

有人说，教师的最大幸福就是把一群群的孩子送往理想的彼岸，而教师便是他们的"摆渡人"。

担使命，"因材施教"灌溉新芽

当有人夸赞郭青老师带的班级学风好，学生面貌都很积极向上的时候，她总是谦虚地说："这些都是我的学生们自己的追求，他们每一个人都希望自己往上走，我只是给了一些引导。每个学生都有自己的想法和自己成长的速度，不能揠苗助长，也不能强迫塑造学生的道路。"郭青老师会告诉她的学生大学可以给他们提供什么环境，能从哪些方面达到自己的目标，她希望学生可以自己找到想要的东西，完成自己的想法。

郭青老师曾经教过一个各方面条件都很优秀的学生，但是他偏偏不喜欢学英语。郭青老师和学生谈心时，一五一十地和学生说了学习英语的重要性。后来，这位同学把英语四、六级都过了，最终凭借过硬的综合素质保送到清华大学。"这一件事情还让我挺有成就感的，虽然不见得是我的作用，但在我的影响下看到学生突破了自我，这点还是很高兴的。"

所谓"因材施教"实际上是一个很广泛的话题，郭青老师认为，给不同的学生创造适合他们各自学习、成长的环境是很重要的。

对于想深造或者在科研训练上感兴趣的同学，郭青老师会给他们重点指导，及时给予他们想要的资讯。在保研和考研的那段时间里，郭青老师的耐心和细心蔓延到了学校选择、导师推荐、初试复试的各个阶段。

对于学习上存在困难的学生，郭青老师觉得需要有不同的教育方式。有些学生对于学习不自信，就要注意建立他的自信心。有些学生对于自己的专业不了解或者不太适合，要引导他们去增加对专业的了解并积极发现兴趣点。"我会告诉他们，你不要觉得这样就是自己失败了，我们可以通过大学找到最适合自己的东西。"

孔子说"因材施教"，是希望老师在教授学业的过程考虑每个学生的特殊性，而郭青老师在带领学生的过程中所领悟到的就是要"因人而异"地尊重他们，"因材施教"地教育他们。一把标尺无法统一一个班级，每个学生都有自己的性格和风格，"每个人都有自己的路，每个人都可以找到自己的路"。

育良才，引路科研为报国

郭青老师时常要在科研人和班主任两个角色之间转换，做科研的时候，郭青老师更多要考虑创新性，而做班主任的时候更多需要的是细心和耐心。

"实际上科研也是一个吸收的过程，在学习新知识的过程中教学，可以把自己学习到的东西转化，继而分享给学生。"

要平衡班主任和科研人的角色，郭青老师除了合理安排时间，还别出心裁地让科研和班级活动结合起来，让两者相辅相成。郭青老师时常鼓励学生参加各类学科竞赛和科研训练项目，培养学生利用专业知识分析问题、解决问题的能力。同时，郭青老师也亲力亲为，亲自指导学生的"萌芽杯"科技创新及学术论文大赛、大学生科技创新与创业计划等学科活动。

在郭青老师的悉心指导下，她所指导的学生也收获颇丰，获得了多项"萌芽杯"校级、院级奖励，多项大学生科技创新校级重点项目和一项国家级大学生科技创新项目。

谈及为什么要把科研的思想和态度带给学生，带入学生的学习思维中，郭青老师认为学以致用是把知识吃透的方法，尤其像理工科专业，如果不通过科研的实践或者学科竞赛的打磨，很难把书本上的"死知识"转化成可以真正使用的"活学识"。"我们的学生在学习这个阶段里，很难实现每个人能够去实习锻炼自己，同时很多实习工作实际上是辅助性工作，很少涉及技术性，但是往往技术性工作才是最为重要的经历。"

我们总说，"大学老师，一在研究学术，二在培养人"。把科研思想渗透到自己的工作当中，郭青老师也探索出来自己独特的教育之道，这不仅仅是给了学生们一次实地演练的机会，更为重要的是教会了他们一种严谨和创新的态度，而这种态度也恰恰是大学生应当拥有的。

谈到未来，郭青老师想要送给学生十二个字——努力学习，认真工作，享受生活。她的想法很简单，"在自己的人生中、工作中、生活上，都能找到感到幸福的事情就很好"。她做的事情也很简单，讲好课，育好人。习近平总书记说，教师是立教之本、兴教之源，她牢牢记着这份光荣和责任，也一直尽最大努力，同北京化工大学的数千名教育工作者一起，为培养社会主义建设者和接班人而努力奋斗。

她是郭青，北京化工大学的一名普通教师，一个优秀的班主任，她笑起来像五月的风，又温柔，又坚定。

她说，看到学生们从对未来充满期望的小小少年成长为向着目标坚定前行的大人，就是我的幸福。（文/徐姝敏）

本文发表于 2019 年 11 月

于文博：催化新时代与新青年的"化学反应"

阳光明媚的冬日下午，北京化工大学昌平校区第一教学楼 A-510 教室，伴随着下课铃声响起，于文博结束了本学期"思想道德修养与法律基础"课的教学。

"希望同学们通过'基础'课真正理解，价值观的塑造和知识的学习同样重要，由平凡而致卓越，积小善而成大美，以青春之我创造青春之家国。"台下00后的学生们对这位可敬可亲可爱的80后思政课教师报以持久热烈的掌声。11周，48学时，951页课件，是他们共同的记忆。

全国高校思政课教师影响力提名人物，全国高校思政课实践教学方案一等奖，北京高校"思想道德修养与法律基础"教学基本功比赛一等奖，北京化工大学青年教学名师、优秀共产党员，首批入选学校青年英才百人计划……这份不凡的履历，每一步都浸透着汗水。

2019年，教育部开展首届全国高校思政课教学展示活动，于文博荣获全国特等奖。这一奖项成为我校在思政课教学领域取得的最具标志性奖项，集中体现了思政课改革创新的显著成效。

在学生眼中，她是良师，是益友，在同事眼中，她是楷模，是榜样，诠释着思政课教师的职业信仰和使命担当。

立德树人、不负重托

2016年7月，于文博获得北京大学哲学博士学位，进入北京化工大学成为一名思政课教师。前辈教师对她讲："从事这份职业，你会收获无与伦比的荣誉感、幸福感和满足感。"经过三年多的讲台淬炼，她对这句话有了深刻的体会。

"思政课是落实立德树人根本任务的关键课程。培养担当民族复兴大任的时代新人，是党和国家赋予我们的光荣使命，是思政课教师的初心所在。"谈到对思政课教师职业的理解，于文博神采焕发、滔滔不绝。

如何把立德树人的教学目标，落实到具体教学过程中？她回忆起第一次参加教学比赛的经历。中国哲学专业出身的她，讲解"中华传统美德的基本精神"，引经据典、倒背如流。信心满满地试讲后，学院指导老师们却指出："思政课不同于哲学专业课，更要体现课程特质，紧扣教学目标，回应学生困惑。"

"自此之后，在设计每一个教学环节时，我都不断追问自己，能不能在知识传授的基础上实现人格塑造和价值引领。"四轮试讲后，于文博参加北京高校"思想道德修养与法律基础"教学基本功比赛，以全市第二名的成绩荣获一等奖，之后又获得北京高校思政课教学基本功比赛决赛二等奖、北京高校青年教师教学基本功比赛文史类A组三等奖。取得这些成绩时，距离她正式入职还不到一年。

获奖之后，于文博对"思想道德修养与法律基础"课程的理解还在不断深入。在她看来，这门课程落脚在大德大爱大情怀，让学生真正认识到，只有把自己的小我融入祖国的大我、人民的大我中，才能创造精彩的人生。

"要做到这一点，需要理论深度和现实温度的融合。"在她的课上，既有对中国特色社会主义制度优越性的系统讲解，又有对《小欢喜》《都挺好》等热门影视剧的分析，既有国内外发展成就对比的最新数据，又有学生日常生活的微小细节。

学生们评价于文博"开朗、爱笑，有一点可爱"，在"于老师的思修课"微信群中，表情包"斗图"是常有的事。尽管看上去，教学形式丰富多样，但她十分清楚，"所有的形式都是围绕教学目标的实现，不能只让学生'看热闹'，趣味过去后毫无收获"。

实践证明，她的尝试是成功的。她的课完全颠覆了学生对思政课的刻板印象，学生们称她为"思修女神""思修一姐"，甚至不少曾经教过的学生会特意回去"蹭课"。"有温度的思修课"是她收到最多的教学评价。

居安资深、如琢如磨

在马克思主义学院主页的教师寄语中，于文博写道："人一能之己百之，人十能之己千之。果能此道矣，虽愚必明，虽柔必强。"这句出自《中庸》的名句也是她的微信签名，她说每个人在资质上可能存在着差异，但起决定作用的还是付出和努力。这既是她对学生的要求，也是她对自己的要求。

"思政课的教学探索永无止境"，敬畏讲台、站好讲台是她的职业追求，无时不备课、无处不备课，是她的生活常态。

在站上讲台的第一个学期，她下定决心钻研教学。"我觉得只有写出逐字稿才能完全理清教学内容，才能让互动讨论更有的放矢。"一个学期下来，她写下了20多万字的授课逐字稿。

此后的每一节课她都这样精心准备，即使已经上过几轮课，仍然不知疲倦地打磨课程。第二天早上8点的课，她常常备课到凌晨两三点。为了积累更加贴近学生生活、时代性强的案例，她的"微信收藏功能里全是上课可能用到的素材"。

"于我而言，只有在讲台上站稳脚，才有可能登上领奖台。"于文博这样形容讲台与领奖台的关系。"能在这次全国高校思政课教学展示活动中获奖，完全源于日常教学的切磋琢磨。"

与以往的教学比赛不同，这次展示活动在赛制上有所创新，更加看重教师对课程的整体理解和平时的教学积淀。网络评审阶段要求提交不少于8000字的专题教案和20分钟的教学视频，于文博最终提交的教案达34000字。

现场展示的主题需要在展示前一晚通过抽签决定，展示时要用10分钟讲授一个完整的知识点，不能使用课件，只能运用板书。收到入围现场展示的通知时，距离正式比赛只有不到一周的时间。于文博说，这一周，她的睡眠以分钟计，连做梦都是在讲课。

抽签当晚，更是一个不眠之夜。于文博抽到的题目是"科学应对人生的各种挑战"，她以"杂交水稻之父"袁隆平和普通农民金财善的对比作为主线，分析人生价值的评价方式，讲到无论是扛起民族未来的大国脊梁，还是我们身边的盖世英雄，只要能用自己的劳动和聪明才智为国家和社会真诚奉献，他们的人生就同样具有价值。

教材的深耕和日常的积累，让她在10分钟的展示中举重若轻，最终获得了评委的一致认可。

于文博热爱讲台，也成长于讲台。她多次受邀在北京乃至全国进行示范教学，参与中央马克思主义理论研究和建设工程教学辅导用书编写，为北京市委教育工作委员会起草思政课建设相关文件提供意见咨询，教学成果被人民网、《中国教育报》报道，极大提升了我校思政课教学改革成果在全国的知名度和影响力。

化人心语、化育人心

"荣誉属于北化思政课教学团队",于文博认为,所有奖项都得益于学校对思政课改革创新的大力支持,得益于马克思主义学院对教学团队建设的高度重视,得益于教研室同仁们的砥砺奋斗。

于文博所在的"思想道德修养与法律基础"教研室定期举行集体备课,依托北京高校思政课教学改革示范点打造立体课堂,他们的课程被评为校级研究性教学示范课程、精品在线开放课程、优质本科课程。

如今,北化版"思想道德修养与法律基础"已经在中国大学慕课平台上线,首轮开课选课人数就已超过6000人,正在积极筹备申请国家级"金课"。

思政课如何用心、怎样用情、何处用力,于文博一直没有停下创新探索的脚步。

她带领学生开展"彰显中国精神的行业特色人物调研",结合课程特质、时代特征、学校特色和学生特点,通过文献调查、人物访谈、案例分析、参观考察、小组研讨、微电影制作等多种形式,让学生自己讲述一代代"北化人"努力改变人民生活、实现中国突破、捍卫国家尊严的故事。实践教学的成果也会反哺课堂,北化精神、行业领军人物、知名学者成长故事都在她的课堂上呈现。这是一次教学相长的尝试,这一教学设计荣获全国高校思政课实践教学方案一等奖。

这个学期,她还邀请了首都教育系统服务保障国庆活动宣讲团走上讲台,让参加庆祝中华人民共和国成立70周年大会的北化师生,讲述他们心中的爱国情、强国志、报国行,变"化语"为化育,让思政课有温度、接地气。

"在新时代与新青年的化学反应中,时代是加热器,我们是催化剂。在思政课教师的催化作用下,时代精神得以转化为青年成长源源不断的新鲜氧气,引领他们为民族复兴继续奋斗。"

如今,于文博不仅是思政课教师,更是思政课改革创新的组织者。在她看来,思政课教学是信仰点亮信仰、理性唤醒理性、心灵呼应心灵的过程。当看到学生能够坚定信仰、坚守初心、坚持理性,在实现人生价值的道路上熠熠生辉的时候,她和同事们更加坚定了职业自信,相信这就是思政课教师的美好生活,激励着她们一路凯歌、一路收获。(文/刘一君)

本文发表于2019年12月

邢鹏举：让师生吃上可口的年夜饭

除夕过后的第七天，邢鹏举一家人才得以团聚，吃上了今年迟到的"年夜饭"。

对他6岁的女儿优优来说，这已经是习以为常的事了，她出生6年以来，一家人团团圆圆在一起跨年的次数几乎屈指可数。她可能不知道外面的疫情有多么严重，只是通过姥姥姥爷的描述，知道爸爸妈妈"一个在学校，一个在医院，有很重要的事情要做"。

"现在她还小，可能不理解今年为啥爸爸妈妈都不在家过年，但我和爱人相信，等她长大后一定会理解我们的。"邢鹏举满是歉意地说。

学校四菜一汤的年夜饭

邢鹏举是我校餐饮服务中心党支部的党员，自寒假开始就一直坚守岗位，特别是新冠肺炎疫情发生以来更是每日坚守在服务保障一线，用他的话来说就是"特殊时期必须要和食堂员工一起面对"。

如果不是可恶的新型冠状病毒"作祟"，今年学校为留校师生准备的除夕年夜饭，有10个热菜，6个凉菜，共16个菜，餐饮服务中心提前1个月就开始准备了，先制定菜谱，并利用休息时间组织厨师们进行操练。

"所有原材料都已准备好，但因疫情临时改成了套餐形式，就是四菜一汤。原定的菜品没能一一呈现，也是我们的遗憾之处。"但他也觉得能保证留校师生的健康安全，这才是当下最重要的。

虽说年夜饭简化成了套餐，但制作过程毫不含糊，从餐饮服务中心领导到普通的员工都参与其中，清蒸鱼、香辣虾、熘双鲜、虎皮肘子、坚果时蔬先后被装进了餐盒。"为了让大家感受到年夜饭的氛围，我们还提前腌制了腊八蒜，最后和菜、饺子一起送到留校师生面前。"

相较于冲在一线的教职员工，餐饮服务中心在这场疫情阻击战中同样起着非常重要的作用。提起自己的工作，邢鹏举认真地说："食堂是留校师生必须来的地方，人多，一日三餐少不了，疫情当前，既要保证留校师生饮食安全，也要防止在食堂交叉感染。在保证安全的大前提下，尽我们所能让大家吃好、吃饱，吃得放心，吃得暖心。"

然而，说起自己的家庭，尤其是爱人还有孩子，邢鹏举对妻子满是心疼，"因为我爱人的工作性质，所以结婚10年，记忆当中我们一起团聚过年也就一两次。"

一次主动请缨，一次虚惊一场

疫情就是命令，防控就是责任。面对这场战"疫"，在"亲情"和"使命"的天平上，邢鹏举和爱人都不约而同地将砝码倾向了后者。

他爱人是中国康复研究中心（北京博爱医院）神经康复科的护士，疫情发生后，她们单位有部分外地和单身的医护人员放假回家了。即使有赶回来的，也得先在家里自行隔离，因此医院的人手十分紧张，他爱人也更加频繁地替班了。

"她昨天就是白班加夜班，下午3点到晚上10点没有吃一口饭，没有喝一口水。"邢鹏举说，她爱人还积极响应了医院的号召，主动请缨报名参加了医院新型冠状病毒的救治工作小组。"她是报名以后才告诉我的，她告诉我时我还一直在犹豫，没想到她已经报过名了。"

有一件事虽虚惊一场，但也把他吓得不轻。年前有一天，他爱人下午下班后，在回家的路上听同事打电话告诉她，她护理的一位病人高度疑似新冠肺炎患者。这下把她给难住了。她既不敢回家，也不敢到别的地方去。"她怕自己也被感染了，再传染给别人，然后给我打电话问我怎么办。"

邢鹏举说，他也没有好的办法，但总不能让她一直待在外面，就决定先让她回家，等医院消息。他说爱人戴着口罩回家后，立马把自己关在了一个屋子里，然后非常夸张地对全身进行了消毒。直到第二天中午，那位疑似病例被排除，她才把自己从屋子里放了出来。全家人的心才放了下来。

迟到了七天的年夜饭

按照往年他和爱人的"分工",春节期间爱人工作相对更忙一些,往往都是他在家照顾老人和孩子。可是今年情况特殊,对日常消毒防控、对员工进行防护培训、做好每日检查、督查等工作,他要到学校亲自过问。

除了家里的孩子和老人,他还挂念着远在山西老家的母亲。今年春节不能回老家陪陪她,这份深埋在心里的牵挂只能通过经常和老母亲打电话、叮嘱她保重身体的方式来表达。

春节以来,他和爱人早出晚归,忙到连坐下来一起吃顿团圆饭的时间都挤不出。直到1月31日大年初七,他们才吃上了迟到了七天的"年夜饭"。

这顿"年夜饭"是孩子姥姥做的,因为他们一致认为姥姥做的菜道道好吃,邢鹏举笑着补充道:"要说拿手菜,她姥姥做的砂锅烩菜数第一。"他明显地感觉到,孩子优优比前几天要开心多了。

这一切,邢鹏举都看在眼里,他知道医务工作者本身的工作强度就很大,再加上现在是特殊时期,工作强度及思想上的压力就更大。"这个时候我最想对她说,辛苦了,老婆,职责所在,但一定一定要保护好自己,我和优优都等着你凯旋。"

邢鹏举是孩子的父亲,是妻子的丈夫,是父母的孩子,也是北化后勤人员中的一员。疫情面前,他坚守着一名共产党员的初心使命,在防疫任务中兢兢业业,带领东一食堂在岗员工坚持安全第一的原则,细致认真地完成每天的餐饮保障任务,为打赢这场战"疫"牺牲小家为大家,贡献着自己的力量。

在此,我们向每一位在疫情防控工作中舍小家顾大家、奋战在防控一线的北化人表达敬意!向每一位无私奉献、以各种方式支援学校疫情防控工作的北化人表达敬意!向所有奋战在防控工作战线上的那些认识的和不认识的人表达敬意!

众志成城、共克时艰,我们一定能打赢这场疫情防控阻击战!(文/刘一君)

本文发表于2020年2月

李群生：创造了纯度 99.99999999%的奇迹

在盛大的新年音乐会上颁发象征着学校最高荣誉的"校长奖"，是北京化工大学坚持了许多年的传统。

2019年12月28日，在鲜花和掌声中，李群生教授从谭天伟校长的手中接过荣誉证书和奖牌，并在象征着汇聚力量与永铸辉煌的手模上留下了永久的印记。

这双看上去平平无奇的手，曾戴上胶皮手套在实验室取得过一项项科研成果，也曾在工厂车间里为提高转化率触摸检查过设备而沾满灰尘。当然，这双手有时也会握住一支粉笔在三尺讲台上传道授业，默默无闻地为中国化工行业发展培养新人。

同样，正是在这双手的参与下，我国生产出了纯度高达 99.99999999%（10N级）的高纯度硅等高科技产品，部分缓解了国际贸易争端在芯片原材料等方面对我国的威胁。

"我不觉得累，科研就是我最大的爱好"

纯度高达99.99999999%究竟意味着什么？李群生教授举了一个十分形象的例子来说明："如果把杂质比作坏人的话，就相当于在13亿中国人中，只有不到0.1个。"

之所以要达到这种10N级别的高纯度，是因为超高纯度化学品是电子、航天、军工等行业急需的高端基础化工材料。他介绍说，尽管我国硅资源丰富，但长期以来，我国生产的硅粉常以低价出口到国外，然后再以高于出口百倍以上的价格进口。

因此，在李群生、任钟旗教授团队长达15年的刻苦钻研和攻关下，"超高纯度化学品精馏关键技术开发及应用"取得重要成果，一举扭转了相关技术和产品被人"卡脖子"的局面。

此前，我国生产芯片和单晶硅急需的高纯硅料被几家国外公司垄断，产品价格奇高且受制于人。该项成果鉴定委员会有关专家在听取课题组汇报后，高兴地说："实现自主创新，替代并超越国外先进技术，对扭转我国高端化学品受制于人的严峻形势，满足国民经济发展重大需求，提升'中国制造'在国际竞争中的影响力和竞争力，均具有重要的战略意义。"

李群生在科研中得到的是简单又纯粹的快乐，就像他所研究的分离精馏技术所追求的那样——纯而又纯。科研攻关中，尤其是分离提纯技术，每将小数点后代表纯度提高的"9"增加一位，难度系数就会呈现出类指数式的增长。"但只要国家和人民有需要，我们还是会继续研究下去的。"

他45岁以前，平均每天工作15小时以上是常态。但他还是说："我不觉得累，科研就是我最大的爱好。"因为"从读大学起，我就养成了每天早上跑4.5公里的习惯"，这个习惯保证了他的身体健康，让他有充足的精力投身科研。

繁霜尽是心头血，洒向千峰秋叶丹。他先后两次获得国家科学技术进步奖、省部级一等奖7项。仅2019年以来，除"超高纯化学品精馏关键技术开发及应用"通过了中国石油和化学工业联合会组织的成果鉴定外，他还获得了2019年教育部科学技术进步一等奖、中国石油和化学工业联合会科技进步一等奖和中国产学研合作创新成果一等奖。

立志让科研惠及于民，曾拒绝国外高薪聘请

李群生经常说，做科学研究的终点不是在实验室，而是要将相关技术应用于生产实践当中。他和他的科研团队一直面向科技前沿，面向国家重大需求，以"学以致用，惠民利国"为理念开展各项工作，用心血催化出一项项成果，把论文写在了祖国大地上。

在很多人眼里，化工一直是"高污染""高能耗"的代名词，而众多像李群生一样的北化科研人员就是致力于"绿色化工"研究，努力让化工变得更加"美丽"。

他所从事的传质与分离技术就是破解化工产业污染的一把"金钥匙"。"我们的技术一方面可以让化工排放物有效物质更少，另一方面也可以通过优化生产流程减少能耗，进而取得良好的生态效益和经济效益，推动化工产业高质量、绿色发展。"

数十年埋头苦干，他先后完成百余项科研项目，研究成果在全国几十家国有大中型企业成功落地1000余项。因此，在他科研"日程表"的空隙里，填满了各类到企业一线去实地调研指导的安排。

"只有到生产车间里去，才能了解到实际生产中所面临的问题和需求，也为我们进一步的科研提供方向。"李群生教授说，学校非常重视产学研深度融合，一些长期合作的企业对北化的科研成果十分认可。"我们只有不断推出新的项目，才能不让北京化工大学这块在业界的'金字招牌'蒙尘。"

2007年至2008年，李群生教授曾到美国麻省理工学院、华盛顿州立大学做访问学者。在此期间，他关于高效分离精馏技术和新能源的研究引起了美国科学界的广泛关注。

在他回国前夕，美国有关单位以丰厚的待遇挽留他，甚至已经下了聘书，但他还是毫不犹豫地回国了，回到了他所热爱的北京化工大学，一边做着科研，一边教书育人。

他坚定地说："我喜欢在国内工作，在北京化工大学当老师，这已经是刻在骨子里的信念了。"在他看来，是学校培养了他，为他提供了实现人生价值的平台，他非常满足，用科研成果回馈母校、惠及社会是他义不容辞的责任。

今年的9月10日，57岁的李群生教授迎来了人生中的第33个教师节。在当天的教师节表彰大会上，他获得了学校2020年"优秀教师"的光荣称号。

但在他看来，"优秀教师"这四个字不仅是学校授予他的荣誉，更是一份沉甸甸的责任，时刻鞭策着他更加努力地践行育人育才的使命。

出生于"教师世家"，长大后我就成了你

1963年，李群生出生在一个"教师世家"，"我爷爷、我爷爷的哥哥、我爸还有我伯伯，他们是人民教师，到了我这一辈，我和我爱人，还有我弟弟也都是教师"，他骄傲地说。

正是在这样的家庭环境中成长，他从小就受到了"师长们"的影响和熏陶，而为了对得起别人对他"老师家孩子"的称呼，他在学习生活的各方面都更加严格地要求自己，成绩更是一直名列前茅。

父辈的师者风范为他树起了榜样，他们用言行教会了李群生"学为好人，要走正道"的价值追求。所以，他现在回想起来，"我长大后成为一名人民教师，是一个自然而然的选择，我也很喜欢这个职业"。

他的博士研究生导师张泽廷教授是我国培养的第一位化工领域的博士后，"张教授在培养学生的过程中非常看重理论基础和实践应用"，李群生说，动手能力强是这门学科的特色，受导师的影响，他现在也这样要求学生。

让研究生亲自动手锯钢筋、搬钢管，按照流程图搭建实验装备是常有的事。这还不够，经常带着大家去工厂"采风"也是他实践教学的重要内容，这就是他所要求的"既做得了科研，也下得了车间"。

正是这样，他培养的博士和硕士研究生步入工作岗位后，能非常迅速地进入状态，并独当一面。也有学生选择像他一样继续留在高校教书育人，现在已经成为系主任。

而对于很多已经毕业了的学生来说，科技大厦的1201室是大家解锁"北化记忆"的密码。李群生就是1201室的家长，在他身后书柜上摆放着一幅书法作品。"那是学生送我的，每年教师节他们都会发来消息问候，我感觉这也是做老师的幸福所在。"

曾有人在网络上发帖评价他："脾气不错，挺和蔼。"他看到后笑笑说："哈哈，我感觉还可以吧。"

"有人惹我生气了，我就多想想他的优点，慢慢就不生气了。而对表现非常好的学生，我也会想想他们身上的不足，以免过分地偏爱他。"这就是李群生辅导学生的秘诀。

时间带走了他的青春，却又给他送来一批又一批更加青春的孩子。一张照片中，身穿硕士和博士学位服的学生们把他紧紧围在中间。做老师最幸福的时刻莫过于此，不信你看，他在那一片"桃李芬芳"中笑得多甜。（文/刘一君）

本文发表于2020年10月

谢鹏程：用"3D 复印"技术创下 30 秒的"北化速度"

走进谢鹏程的办公室，正对门口的办公桌上摆满了材料，一副小小的护目镜，"霸占"了一旁的整张桌子，这样"霸道"的它有着怎样的故事呢？

知道英蓝实验室的人，都知道"3D 复印"护目镜。"我们的核心技术是模塑成型，通过扫描、制模、成型一体化的智能系统构建，实现具有复杂结构特征光学级零件的三维立体快速复制。"谢鹏程解释道，就像复印机一样，护目镜模具一打开就是一个立体制品的复制品。生产一副护目镜只需 30 秒，充分展现出科技战"疫"的"北化速度"。

疫情期间，一箱箱护目镜被送往一线：实验室里的学生戴上了，社区的防疫工作者戴上了，一线的环卫工人戴上了，医院的医护人员也戴上了……而此刻正安静地躺在谢鹏程办公桌上的，便是第一副被成功复刻出的护目镜。看着它，谢鹏程深邃的眼眸中含着些许的期盼："我们不能亲自奔赴抗击疫情的前线，就靠你们保护好那些勇士们了。"

"接地气"是"教授工人"的代名词

一束昏黄的灯光打在实验机台上，夜晚的企业车间里，寂静到只有机器不知疲倦运转的声音，这求学期间印象最深刻的画面，再次浮现在谢鹏程的脑海中。

身旁的模具还在一开一合，将他的思绪拉了回来。再次成为"车间工人"，走上生产线，他又开始了每天从早上七点到晚上六点不间断的工作模式。"时间非常紧张，每天脑海中就只有一个念头：生产的物资多点，再多点，快点，再快点……"在不懈的努力下，单副护目镜生产时间由 90 秒提升到 30 秒，日产超过 2000 副。

拉模具、上镜脚、调设备……谢鹏程挽起衣袖说干就干。汗水濡湿额前的碎发，眼圈泛起淡淡的青色，长时间埋头工作后弯曲的脊背，让他看起来"灰头土脸"的。看到这样"接地气"的教授，学生们的第一反应是："老师，您也能干这个？"在生产线上的几个月里，谢鹏程身体力行地告诉学生：作为工科学生，动手能力是最基本的技能。科研精神是工匠精神的延伸，作为一名科技工作者，就要进得了实验室，下得了车间，不怕苦不怕累，一丝不苟、精益求精。

他常对学生讲："科研成果不应被'束之高阁'，而是要去服务社会。"谢鹏程的手机里一直保存着一组发自武汉的照片，照片中的环卫工人穿戴的正是谢鹏程所在的英蓝实验室生产制作的护目镜和纳米纤维口罩。

"他们是最'接地气'的英雄，在武汉疫情严重的区域，仍坚守岗位，肩负消毒的重任，同时在直接接触和处理受污染的各类垃圾时面临极大的疫情感染风险。"谢鹏程的语气中是满满的敬佩，他非常认真地说道，"我们的科研成果为什么要'接地气'？因为我们有一群又一群坚守岗位、不顾个人安危、为我们的生命安全保驾护航的平民英雄，他们保护我们，我们也要保护好他们。"现在，这场跨越千里的爱心接力已告一段落，但这场与疫情的"长跑比赛"还在继续。

不断刷新认识，努力上新"高"度

看着疫情态势迅猛，不仅谢鹏程坐不住了，英蓝实验室的学生也"不淡定"了，学生们纷纷找到他说："老师，我们也想参与防疫物资的研制和生产，为战'疫'做点贡献。"他们"倔强"地表示，身在湖北能更好地了解当地对防护物资的需求，能最快地联系到有需求的单位，保证物尽其用，即使不能返校参与工作，也希望能在"云端"出一份力。

他们语气中的坚定，让电话这头的谢鹏程感触很深。"如果不经历这个特殊时期，我们也很难感觉到同学们内心深处是多么希望去做这些事情，他们只是缺少这样的机会，或者这样的平台。"

除了实验室的学生，谢鹏程还在志愿者中发现了很多"好奇宝宝"，他们围着实验室里"高大上"的注塑设备跃跃欲试。在和大家聊天的过程中，谢鹏程了解到，这些志愿者中非工科的学生居多，他们本身不涉及这个专业，甚至从来没有进入过实验室，学生对于这项科学研究非常好奇。

"没事儿,尽管试试看。"谢鹏程为大家演示基本的操作方法,鼓励大家上手试试。看着经过自己调试以后的设备全自动运转,大家既惊奇又高兴,谢鹏程却陷入了沉思,他说:"我们应该面向全校所有专业的学生,开设一些体验活动,让大家真正地了解化工、了解先进制造,这就是我们学校的优势和特色。"

两年前,通过与行业协会共建面向"先进制造"领域的创新人才培养基地,谢鹏程就已经在探索建立围绕产业链、创新链的"新工科"人才培养模式。在中国塑料机械工业协会的大力推动下,"中国塑机创新人才培养基地"在北化建校60周年时正式落户昌平新校区,超过20家企业捐赠了30余套高端装备,放置在工程训练中心的车间里,为同学们学习实践提供平台。

"几乎所有的工科生都会经历'金工实习(金属加工成型)'环节。随着以高分子材料加工为代表的现代制造业迅猛发展,如果我们止步不前就势必造成人才培养与产业需求的严重脱节,'金工实习'升级为'高工实习(高分子材料加工)',大有可为!"这是谢鹏程的决心,也被《中国科学报》报道为"产学协同育人模式的'北化实践'"。努力追逐"新"的脚步,谢鹏程一直"奔跑"在路上。

谢鹏程的书柜里摆满了清一色的专业书,他有时会随手翻一翻,但更多的时候,他会看向一张照片,目光也会变得格外柔软——那是他女儿小时候的照片。

为研制和生产防疫物资,疫情期间谢鹏程能陪伴家人的时间并不多。回到家中,谢鹏程就多了两个"小尾巴",孩子们总是喜欢追在他的身后问东问西。

在家里,要满足这两个"小听众"的求知欲,在学校,他也有一群渴望叩响科研之门的"孩子"。越来越年轻的学生群体,让谢鹏程也有了些许"吃力"的感觉。"有趣的东西才能记忆深刻,有共鸣的东西才能与你交流。"他发现,想要融入学生群体就要先融入他们的生活圈。

学生们经常聊起的话题,或是一些潮流的新词,或是一两句"摸不着头脑"的话,谢鹏程都会去网上查一查,也会有意识地将学生们感兴趣的内容融入课堂之中。70后也有着00后的心态,谢鹏程自我调侃道:"做一个有'梗'的教授,也是保持年轻的一种方式。"最近,他一直在思考一个问题:当学生拿着自己现场生产的咖啡杯去接一杯自己酿的啤酒,会是一种什么样的体验呢?看着昌平校区工训中心隔壁的啤酒生产线,谢鹏程诞生了这个有趣的想法。

他半开玩笑地说:"啤酒我们已经喝过了,杯子的智能化生产线我们也正在调试。"在谢鹏程看来,这不仅是科研成果转化带给学生的成就感,也是学科交叉的直接体现。"现在流行DIY(自己动手制作),那就让我们的学生也来

DIY。"这对学生的启发和收获比纯粹的课堂理论教学要生动得多。

学生永远年轻，也永远能带来惊喜。三维建模是机械设计的基本技能，学院有一名大二学生，只用了一个多礼拜的时间，就独立做出了包含 2000 多个零件的航空发动机模型，而这还只是众多优秀本科生中的一个。这让谢鹏程眼前一亮，觉得不可思议。"他们不只是起点高，他们想登顶的地方也比我们想象的更高。"提到这群孩子们，谢鹏程赞不绝口。

三十与十三，是师道精神的传承

9月10日教师节这天，谢鹏程在朋友圈写下了这样一段话："导师杨卫民教授今年已从教三十年，为我们诠释了'学高为师，身正为范'的为师之道。今年他迎来了自己的第十三个教师节，不忘立德树人的初心，努力做好教师这份光荣职业。"结尾处跟了一个年轻人常用的表示"奋斗"的表情。

也就是这一天，他与自己的导师站上了同一个领奖台。"30年教龄教职工"与从教13年的"优秀教师"，从师生到同事，从传道授业到并肩前行。这样的巧合，让他振奋又自豪。

他想起自己第一次从东区驾车前往昌平校区，作为司机新手第一次跑这么远的路程，谢鹏程也有点不自信，杨卫民老师直接打开车门，坐到了他的副驾驶上说："我坐你车上，我给你信心。"这句话安抚了他当时紧张的心情，也让他在教书育人时常常想起——给予学生充分的肯定与支持，学生定然能创造不一样的惊喜。

三十与十三，这是育人理念的体现，是师道相继的传承。谢鹏程也延续了导师"'放养'以充分释放学生自主创新能力"的育人理念。"放养"并不是不管不顾，而是对学生的充分信任，真正发挥他们的自主性。

对于自己从教三十年的期待，他更希望自己的学生可以在各自领域的舞台上散发光彩。中国塑机创新人才培养基地成立两年以来，已有至少一千五百人次在基地受到不同程度的专业训练；而从英蓝实验室走出去的学生，深受用人单位的好评——"踏实"。谢鹏程希望，正如"英蓝"这个名字的寓意一样，作为"英才的摇篮"，能够继续为社会输送更多人才，作为"雄鹰翱翔的蓝天"，自己的学生能闯出一片天，更能撑起一片天。

13年的从教经历，运用"3D复印"技术，30秒跑出科技战"疫"的"北化速度"。与"3"结缘，却想在这一座座山峰中，攀登得更远。不论是科研，还是从教，这条路都还很长。在育人与科研的道路上，有人走在他的前面，也有人在后继赶来的路上，他们与谢鹏程一样都是"攀登者"。怀着不忘初心的情怀，他们将继续在教学、科研、育人的道路上砥砺前行。（文/陈彤宇）

本文发表于 2020 年 10 月

卢济金：70年前曾跨过鸭绿江与敌厮杀

纪念中国人民志愿军抗美援朝出国作战70周年大会于2020年10月23日上午10时在北京人民大会堂隆重举行。中共中央总书记、国家主席、中央军委主席习近平出席大会并发表重要讲话，他指出："抗美援朝战争伟大胜利，是中国人民站起来后屹立于世界东方的宣言书，是中华民族走向伟大复兴的重要里程碑，对中国和世界都有着重大而深远的意义。"

北京化工大学亦有一批老教师，他们参加了抗美援朝出国作战，或冲锋在前与敌厮杀，或坚守后方提供保障。凯旋归国后，他们投身社会主义教育事业，成了北京化工大学62年为党育人、为国育才的亲历者、参与者和见证者。

在中国人民志愿军抗美援朝出国作战70周年之际，中共中央、国务院、中央军委向参加抗美援朝出国作战的、健在的志愿军老战士老同志等颁发"中国人民志愿军抗美援朝出国作战70周年"纪念章。我校共13名老教师获得该奖章。本期，我们来聆听老英雄卢济金的故事。

卢济金，1994年2月至1996年8月任北京化工大学党委书记。曾服役于第23集团军205团，炮兵侦察营排长，代理连长。1950年朝鲜战争爆发，奉命参加抗美援朝出国作战，朝鲜战争结束后又奉命驻守"三八线"并支援当地经济建设直至1959年，他所在的部队成为最后一批回国的抗美援朝志愿军。回国后，他进入中国人民大学进修学习，毕业后到化工干部管理学院工作。1996年化工管理干部学院并入北京化工大学，他一直在我校工作至离休。

"雄赳赳，气昂昂，跨过鸭绿江。保和平，卫祖国，就是保家乡……"70年过去了，时光模糊了卢济金老人的记忆，但这首《中国人民志愿军战歌》，他始终不曾忘记。

唱到动情处，这位老英雄哽咽了起来，他说："那时候，我们就是唱着这首歌跨过鸭绿江进入朝鲜的，那时还有很多战友一起同行，但后来一起唱战歌的战友很多都牺牲了。"

对卢济金老人来说，这首歌已经融入了他的生命，熟悉的旋律中他模糊的记忆又渐渐清晰起来:"鸭绿江""抗美援朝、保家卫国""三八线"……

这些印刷在历史教科书上的名词,不断出现在这位抗美援朝老英雄的讲述中,那段历史也不再是一段段冷冰冰的文字符号,那背后是一个伟大的祖国和一个个鲜活的生命。

14岁,还是少年的他便奔赴抗美援朝的战场

1949年,对卢济金老人来说是一个注定难忘的年份——那一年中华人民共和国成立,而他也是在那一年成为一名光荣的解放军战士。

当时,13岁的他还只是寄宿学校的学生,因担心再不报名就会因"年龄大"而错过成为"人民子弟兵"的机会。于是,他在学校偷偷瞒着家里人报名参军。

入伍不久后,他进入了炮兵学院,凭借出色的学习成绩,在学习期满后成为第23集团军205团的炮兵侦察员。1950年,卢济金老人参军刚满一年,他所在的部队奉命从浙江出发前往丹东。

"所有的入朝志愿军都是从辽宁丹东出发,背着行李唱着歌,雄赳赳气昂昂跨过鸭绿江。"84岁高龄的卢济金老人还清晰地记得那天的场景。

17岁,他们如钉子一般死死地楔入美军阵地

入朝作战后,卢济金老人所在的志愿军部队与美军进行了长达数年的较量。其中,那场激烈的丁字山战斗他现在还记忆犹新。

老人回忆说,丁字山位于"三八线"前沿阵地,像一颗钉子楔入美军阵地,严重限制着美军的活动,敌人要想越过"三八线",就得先占领丁字山。上甘岭战役结束后,由于以坑道工事为中心的坚固阵地防御体系形成,志愿军的正面阵地稳固性已大大增强。

但美军高级将领仍自负地认为,只要各军兵种部队周密协同,充分发挥装备优势,志愿军阵地并非坚不可摧。而根据"联合国军"总司令克拉克的命令,由美军步兵第7师与第58战斗轰炸机联队联合进行一次协同作战演习,并确定丁字山为作战地点。

1953年1月20日,丁字山战斗打响。卢济金老人所在的部队正处于前沿作

战阵地,面对敌人的猛烈进攻,卢济金和战友们就在坑道入口放榴弹炮来阻击敌人。

恼羞成怒的敌人看到步兵作战无果,无法依靠常规地面作战从志愿军手中占到一点便宜,便开始出动轰炸机,妄图消灭我军有生力量。"他们那是妄想,我们绝不允许敌人跨过'三八线'一步",卢济金老人神态坚定地说,我方阵地的防御工事主要是坑道,因此每当敌人地毯式轰炸时,他和战友就藏到坑道中,当一轮轰炸结束后,敌军就开始组织地面部队上山攻击。这时,他和战友们就会从坑道里出来作战,进入战壕阻击敌人的进攻。在一场惨烈的激战中,卢济金所在连队的连长壮烈牺牲,当时只是炮兵观察员和排长的他便成了代理连长,继续指挥部队带领战友们战斗。那一年,他才17岁。狭小的坑道里腿脚都伸缩不开,外面是冰天雪地和震耳欲聋的轰炸声。而为了守住阵地,大家饿了就吃一口压缩饼干,渴了就抓一把身边的积雪。就在这样艰苦恶劣的条件下,他们一直坚守到1月25日,战斗以美军的惨败宣告结束。卢济金老人说:"当时我们子弹很少,装备跟美军相比更是落后,没法连续射击,而美军用的是卡宾枪、机关枪。"志愿军能够以少胜多,拼的就是勇敢和不怕牺牲。有关资料统计,丁字山战斗是美军自上甘岭战役结束后三个月中规模最大的一次进攻作战,仅一天,空军就向丁字山投弹近23万磅,炮兵和坦克发射各种炮弹16.8万余发,进攻部队耗费子弹5万余发,手榴弹650余枚。但如此强大的火力和占绝对优势的兵力,竟无法攻克一个面积不足30平方米的小山头。卢济金老人哽咽地说:"当时部队是一线排开的,我们旁边就是黄继光所在的部队,在一个团的阵地范围内,每天都有人牺牲。那时候在做动员的时候就说,这场战斗大家可能都会牺牲,都会死。但中国军人就没有人是怕死的。"

23岁,周总理亲自迎接他们回国

丁字山战役结束后,卢济金老人所在的部队转为阵地防御,继续驻守在朝鲜,以防止敌人的反扑突袭。直至1959年,最后一批志愿军撤回,他们才跟随部队回到祖国。

"最后一批返回中国的志愿军是由周恩来总理亲自到车站迎接的。当时我亲眼看到周总理的那一刻,泪水忍不住地往下掉。"卢济金老人激动地说。

他清楚地记得,当时周总理接他们回来的时候说的那句"祖国的儿子回来了"让他感到非常亲切,祖国没有忘记他们,人民也没有忘记他们。但说起自己的父母，他直到现在还觉得愧疚。

随后，他被保送到中国人民大学继续读书，毕业后进入化工干部管理学院。经历了近十年的战争岁月，他终于过上了相对安稳的生活。

在人生中最美的青春岁月，他和战友们奔赴战场、保家卫国。归国后，昔日的抗美援朝英雄积极学习，逐渐成长为一名光荣的社会主义教育工作者，在另一条"战线"上继续为祖国和人民服务。

尽管他已经离休多年，但一直关注着北京化工大学的发展，他叮嘱现在的北化学子："要好好学习，天天向上。现在你们生活的环境多么幸福，没有战争，大家的生活条件同我们那时候相比不知道要好多少倍。你们一定要利用好现在的时间，努力学习，未来为祖国的发展做出自己的贡献。"

习近平总书记在纪念中国人民志愿军抗美援朝出国作战70周年大会上的讲话指出："回望70年前伟大的抗美援朝战争，进行具有许多新的历史特点的伟大斗争，瞻望中华民族伟大复兴的光明前景，我们无比坚定、无比自信。"不忘初心，牢记使命，永远奋斗，一代人有一代人的长征，一代人有一代人的担当，青春正逢盛世的当代青年，梦想熠熠、使命灼灼，时代的责任、时代的光荣也必将属于我们……（来源/党委学生工作部、人民武装部、离退休人员工作处）

本文发表于2020年10月

石景光：执笔撰写《英雄儿女》的故事

为纪念中国人民志愿军抗美援朝出国作战 70 周年，由中共中央宣传部指导，中央广播电视总台摄制的 6 集电视纪录片《英雄儿女》，2020 年 10 月 21 日至 23 日在央视综合频道播出。该片讲述了中国人民志愿军的英雄人物和英雄故事，再现全国人民万众一心开展抗美援朝保家卫国运动的历史图景，凸显伟大抗美援朝精神的深刻内涵和现实意义。

北京化工大学文法学院教师石景光，作为纪录片第二集《极限战争》的撰稿人，参与了该片的制作。近期，北京化工大学官方微信团队专访石景光老师，听他讲述纪录片镜头背后的故事。

三秒的静默中，暗红色的屏幕背景上缓缓投出两行字。紧接着，阵阵枪炮声响起，黑白画质的历史镜头里出现了 70 年前那场战争的画面……

尽管石景光是这部纪录片《英雄儿女》的撰稿人之一，并参与了该片的制作，但当他真正看到成片的时候，心里还是充满了感慨，不时被一些画面打动。

"这是一次'多兵种'的合作，片子也是集体智慧的结晶，我作为团队的一员，较圆满地完成了'螺丝钉'的任务。能为公众了解历史做出一点贡献，我倍感荣幸和欣慰。"

"司务长伯父怎么不会做饭？"

石景光是北京化工大学文法学院的教师，从教 30 多年来，先后开设过"经济法""公司法""国际商法"等多门法学类课程。有人曾问他："你的专业与历史无关，怎么研究起了抗美援朝呢？"

"我的家族与抗美援朝有着直接的关联：我的二爷石建业、伯父石修博和姑父王福春都参加了这场保家卫国的战争。幸运的是，他们都活了下来，成为我心目中的英雄。"

11岁之前，他一直跟着爷爷奶奶生活，两位老人曾在京西抗日根据地做地下工作，后来到内蒙古乌兰察布盟（乌兰察布市）从事筹粮支前、剿匪、人事、水利等工作。受爷爷的影响，他养成了爱读书的习惯，其中就包括关于抗美援朝题材的连环画。

出生在革命家庭，石老师从小就耳濡目染长辈们的英雄事迹。从刚刚记事开始，他就记住了"抗美援朝、保家卫国"这八个字。

说到这里，石老师笑着陷入了回忆。有一次，他发现伯父石修博直到晚年还不会做饭，但他当年却是志愿军某连的司务长。"我当时非常好奇，就问他：'不会做饭您怎么当的司务长？'伯父告诉我，连队里的炊事兵是做饭的，我的任务主要是去找粮食。"

在那样一个时常是冰天雪地的战争环境中，寻找和运送粮食是何其艰难的事。听到这里，他对伯父肃然起敬。这一段小小的故事，也让他开始有了研究抗美援朝历史的想法。

关于伯父如何去找粮食的情况，石老师由于当时年幼，没有问到具体的细节。不过，这次在采访志愿军老兵杨雨滋时，他更加细致地了解了志愿军筹粮艰难的情况。

今年已经89岁的杨老，曾是志愿军63军189师后勤部装备助理员，他说："吃得很差，吃炒面，我记得铁原阻击战下来了，我们在那歇着，刚吃了饭，蔡长元（师长）问我吃饭了没有，我们说吃了，吃的马粮。马粮是什么？就是高粱米，没有什么吃的，我们就把喂牲口的马粮拿点煮一煮吃。"

20多年前，石老师在讲授"国际法"课程时，对抗美援朝这段历史的切入就是从中华人民共和国与联合国的关系开始的。后来，逐渐延展到了志愿军的战略战术，特别是对于抗美援朝前期战事的研究。

他说："我的兴趣极大，但毕竟搞历史只是我的爱好，谈不上系统的研究，就是好奇，感兴趣。在学习过程中，逐渐沉醉于对战局影响因素的思考。"

十易其稿，每次动笔都情不自禁地落泪

学习与研究的过程也是他思想认识提升的过程，受伯父等前辈事迹的影响，他对志愿军将士精神风貌和意志品质方面的事迹格外关注，而每每读到这些故事，他总会思潮涌动、哽咽泪目。

在担任《英雄儿女》第二集《极限战争》撰稿人之前，他也参与了庆祝中

华人民共和国成立70周年的文献纪录片《我们走在大路上》第四集《起宏图》的脚本撰写工作。

可石老师还是谦虚地说:"可能是上次交卷及格,所以今年再次受邀为《英雄儿女》第二集撰稿。从7月到10月中旬,在央视领导、导演、策划人等各路专家的共同努力下,该片终于顺利播出。"

为了能真实展现中国人民志愿军英雄的风采,他在为《极限战争》撰稿时,曾多次跟随节目组前往老战士的家里做访谈。脚本也是先后十易其稿,甚至每次动笔时都会情不自禁地落泪。

7月25日,他们来到志愿军38军女战士杨森的家中。他问杨老:"当时飞在朝鲜天空的美国飞机厉害吗?"

"很厉害,真的很厉害。飞机那是相当的强大,它的子弹打下来碰到东西是会爆炸的。那时候我们在一线抢救伤员,哭都没眼泪,战士们都了不起。不说了,说了我想哭,真的不容易,不说这个。"这位87岁的老兵这样回答。

石老师说:"采访到此曾一度中断,在场所有的人都陷入了沉默和啜泣中。我们能从这些老兵身上真切地感受到志愿军的英雄气概。"

这样的经历还有很多,他清晰地记得89岁老兵赵汝平,在谈起对那场战争的感受和印象时说的那段话:"我们的战士真是不怕牺牲,把敌人的气势一下子给压住了!所以尽管敌人的钢铁硬武器硬,但是没有我们的人硬。"

石老师沉默片刻后,擦了擦眼角渗出的泪水,缓缓地说:"由于时长有限,许多感人的故事都不得不割舍掉。但这些访谈从细节方面丰富了我对抗美援朝的认知,同时也让我对真正的爱国主义有了新的感悟:爱国是无条件的义无反顾。志愿军的爱国杀敌是大无畏所蕴含的大公无私。"

"多'吃杂粮',才能'营养'丰富"

在同类题材的多部纪录片播出后,《英雄儿女》的收视率名列第一。而第二集《极限战争》又在该片六集中名列榜首。志愿军老兵李士瑜悲壮地说出的那句"勇士与阵地同在,英雄与日月同辉",也很快在网络上刷屏。

石老师认为,这部纪录片成功的原因之一,就在于资料的发掘和利用,像毛岸英为周恩来总理做翻译、彭德怀的讲话等,都为片子增加了厚重感和新鲜感。

"从我参与央视纪录片的创作体验来看,能够交出合格的答卷,有赖于我素来'吃杂粮'的积累。"在他看来，法学助人思维严密，史学助人眼心开阔，音乐助人行文扬抑。"多'吃杂粮'，才能'营养'丰富。"

正如他所说的那样，除了常规的法学类课程教学研究之外，他还热爱研习历史和演奏古典吉他。这些爱好，日积月累地陶冶着他的心志和情怀，让他扩展了体悟生活和观察问题的角度。

小时候，他住在县城一中附近，他和小伙伴们特别喜欢到学校去"看热闹"，他发现那里的老师们都是多才多艺的。"唱样板戏、拉手风琴、滑冰、翻单杠等，都能来一套。这很让我羡慕，觉得老师们很神奇。"这也成了他喜欢文体和立志成为教师的最早启蒙。

近些年，石景光老师还为本科生开设了"欧洲音乐与古典吉他"这门通识课，选课的学生中文理科的都有，这一点他十分欣慰。他经常鼓励学生说："你们看，爱因斯坦是巴赫音乐的'粉丝'，华罗庚的旧体诗也很出色。"

课堂中，他特别喜欢那些会漫无边际地提问的学生，也常常"从弟子们的身上得到了许多收益"。一次，在"公司法"的授课中，他在介绍公司与合伙企业的比较时，把桃园结义的"刘关张"比喻为合伙，把水泊梁山比喻为公司。

这时，有学生提问："能否把大观园也看成一家公司呢？"石老师当场就表扬了这位学生，并把公司治理与大观园里凤姐等人如何当家的情节联系起来"讲故事"。

而下次上课时，看到有的学生手里果然拿着《红楼梦》，甚至有人叫嚷说图书馆的《红楼梦》都被同学给借光了。石老师还清晰地记得，提问的这位同学叫左景垠。

"教真理书，育智慧人"是石老师总结出的教育理念。为此，他常要求学生在学习上不能太急功近利，也不要囿于所谓的"专业课"而忽略了"吃杂粮"。

石老师曾荣获"优秀青年主讲教师"称号，也曾两次登上最受学生欢迎的"十佳教师"的领奖台。他高兴地说："自己的劳动得到了组织和学生们的肯定，这对我既是至高的荣誉，也是继续进步的动力，值得我珍视和自豪。也感谢北化对我的培养和支持，让我有了更广阔的发展空间。"

习近平总书记在纪念中国人民志愿军抗美援朝出国作战 70 周年大会上的重要讲话中指出，在波澜壮阔的抗美援朝战争中，英雄的中国人民志愿军锻造了伟大抗美援朝精神。伟大抗美援朝精神跨越时空、历久弥新，必须永续传承、世代发扬。

纪录片《英雄儿女》为学习伟大抗美援朝精神提供了生动的资料。学校党委将以纪念抗美援朝出国作战 70 周年为契机，深入开展系列学习活动，教育引导全校师生紧密团结在以习近平同志为核心的党中央周围，弘扬伟大抗美援朝精神，不忘初心、牢记使命、永远奋斗，为决胜全面建成小康社会、夺取新时代中国特色社会主义伟大胜利不懈奋斗！（文/刘一君）

本文发表于 2020 年 10 月

黄晋阳：站在讲台上比躺在病床上管用多了

窗外的小雨还在淅淅沥沥地下着，黄晋阳老师已早早地坐在办公室里备课，再过一个小时，他就要搭乘校车去新校区给学生上课。

发梢上的雨水还未擦去，他不时地会用手去拨一下，然后轻轻地把被打湿的刘海儿"甩"上去——很多同学都说，这是黄老师的"标志性"动作。

从教34年，他一直在寻求"以德施教，以爱授业"的最优解。教与学的过程就像是一个方程式，学生是"自变量"，老师这个"因变量"就必须跟着变化，否则等式就很难成立。

多年的实践教学中，他又发现了这个方程中的"常数项"——学生的学习兴趣，他在29年前发表的那篇论文中做了详细的解释。

"教好课如烹小鲜"

当时，29岁的黄晋阳老师，在《化工高等教育》上发表了《课堂教学应着眼学生的学习兴趣而展开》一文。他在文章开篇就开宗明义地提出："学生的学习兴趣直接影响到教学效果的好坏。"

谈起这篇文章，他还清楚地记着里面的细节，一些方法也沿用至今。"那是1991年，我站上讲台的第5个年头。结合教学过程，我发现老师上课就和'做菜'一样，教好课如烹小鲜嘛。"

他认为，要解决学生听课"食欲不振"，继而产生"厌食"情绪，关键还得看"掌勺的手艺"。但同时，不能一味地追求"食物味道"而导致"营养"的流失。既要让学生有"食欲""吃得饱"，也要懂得把"难啃的食物""切碎"一点，这样才有利于"吸收"。

一次课堂上，黄晋阳老师问学生："人的歌声真能做到绕梁三日而不散吗？"大家连连摇头。随即，他指了指黑板上当天的学习内容——"二维波的后效现象"，几个同学就立马反应过来了。

他进一步解释说："如果我们生活在一个二维空间里，绕梁三日是很可能实现的。"紧接着，他又结合"一石激起千层浪，一锤敲出万重音"的谚语分析了二维波的特性。

谈笑间，记忆的卷轴打开。"第一次给学生上课的场景，我这辈子都忘不了，现在想想还觉得好笑，但这也是我成长必须经历的过程吧。"

1986年，24岁的黄晋阳来到北京化工学院（现北京化工大学）工作，第二年年初为研究生讲"数学物理方程"一课。

那天，他夹着书走上讲台，终于说出了那句反复练习许久的开场白："同学们好，我叫黄晋阳，从中国科学院系统科学研究所硕士毕业不久，本学期的数理方程课由我来给大家上……"腼腆地说完这些话后，他就转身开始在黑板上书写。

回想起人生的"第一课"，他笑着说："有点自说自话的感觉吧。"面对讲台下差不多和他同龄，甚至比他还要大的学生，他有点慌乱，所以几乎是把要讲的内容全部写了下来。"上课前我很认真准备了，内容自然也很熟悉，但就是不敢直视台下。"

下课后，在台下听课的领导找他谈了话，鼓励他自信一点，大胆一点。随后，大约又经历了三四次的"磨炼"，课堂上，他就可以应付自如了。

34年过去，如今他蓄起了浅浅的胡须，昔日的黑发也有些灰白，学生相对越来越年轻，但他尽力不让师生之间的"代沟"拉大。"我喜欢平等地和同学们交流，多听听他们的想法。"

而得知有学生在网络上称呼他为"小胡子叔叔"时，他不仅没有生气，反而哈哈大笑，表示并不介意，"挺好的呀，这样叫我，听起来很亲切"。

"加上我一共13人"

"没有架子，待人真诚"是学生们对黄晋阳老师的一致评价。为了方便大家答疑，他为每一门课程都建立了"答疑群"。尽管大部分时间他都在群里"潜水"，但每一次"冒泡"都能让同学们解题时"灵光一闪"。

"同学们提出问题，我一般不会直接解答，更多的是结合知识点提出思路。同时也鼓励同学之间互相交流解答。"在他看来，掌握答题方法比知道答案重要得多。针对特别复杂的问题，他也会拿出纸笔，详细梳理解题过程，发到群里供大家思考。

遇到一个好老师对个人的成长非常重要，黄晋阳对此深有体会。1968年9月，一位大他一岁的玩伴要上小学，刚满6岁的他就催促着父亲给他报名费，他也要报名上小学。

"我们那时候在农村，只有年满7岁才能报名，可我当时只有6岁。我不甘心，就待在报名的办公室不愿出去……"他说，一位负责报名的老师看他这样，就半开玩笑地对他说："你要是能数清这屋子里有多少人，我就给你报名。"

听了这话，黄晋阳立马就来了精神，因为数数对他来说根本不在话下。他环视了一下四周，举起右手煞有其事地数了起来："1、2、3……"最后用指头在自己的额头上点了一下，非常自信地告诉老师："屋子里加上我一共13个人。"

老师很意外，他没想到黄晋阳会细心地把自己也数进去，为了履行"诺言"，就破例给他报了名。于是他成了班上最小的学生，但从小学开始一直到最后参加高考，他的学习成绩一直名列前茅，数学成绩尤为突出。

和当时很多人一样，进入高二的黄晋阳还是没有明确自己今后想要报考的专业。直到1978年年初的一天，他被一篇报告文学深深地吸引住了。

"那是报道数学家陈景润的文章，题目是《哥德巴赫猜想》，我反反复复读了好几遍。"他记得很清楚，此后的很多天，陈景润在艰苦环境中潜心研究哥德巴赫猜想，以至于达到忘我状态的事迹，在他的脑海中挥之不去。在榜样精神的引领下，他找到了自己的奋斗方向——数学。

1978年，改革开放的春风吹遍神州大地，黄晋阳坐在了高考考场上，迎来了人生中一次重要的转折，最后以广东省梅州市大埔县理科第一名的成绩被中国科技大学数学系录取。

下定决心做一件事的时候，别人的看法就不再重要了。他立志用勤奋和智慧叩开"数学王国"的大门，并在那片"沃土"上辛勤耕耘。"要像陈景润那样，数学也可以为国争光，造福于民"——这是黄晋阳最初的信念。

在他眼里，数学也是一把"万能钥匙"，凭此可以打开通往其他领域的大门。为了能一直从事数学研究，硕士毕业后他成为一名高校老师，教书育人和做科研两不耽误，他坚持教学和科研相长，积极进行学科交叉研究，获得了非常不错的效果。

"一上课，所有不适都感觉不到了"

日常生活中，他的话不多，说起话来也是慢条斯理的，话语中带着一点南方口音。可一旦走上讲台，他就是另一种状态了：声音洪亮，讲课也充满激情，时而会穿插着一些数学家的生平介绍和生动幽默的小故事，"要让学生们在我的课堂上发现'数学之美'，爱上这门课"。

他的治学态度和教课风格深受他老师的影响。他的一位老师是我国著名数学家华罗庚的弟子，他常会给学生们讲一些华罗庚教授的故事，后来，其中的一个故事也被黄晋阳"搬"到了他的课堂上。

华罗庚先生当年在清华大学旁听微积分课时，看到数学手册的不定积分表里有好几百个积分公式，他"知其然"之后也想"知其所以然"，于是把那一个个公式全部推算了一遍。

他意味深长地说："故事和道理都很简单，一两分钟就能讲完，但要真正做到可就没这么简单了。"在黄晋阳老师眼里，"数学之美"就在于其复杂缜密而又蕴含规律的演算中。

因此，他在学术研究的过程中，凡引用别人的观点必定会重新演算一遍，一次他还真的发现了一处错误。他在论文的摘要中写道："文中还指正了×××等一文的一个错误。"他笑着告诉记者，那篇论文的作者之一就是他的导师，"他知道那事儿，肯定不会介意的"。

去年和今年的暑假，黄晋阳老师分别做了两次肺部的手术。但每次开学后，他还是精力充沛地站上了讲台。这件事，他没有对学生们提过，但大家似乎都猜测到了。一位学生告诉记者："感觉他这学期讲课的声音稍微小了一点，但还是充满激情，听说他还没有完全康复。"

这方面的话题，黄老师不愿意多说，只是轻描淡写地回答道："站在讲台上比躺在病床上管用多了，一上课，所有不适都感觉不到了。"

去年，当他听说学校还有一个"心桥工程"教育扶贫项目时，有老师问他愿不愿意参加，他当即就报了名，"我也是从小山村出来的，我能体会到教育对他们来说有多重要"。

研究高考试题、分析考情变化、制作培训课件……他和其他同事一样，除了北化的学生们，心里又多了另一份牵挂——那就是学校定点帮扶地科尔沁左翼中旗的老师和同学们。

参与这个活动没有补贴，他不但没有丝毫的怨言，反而乐此不疲。"听说2020年保康一中的本科上线率增加了近17个百分点，我们再努努力，这个数还能再冲一冲。"黄晋阳激动地说。（文/刘一君）

本文发表于2020年11月

王俊琪：带出过"学霸班"的王老师

本科毕业后，王俊琪选择留在学校，成为一名兼职辅导员。工作过程中，他从未停下思考和改变的脚步。在他看来，"如何才能成为一名切实给予学生帮助的、优秀的辅导员"是一道值得探究一生的题目。

不久前刚刚结束的北京市辅导员素质大赛中，王俊琪老师在初赛时凭借扎实的理论功底，脱颖而出，成功晋级决赛。在决赛的案例研讨过程中，他精准剖析、引经据典，在谈心谈话中张弛有度、细致入微，展示出扎实的专业技能和良好的综合素质，最终获得了二等奖的好成绩。

"感谢学校和同学们的支持，让我能自信从容地走上讲台。有这样的结果，我倍感荣幸。"他谦虚地说："其实，我只是学校众多辅导员里普通的一员。我不是第一个获得这个奖项的，也不会是最后一个。"

相逢校园，在反思中成长

王俊琪清楚地记得，2012 年是他辅导员生涯的起点。在他所带的第一批学生中，有一位给他留下了深刻的印象。

当时，那位同学身体不适，高烧两个星期都无法退去。王俊琪既着急又心疼，一连好多天带着学生辗转于北京多个大医院，希望能尽快查出病因。

"那时我很担心，有一块石头一直在心里悬着——这个孩子会不会是得了白血病？！"王俊琪说，幸运的是，拿到检查结果时，发现他的病情并不严重，他这才长舒了一口气。

遗憾的是，出于种种原因，这位同学最后退学了。虽然在此过程中，王俊琪一直对其进行辅导和鼓励，但他还是不断地反思自己，以确保这样的事情不再发生。

事情过去了很久，直到 2018 年的某一天，那位同学在 QQ 上给他报了平安。

这些年，他一直将王俊琪老师当时的教导铭刻于心，那些话更加坚定他的信心，给未来的工作带来了更大的动力。

回忆起此事的王俊琪笑着说："我觉得，如果我能在学生的成长过程中出一份力，对他们的人生有一定帮助，那这就是对我们辅导员最大的认可了。"

回忆往昔，当学生的引路人

前一阵，"学霸班"优培1601班的故事被学校官方微信及中国青年网等多家媒体报道，这个班级的辅导员正是王俊琪老师，聊起这个班级的时候，他也难掩自豪之情。"这个班共有34位同学，其中考研、保研24人，出国7人，深造率高达91.18%。其中，更是出现了三个'学霸宿舍'。"

提及此事时，王俊琪谦虚地说，他只是起到了辅导和推进的作用，帮助他们解决了一些比较棘手的问题，同时让大家树立更远大的目标，还是同学们自己很"给力"。

"优秀应该是全面的，不能只追求课堂上的成绩，还要促进学生的全面发展。"王俊琪这样总结他的经验。课余时间，他经常带着大家去其他高校找同专业的同学交流探讨，还去雁栖湖畔参观"两弹一星"纪念馆、定期组织心理健康节户外趣味活动等。

当然，在刚开始组织这些活动的时候，他也有过担忧。"我担心他们把全部精力都放在学习上，忽视了其他兴趣的培养。但事实证明，我的担心是多余的。"他欣慰地说。

谈到对于资助育人以及帮扶家庭经济困难学生时，王俊琪回想起当年的事情。他读大学时，曾看到一些家庭困难的同学，尽管他们每天只吃非常简单的伙食，但在学业上取得了很好的成绩，他很是动容。

"在引导困难学生时，我主要想帮助他们树立自立自强的信心。越是在艰苦的条件下，越能创造出斐然成绩的同学，是最值得敬佩的。"他补充说，"现在国家帮扶贫困生的政策越来越多，也越来越好，相信同学们的大学生活也会更幸福、更充实，成长也更全面"。

无私奉献，毅然成为"逆行者"

2020年年初，新冠肺炎疫情席卷全国。受疫情影响，一些同学家中的收入减少。王俊琪得知消息后，与他们进行了点对点的沟通，详细了解学生的困难，并根据学校政策为他们申请了资助，切实解决了贫困家庭学子的燃眉之急。

春节前，他的母亲不幸摔伤，手术过后住进了医院。王俊琪本计划趁着假期好好照顾母亲，但大年三十的晚上，他突然接到学校的通知——建议每位辅导员老师回校上岗。

"当时，我确实十分纠结，回还是不回，我也拿不准，因为两边我都放心不下。"但他最后还是选择按时返校，"那些学生可能更需要我"。

他说，当时他的内心十分愧疚。不仅因为无法与家人共度春节，更重要的是他不能照顾卧床养病的母亲。他返程前，父亲语重心长地对他说："孩子，你放心，家里有我看着。该走就走，为人师表，关键时刻要有担当，你就放手去做好疫情防控的工作吧。"

说到此时，王俊琪感慨道："随着自己年龄的增长，我也深感父母在慢慢变老。回想起来这些年一直围着学生转，没能好好陪伴二老，心中还是十分惭愧。"

新冠肺炎来势汹汹，他担心同学们陷入焦虑、恐慌之中，所以他上岗后的第一件事，就是为学生科普疫情常识，安抚他们的情绪。他在微信上和大家开玩笑说："我先回北京给同学们探路去，到时候咱们学校见！"

在保证自己和一百多名学生的身体情况良好的前提下，他也经常给家里打电话、发视频，时刻挂念着母亲的身体情况。

寄语学生，矢志不改初心

"希望同学们在保证课业的前提下，多去走一走、看一看，去尝试一些不一样的东西。"结合多年的工作实际，他认为，大一、大二是很重要的，是扎根强基的过程。他建议同学们可以多参加一些学术比赛，尽早接触到前沿科技，这对大三、大四的学习和对未来的规划都有很大帮助。

在工作中，王俊琪一直探索着成为优秀辅导员的方式。他与很多同事进行交流，从别人身上学习经验。

"面对学生要有爱心和热情，要针对性地解决他们的问题。"他说，"我把做辅导员当成终身职业，不改初心。通过不断的学习，用更加科学的方法帮助学生"。

多年来的一线工作经历，王俊琪对辅导员的使命有了更深的体会。采访的最后，他深情地说："大学是每一位同学人生中重要的一段旅程，让每一位同学身心健康、学业有成地从校园走出去，是辅导员最大的初心。希望在未来的生活、工作中，我们曾经的嘱托与建议能够成为同学们克服困难、走向成功的一份助力。"（文/孙煜林）

本文发表于2020年12月

童贻刚：多次直面病毒的"老将"

童贻刚，男，汉族，1966年8月出生，1999年3月入党，1991年7月参加工作，现任北京化工大学生命科学与技术学院院长、教授、博士生导师。在2021年6月17日召开的北京市"三优一先"表彰大会上，童贻刚同志获评"北京市优秀共产党员"荣誉称号。

2014年那个冬天，有一名共产党员逆行出征，作为中国援助非洲抗击埃博拉疫情第三批医疗队首席专家，远赴塞拉利昂参与抗疫行动，被人力资源和社会保障部等七部门评为"埃博拉出血热疫情防控先进个人"。

2020年这个冬冬天，这一名共产党员又一次挺身而出，作为国家"传染病重大专项"及国家"合成生物学重点研发专项"首席专家、国家新型冠状病毒溯源专班工作组咨询专家、世界卫生组织新冠肺炎"病毒的动物来源和环境来源"工作组中方专家，在抗击新冠肺炎疫情的战斗中冲锋在前，夜以继日开展病毒溯源、药物筛选、环境监测等工作，被评为"北京市抗击新冠肺炎疫情先进个人"，被科技部推荐为"全国科技系统抗击新冠肺炎疫情先进个人"。

30个冬去春来，30年执着坚守，为党分忧、为国尽责、为民奉献是他矢志不移的执着追求。他坚持"四个面向"，在生物安全及病毒学领域，深耕细作、攻坚克难；他道义担当、大爱无疆，参与国际抗疫行动，推动国际抗疫科研合作；他勇担使命，积极为政府部门建言献策，担责担难；他立德树人，潜心培养生物安全及病毒学领域的青年人才，培根铸魂、启智润心。

在北京、武汉、广东、玉树，在实验室、病房、课堂、校园，处处都有他舍身忘我、攻坚克难、无私奉献的身影，这就是生命科学与技术学院共产党员童贻刚对共产党人坚定信仰的执着追求和初心使命的最好诠释。

勇攀科技高峰，胸怀人民、攻坚克难

战"疫"是一场人类与病毒的较量，亦是一场科研与时间的赛跑。新冠肺炎疫情发生后，作为参加过"援非抗埃"工作的党员科技工作者，他深知这是一场分秒必争的战斗，科技工作者亦是冲锋在前的战士。他迅速组建团队，夜以继日对病毒发起一轮又一轮不同策略的"狙击"，确保在这场没有硝烟的战争中早日克敌制胜。2020年1月22日，科技部紧急启动"新型冠状病毒感染的肺炎疫情科技应对"第一批8个应急攻关项目，在中国疾病预防控制中心病毒研究所牵头的病毒溯源攻关项目中，童贻刚带领团队集智攻关。他在国内首先发现与新冠病毒高度同源的穿山甲冠状病毒，为新冠病毒的溯源提供了重要信息。春节本是合家团聚的日子，他坚守实验室，不舍昼夜筛选现有药物近2500种，研究成果在《中华医学杂志》英文版发表，研究认为，目前利用替代的新冠病毒模型、筛选的药物中，中药千金藤素极具潜力，可望进一步研发出抗新冠病毒特效药，为新冠疫情防控做出重要贡献。

30余年来，童贻刚同志专注于生物安全及病毒学领域研究，是国内知名的生物安全及病毒学专家。他坚持"四个面向"，勇挑千钧重担，瞄准世界科技前沿，为党和国家的科技事业倾注满腔热情和全部精力。他牵头承担"合成生物学"国家重点专项及国家传染病科技重大专项首席专家、国家重大新药创制科技重大专项课题、国家"生物安全关键技术研发"重点专项课题、国家"863"计划课题、国家自然科学基金课题等10余项，是国家"传染病重大专项"及国家"合成生物学重点研发专项"首席专家。他创新建立了新的基因克隆技术（"基因组DNA剪接"技术）和简便的基因定点突变技术（DREAM突变技术），创建了利用高通量测序确定病毒基因组末端和发现功能性前噬菌体的方法，相关领域的研究处于国内领先地位，发现大量动物来源的新病毒种类，为传染病防控窗口前移做出重要贡献。他先后在《PNAS》《柳叶刀》等刊物发表论文300余篇，其中SCI论文200余篇，总引用次数超2500次，其中3篇论文在国际顶级期刊《Nature》上发表，有关埃博拉病毒进化的研究获评2015年度"中国科学十大进展"。

矢志报效国家，逆行出征、赤诚奉献

"苟利国家生死以，岂因祸福避趋之。"童贻刚同志始终牢记共产党员的第一身份，组织哪里有需要，哪里有急难任务，他都无所畏惧、挺身而出。2020年6月，北京新发地批发市场疫情暴发，他主动请缨，临危受命，担当了繁重的校园环境监测任务，紧急拟制工作方案，紧急采购物资，不惧高温酷暑，不顾疲惫劳累，同团队成员一道仅用15天就完成了对北京市81所高校、129个校区近万份样本的检测任务。对于童贻刚而言，直面病毒，早已成为工作常态。2014年，作为中国医疗队首席专家远赴西非塞拉利昂参与埃博拉疫情防控工作，面对比新冠病毒更为凶险的埃博拉病毒，作为党员的童贻刚毫无畏惧，驻扎的2个月间，他对检测技术进行总体把关，对检测中的疑难问题做出科学决策。当地温度很高，穿着防护服忙碌工作一整天，他已全身湿尽，满脸口罩印痕，其间他患上了荨麻疹，回国半年多后才治愈，而这仅是他抗疫工作的一抹掠影。

他深知疫情防控无国界，中国作为负责任的大国，始终秉持人类命运共同体理念，而这也是一名党员科技工作者应有的大道担当。2021年年初，童贻刚同志受国家科技部委派，作为世界卫生组织联合专家组中方"动物与环境组"组长，与世界卫生组织国际专家组在武汉进行了为期一个月的新冠病毒溯源的中国部分联合调查，交流分析了大量溯源相关的研究数据资料，走访了多个疫情早期参与单位和相关人员，取得了丰硕的研究成果。随后又与世界卫生组织专家密切沟通，反复修改并形成联合研究报告。他被科技部邀请作为科技部新冠病毒溯源专班工作组咨询专家，以专家组成员身份与来华世界卫生组织专家进行交流，介绍现阶段对于新冠病毒的天然宿主、中间宿主等问题所取得的研究结果。他作为世界卫生组织新冠肺炎"病毒的动物来源和环境来源"工作组中方专家，积极参与世界卫生组织召集的新冠病毒溯源国际合作，全程参与制订《世卫组织新冠病毒溯源国际合作工作计划（中国部分）》文件，为国际抗疫合作做出重要贡献。此外，他还担任2019年联合国"生物武器国际公约"大会中方代表，担任国际病毒分类委员会细菌与古菌病毒分会委员，为相关领域国际交流和合作做出积极贡献。

在新冠疫情发生早期，童贻刚同志还多次应邀参加海关总署组织的新冠肺炎疫情形势研判会，给海关总署提出了多项建议并得到采纳，为防止疫情扩散发挥了积极作用。同时，他在第一时间向科技部领导做关于新冠肺炎的汇报，为科技部快速启动"新型冠状病毒肺炎疫情应急科研攻关"专项发挥了重要作用。受国家卫生健康委员会邀请参加国务院联防联控机制新闻发布会，介绍新冠肺炎疫情防控国际合作与交流工作情况。此外，童贻刚同志还曾作为专家组成员参与玉树地震防疫减灾工作，参与广东地区大规模仔猪腹泻死亡疫情应对工作，完成我国输入性寨卡病毒首例基因组序列测定工作，并发现我国首例输入性裂谷热病例，为保护人民生命、财产安全和身体健康做出积极贡献。

潜心立德树人，培根铸魂、启智润心

国家科技创新不竭力量源于人才、源于青年。作为一名高校党员教师，童贻刚同志始终坚守"为党育人、为国育才"的初心使命，践行科学家精神，用实际行动引领后学，育德育才。他指导的多名学生在国际顶级科技期刊发表研究成果，获得正高级职称，出国深造后回国报效祖国。在新冠肺炎疫情防控初期，他结合自身研究领域及国家传染病重大专项项目研究经历，及时调整授课计划，回应学生关注问题，使学生及时掌握前沿知识，科学理性认识新冠病毒，充分激发学生对专业知识的认知欲、探索欲。为使全校学生正确认识新冠病毒，做好科学防护，他主动申请将所授课程设为全校素质教育课，面向全校学生授课。教学工作中，他把每一次授课都当作第一次，精心上好每堂课，让学生在课堂上收获理想、收获知识、收获能力、收获智慧。他的课迅速成了学校的热门课，学生说："童老师的课不仅闪烁着科学理性的光辉，更增强了我们战胜疫情的信心和决心。"教书育人的过程中，他始终怀揣着仁爱之心，倾其所能传授知识，不厌其烦释疑解惑，细致入微关照心灵，被评为学校最受学生喜爱的"十佳教师"。

奋力引领发展，勇担责任、提质增效

童贻刚同志忠实贯彻落实习近平新时代中国特色社会主义思想，特别是习近平总书记关于教育的重要论述，增强"四个意识"，坚定"四个自信"，做到"两个维护"。担任生命科学与技术学院院长以来，团结带领师生员工，以一流学科建设为牵引，凝练学科发展方向，调整优化教学、科研力量，以身示范、甘为人梯，内培外引中青年人才，一名教师获得全国青年岗位能手、北京市优秀青年人才、北京市科技新星荣誉称号，一名教师获得"牛顿高级学者基金"、北京医学科技奖二等奖，他本人连续两年获得北京化工大学校长奖。他紧紧围绕"强基础、创特色、求突破"的思路，一手抓基础研究，一手抓技术突破，倡导并推动学院定期组织"学术沙龙"，促进学术交流，推进成果运用，生物学与生物化学学科在"ESI全球排名"中上升到2020年的777名，稳居1%以内，成功获批生物工程一级学科博士点。带领全院专家教授凝练了生物绿色制造、合成生物学、生物安全等5个学科方向，生物安全学科列入北京市高精尖学科建设行列。近两年科研到款均超过8000万元，人均科研到款名列学校第一。他坚持"五育并举、强工厚理"的思路，创新人才培养体系，优化教育模式，生物工程、制药工程专业获得国家一流本科专业，并再次通过教育部工程教育认证，一名教师获得全国石油和化工行业教学名师，学生在国际基因工程机器大赛获得金奖，实现了金牌"零的突破"。（来源/党委组织部）

本文发表于2021年6月

第二章 青语青询,风华正茂

恰同学少年,风华正茂;书生意气,挥斥方遒。

——《沁园春·长沙》

阿依古丽：扎根边疆的"月亮花"

圆润的脸庞，清脆的嗓音，跳起舞来灵动而感染人心。这样一个女孩子坐在面前，你可能无论如何都不会把她与"基层""女乡长"这样的字眼联系起来。

她，有个美丽的名字——阿依古丽，汉语意为"月亮花"。作为新疆维吾尔自治区的基层干部，她已在一望无际的大草原上工作了两年多。说起这其中引人入胜的故事，阿依古丽笑言，令她刻骨铭心的记忆非常多，她从中体会到了信任和担当，也看到了自身的成长。她的青春梦想，正如鲜花般绽放。

马背上的草原情

阿依古丽 1985 年出生于新疆昌吉市，哈萨克族人。父亲从事外贸行业，母亲是一名教师，父母尊重孩子的想法，这使得阿依古丽从小就比同龄孩子更有主见。蓝天白云，广阔壮丽的草原生活，赐予她热爱自由、敢于追求的个性。

五岁时，为了学习哈萨克语，阿依古丽被送到了姥爷家里。在草原上捡牛粪，拾山果，挨家挨户地去拜年，这些事情在阿依古丽记忆中是最美妙的。"如果没有那时的经历，我的人生选择也不一定是现在这样。"阿依古丽说。姥爷那时任阿勒泰吉木乃县的县长，他喜欢骑着那匹老马，四处走访牧民。阿依古丽便常常蹬上马鞍，和姥爷一起行走在县里的各个地方，质朴自然的民风民俗使她心存依恋，贫困善良的乡亲令她无比牵挂。正是童年的经历，在她心里埋下了梦想的种子，使她今天走向更广阔的人生舞台。

大学校园里追逐梦想

能歌善舞是哈萨克族人的天性，阿依古丽也不例外。1997 年作为舞蹈《孔木子》的领舞,她有幸在人民大会堂演出,团队荣获"全国少儿舞蹈大赛银奖",自那时起,她就对北京产生了深深的向往。

2005年,阿依古丽如愿以偿考进北京化工大学文法学院,开始了新的生活。从新疆到北京,她还来不及体验新鲜的校园生活,就陷入了学业困境。由于基础薄弱,她感到学习吃力,不服输的阿依古丽把别人看电影、逛街的时间都用在了学习上,总结经验,勤做笔记,一坚持就是四年。天道酬勤,大二和大三,她获得三等奖学金,大四时,她各方面的成绩已是遥遥领先,荣获一等奖学金。同时她还选修了经济管理学院国际贸易专业。汗水与付出换来了收获,也练就了她内心的坚毅。

大三,阿依古丽担任班长。无论哪位同学有困难她都热情相助,但她从不把这些事放在心上。在她看来,"帮助别人很正常,无须记挂"。汶川大地震时,她给灾区捐过两次款,一次100元,一次50元,当时的她,每月生活费仅有500元。

2005年,阿依古丽自编自演了舞蹈《雏鹰》,她以优美的舞姿,为母校献上了一份精美的礼物,受到全校师生的热烈欢迎。后来这部舞蹈成为她的经典作品,从大一到大四,共演出20多场。

雏鹰意味着新生的力量,她渴望飞向蔚蓝广阔的天空,虽然道路艰险,但充满了拼搏的快乐、奉献的无悔、自由的可贵。

回归草原,展翅翱翔

临近毕业,同学们有的出国,有的选择留在了北京或去往上海等大城市。对故乡草原始终魂牵梦萦的阿依古丽却放弃了在北京当白领的机会,回到新疆参加了两个考试。一个是昌吉市政府事业编制的考试,另一个是党政领导干部后备人选的选调生考试。

后来,她以笔试、面试第一的好成绩,顺利拿到了昌吉市政府应急管理办公室秘书的职位。可才上了22天班,她出人意料地辞职了,因为这时选调生的名单上她也榜上有名。她毫不犹豫地选择了后者。"我是草原的女儿,回新疆一个很大的动力就是想从基层做起。走近老百姓的生活,真真切切地为他们的发展尽一己之力,这才是我的梦想。"阿依古丽坦言对于自己的选择无怨无悔。

第一天到西吉尔镇西吉尔村担任党建副书记时,她怀着紧张又兴奋的心情做了几件小事:将村里书屋的图书按科目分类整理,排列放好;买来去污粉把党员活动室的桌椅擦洗得干干净净。看到新上任的大学生书记爽快利落、毫无架子的行动时，村民们感慨遇到了办实事的好干部。阿依古丽在西吉尔村的住处是乡政府地下室，有时一个紧急通知，留宿的干部经常加班甚至通宵熬夜。开朗的阿依古丽喜欢闲暇时和大家谈论时政，很快便融入了这个大集体中。

草原冬日寒冷而漫长，凛冽的风怒吼着，气温常常是零下十几摄氏度。阿依古丽在冰天雪地的季节仍不忘四处走访。听说牧民古丽娜开了个刺绣合作社，从1995年开始带徒弟，特有的民族风格刺绣很受欢迎，当时由于资金欠缺无法正常维持运转。阿依古丽认为这是支持牧民自主创业、发扬维吾尔族传统技艺的好事情，她冒着刺骨的严寒连忙赶到了古丽娜家，仔细询问情况后，把自己从微薄工资中积攒的4000元当场全部借给了古丽娜。感激不已的古丽娜特意煮了一锅阿依古丽最喜欢的羊肉，用最好的奶茶表达深深感激和浓浓谢意。

大家亲切地叫她"古丽"。村妇女主任说，古丽来了西吉尔村，村里变得比以往有生气。"村里的工作多是些繁杂却与广大牧民息息相关的事情，这最能考验人的耐心和毅力，老百姓的事情，哪怕再小，也要当大事对待，要对得起他们的爱戴。"

有一次，听到村委员谈到了色素辣椒的种植，阿依古丽觉得这是个增收新途径，便上网仔细查询相关信息，计算种植成本回收率等。经过筛选，她建议村民们试种一种品牌色素辣椒，同时，积极联系远在兰州的企业签下订单，功夫不负有心人，试种的600亩辣椒果然取得了大丰收。

当记者问到对基层生活是否满意时，阿依古丽诚恳地表示："基层不像大城市那样五彩斑斓，没有那么多新奇事物，年轻人会有一个适应阶段，但要耐得住寂寞，懂得坚守；跟老百姓打交道时，要放低心态，摆正位置。事实上，很多经验丰富的长者独具智慧，很值得我们年轻人学习。"

出色的业绩使阿依古丽在半年后被破格提拔为大南沟乡副乡长，分管宣传、环境、计划生育等22项工作。如今，在新的工作岗位上，阿依古丽继续在边疆这一人生舞台上，描绘着她那美丽人生。（文/冯宽昕、石萌萌，感谢马克思主义学院胡锐提供新闻线索）

本文发表于 2011 年 12 月

张亚丽：见义勇为　奉献无悔

一个年轻瘦弱的女孩，面对突然出现的盗窃案，是紧张害怕、视而不见，还是奋不顾身、见义勇为？当面对校园中意外的盗窃者时，张亚丽毫不犹豫地选择了后者，回想起当时惊心动魄的情景，她说，如果再给她一次机会选择，她的答案依然是：见义勇为。

校园里抓贼

"那是2010年6月份。"张亚丽回忆。清晨的北京化工大学，沐浴在夏季初升的霞光中，静谧清新。只有操场里偶尔传来阵阵的脚步声。张亚丽保持着每天晨跑的习惯，这天也不例外。她刚刚结束酣畅的运动，走进东校区3号学生公寓。进门的时候，一个背着黑色挎包的陌生女子迎面走来，穿着打扮不太像学生，有些面生。

张亚丽出于好奇盯着陌生女子多看了一会。就在这时，一个同学站在远处对陌生女子说："哎，我看你刚才从我们寝室走出来，你是找人的吗？"陌生女子没有作声，只是加快脚步往前走。那位同学又重复问了一次，此时，陌生女子惊慌失措，拔腿就跑。

接着，楼道里有人大喊："坏了，我的电脑没了！"张亚丽意识到，这是入室盗窃，她来不及多想。立刻迈开双腿，疾步如飞地跟了出去，小偷拼命奔逃，她穷追不舍。就这样，挥汗如雨，紧张焦急地绕过了大半个校园，和小偷的距离越来越近，慌乱中，追到了南门口。"不好，小偷想趁机溜出去。"张亚丽急中生智地想起门口正在执勤的保安。她用尽全身的力气，大声呼喊："抓小偷——"终于，在几名保安的协助下，小偷连同校门外前来接应的同伙一起被抓获，笔记本电脑最终物归原主。

之后，张亚丽到派出所做了笔录和口供，民警告诉她，抓捕的盗窃团伙近期在北京高校频繁作案,却一直逍遥法外,这次是第一起当场破获的案例。张亚丽不仅为同学找回了电脑,也帮助派出所抓获了一个犯罪团伙。

敬老院里的"亲情"

张亚丽出生于新疆乌鲁木齐,她从小耳濡目染淳朴热情的民风,一直助人为乐。高中时,她在班级担任班长。她经常带领同学们到学校附近的一家敬老院献爱心。敬老院里,有一位六十多岁的沈奶奶,老人唯一的女儿家在外地,她想念女儿,经常感到很孤独。亚丽得知后,暗下决心,以后一定常来看她。

每次来敬老院,她都会用自己平时攒下的不多的零花钱,买些水果和鸡蛋,看望老人。一晃,两年多过去了。在老人眼里,亚丽比她的亲孙女还亲。每次见到亚丽,奶奶的脸上都乐开了花儿,她最喜欢的一件事就是跟亚丽讲她过去的事儿。高三时,学业紧张的张亚丽,无论怎样忙,她也要抽空去看沈奶奶。时光荏苒,转眼间,她接到了大学的录取通知书。离开家乡的前一天,她和往常一样,带着水果还有老人平时最喜欢吃的蛋糕,来看奶奶。她给老人洗头、洗脸,和老人聊了很久。沈奶奶的眼里满是泪花。临别,她拉着亚丽的手,久久不愿放开……

为外国友人找相机

2008年北京奥运会期间,张亚丽作为志愿者,服务于顺义奥林匹克水上公园的皮划艇、赛艇项目。艳阳高照,她的脸上写满笑容,活跃在运动员和奥运观众的人群当中,为他们献上北京人的热情;大雨滂沱,她在路上为行人送雨衣、撑伞。皮划艇决赛那天,比赛及颁奖典礼结束后,观众们依次退场,张亚丽在自己的岗位上维持现场秩序。

这时,一位高个子、白皮肤的外国游客神情焦急地跑了过来,他用不流利的英语问道:"请问,我的相机丢了,您能帮助我找回来吗?相机里有我在北京的所有照片,很重要。"看到这位急得满头大汗的外国游客,张亚丽赶紧安慰他,并仔细询问他相机丢失的地点和经过。时间不等人,张亚丽果断判断他的相机可能遗失在比赛场内。可是这位游客怎么也想不起自己当时坐的位置。情急之下,张亚丽马上打电话给场馆内的志愿者,请求他们赶快帮助寻找。

同时，她告诉游客，站在原地别动，自己在炙热的阳光下跑了近15分钟赶到场馆，看到志愿者们递过来的相机，她长长地舒了一口气。但她来不及休息片刻，又大汗淋漓地迈开大步往回跑，酷暑高温没有阻挡她焦急的脚步，当她气喘吁吁地把相机递给那位游客时，这位来自斯洛伐克的游客激动之情难以言表。他对张亚丽说，他只是抱着一线希望，没想到志愿者真的帮他找回了相机。他用不流利的汉语和英文反复地说着"thank，谢谢！thank，谢谢！"。

过了一会儿，一件让张亚丽没想到的事情发生了，一群斯洛伐克游客在场馆门口晃动着他们的国旗，激动地大声喊道："我爱志愿者，我爱中国！"他们的汉语并不流畅，但这发自内心的感谢，让张亚丽感受到了作为一名奉献者的光荣与自豪。从此，只要有机会，不管学习再忙，她都尽可能地在学校里参加各种志愿者活动。

采访中，张亚丽动情地对记者说："我是新时代的大学生，我要用美丽的青春，享受着奉献给他人的快乐。这是时代赋予我的责任和使命。"（文/冯宽昕、石萌萌）

本文发表于 2012 年 2 月

杜湖泽：退役两年后，仍是合格的"军人"

初冬的北京化工大学校园，随风飘落的银杏叶铺出了一条金色大道。校园内穿梭的人群中，有这么一位普通的研究生，他叫杜湖泽，是化工学院 2010 级的研究生。2004 年，他以优异成绩考入北京化工大学，一年后，积极响应国家号召应征入伍，成为某边防部队的一名战士。在部队服役两年期间，由于突出表现，他两次被评为"优秀士兵"，并荣立个人三等功。

黄土高原上的农家学子

杜湖泽出生于甘肃省的一个偏远农村，描述家乡的偏远时，他说："如果我要回家，得先坐 21 个小时的火车，4 个小时的班车，再坐一个半小时的公交车，这样不断地换车还不算什么，最头疼的是还要再走 3 个小时的山路，我家就是黄土高原上的一个小村庄。"

2004 年，从家乡考到北京来上大学，对于家乡人来说，他是幸运的，杜湖泽也为自己能够来北京上大学感到骄傲，然而，当他来到北京以后，大都市的繁华耀眼、大学生活的丰富多彩并不是最让他印象深刻的，他经常会为捉襟见肘的日子而发愁。那个时候，他每天吃饭都得精打细算到每一角钱，每次去食堂的路上，他都会盘算今天应该吃什么以便不会花掉明天的饭钱，经常是中午吃了荤菜，晚上就必须吃素菜。

大一中秋的时候，杜湖泽会为是否买一块月饼而犹豫很久，在超市转了半天，最终他还是空手而归。回到宿舍，当他看到学校为每位同学发的餐券、月饼、水果的时候，心中有说不出的激动。"每次过节看到床头上的这些东西，我都能深深地感受到学校无微不至的关怀，是那样自然，那样亲切，我不会抱怨东西的多少，而是由衷地感谢，这是雪中送炭的关怀。"

回想那段时光，杜湖泽说他是幸运的，"如果没有国家助学贷款，没有学校对我的支持和补助，也许我早已中途退却，我的大学梦早就破灭了。国家和学校的各类奖学金、助学金、助学贷款等，以各种方式、不同渠道来帮助我们顺利地完成学业，滴水之恩，我们应当涌泉相报"。

边防部队中的学生新兵

2005年，他得知国家面向大学生征召义务兵的消息后，一股到军队去历练人生、报效祖国的信念油然而生。他毅然参军入伍，服役于条件最艰苦的内蒙古某边防部队。

入伍第一天，杜湖泽和他的队友坐火车到达五原县，换乘汽车，一路向北急驰四个小时，到达了服役的部队。"沿路的风景由树木林立变成了光秃秃的草原，出车门时，我们立刻感受到了边疆的寒冷，那细细的凉风吹在脸上，就像一把锋利的小刀划过脸庞一般，让人极不舒服。"

当回忆起部队生活最怀念的事情时，杜湖泽笑着说："苦涩的水。"部队的水是苦涩的，没有市区的那么甘甜，但是这苦涩的水对于曾经待在边防部队的杜湖泽而言代表生命的力量。每次训练跑完几公里后，由于天气寒冷，汗还来不及蒸发就结成了冰，眉毛以及额前的头发结了一层层霜，数小时的体能训练后，他总会冲进水房，打开水龙头，直接畅饮那苦涩的水，对他而言，那是甘泉。

边防部队的日子单调而艰苦，执勤、野外潜伏是战士每天必须完成的任务。1月份是边境线上最寒冷的季节，但是这时候执勤的任务更加繁重，外出执勤时，外面的积雪经常没过膝盖，呼呼的大风刮个不止，温度将近零下二十摄氏度，劳累、饥饿和寒冷考验着他。

这样的天气，杜湖泽和战友们都会穿好皮大衣，戴上棉帽，灌上热水，拿好步枪，从下午到第二天早晨，观察边境线上发生的情况，执行潜伏任务。"深夜时，又饿又渴，我们打开随身带的方便面咬几口，要喝水时，才发现水早已结成冰，口渴难耐的时候，我们经常吃起雪来。"战士们的脸经常从黄色变成红色，从红色变成紫色，最后变成白色。清晨起来时，身上早已覆盖了厚厚的一层雪。

当兵第二年，杜湖泽从战斗班进入连部当通信员、传令兵，为了按时完成繁重的工作，不丢当代大学生的脸，他每天坚持最早起床，摸黑穿好衣服，拿上马扎来到只有一盏昏暗灯光的楼道里，在别人熟睡的时候，他就已经开始了一天的工作，这样一直坚持到他退伍当天。

服兵役的两年内，他和队友在艰苦环境下，靠着报效祖国的信念、艰苦奋斗的作风，圆满完成了以边防执勤为中心的各项任务，多次受到了部队嘉奖。

退伍返校，发奋图强

2007年退伍返校复学后，他勤勉努力，发扬军人艰苦奋斗、敢于拼搏的精神作风，以优异的成绩完成学业，大学期间多次获校级"三好学生"称号，毕业时荣获北京市高校优秀毕业生的称号。大三寒假，他决心考研继续学习，提升自己。

"那时候，我的学习基础薄弱。笨鸟先飞，在别人用半年时间复习考研的情况下，我决心用一年的时间来准备。"大三寒假，他利用整个寒假的时间来补习英语，大量抄写英语单词，笔记就写了500多页。他怕自己学习量不足，当同学睡觉以后，他仍躺在床上看英语。复习数学时，做题写了42个笔记本，数学复习全书做了数遍。对其他课程，也付出了大量的时间去学习，最终他实现了自己读研的愿望。

与杜湖泽一起退伍的战友提到杜湖泽时说，他是个军人，退役两年了仍是位合格的军人。他沿袭了军人的作风，在学习过程中，不断丰富知识，提升综合能力，做事刻苦努力。

当提到继续深造的目的时，杜湖泽激动地说："读研只是我人生的又一步，尽管我的军旅生涯已经结束，但服务社会、报效祖国的理想与行动没有终点，这信念将与我终身为伴。"（文/姚庆峰、李婷）

本文发表于2012年3月

刘 杰：面向阳光，便一往无前

清晨的北京化工大学校园，寒意弥漫，天空中还笼罩着蒙蒙的雾气。凛冽的西风吹散了衣服里最后的一丝暖意，却阻止不了一个个早起学习的北化学子。

这群人中，有一道身影略显单薄，他叫刘杰，材料学院高分子材料与工程专业2009级本科生，2012年北京化工大学校长奖获得者，GPA高达4.13，是同学们眼中当之无愧的学习天才。

大学四年，刘杰收获了累累硕果：他凭借着自己的努力，获得化学工业出版社金奖1次、国家奖学金2次，并获得人民一等奖学金、专项奖学金各1次，被评为校级"三好学生"。此外，他还利用课余时间，申请了大学生科技训练计划项目——单壁碳纳米管的修饰及其自组装的研究，领导团队成员进行科研创新。因其优异的表现，已被保送到清华大学硕博连读。

"面向阳光，便一往无前"，刘杰目光坚定地对记者说。

"我希望自己是个有作为的人"

刘杰的家乡在湖北宜昌，一方水土养一方人，安静、秀丽的自然环境塑造了他沉稳内敛的性格；湖北先楚文化的熏陶，又让他拥有了坚忍执着、不轻言放弃的品格。

刘杰出生在一个普通的农村家庭，父亲是一名货车司机，母亲在一家小餐馆做厨师。父母虽然在学习上无法给予他很多的帮助，但幸运的是，父母都是很开明的人，教导给他的更多是做人的道理。深知父母苦心的刘杰，从小也表现出不同于同龄人的沉稳与成熟。"我希望自己是个有作为的人，让父母为我骄傲，这就是我前进的动力！"这是刘杰牢牢记在心里，也是时刻督促自己的一句话。

刘杰的小学是在当地农村上的，刻苦的他从小便显示出了读书的天分，这对于一个普通的农村家庭无疑是一份天大的惊喜。父亲为了他将来有个好出路，决定把他送到县城上初中。

"我初中的时候，一周只能回家一次"，刘杰回忆道。因为小学学校的教学水平不高，这让刚转到县城上初中的刘杰倍感吃力，第一次考试也考得很差。那时，父母不但没有责怪他，反而安慰道："没事，我们的孩子是最棒的，继续努力就行。"在父母的不断鼓励下，刘杰从小对学习充满热情，更有一股不服输的勇气。

"我当时住校，为了抓紧时间学习，每晚熄灯后还要到厕所去学英语"，刘杰回忆着自己的初中学习生活。初中厕所的灯是声控感应灯，每隔一段时间会自动熄灭，刘杰学习一段时间就要通过拍拍手把灯激活。日复一日，夜复一夜，少年默默地向着目标前进。刻苦的努力没有白费，接下来的一次考试中，刘杰成绩突飞猛进，一跃成了全年级第二名。成功的来之不易，让刘杰体会到了一分耕耘、一分收获的道理，也塑造了他做事认真、不肯轻易服输的性格。

普普通通的三口之家，因为刘杰的懂事与努力，让周围的邻居羡慕至极。"刘杰这孩子从小懂事，知道要自己努力，我们做父母的就很知足。"面对亲戚朋友对自己儿子的称赞，刘杰母亲总是欣慰地这样说。

"成功是汗水孕育的果实"

2009年，刘杰从家乡考到北京来上大学，北京的繁华却没有消磨他对知识的渴望，他始终坚持着自己的求学深造梦。他以同学眼中苦行僧式的修行，坚持着自己的追求。"从大一入学开始，我每天6点20就会准时起床，学到晚上很晚才回寝室"，刘杰这样告诉记者。

"刘杰是一个时间观念很强，特别珍惜时间的人"，刘杰的同班同学余辉这样评价他。每天清晨，当别的同学还在宿舍睡懒觉时，刘杰已早早坐在了教室，开始了一天的学习；当别的同学还在为玩哪一款游戏而犯愁时，他已下笔如神，解决了一道又一道的难题；当别的同学还在熬夜玩乐、通宵上网的时候，他早已进入了梦乡，为第二天积蓄着力量。

"大学的遗憾好像就是没睡过懒觉吧"，刘杰略带调侃地说。如梭伦所言，初升的太阳会给予人更多的力量，而在北化校园见过一千多次日出的刘杰无疑是思想上的强者。"成功的花儿，人们只惊羡她现时的明艳！然而当初她的芽儿，浸透了奋斗的泪泉，洒遍了牺牲的血雨。"当你付出过艰辛的努力后，收获

123

已成为一种必然。

大一下学期，刘杰转到了高分子材料专业，在他转专业之前，新班级里还没有同学获得过国家奖学金。他经常主动帮助班里的同学答疑解惑，很快，他的真诚打动了新班级的同学，原本刚融入新专业的一丝隔阂扭捏也迅速被消除。在他的带动下，班里同学学习氛围浓郁，学习劲头十足，新学期大家都取得了很大的进步。"他平静的外表下，隐藏着极大的鼓动力"，同学安飞这样评价他。

大三的时候，刘杰喜欢上了长跑，他说最享受的是长跑的过程，那是磨炼毅力、锻造性格的一部分。他先后参加过北京国际长跑节男子 10 千米的比赛和北京国际马拉松（半程）比赛，"每次冲过终点的时候，我就觉得是对自我的一次超越"。刘杰喜欢上长跑有一个小插曲，"第一次参加长跑比赛完全是出于好奇，但因为准备不足几乎坚持不到终点"，就在刘杰要放弃的时候，身旁的一位老人鼓励他："年轻人加油啊，老汉我还没放弃呢，趁年轻多跑跑，等到了我这个年纪再去锻炼可就晚喽！"老人善意的鼓舞使刘杰坚持到了终点，并从此爱上了长跑。"我们现在还年轻，所以应该趁着年轻去努力实现自己梦想，敢于接受挑战，这样到自己年老时才不会留下遗憾"，刘杰感慨道。

机遇总是垂青那些有准备的人。大三暑假，刘杰参加清华大学化学系夏令营，以其在校优异的成绩和在夏令营突出的表现，获得了老师的肯定，获得了保送到清华大学硕博连读的机会。

"泪水与汗水的成分相似，但是前者只能换回些许同情，后者却能让你绝处逢生，赢得成功。与其在泪水中消耗自己，不如在汗水中拼搏努力，因为我一直坚信，成功是汗水孕育的果实"，刘杰的目光中透着坚毅和自信。

"未来的路很长，要更努力才行"

"忙啊，现在太忙了"。当被记者问到现在是否可以放松一些的时候，刘杰的回答却出人意料。刘杰现在不但要负责团队的实验项目，还要到清华去做自己的毕业设计，往往是北化、清华两头跑，每天忙得不可开交。"习惯了，闲不下来"，他这样调侃道。除了做实验之外，刘杰还在闲暇时间做着三份家教，通过自己的努力减轻一下父母的负担，"工作虽然累，但是能帮到父母，很幸福，未来的路很长，要更努力才行"。

当被问及未来打算的时候，刘杰目光炯炯地说："读博之后还是希望能继续深造，学得越多，越觉得自己的浅薄，老话说得好'学海无涯'嘛。"

在刘杰眼里，自己并没有多特别，多与众不同。在校长奖光环笼罩下的他，不张扬，不激越，淡然地面对那些荣耀，收起所有锋芒，散发着圆润柔和的光辉。

采访结束之际，刘杰也对学弟学妹们衷心寄语，他知道在大学期间很多学生会有迷茫的时候，他说大学期间只要认定了目标，它就会成为鞭策个人奋斗的不竭动力。相信自己，为目标坚持奋斗，学会取舍，多与人交流，珍惜在大学的各种机会来锻炼自己，这样才对得起大学四年。（文/江晓）

本文发表于2013年1月

盖　括：一支笔　一个梦

从小到大，我们看过很多动漫，也都有自己喜爱的动漫人物，而能与这些动漫人物发生一次美妙的邂逅，无疑是每个人心中最美好的愿望。最近，这样的奇思妙想，在网络上一个名为《一支笔 一个梦》的漫画相册中得到了实现。漫画的创作者叫盖括，是北京化工大学一名大三学生，目前他正在南台科技大学交换学习。

在漫画中，盖括采用"手绘+摄影"的新奇手法，构建了一个别样的童话世界：在那里，他既是征战沙场、建功立业的乱世英雄；又是倒拔垂柳、义薄云天的绿林好汉；甚至还化身成了《西游·降魔篇》里坐拥"四美人"陪伴的空虚公子……盖括在自己的漫画世界里忙得不亦乐乎，网友们纷纷惊呼：这简直就是神笔马良啊！

无心插柳，技术宅的意外走红

安静、谦逊是盖括给人的第一印象，对于在网络上的迅速走红，这个眉清目秀的黑龙江小伙儿至今还是感到有些意外："最初只是想做个人人网的头像，后来灵感不断地涌出来，就索性制成了一个相册。本来打算只是和身边的好友们分享一下，没想到会这么受欢迎。"

在《一支笔 一个梦》系列作品中，盖括巧妙地将自己融入了漫画里，给人一种亦真亦幻的绝妙感觉。例如，在《海贼王》这幅作品中：盖括背对着镜头，在战火硝烟中力挫强敌，举手投足间颇有"力拔山兮气盖世"的豪气……凭借着新颖的创意和扎实的绘画功底，《一支笔 一个梦》漫画系列一经上传，就得到了网友的热情追捧，首日浏览量就已经近万。网友们纷纷表示，这样的创作方式实在是太有才了。

那么这些漫画是怎样制作出来的呢？盖括说，虽然作品的最终效果是在墙面上，但却是在绘图板上进行创作的。"我先在脑海中构思一个场景，想象一下自己在这个场景下应该是什么表情，然后摆姿势、拍照。之后就将构思好的场景还原到画板上，再通过软件将自己与漫画合成到一起。"

虽然听起来简单，但真要创作出优秀的作品却着实不易，尤其是盖括有着追求完美的性格，遇到不满意的地方就需要一遍遍地去修改。这些漫画，可谓是倾注了盖括大量的心血与情感，"但能跳进漫画成为主角，是我一直以来的梦想，即使付出再多的努力也是值得的"。

绝妙的创意和辛勤的付出，换来了网友们的认可和媒体的关注，江苏城市电视台、新浪微博、央视新闻微博等媒体纷纷对盖括进行了采访和报道，并对其作品进行了转载，《天津日报》《天下》《漫友》等报纸杂志媒体也陆续对盖括进行了采访。

一支笔，一个梦，这个可爱的大男孩用手中的画笔描绘着心中最纯真的漫画梦。"梦想有多大，舞台就有多大。"他时常这样鼓励自己。

扬帆起航，梦开始的地方

你很难将"调皮"这两个字和眼前这个安静的大男孩联系在一起，可盖括小时候最喜欢做的却是在自家的墙壁上"乱涂鸦"。幸运的是，父母没有一味地责怪他，反而从中发现了他的绘画天分。盖括6岁时，父母就专门送他去学习绘画。结果，画笔下那梦幻般的奇妙世界瞬间就把小盖括给牢牢吸引住了，他从此迷上了绘画，而且这一画就是十几年。盖括说，画笔和梦想，是他最大的快乐。

2010年9月，盖括进入北京化工大学工业设计专业学习。倡导"厚积薄发，兼容并蓄"理念的专业氛围和鼓励学生自由创作的学习环境让盖括步入了一个更加广阔而自由的舞台。在这里，盖括不仅有了更多的时间去感悟绘画的奥秘，也让他在与画友和同学的交流、切磋中升华着自己的画工。在这里，盖括学习着、历练着，并不断追逐着人生目标。"我的梦想是成为一名漫画家、插画师和设计师，希望我的作品能给别人带来快乐。"

是啊，"人生如果没有梦想，那和咸鱼有什么区别"，盖括无疑就是一个有着梦想并肯为之付出努力的追梦人。对绘画，盖括有着一种近乎迷恋的执着，他最喜欢的事情就是在闲暇时安静地坐在画板前，用画笔勾勒自己的童话世界。洛克菲勒曾说过："只有偏执狂才能成功。"正是有了这种甘于寂寞、执着于完美的偏执，才会有盖括一直以来的不断进步。

"宝剑锋从磨砺出，梅花香自苦寒来"，付出就总有回报，大一时盖括就获得了学校手绘漫画大赛的一等奖，大二时他就基本完成了作品集册，大三的他更是创作出了《一支笔 一个梦》等优秀的作品。

在辅导员潘子彤看来，"虽然生活中的盖括很低调，但却是个非常有才华、有想法的学生，他的才华在作品中体现得淋漓尽致"。在一次期末考试前，盖括发现身边同学的压力很大，他就创作了一幅作品，他在画中将柯南的形象悬挂起来，并称之为"挂柯南"，取谐音"挂科难"，以此来缓解大家的紧张。盖括还喜欢帮同学做肖像画，轻松诙谐的画风往往让人眼前一亮，盖括说："作品能得到大家的喜爱，就是对自己的最大肯定。"

一支笔，一个梦。大学，梦开始的地方，盖括已做好了扬帆起航的准备。有老师的鼓励、朋友的支持，相信在追寻梦想的航程上，盖括不会孤单。

执笔不辍，大男孩的画展梦

随着第一季创意漫画的成功，盖括又陆续发布了自己的第二季手绘摄影作品。网友们纷纷表示，这次的作品不仅画面更加清晰细腻了，绘画题材也从漫画延伸到了电影，更是结合了蝙蝠侠、空虚公子等新潮的电影元素……盖括说："自己对每一幅新作品都很喜欢。"

虽然已是小有名气，但为了让自己的作品能得到更多的认可与肯定，盖括工作起来反而是更加努力，丝毫没有降低要求。"为了保证自己的工作状态，作画时电脑必须是断网的，手机也要关机"，盖括称之为"闭关作画"。

在网上，盖括自称"盖老师"，如此看来，这个安静的大男孩似乎很想长大，可他的心中却始终装满着孩童般的漫画梦，也正是这些梦，推动着盖括不断进步。"即使没有这次的意外走红，我也会一直画下去"，盖括坚定地说，"我最喜爱的就是这些形象各异的漫画人物，当我进行创作时，脑海中全是童年的美好记忆。"用画笔将自己融入童年的美好记忆里，这本身就是一种莫大的幸福啊。

"大四离校前，想办一场自己的画展。"盖括说，这是对自己多年漫画梦的一种肯定，更是送给母校的一份珍贵礼物。

一支笔，一个梦。盖括用手中的画笔描绘着自己的漫画梦，他的内心简单、快乐，他是个爱画漫画的大男孩。（文/江晓）

本文发表于2013年3月

张泽鑫：像一只爬山虎，山有多高我爬多高

张泽鑫，化学工程学院化工专业2010级本科生，2013年国家奖学金获得者，大三学年GPA 4.07，专业排名第一。

瘦瘦的他，却透着股精神劲。过去的三年，他用汗水收获了许多："大学生创新计划科研竞赛"国家级优秀科研项目，"挑战杯大学生课外学术科技作品竞赛"北京市三等奖，"道达尔杯"全国大学生化工安全设计大赛三等奖，"高教杯"全国大学生数学建模三等奖，"三井杯"化工设计大赛华北赛区三等奖……

"愿像一只爬山虎，山有多高我爬多高"，是张泽鑫常说的一句话。所有的荣誉，都是对他坚持不懈的见证。凭借着这份不懈的努力，大三暑期，张泽鑫获得了清华大学化学系的直博资格，师从程津培院士。

"做一个严谨的人，无论是在生活中还是在工作中"

"大学生创新计划科研竞赛"是张泽鑫在大学期间参加的第一个国家级的科研竞赛，研究煤基甲醇制芳烃所选用的ZSM-5分子筛催化剂的制备及性能优化问题。"他在实验中严谨的态度令我印象深刻。"指导老师李建伟教授这样评价他。

在这次实验竞赛中，张泽鑫和他的队友面对的是一个与企业共同合作的新课题，任务量大而且没有先例可循。催化剂由于其内部结构的特殊性，多次重复试验往往得到不同的产率结果，为了一套完整的催化剂配方，他们设计了上百组的对照试验，确定了催化剂合成中所有因素的最优值，而为了得到最准确的、经得起考验的配方，张泽鑫坚持每一组实验做两遍，认真记录每一个实验数据。

"我们今天确定的配方所得的产率，日后要经得起工业化生产的考验才行"，张泽鑫在谈起从事科学试验所需要注意的关键因素时，第一个指出的就是需要

严谨的科研态度。

"我们这次课题的任务量大，每组反应需要一周的时间，一旦两次所得数据不一样，就得进行第三次验证试验，实验计划就容易被打乱，要多花很多时间"，张泽鑫回忆道。但尽管如此，只要两次数值差得太大，张泽鑫都会仔细研究问题所在，并补加一组实验，"实事求是就是张泽鑫的座右铭"，队友李梦溪如是说。

严谨的态度换来了最终的好结果，通过不断总结实验中的点滴经验，他们的实验结果也逐步完善，由于数据充分而且精确，逻辑缜密，科研成果"煤基甲醇芳构化催化剂制备及其性能评价"在众多参赛作品中脱颖而出，受到了一致好评，最终成功获评国家级优秀科研项目，并获得北京化工大学第一届"大学生创新计划科研项目论坛"理学院"最佳成果奖"。

"做一个严谨的人，无论是在生活中还是在工作中。"张泽鑫是这样说的，更是这样做的。

"自己想出来的才更有意义"

说到张泽鑫科研竞赛中遇到的困难，不能不提到他在大三参加"挑战杯"时的经历。他说："由于我们研究的课题相对前沿，能找到的文献非常有限，实验初期最大的感觉就是没有明确的目标，不知道该往哪个方向使劲。"实验过程方向不明确，困扰了张泽鑫和他的队友。"当时我们一度想到放弃，想换一个已经有所研究的课题直接做，但张泽鑫不同意，那段时间每天都能看见他抱着一堆英文文献看个没完，一周后他提出了一套完整的实验方案"，队友俞子恬回忆起当初的日子时依然记忆犹新。

对于遇到的困难，张泽鑫这样说："年轻的我们就应该在一次次的挫折中不断成长，我们毕竟还有机会，应该敢于接受挑战，不留任何遗憾，而且独立的思考有助于严密思维逻辑的形成，自己想出来的东西才更有意义。"他说最享受的就是独立思考出某些问题后的成就感："这个过程也是磨炼毅力，锻造品质的一次机会。"

苦心人，天不负。张泽鑫小组作品在"挑战杯"竞赛中经历了院赛、校赛，在全校一百五十支队伍中排名第六，并代表学校参加北京市的比赛，最终获得北京市"挑战杯"三等奖。

奋斗的青春最美丽

2013年夏天,从五月开始到八月中旬,张泽鑫和其他四名队友组队参加全国大学生化工设计竞赛,并担任组长。"在竞赛中,我负责工艺流程的模拟及相关设备的绘制工作,既感到肩上责任重大,又为队友之间并肩作战而感到振奋。为了设计能够顺利完成,我们几乎通宵达旦,查阅资料,设计流程,整个晚上在激烈讨论和修改中度过。到了凌晨时分,大家都睡眼迷离可又不愿休息,都希望能再坚持一会。"

团队的设计常常在这一次次坚持之下,峰回路转,柳暗花明。而作为组长,张泽鑫几乎整个小学期都在看相关图纸,并协调组内队友之间相互合作。"他平静的外表下,隐藏着极大的鼓动力",同学樊蓉蓉这样评价他。

最终,在团队的共同努力下,他们的设计方案获得了华北赛区三等奖、全国优秀奖。

百花齐放,描绘绚丽的青春画卷

张泽鑫说:"我从来不想当书呆子。"担任化工学院本科生党支部组织委员以来,他和支部的党员们一起配合完成"红色1+1"共建活动,获北京市一等奖,并为十三陵消防中队讲解化工灭火的相关知识。

"为了给学校争光,我把讲课稿练习了上百遍",说到当时的演讲,张泽鑫很兴奋,那次演讲非常成功。中队首长也对支部的共建活动给予了极高的评价。"校三好学生""校优秀生""优秀团员"等荣誉称号也是对张泽鑫社会工作的肯定。

说起取得这些成绩的原因,张泽鑫更愿意用"每日三跑"来说明坚持的成果。不论严寒还是酷暑,不论在校还是放假,跑步是他生活中不可或缺的一部分。

每天早上多数人还在睡懒觉的时候,张泽鑫已经洗漱完毕,并且完成了2000米的晨练;下午4点半,当很多人上网的时候,正是他进行第二次2000米跑步的时间;每天晚上十点钟,张泽鑫会第三次准时出现在学校操场上。"每日三跑"成了他的必修课,也最直接地说明了张泽鑫为什么能够取得这些成绩,那就是坚持，坚持，再坚持。

机遇总是垂青那些有准备的人。大三暑假，张泽鑫参加清华大学化学系夏令营，以在校优异的成绩和在夏令营中突出的表现，得到了老师们的肯定，获得了保送到清华直博的机会。同时在中科院的夏令营中获得了双博士学位的直博名额，思量再三，他选择了自己最初的梦想——清华大学。

"学得越多，越觉得自己的浅薄。"荣誉之下，不张扬，不激越，收起所有锋芒淡然面对。在他眼里，自己并不特别，并不与众不同。

现在的张泽鑫又申请了新一轮的"大学生创新计划科研项目"，不仅要负责团队的实验项目，还要到清华去做自己的毕业设计，同时还要强化英语学习，开始为日后的学习生活做着各种准备。每天紧张有序地忙碌着，不敢有半点松懈，他笑着说："习惯了，闲不下来，读博之后还是希望能继续深造。"（来源/党委宣传部）

本文发表于 2013 年 11 月

杨华光：愿化雄鹰，展翅高飞

青春如果是一部风格独特的微电影，属于杨华光的则一定充满了青春励志，他用"愿化雄鹰，展翅高飞"的青春宣言，表达着一份超越自我的信心与斗志。

在校期间，杨华光刻苦钻研，曾获首届全国大学生高分子材料创新创业大赛金奖、国家奖学金、海泰斯专项奖学金、第八届"萌芽杯"三等奖。

学习之余，他追求全面发展，荣获了军训标兵、校级优秀生、校级"三好学生"、优秀团干部、十佳社团负责人、北京四校"禅蛊杯"散打比赛 70kg 级冠军、机电学院三人篮球赛冠军、机电学院"英蓝杯"篮球赛冠军等荣誉。

学无止境、厚积薄发

杨华光成长于福建福州的一个普通工人家庭，从小父母就教育他"做人要踏实，做事更是"。"父亲母亲当了一辈子的工人，生活拮据，但是一直勤勤恳恳，踏踏实实地做事。父亲母亲更是对我寄予厚望，一直以来对我的要求也比较高。"肩负着父母的期望，杨华光于 2010 年考入北京化工大学。

知识就是力量，知识改变命运。他深知，父母靠自己的双手，为他默默付出，不求回报。母爱如水，父爱如山。然而，未来的路他只能靠自己，因此进入大学他就将目标锁定在了"优秀"。

要搭建起知识的宫殿，就一定要夯实地基，精心构建其中的一砖一瓦。怀着一颗渴求知识的心，从大一开始，他就一步一个脚印刻苦钻研，即便是艰深晦涩的高数，他也学得意犹未尽，兴致盎然。他知道，学习知识永无止境，要取得让自己满意的成绩，唯有平日一点一滴积累。

每天早上六点，宿舍同学还在沉沉入睡，他便已开始了早晨的锻炼与学习；争取当天作业当天做完，每天晚上十点半，总是在图书馆管理员的多次催促下，他才意犹未尽地离开。"汲取知识的芳露让我感到充实，攻克一道道难题让我禁不住欢呼雀跃。"

努力铸就成长，汗水浇灌收获。大学期间，他的专业成绩一直名列前茅。"长风破浪会有时，直挂云帆济沧海"，这些荣誉更加坚定了他前进的信念。

满怀激情、全面发展

大学三年，高分子材料先进制造学科交叉班、国旗护卫队、散打协会、院学生会、篮球队都留下了他的身影。在这些岗位上，他都坚持高标准、严要求，通过努力学习和锻炼，不断提升自己的综合素质。

知识如果不经运用，那只是书本上的文字，笔记本上的符号，脑海中的残影，不能成体系，不能创造其应有的价值。2011年夏天，杨华光组队参加了第八届"萌芽杯"竞赛，从开始的一头雾水到确定课题——人形步行机器人，再到查阅文献，购买器材，亲手设计机器人的运动机构、外形，制作机器人小模型，他享受着有所突破的激情。

这次参赛虽然只获得了三等奖，却让杨华光收获不少：从制定周密计划，到明确工作进度，再到合理分工、人尽其才，从大团队的协作，到小个体的发展，这次经历为他走上科研道路积累了经验，奠定了基础。

2013年11月6日，第一届全国大学生高分子材料创新创业大赛在青岛落下帷幕，杨华光作为队长带领北京化工大学英蓝团队凭借参赛项目"纳米叠层复合材料制备装置及应用"（指导教师：阎华、蔡中华、杨卫民）与51支来自不同院校的团队同台竞技，并以总决赛第一名的成绩夺得大赛金奖，终于，他们成功了！

潜心科研、常怀感恩

人的一生就像在大海里飘荡的小船，没有方向的船注定是要在宽广的大海里流浪一辈子，任凭风雨摆布。大二学年，杨华光坚定下了扬帆前进的方向——走入科学研究那神圣的殿堂。

2012年4月，杨华光有幸参与国家自然科学基金课题——新型双螺杆混合元件的研究。为了做好这项课题，他自学Polyflow软件，运用GAMBIT建模，运用Polyflow进行有限元分析。

进入高分子材料先进制造学科交叉班后，6场国内外知名专家学者的研讨会让他更加感叹科学的神奇魅力，杨华光恨不得马上跻身其中。收获最明显的就是专利的撰写，作为第二发明人的他已经撰写了4篇专利。

"从杨老师告诉我这个想法后，我与杨老师进一步探讨装置结构，绘图，确认方案后着手撰写，我收获很多，由这一个切入点了解了这一领域的发展状况。"杨华光兴奋地讲到。作为班长他带领交叉班13名同伴于今年暑期前往宁波格林美孚新材料科技有限公司进行为期1个月的实习，参与新能源汽车塑化工作，运用3D扫描仪测绘收集车身数据，自学UG软件进行车身的三维建模逆向制造。

"常怀感恩心，是为人的基本底线。我能有今天的我，难忘国家对我的恩情，难忘母校对我的恩情，我也将这份感恩回报的责任，当作我人生中无上的快乐。"时光荏苒，光阴如梭，他说他就像是一个寻梦的孩子，博学诚信，慎思笃行，在北京化工大学的校园里仰望梦想的星空。他坚信，梦想不光是物质享受，更有精神充实，再幸运的人也会不安，再艰难的人也会欣慰。（来源/党委宣传部）

本文发表于2013年12月

张宣玉：一个关于"Designer"的故事

"真不是谦虚，我是一个非常普通的人"，张宣玉端坐着，眉宇间带着几分笑意，"如果非要说有什么特别，那可能就是运气好一点"。

诚然，翻开张宣玉的简历，一眼看去是那样平凡：机电学院产品设计系2010级本科生，她不是学生党员，成绩也不算拔尖，更不曾拥有"唬人"的实习经历……她每天的工作，简单到枯燥：绘草图、做效果图、制模型……日复一日，循环往复。

可是，就是这个再平凡不过的女孩，凭借着原创作品"Designer"，在国内工业设计比赛中最具影响力赛事之一的2013年"醒狮杯"国际家电及消费电子产品创新设计大赛上，从来自全球14个国家和地区的1983名选手中脱颖而出，一举斩获了"院校组金奖"和"最受公众欢迎奖"，成为颁奖典礼上最耀眼的明星。

平凡与荣耀，在她身上形成了强烈的反差。但当你走近她，或许你会发现——"平凡"与"卓越"，似乎并不总是反义词。

"遇到了，抓住了，就是成功"，张宣玉如是说。

导师制：为创意插上现实的翅膀

"我希望能做一些有意义的事，去解决一些实际的问题。我相信，这才是设计的价值所在。"谈起"Designer"的创作初衷，张宣玉字字铿锵。

原来，张宣玉目前在搜狐动漫实习，担任游戏设计师，在工作中最常用到的工具就是键盘和手绘板。但同时运行两件工具，往往会造成工作台的过度拥挤。

"能否设计一款产品：既具有键盘和手绘板的各自功能，又能实现功能间的快捷切换呢？"创意一经闪现，实践的冲动就变得无法抑制。

想法固然简单，可要将其付诸实践却并不容易。"当时除了一个初步的构想，我们什么都没有，至于该从哪一步做起，更是两眼一抹黑"，回忆起创作初期的窘状，张宣玉不无感慨，"我之所以说自己幸运，是因为我选择了一位优秀的导师"。

张宣玉口中的导师，正是机电学院产品设计系老师马东明。原来，自 2010 年开始，北京化工大学实行了本科生导师制，鼓励在校本科生与优秀教师进行双向选择。作为课堂教学的有效补充，导师们会根据学生的个体差异，对其学习方法、科研创新、专业发展等方面进行具体指导。而张宣玉，正是这项计划的受益人之一。

"对设计而言，最宝贵的就是创意"，马东明告诉记者，"指导本科生进行设计创新，最重要的一点，就是要充分尊重学生的设计理念"。除此之外，马东明还更倾向于对学生进行创新思维上的引导，具体问题则由学生自行解决，"这样既能避免学生走弯路，又有助于培养学生独立思考、解决问题的能力"。

在张宣玉眼中，"创作就是一个将创意打碎，剔除杂质，然后再重新组合的过程"。而在"Designer"的创作过程中，"头脑风暴"无疑起到了催化剂的作用。为了激发学生的创作灵感，设计系的老师们腾出了仅有的专业会议室，定期组织创意设计小组开展"头脑风暴"。会议室条件虽然简陋，但学生们的创作热情却始终高昂，每次活动时，屋子内都被挤得满满当当。

正是在这间小小的会议室内，从这个成立仅 8 年的北京化工大学产品设计系里，诞生了一件件令人叹为观止的创意设计——近年来，学生在国内外设计赛事中屡获佳绩，获重大奖项累计 30 余项，培养出了张宣玉、"现代版神笔马良"盖括、在 798 艺术区开办个人画展的林嘉熙等诸多优秀学生。

学科交叉：打开一扇不一样的窗

然而，横亘在成功路上的障碍依旧众多。如何保证产品成本，如何合理设计模型结构，如何编写程序代码，如何实现多点触控与光学触控的快捷切换……这些涉及众多领域的专业问题，使"Designer"的创作再次陷入了僵局。

面对重重困难，张宣玉却始终保持着乐观："当时也没想那么多，虽然很难，但就是觉得肯定能解决。"漫漫征途上，张宣玉就这样一步一个脚印地默默跋涉着。此刻的她没有想到：在不远处，正有一群志同道合的朋友在等待着她。

2013 年 5 月，北京化工大学启动了学科交叉人才培养计划。启动仪式上，校长谭天伟的一句话，让张宣玉茅塞顿开："学科交叉，就是要以另一个学科的视角审视原有学科的问题，提出自己的见解，直至找到解决问题的新方法。"

"设计需要执着，这没错。但更要判断为之付出大量精力是否能做通，不能死钻牛角尖。"此时的张宣玉，有了一个大胆的想法："能不能组建自己的学科交叉小组，结合不同专业的学科优势，让自己的创意早日变成现实。"

就这样，在专业课老师朱天阳和马东明老师的帮助下，张宣玉很快便组建了包括周婧在内的一群各具特长的专业精英——"Designer"的创作，终于再度步入正轨！

依托学科交叉所带来的强大技术支持，张宣玉又将工作重点转移到了产品可行性上。按她的说法，"这可能是受学校工科氛围的影响，我们比较注重作品的可行性，在设计中剔除了许多不切实际的设想"。无数个不眠之夜的思考和通宵达旦的改稿，无数次激烈的讨论完善，经过半年多的奋斗，"Designer"终于从厚厚的创作手稿中诞生了。

令张宣玉没想到的是，相对于其他参赛作品的天马行空，"Designer"的可行性成了她最终折桂的法宝。正如大赛评委，被称作"中国工业设计之父"的清华大学美术学院教授柳冠中先生所言，"真正的设计，首先考虑的是可行性，其次才是创意、美观"。

"'Designer'利用薄膜键盘的形式将键盘和手绘板统一起来，构思巧妙，创意新颖，可行性强，解决了桌面凌乱问题，让大家一看就有一种'就应该是这样'的感觉，这正是设计的魅力！"说起这个作品，马东明老师也是不吝赞赏之词。

"学科交叉，为我打开了一扇不一样的窗，也缔造了一个不一样的舞台。"张宣玉说。

"只要是有意义的事，我就会坚持下去"

"获奖前后，生活发生了什么变化吗？"

"变化嘛，还真有——我租得起房子了！"张宣玉调侃道。

"现在实习的搜狐公司离学校比较远，每天7点就得去挤地铁"，张宣玉也有着属于90后的烦恼，"大赛的奖金，就用来在公司附近租房子了"。

不玩微博，不上人人网，生活中的张宣玉显得比较闷，"除了热爱绘画，这可能也是我选择做一名游戏设计师的重要原因吧"。

由于母亲是大学美术老师，张宣玉从小就对绘画充满了浓厚的兴趣。从正式学画至今，张宣玉已经执笔前行了13年。

"绘画是非常枯燥的，尤其是素描，画完之后手上全是碳，洗也洗不掉。"张宣玉有时也会抱怨绘画的辛苦。可一旦闲下来，她最想做的还是绘画，"记得最多的一次，我一周画了200张素描。可能绘画已经融入了我的生活，变成了一种习惯"。

"看似寻常最奇崛，成如容易却艰辛。"张宣玉总说自己做的都是简单而平凡的小事，但她的青春，却铭刻着北化"宏德博学，化育天工"的校训精神，闪耀着不平凡的光彩。

"只要是有意义的事，我就会坚持下去。"张宣玉的眼神中透着坚毅。（文/江晓）

本文发表于 2013 年 12 月

鲍天宇：一个工科男的英语梦

梦想是什么，梦想就是一种让你感到坚持就是幸福的东西。讲台上的年轻人自信而从容，诙谐的语言、缜密的思维，举手投足间流露着超出同龄人的睿智与成熟。

他就读于北京化工大学材料科学与工程学院，是一个地地道道的工科男，但却始终幸福地坚守着自己的英语梦想。就在刚刚闭幕的2013年"外研社杯"全国英语大赛上，他一举夺得了演讲总决赛一等奖和写作总决赛特等奖亚军的好成绩。

他叫鲍天宇，一个心怀英语梦的工科男。

自办扎堆学社为同学补课

在"外研社杯"全国英语演讲大赛总决赛上，鲍天宇以"当苏格拉底遇到孔子"为题展开自己的演讲，他认为两位学者的共同点都是教书育人，无偿地将自己所学分享给世人。而鲍天宇，也是这样的一个追随者——2012年，他创办扎堆学社，义务为同学们辅导功课。

"扎堆学社的创建初衷，只是想搭建一个为同学统一讲题答疑的平台，后来慢慢扩展了内容，又增加了英语角、知识沙龙、免费提供复习资料等项目。"鲍天宇告诉记者。

原来，山东小伙鲍天宇，第一学期就以GPA4.08的成绩稳坐了"学霸"的宝座。由于他成绩优异、为人随和，身边的许多同学都喜欢向他请教问题。渐渐地，不仅是自己的班级，就连其他班级开学习会，也会邀请他去传授学习经验。

从一次课，到两次课，从一个班，到两个班……鲍天宇发现，其实同学们的疑惑都很集中，既然如此，为何不固定一个时间，统一为大家讲解，也好最大化惠及更多身边的同学。这激发了他公开授课的梦想，就这样，扎堆学社应运而生。

扎堆学社的学生辅导课主要针对令大学生头疼的期中期末考试以及英语四、六级考试。其中的每一次授课都会提前经历试讲和观众点评，试听者会根据授课内容、授课形式、授课者能力等指标来判断这堂课是否有讲授价值。只有经过精心准备，不断修改完善，课堂效果出众的课程才会最终呈现在广大同学面前。

泰戈尔曾说："埋在地下的树根使树枝产生果实，却并不要求什么报酬。"鲍天宇无疑就是这样一根乐于奉献的"树根"。来参加他的授课教学不仅是完全免费的，每次还可以领取到精心准备的讲义。

甚至，鲍天宇还经常自掏腰包，准备各种特色小礼品，以奖励在互动环节中表现突出的同学。鲍天宇的梦想单纯而朴实，他说，"同学们觉得这课来得值，真的能帮到他们的学习，就是对我最大的鼓励和回报了"。

学社自创建来，先后举办了三次基础化学辅导课，三次英语四、六级考试相关知识辅导课，一次物理化学期中考试复习课，无偿发放高等数学、有机化学、普通物理等专业学科资料2000余份，举办英语角8次、沙龙4次，分享网络资料若干。

"有探索、有进步的过程才叫活着"

在"外研社杯"赛事中取得这样优异的成绩，鲍天宇把制胜的关键归功于用心和坚持自我。

本次比赛赛制与往年基本相同，经过层层选拔，而到全国比赛时，来自全国29个省、市、自治区和台湾地区的共94名选手将一决高低——94进60，60进18，18进8，决出冠亚季军。每一场比赛竞争都是异常激烈，它考验的不仅仅是选手的英语功底，更是选手灵活应变的能力。

成功晋级全国总决赛后，鲍天宇没有给自己庆功，而是再一次投入到赛前准备中。他不仅加大了自己的英文阅读量，还经常去找张琬、张雅凝、邱琳三位老师练习英语答辩能力，更会与老师用英语一同交流一些哲学问题。老师们不仅会指出他内容方面的不足，更会在语音语调方面做出指导，这让他在口语方面更加有了自信。为了提升写作能力，鲍天宇会经常通过一些典型案例以及经典模板举一反三，同时也会自己找一些选题，试着写一写，然后再请老师们修改，每一篇作文都力求精益求精。

即兴演讲比赛环节，鲍天宇抽到了"关于活着的意义"的主题演讲，在准备的过程中，指导老师为鲍天宇定好了大调子，以马斯诺精神理论为出发点，来阐明什么叫活着，即仅解释理论意义足矣。而鲍天宇并不局限于此，他坚持着自己真情演讲的风格，在论述最后加上了对现实生活的理解，并以自己为例，他说："有探索、有进步的过程才叫活着，我今天能够站在这里，能够喊出我的声音，我就是活着的！"赢得现场阵阵掌声。

"天宇是个非常用心又很有思想的孩子，他善于探索和发掘，跟他交流不仅仅只在语言层面，更多的还会有思想上的共鸣。"指导老师邱琳如是评价。

"加入冒险的成分，好了可能就在前面，坏了就会一落千丈。但如果表现平平，排在中间位置，不会取得好成绩，还是坚持自己，拼一把。"就这样，鲍天宇坚持了自己的风格，显然，他赢了。

"做个像俞敏洪一样的人"

喜欢英语、热爱教学，谈到梦想时，鲍天宇目光笃定地说："做个像俞敏洪一样的人！"

鲍天宇对英语的痴迷，却是从小便养成的。与许多小孩子一样，鲍天宇从小被家长安排学习了各种艺术特长：美术、硬笔书法、架子鼓……但小天宇却唯独对英语特别上心。

在确定被保送青岛二中后，时间充裕了很多，他购买了《奥巴马演讲》，不断地学习模仿，这使他的英语底子更加坚实。高中时期，鲍天宇就学习了大学英语课程《新视野英语》，又自学了新概念英语，对于他来说，"学习英语是一种享受"。

高一时，鲍天宇第一次接触新东方，托福基础班的课程让他对新东方教学印象非常深刻：诙谐的语言、轻松的课堂氛围、巨大而精华的知识量，都让他对这种模式的英语教学产生了浓厚兴趣。来到北京后，他又学习了新东方GRE提高班，在对新东方和俞敏洪逐渐深入了解后，他更加坚定了做一个像俞敏洪一样的人，做一位英语教学者的理想。

鲍天宇每一天都在为这个理想而努力着，扎实学好专业课知识，创办扎堆学社带给更多人知识和力量，参加各种比赛开阔视野，把握住每一次机会锻炼自己的能力。他说："人要有参照物，并且以螺旋式上升的节奏前进，才叫活着。"

  优秀如他，依旧在不断寻求着进步："现在一直在输出，反而输入的比较少，这样相比一些英语专业的同学，进步就会很慢，这是我现在需要调整的。"在拥有骄人成绩的同时，鲍天宇并没有安于周身的光环，他知道，路还有很长，需要做的还有很多。（文/王馨瑶）

本文发表于 2013 年 12 月

关晓妮：拄着双拐"奔跑"在追梦路上

在北京化工大学校园里，有这样一个平凡而特殊的女孩：说她平凡，是因为她像其他人一样，都在积极地参加着学校的各类活动；说她特殊，是因为她的每一步前行，都在承受着常人难以想象的痛楚。

"我的梦想，是做一个自强不息的人，一个奉献自我的人，一个能'以一己之力，暖一室之人'的人！"明亮的双眸，坚定的誓词，在第五届化大之星"我的梦·中国梦"主题宣讲会上，这个手拄双拐却始终面带微笑的倔强女孩，用最朴实的话语阐述着自己的梦想宣言。台下，是经久不息的掌声。

她叫关晓妮，一个坚强、勇敢的阳光女孩。

天使折翼，用心飞翔

关晓妮来自山西晋城的一个小乡村，父母像等候天使般期待着她的降临。然而，现实却是残酷的，她被查出患有先天小儿麻痹后遗症，一出生便被剥夺了奔跑的权利。天使如期降临，却不幸"折断了翅膀"。

现实的残酷，瞬间便将原本幸福的家庭冲击得摇摇欲坠。所幸的是，坚强的父母并没有选择向命运妥协，他们决心用加倍的爱将晓妮抚养长大。就这样，几乎是在父亲的脊背上和母亲的臂弯里，晓妮度过了快乐的童年。

但随着慢慢长大，身体的异样让晓妮愈发感到了自己的特殊。可天性乐观的她却始终保持着阳光："虽然我的身体有缺陷，但是我一直很积极、很乐观地面对生活，因为我不想让爱我的人因为我的消沉而难过。"

生活的磨难，让这个坚强的小女孩变得格外懂事，"第一次学拄拐时我摔了一跤，脑袋上起了一个大包，但我也没想太多，爬起来接着试"。回忆起刚拄拐时的经历，晓妮是如此印象深刻。

在父母的照料下，晓妮顺利地在村里读完了小学。但从初中开始，她就离开父母来到镇上,开始了独立的生活。谈及住校生活,她说:"父母最开始很担心我,时常会到学校来看望我。但我相信自己完全能够照顾好自己,在我的强烈坚持下,他们才逐渐对我放心。"正是这六年的自立自强,让她的能力更加出众,让她的意志力更加坚毅。

初中时,晓妮被选为班长,因为她总是以自身的行动带给同学们正能量。很多同学在面对升学压力时会变得十分焦虑,晓妮总是鼓励他们保持阳光。同时,她还用乐观的心态和优异的成绩潜移默化地影响着周围的小伙伴们。

在山西,中考的竞争压力要比高考还大。当初,凭借着优异的中考成绩,晓妮完全可以去市里最好的高中读书。但面对随之而来的高昂学费,深知父母艰辛的她却毅然选择了一所能够免除她所有学费的普通高中。"那一次父母把选择权交给了我,父亲甚至一天都没有露面。正是那一次的选择,让我的思想变得更加成熟,让我学会了通过自己的思考去面对人生中的选择。"

学会思考,学会选择,折翼的天使最终学会了用心去飞翔。

心有理想,逐梦菁园

晓妮的父母都是农民,自然希望山村里能飞出"金凤凰",来改变周围的环境。"父母从小就跟我说要用功学习,将来到北京去上大学!"她说,大学梦从小就深深地扎根在了她的心底,影响了她的一生。

怀揣着对知识的渴望和对大城市的向往,2011年夏天,晓妮终于考取了北京化工大学理学院数学系。一路走来,她在不断前行,不断进步,她拄着双拐走出了小乡村,走出了小镇,终于走进了憧憬过无数次的首都。

初来北京的她,并没有像很多女孩那样想家。"我第一次想家应该是开学一个月之后吧",她笑着说道。虽然拄着拐杖行动不便,但这丝毫阻挡不了她在大学里追逐心中的梦想。她陆续参加了学校里的很多活动:从最初的临时负责人到班级团支书,从理学院学生会办公室干事到红十字会社员,从进入理学院学业辅导中心到参加校"萌芽杯"比赛……默默坚守中,晓妮一步步成长了起来。

参加这么多校园活动,她收获了许多。晓妮说:"虽然我有小儿麻痹后遗症,但我的父母一直允许我在家中做饭、扫地、做家务。我还给家里做过家具,亲手布置过我的房间。他们鼓励我这样做,这些除了培养了我的动手实践能力,更重要的是让我拥有了敢做的心。我敢于做任何我想做的事,不管结果如何,我都能从中得到收获,这也是我热衷于参加更多事情的原因。"

当然，晓妮的学习也没落下。数学系在大一大二课业繁重，但她凭借着自身的努力和踏实的态度，学习成绩一直保持在专业前列。两年来，她多次获得人民奖学金。在她眼中，学业才是逐梦过程中的基石。

军训征途，携手相行

以晓妮的身体状况，原本是可以不进行新生军训的，但她还是毅然决定和大家一起去往八达岭军训基地。"当时医生给我开的是免训的单子，但我真的很想去军训，我对军队有着一种向往，我不想离开身边的伙伴，我想体验那种患难见真情的生活。我不想以后后悔，所以我求医生最后给我改成了见习"，她说出当初的想法，眼角还有光芒。

刚到军训基地接受训练，年轻的教官没有发现她与大家不同，使她有幸感受了三十秒紧急集合和踢正步的感觉。"那阵子真的很为难，一方面确实不能跟大家一样训练，一方面又觉得自己会给大家添麻烦"，谈到刚开始军训时的心情，她收起了笑容。

不过，有一件事让她坚持了下来。有一天当她走在路上时，远远地就听到了有人在叫她，转过头发现团部的老师朝她走来，走近后对她说："姑娘不错，加油！"就是这一句鼓励让她充满了力量。她当时听到那句话真的很受触动，心中立刻下了决心，必须要坚持到最后。

之后的日子里，虽然不能跟大家一起训练，但她会跟大家一起早起叠被，一起站着吃饭，她还加入了雷锋服务小分队，参与了巡逻和发放馒头的工作。她的军训生活或许有些不同，但一样充实而具有意义。

谈及军训带给她的收获，她说："我圆了自己的军营梦，跟同学们的关系也亲近了。更重要的是，现在大家不会小心翼翼地对待我，不会再把我看作弱势群体了，我更有信心接受生活中的任何挑战。"

畅想明日，为爱出发

从北区来到东区，已是大三学生的关晓妮依旧挂着双拐奔跑在实现梦想的道路上。她被评为了"自强之星"，"其实校园中有很多人比我更励志，更自强，我还要继续努力"。大三是关键的一年，每一个人都需要确定自己的奋斗目标并开始努力。她的目标是考取研究生,"现在社会竞争很激烈,所以我打算考研究生,将来回到家乡进入企业工作"。

晓妮说,自己之所以想回家乡是因为想努力工作报答父母,"父母付出了太多太多,所以我们有责任和义务让他们过得更好",说这句话时她的眼中透着坚毅。

本文发表于 2014 年 3 月

丁　村：只愿生命延续，无悔志愿选择

她的干细胞在一个患病的孩子体内慢慢生长，顽强地、慢慢地重塑着一个崭新的造血系统。她克服内心的恐惧，冲破环境的障碍，不计较得失，用自己的造血干细胞延续一个垂危的生命，使一个家庭圆满。

她叫丁村，获评北京化工大学第六届"我身边的榜样"化大之星"公益之星"荣誉称号，是文法学院2012级法学专业的学生。她用自己的果敢奉献告诉大家：爱，不分民族；爱，不分你我。

"有奉献爱心的机会，我一定不会错过"

丁村出生在宁夏一个美丽的山村，在周围人眼中，丁村是个乖巧伶俐、聪明懂事的小女孩。在小学、初中和高中，她的学习成绩一直名列前茅。高考后，她进入了北京化工大学，在北京开启了她的青春梦想："我想通过自己的努力，让周围的人过得更幸福。"

来到大学后，对世界充满好奇的丁村，忙碌在校园的各个角落。去图书馆读书，和同学讨论学习问题，去面试学生组织等，最让她兴奋的是，她能够做志愿者，在帮助别人中，体会那种奉献的快乐。

"有奉献爱心的机会，我一定不会错过。"丁村这样评价自己，也这样要求自己。于是，碰到有人乞讨，她总会拿出零钱给予别人；遇到献血活动，她二话不说加入其中；得知征集志愿者，无论多远，她都会抽空参与。她的床头压着一沓厚厚的证书，承载着她付出的每一次志愿经历。

有一天，学校的主教大厅挤着很多人。红十字会正在举办中华造血干细胞库招募志愿者活动。她凑过去仔细一看，原来加入中华造血干细胞库，就有机会挽救一位与你血液配型成功的患有白血病等血液病人的生命，她飞速拿了一个表格填好交了上去。

"这是幸运，也是责任，应该庆幸有这样的机会"

之后的生活一直很平静，也没有骨髓库的消息。丁村过着和之前一样的生活，学习、工作、做志愿服务，唯一不同的是，她偶尔会默默地等待骨髓库那边与患者 HLA 血型匹配成功的消息。

2013 年的 11 月份，临近期末考试的某一天课间，她突然接到中华骨髓库北京分库的电话，称有一位患者与她的 HLA 初步配型相合，问她是否愿意捐献造血干细胞。

"当时我第一反应就是脑子蒙了，不敢相信，又紧张又兴奋，语无伦次地问了很多问题。"她了解到，所有捐献过程是从体内抽取 200ml 的造血干细胞，不会对身体造成影响。她开始关注造血干细胞移植方面的知识，慢慢知道了捐献造血干细胞的方法与步骤是在供者体内打动员剂，使骨髓里的造血干细胞到血液中，再抽取血液从血液中分离出造血干细胞，最终移植到患者体内，使患者重塑造血功能。

2014 年 1 月 8 日，丁村再次接到北京分库抽取血样做高分辨配型的电话。1 月 9 日，寒假回家的前一天她去北京分库抽取了血样，同时，她也第一次与中华骨髓库北京分库的工作人员正式见面。

"能有机会挽救一个生命，这是幸运，也是责任，我应该庆幸在有生之年，可以做这么一件伟大的事情。"丁村知道，自己的决定会影响到很多人，她毅然决然在确认书上签了字。

"我是大学生，我相信科学，也相信爱会感动一切。"

这时候，家人开始有了真正意义上的担心。

2014 年 1 月 14 日，高分辨结果出来了——全部相合。丁村高兴地把消息告诉家人，但却遭到反对。家人担心女儿身体，劝她与骨髓库联系说无法捐献。

想想那段时间，丁村满是纠结："一边是眼巴巴期盼着我的患者，一边是担心我的家人，我感到一丝沮丧。不过，我相信我拿出科学的数据，充分的努力，一定会感化父母，取得他们的支持。"

"与我对应的这位患者在我报名入库前找到了一位配型成功的志愿者，也通过了高分辨配型，但最后悔捐了。后来我报名入库，并且高分辨配型十点完全相合，患者非常高兴。这使我告诉自己一定要说服父母，不能再让患者遭受第二次打击！"

开学前几天，她提议召开家庭会议。她用科学原理和事实案例，告诉家人，捐献对于自己没有伤害，悔捐可能会变相剥夺别人的生命。父母知道这些后，想到最近女儿为这些事茶饭不思，想到女儿做的是一件伟大的事情，终于答应她。

"只要人人都献出一点爱，世界就会变成美好的人间"

体检一周以后结果报告出来，证明丁村可以没有任何阻碍地救患者了。3月15号入院，19号开始采集，21号丁村正式成为中华骨髓库第4043例、北京市第178例造血干细胞捐赠者！

"只要人人都献出一点爱，世界就会变成美好的人间。这句歌词以前不太理解，现在懂了，爱心来自生活的每个细节，源自内心对帮助他人的渴望。只要我们都愿意为别人付出，这个世界真的会变得更加美好！"丁村微笑地说。（来源/校团委）

本文发表于2014年4月

白智群："爱心 90 后"的"支教梦"

"我想去艰苦的山区支教！"眼前的"90 后"阳光男孩，略微发福却很健壮，一身简洁的 T 恤加长裤，没有丝毫的矫饰与雕琢。镜片后的眼睛分外有神，不时扬起的嘴角告诉大家，这是个坚毅且自信的人。

他叫白智群，北京化工大学理学院大四学生。在 2013 年学生工作办公室组织开展的"校园青春榜样"百人百事评选活动中荣获年度人物荣誉称号。在他的心中，一直有一个支教的梦想。

心系山区：支教梦，梦牵萦

白智群出生在哈尔滨的一个回族家庭。从小生活在城市，一向衣食无忧的他，在大学前从未亲身接触过贫困山区，与志愿支教更是相距甚远。

通过网络和电视，白智群逐渐对山区的孩子有了最初的印象：一个个简陋的小屋，一张张残缺不堪的桌椅，一声声稚嫩却并不标准的发音，还有那一双双对知识充满渴望的眼睛……这些，都让白智群震撼不已，也促使他在大学前就有了一个梦想：上大学后，一定要去贫困山区看看这些孩子们。

高中毕业后，白智群在北京邮电大学读了一年的预科，其间，他参加了学校国际学院组织的支教活动——每周五前往学校附近的打工农民子弟小学支教。

"我们上午教地理，下午教体育，和孩子们一起学习玩耍，他们都很开心。"谈起这一年的最大感触，白智群不胜唏嘘："打工农民子弟小学的孩子们在学业上急需辅导和帮助，但相比贫困山区的孩子们，他们又是幸福的。能够想象的是，大山里的孩子们更需要社会的扶持和帮助。"为此，他也一直在寻找一个组织，期望可以在暑期前往贫困山区支教。

"我认为对于大学生而言，支教就是一门必修课。"支教，成了白智群心中最坚定的信念。"我想去艰苦的山区支教，去为那里的孩子们做些什么！"

"爱心90后"走进山区，与孩子们共成长

上大学后，经过多方查找和咨询，白智群发现，很多支教团队只招收江苏、浙江、上海一带的大学生，覆盖面较小。这使他萌生了一个想法：自己成立一个组织，让更多的人实现支教梦。

这样的想法很快得到了一批志同道合朋友的赞同和支持。他们将原有的"爱心90后"公益组织发扬光大，创办了"爱心90后"公益网站。考虑到组织成立初期，经费及资源不足，他们便将首期目标小学放在了河北省，并最终确定了十所希望小学作为试点支教，同时根据不同学校的教学情况编写了近十万字的教案。

2012年暑假，"爱心90后"通过网站招募志愿者，在全国两百多名大学生中选出104名，分别到10所希望小学进行为期15天的支教活动。白智群作为队长，参与了赞皇县北水峪村博深希望小学的支教。

走进赞皇山区的第一天，白智群一行就遇到了一连串的"意外"：孩子们几乎都还不会唱国歌；有一架不知谁赞助的电子琴，但因无人会使用被废弃在仓库里满是灰尘，孩子们连正规的音乐课、体育课都没怎么上过……同学们当即决定：第一堂课，无论如何也要教孩子们学会唱国歌。

他们将电子琴擦拭清理干净，让这个小山村第一次响起了悦耳的琴声。伴着美妙、庄严的音符，孩子们开始一字一句努力地学起国歌，那是他们第一次近距离、完整地接触这个国家的旋律。

第二天一早的升旗仪式中，孩子们无一缺席。"孩子们都非常严肃，也都很激动，就好像他们知道自己正在完成一件意义重大的事情。"白智群笑着说。

"可能我长得比较凶吧，严肃起来孩子们都怕我，上课的时候有调皮捣蛋的，看见我往门口一站，就都老实了。"回忆起与孩子们在一起的点点滴滴，白智群总有着说不完的快乐。

自掏腰包，条件再苦也乐在其中

尽管早已有了心理准备，但是山区条件的艰苦还是超出了志愿者们的想象。所幸，能来山区支教的志愿者们本身就有着苦中作乐的天性。在支教的小学，

没有支教团队睡觉的地方，队员们就把桌子拼起来，睡在教室里。遇到地方实在不够的，有的队员就索性睡在厨房；一日三餐队员们都要自己做饭吃，没有米和菜，就自己去杂货店买，有的学校条件不好，队员们就只能吃方便面对付；山区环境恶劣，蚊虫肆虐，在第一天夜里，大家就被咬得浑身起疙瘩。

很多队员是第一次参加支教活动，经过这么一折腾，有点儿吃不消。白智群就鼓励大家要坚持，还会偷偷垫钱给大家买些水果改善生活，他说："队伍是我带出去的，我不能改善当地的环境，但我可以努力做到让队员少吃点苦头。"

山区的孩子们很喜欢城市里来的这些大哥哥大姐姐，"他们有时候会拉着我们的手就走，也不说去哪干什么，其实就是想拉着我们去他们的家里坐坐，想让我们去那儿住"。白智群的脸上洋溢着幸福："他们很单纯，也很真诚。"

就在支教团队即将离开的最后几天，白智群听到的最多的话就是："老师你们能不能不走呀？""老师你们什么时候还来呀？"当孩子们拉着支教队员的手，搂着腿舍不得放开的时候，白智群说，他很动容。

"我们支教的时间是暑期，山区的孩子们也在放暑假，但一听说我们来支教，他们都会欢天喜地地跑来。有时候不只是这一个学校的学生，还有邻村的小朋友也会过来一起上课。他们对我们很信任，也很喜欢。而我们能做的，就是尽最大的努力带给他们快乐和希望。"白智群说："只要对他们有益，无论付出多少，我都觉得值。"

白智群和他的团队并不满足于只在暑期带给孩子们十几天的"知识冲浪"，现在他更是成功将"小愿望，大梦想"活动带到孩子们身边。即收集山区孩子们的小愿望，再联系当地大学生认领愿望并帮助孩子们实现。由此，一本本书籍、小册子，一件件文具、玩具，一个个小知识点都被一对一地输送到了山区孩子们的身边。

迄今为止，白智群与他的"爱心90后"团队共支教学校14个，惠及1600余名学生；"小愿望，大梦想"活动走进了4所希望小学，为400多名小学生完成了心愿。面对记者，白智群由衷地说："我很庆幸我能为这些孩子做些什么，我也期望有更多有能力的人们伸出爱心之手，让孩子们拥有更多。"（文/王馨瑶）

本文发表于2014年4月

黄毅超：拧身而上掌舵未来

四年前，他带着青葱时代的热忱、梦想和忧虑只身来到北京，开始了大学生活。四年来，他保持独立，坚持自我，专注于学业和科研。今天，他已保送至清华大学化学系直博。

他叫黄毅超，面对曾经的苦难，他说"感谢命运，推我到今天"。

披荆斩棘，用行动书写孝道真谛

他出生在一个贫困的农村家庭，对童稚时代的记忆定格在一个没有穿鞋的光脚小孩，背着布书包，踏着邻居孩子的便车上学读书的场景。

黄毅超的父母以务农为生，父亲患有胆结石，母亲患有脊椎病，身体状况很不好，爷爷和外公也患有脑血栓，家中的微薄收入不够医药费的支出。为了减轻家里负担，黄毅超申请了国家助学贷款，课余时间也经常从昌平区跑到市区做兼职。

正值青春年华的他，一方面要认真学习，一方面也要兼职赚取生活费："我长大了，应该为我家人分忧解难！"四年来，黄毅超不但从未向家里要过一分钱，还把奖学金以及兼职工资近两万元寄回了家。

生活的艰难经常让黄毅超精打细算。"如果过年回一趟家，往返路费和路途开支近千元，而留在学校，自己还能做些兼职，寄钱回家。"于是大一大二的春节黄毅超都选择留在学校过年，只有在大三假期得知自己已经被清华大学录取后，他才回了一趟家，给家里人报喜。

"我爷爷和外公都有脑血栓，常年卧床。爷爷积年劳作，指甲又厚又硬。"黄毅超回忆着："每次给爷爷修剪指甲，我都一再小心，生怕弄疼了他。"其实黄毅超的心里，已似刀割般疼痛，他只是希望家人能够拥有简单的幸福和安宁。

说起将来的打算，他满是期待："等在北京稳定下来，就把父母长辈接过来。"这是他眼中清晰可触的生活，简单幸福。

潜心科研，让每个脚印都稳当扎实

寒假留校期间，黄毅超在东区寝室遇到了几位大三大四的学长，平时乐观向上、性格活泼的他，很快和学长们打成一片，跟着学长们进入实验室。

起初，他只是帮忙刷刷烧杯，慢慢地，学长们都很喜欢这个勤快的小学弟，就开始教他做实验。后来，他掌握了文献查阅方法和实验操作技巧，不知不觉中，探索未知的欲望在他的心里生根发芽。

黄毅超曾经的班主任，化工学院分党委副书记蒲源老师这样评价他："他努力、乐观、坚毅，从来不抱怨环境和条件，而是将精力用来不断完善自己，挑战自我，把自己推向极限，做到更好。"

得知学校有"萌芽杯"科技竞赛后，他很快组建了一支参赛团队。项目启动之初，实验进行得比较困难，总是毫无头绪，时常陷入停滞的僵局，甚至全盘崩溃。"作为组长，就是要克服困难带领大家做到最好，既然选择做了就决不放弃。"凭着这股蛮劲，他拧身而上，一头扎进实验室，几天下来，终于得出一些成果，团队成员也重拾信心。

四年来，黄毅超专注学习，潜心科研，在学习上取得了优异成绩：连续两年班级第一，并荣获北京化工大学"学术之星"称号，还获得国家奖学金、国家励志奖学金、梅塞尼斯奖学金等4项国家级荣誉，1项北京市荣誉，15项校级荣誉。

热爱科研的他，充分利用放假留在学校的时间参与科研，先后以团队负责人身份参加"挑战杯"课外学术科技竞赛和大学生科研项目基金等活动，也积极参与导师的科研项目。终于，功夫不负有心人，他目前已在国际核心期刊《Dalton Transactions》杂志参与发表学术论文1篇（影响因子IF=3.8），成为北京化工大学化工专业近10年来，第一位在《Dalton Transactions》上有文章署名的本科生。此外，他还有一篇参与撰写的文章投稿在美国化学会刊《JACS》（影响因子IF=10.68），已被送审。迄今为止，他共完成论文4篇，其中2篇已发表，1篇获评"第一届创新创业论坛最受欢迎奖"，并被《第一届创新创业优秀作品集》收录，2次获评国家级创新项目。

"我只是一个肯下硬功夫，愿意埋头苦干的人。"黄毅超这样评价自己。性格简单固执，不管承受多大的重担，他从不畏缩。他总是说："脚不沾地去眺望，不如脚踏实地奋斗，让每个脚印都稳当扎实。"

薪火相传，用光亮点燃更多人的道路

黄毅超很乐意将自己的学习经验和生活态度分享给更多人，在一些经验交流的报告会上，他悉心解答同学们关于学术研究和学习方法的疑问。

大三，他在北化勤工助学中心竞聘上岗，以期帮助更多像他这样的贫困生走出困境。在闲余时间他希望通过从事家教让更多孩子了解知识、热爱学习，他说："我和他们年龄差距小，沟通方便，当看到孩子渐渐激发出学习兴趣，慢慢进步成长，会收获一个'培育者'的乐趣和自豪。"

不仅如此，黄毅超还热心做公益，甘于奉献。太阳村的孩子们记住了这位大哥哥奔跑忙碌的身影，图书馆的门禁处记录了他辛勤付出的点滴，投身志愿服务的路途上烙下了他坚实的脚印。

"有一分热，发一分光"，他把自己的"光和热"投射到生活的每一处角落，照亮了一片云天，温暖了一方心田。这不仅是成长经验的分享，更是谨慎专注，无私奉献精神的承接。而指引他的，是心中淳朴无私、服务奉献的信念。

坦诚而言，假使他生养在一个平凡普通的家庭，过去的路将不会阡陌纵横，坎坷难行。"感谢命运，推我到今天"，这句话之中没有怨怼和责怪，但从一个经历过苦难才走到今天的年轻人口中说出，才那么真切、动人。

苦难从来不加选择，降临时也总是无可争辩。此刻，往事的痛觉已经消散，但回忆起那些烙刻在人生历程中的每一寸煎熬和困境，他依然能在热泪盈眶中坦然地回身一笑，这是一个扎根在苦难土壤中的人，在阳光、空气、雨水的滋养之下，正奋力发芽，自由欢笑，忘情生长。（文/李冠宁、王馨瑶、潘超）

本文发表于 2014 年 6 月

秦 柳："秦博士"的创业"神话"

"精诚所至秦归楚，柳暗花明越吞吴。"这是 2014 年北京化工大学校长奖的一段颁奖词，里面"嵌含"了一个学生创业"神话"的缔造者——秦柳。

他是机电工程学院"教育部长江学者"杨卫民教授的学生，目前已被破格录取为硕博连读研究生。他申请发明专利多达 30 项，发表国内外核心期刊 9 篇，获得了校长奖、博士生校长奖学金、国家奖学金、社会高额奖学金等众多荣誉，是大家公认的"学术大牛"。

对于秦柳这样收获无数荣誉与成绩的博士高才生，在外人眼里，他必能高薪就业，成为"天之骄子"，他人生的道路必定畅通无阻，星光璀璨。仿佛，一切都已注定。

任性青春，创业不止为自己

然而，这并不是他的人生价值观，他有自己的想法。28 岁是一个满怀激情的年纪，这位年轻的"80 后"博士拒绝各种诱惑，毅然选择一条艰辛的创业之路。

"与其选择一个令人羡慕的优秀工作岗位，不如创造一万个优秀的工作岗位。科研，终究是要为社会服务的。"秦柳的这句话如今已经成为师弟师妹们的座右铭，在校园里口口相传。

当谈及推动他自主创业的动力时，秦柳坦言，无论是在温州路得玛国际贸易有限公司担任人事经理的经历，抑或是在温岭市旭日滚塑科技有限公司担任总经理助理、总工程师的过程，实实在在让他感受到了职场的激情与魅力，也萌发了开辟一番商业天地的想法："充分发挥知识的力量，创造更多的就业机会，必定能为社会发展做出更多的积极贡献！"

创业，不是想走就走的旅程，前期需要有太多准备。尽管知道必须从零开始,尽管知道充满艰难险阻,但在学校领导和导师的鼓励帮助下,在自己切实调研分析后,他终于走上了自己的创业之路。

2013年3月,在得到多位投资人的投资以后,宁波格林美孚新材料科技有限公司正式成立,主要进行高分子材料、新型复合材料的研发和制造,与他的研究方向息息相关。当时正在攻读博士的秦柳担任总经理,尽情释放自己的智慧和激情。这是一个人生巨大的突破,也是一个人生崭新的起点。

科研创造,推动科学新发展

近年来,中国的科研投入逐年递增。在这样的时代背景下,对"80后学术界新星"秦柳来说,丰富的科研资源、有力的国家政策扶持,为他提供了大显身手的舞台。他认为,自主创新是企业的核心竞争优势,只有技术创新才能提升中国产品在全球市场中的影响力,他把"用创新的模式和思维经营个性的企业"作为公司的定位。

公司成立以来,他凭借个人卓越的科研知识及经验,带领公司在新材料研制、节能设备的研发等诸多领域做出了大胆的尝试,同时将这些科研成果大胆应用在新产品中,为公司的发展奠定下了坚实基础。其中,纳米纤维过滤膜在空气过滤的领域表现出优异性能,并专门针对空气中的PM2.5,是空气过滤材料中备受瞩目的新星,能大力帮助人们摆脱"穹顶"困扰。

此外,他还带领团队完成了"轮胎设计及制造工艺国家工程实验室""北京化工大学旭日滚塑研发基地""汽车塑化装备制造重点实验室"等建设,发明的新能源汽车全塑车身整体一次成型技术、高阻隔性纳米叠层热塑性弹性体材料成型工艺及装备、超临界CO_2微发泡制备超轻热塑性材料等众多成果广受社会及媒体好评。

从一个品学兼优的高才生,到一个有良知的企业家,秦柳提出了"让我们一起创造不一样的世界"的公司愿景。他们将致力于为社会环境的可持续发展做贡献,实现人与环境的和谐共处,成为推动未来中国科学发展的核心力量。

归零出发,人生时刻在路上

刚刚到来的2015年,对秦柳来说是日新月异而意义非凡的一年。公司现在正处于蒸蒸日上并稳步发展的阶段，但在秦柳看来，一切都是刚刚起步，需要用归零的心态面对这一切。他希望公司能在新起点上继续扩大销售业绩，在材料和产品研发上更上一层楼。

埋头苦学积淀后的激情绽放，象牙塔学子蜕变后的企业开拓者，秦柳现在正前进在为格林美孚崛起而奋斗的道路上，也奔跑在实现心中创业梦的征程上。人生不设限，秦柳用实际行动告诉世界：有梦想就要为之奋斗，为之拼搏，一切皆有可能！

是的，一切刚开始，一切在路上。（文/杨瑞枝、刘一君）

本文发表于2015年3月

王　荣：不坚强，软弱给谁看

"'没有比脚更长的路，没有比脊梁更高的山。'王荣很好地诠释了这句话，她以自己的顽强毅力和坚忍品质，践行着自己心中的梦想。"王荣的辅导员卜俊峰这样评价道。

面对生活的不易，她乐观顽强；面对求学之路的坎坷，她自信执着；面对数不清的荣耀，她低调淡然。如今，王荣已保送至北京大学化学学院直博。

四年前，她，一个小姑娘，只身来到北京，开始了她的大学梦；四年来，不管理想与现实的距离有多远，她始终坚信"树的方向由风决定，人生的方向由自己决定"；今天，她说"不坚强，软弱给谁看"，在追逐梦想的路上勇往直前。

坚持，咬咬牙，都会过去

王荣来自一个贫困的农村家庭，她对童年的记忆则是定格在一辆自行车、一个背包和一袋口粮上。"那时每天都要骑着自行车，带着干粮去10公里以外的县城上学。到了冬天，为了赶去学校早读，都是摸黑骑车，因为没有路灯，所以好多次都被东西绊倒。当时我的个头最小，还经常被调侃'站着'骑自行车。"春夏秋冬，严寒酷暑，都无法阻挡小小的她对知识的渴望。

王荣的父母都是普通的农民，常年辛苦的劳作过早地夺走了他们的健康。初二那年，母亲突患腰椎间盘突出，卧床不起，家庭的重担都压到了父亲身上，一夜间，父亲好像白了头发。看着母亲卧病在床时的无助眼神，王荣似乎也在一夜间长大了，由贪玩调皮变得乖巧懂事。因为她知道，唯有优异的成绩才是对父母最大的回报。

而上天对这个家庭的考验，似乎还远没有结束。王荣高三那年，父亲突发脑血栓，家里唯一的顶梁柱也倒下了。在辍学边缘徘徊的王荣，在亲戚和好心人的鼓励下，最终咬牙选择了坚持，坚持曾经的梦想，坚持她的大学梦。

"天将降大任于斯人也，必先苦其心志，劳其筋骨，饿其体肤，空乏其身，行拂乱其所为，所以动心忍性，增益其所不能。"高考过后，王荣终于如愿以偿考入了北京化工大学材料科学与工程学院。

生活的艰难让年轻的王荣逐步学会了精打细算。四年来，她不但从未向家里要过一分钱，而且还把奖学金以及兼职工资近两万元寄存起来，以备自己和父母的不时之需。对于坎坷的求学经历，王荣笑着说："坚持，咬咬牙，这些都会过去。"

奋斗的青春最美丽

"高教社杯"全国大学生数学建模竞赛是为了培养学生灵活运用数学、计算机技术及其他学科知识解决实际问题而设立的竞赛，目前已成为全国高校规模最大、在国内外最具影响力的基础性学科竞赛。带着对建模的敬畏和好奇，大二下学期，王荣和其他两位志同道合的同学组队，一起踏上了建模之路。

大二暑假，当其他人还在享受假期的快乐时，她在学校参加建模培训，为10月份的全国建模竞赛做准备；凌晨2点，当其他人在熟睡的梦乡时，她还在熬夜查资料、建模型；2014年正月初七，当其他人还陶醉在新年的喜悦中时，她一路奔波，冒着大雪回到学校参加美国数学建模竞赛。

一年多来，王荣在建模路上越走越远，从最初的建模培训，全国数学建模竞赛，到美国数学建模竞赛，一次次地挑战，一次次地坚持。无论是实战演练还是沙场点兵，王荣都是全身心投入到查资料、编程序、写论文的工作中。

"我不去想是否能够成功，既然选择了远方，便只顾风雨兼程。"最终，王荣所在团队完成的论文获评北京市一等奖，"高教社杯"全国大学生数学建模大赛二等奖，美国大学生数学建模大赛国际二等奖。

热爱学术的她，积极参加学校的各项竞赛，当听到"萌芽杯"科技创新大赛时，她积极组队，利用周末奔波在学校北区与东区之间，她们的课题"聚乙烯取向结晶行为及锂电池薄膜的研究"荣获三等奖。

此外，她参加的"巴斯夫杯"化工原理竞赛获得北京市二等奖，第29届全国部分地区大学生物理竞赛获三等奖，2013年北京化工大学化学实验竞赛获一等奖，2014年主持并完成了校级大学生科技创新项目"链端官能化聚异丁烯的设计合成"。

四年来，王荣勤奋刻苦，专注于学业与竞赛，其学习成绩、综合成绩排名一直是专业第一，连续三年获得国家奖学金。如今，拥有6项国家级荣誉、4项北京市级荣誉、10项校级荣誉的她说:"奋斗的青春最美丽,明日的你一定会感谢今日拼命奋斗的自己。"

涓滴之水成海洋,颗颗爱心铸希望

"我们每天都在接受着别人的馈赠,从别人做的饭、缝的衣、盖的房到乘的车,因此我们都应该怀着一份感恩的心。"作为在国家和学校资助下成长起来的王荣,正在尽自己最大的努力回报着大家,回报着社会。

"温暖冬衣"的孤寡老人记住了她的笑脸,人与动物科普环保中心有她忙碌的身影,"两会"期间,苏州社区道路上有她坚实的脚印……在校期间,王荣的累积志愿服务时间已累计超过100小时。"同心爱护环境,志愿服务昌平"志愿活动,"青春与绿色同行"青年先锋造林活动,"爱心包裹劝募"志愿活动,北京首届农业嘉年华志愿活动等都曾有过她的足迹。

她说:"也许一个人的力量是微弱的,但是我坚信如果每个人都愿意奉献自己的一份绵薄之力,那我们的社会定是一片爱的海洋。"如今,王荣已成为一名光荣的共产党员。

此外,王荣还很乐于同别人一起分享,期末考试前给班级同学讲重点难点;经验交流会上,与同学们积极分享学习方法和生活态度;高考百日誓师大会上,为高中母校的学弟学妹们加油鼓劲儿。她说很喜欢这样一句话:与你伟大的梦想比起来,与你同行的人更重要。

"王荣是我们专业'大神',每次考试前我们都喜欢去'抱她大腿'。""王荣天天好忙呀,经常早出晚归的,学习、兼职、实验、竞赛,她的大学生活真充实。"她的同学这样对记者说。成长路上,物质的匮乏没有使她消极悲观,相反这种经历却是一笔财富,更激励着她用现实行动帮助有困难的同学,以宽广豁达的胸怀包容万物,用善举将爱的火炬薪火相传。

"不坚强,软弱给谁看",这句话不仅仅揭示了她生活成长的不易,更是诠释出一个年轻人对命运的不屈,面对困难的顽强。

王荣说:"思想卓越,超越卓越是我的毕生追求。"生命不息,奋斗不止,就像我们常说的一句话:阳光总在风雨后。只有坚强忍耐、顽强奋斗,才会看到属于自己的那一片晴朗天空!(来源/党委宣传部)

本文发表于2015年4月

于洋洋：走出世界冠军的"光环之下"

她是一个传奇，无论比赛多么激烈，总能获得最终的胜利；她是一位战士，无论困难多么艰巨，但前进的步伐永不停息。对于北京化工大学的师生来说，"于洋洋"这个名字，几乎是无人不知，无人不晓。因为她不仅集校长奖、世界冠军等光环于一身，更重要的是她的精神与事迹，激励着更多青年学子为了梦想，奋力前行。

有一颗冠军的心，何惧风雨

2012年全国健美操冠军赛女单冠军，2013年世界运动会健美操项目有氧舞蹈冠军、有氧踏板冠军，全国健美操冠军赛女单冠军，2014年全国健美操锦标赛女单冠军、有氧舞蹈冠军、有氧踏板冠军，世界健美操锦标赛有氧踏板冠军，2014年全国健美操冠军赛女单冠军、混双冠军。

2015年伊始，她又获得了日本世界杯女单冠军。入校短短三年的时间里，于洋洋包揽了六个世界冠军，七个全国冠军。这份令人震惊的成绩单背后，是于洋洋超乎常人的禀赋，当然，更少不了她日日夜夜异常辛苦的训练。

"我从小酷爱舞蹈，喜欢随着音乐舞动。"1994年出生的于洋洋，在幼年就表现出与其他小朋友不一样的地方。看着可爱的女儿一天天成长，父母认识到于洋洋具有运动天分，在心里开始默默为女儿规划。

8岁的于洋洋刚一接触便爱上了健美操，但此时的她没有想到自己居然会在这条道路上越走越远，更不会想到今后会获得一个接一个令人羡慕的成绩。"在父母的影响下，之前的三年我学过艺术体操，有一些舞蹈的基础功底，在官园儿童活动中心开始了我的健美操生涯。"正是凭借着自己的天赋和勤奋，于洋洋渐渐地从群体中脱颖而出。

离开家，来到北京化工大学的于洋洋，开始进入了一个崭新的时期。在面对陌生的环境时,她并没有停滞不前,在面对大学形形色色的诱惑时,她没有挥霍青春,荒废训练,而是毅然割舍下一切外界联系,和队友们一起埋头苦练,打下了一个坚实的基础。

"这十几年中,我一直没有放弃,从最初的懵懂,到现在的成长,一路坚持少不了家人的鼓励与支持。与伤病作斗争已经成为家常便饭。因为喜欢,所以哪怕再累也是快乐的,我很享受这种用汗水和泪水换来成绩的过程。"

正是凭着这份坚持和毅力,于洋洋不断积累着经验和教训,此时的她像是一匹黑马,跃然跨进了人们的视野。从2012年开始,北京化工大学的于洋洋逐渐包揽了国内健美操大小比赛的单人赛冠军,2014年于洋洋率队征战全国健美操锦标赛,她在赛场上无与伦比的表现,征服了所有观众和评委,顺利拿下了女单冠军,包括有氧舞蹈冠军、有氧踏板冠军的两顶桂冠,成为赛场上无可争辩的王者,此时的于洋洋已不再是过去懵懂的少女,而是真正成长为一个无与伦比的强者。

有一段风雨的路,何必在意

难得的是,面对接踵而至的荣誉的同时,于洋洋却依然保持着难得的冷静和理性,她说:"我在每次比赛的时候注重的不是结果,而是平时训练的过程,我相信一分耕耘一分收获,我付出了,我真的努力了,就算最后结果不如人意,我还是会欣然面对。拿到了好成绩我也不会骄傲,因为我知道这只是成功路上的一块垫脚石,我离成功还很远。"

由于保持这份清醒和谦逊,她在每一次比赛中总能够保持自己最优秀的水平。"我还没有拿过世界单人赛冠军,所以现在还不能说是最棒的。我希望有一天能够站到世界大赛的最高领奖台上,这也是我的终极奋斗目标!"正是因为有着更大的梦想,不肯满足现状的于洋洋能够继续奋发向上,以最饱满的精神迎接挑战。

荣誉固然光耀,但挫折更加深刻,在于洋洋心中最耿耿于怀的,还是世界锦标赛中在日本站的惜败,"在去年的日本站中,我因为一个大难度的失败,而没能登上领奖台,我很可惜,很后悔,没有在平时训练的时候练得更扎实一点。回来后我一直很内疚,很自责。"

但失败的阴影并没有一直困扰于洋洋,很快,在教练和队友的鼓励下,她迅速战胜了沮丧情绪,在经历漫长冬训后,于洋洋获得了日本世界杯比赛的冠军,重新站在世人面前的她,诠释了什么是王者回归,什么是永不言弃,对于她自己而言,这段经历也变得尤为珍贵。

感谢你们,让成长从不孤独

在生活中,于洋洋好像从来都是充满乐观的阳光女孩。父母对自己的关爱让自己时刻感受到温暖,在比赛中父母总是无条件地支持她,亲情是于洋洋强大的后盾,"他们都很支持我、鼓励我。不然也不会有我今天的好成绩"。也正是父母能够充分认识和肯定于洋洋的天分和努力,她从未想要过放弃。

"他很有责任心,他可以为了我们放弃自己的业余时间,放弃自己与家人团聚的时间。一心一意地陪着我们度过每一天。他不仅是我的教练,更像是一位父亲,用他的爱来保护着这个队伍里的每一位成员。"在谈到自己的教练时,于洋洋总是有着发自内心的感恩。

同时她也难掩与队友相处的喜悦,"他们都是很真实,很淳朴的人。我们从全国各地来,我们朝夕相处,是一个大家庭。我们互相鼓励,互相加油,平时累了我们一起去放松。赛前压力大我们会互相开导大家。动作不准确我们互相给对方指导动作。我们彼此谁都离不开谁。"

于洋洋说:"感受最深的是教练对我的付出,以及队友之间的相互鼓励,打造出了今天一个坚强的自己,在令人喘不过气的压力面前,总能从教练和朋友那里得到很多正能量,让自己一步步成长。感谢学校和教练对我的栽培与鼓励,也感谢身边朋友们给我的鼓励与支持,使我更加充满自信地去面对未来的挑战!"

母校之光,让希望从不褪去

在"宏德博学,化育天工"校训的激励下,于洋洋和众多优秀的北化学子一起在未来的道路继续远航,创造更熠熠生辉的成绩。作为一名"资深"的冠军,于洋洋说:"母校提供的平台,使我有机会培养特长并放飞梦想,我们很荣幸,也会不忘初心,再创佳绩,为祖国和母校争得更多荣誉,也为自己的青春和人生绽放更多光彩!"(文/王昆、秦晓燕)

本文发表于 2015 年 5 月

赵群超：行走在边防线上的北化人

从一个放羊娃，到一名大学生，再到一名边防战士，21岁的赵群超已经有了三个身份。

赵群超，北京化工大学文法学院2013级社会体育专业学生。这个来自河南山沟里的放羊娃，是当地第一个大学生，也是当地第一个"当兵的"。

黝黑的皮肤、憨厚的性格，一群如赵群超年纪的"90后"，把青春献给了祖国边防，用生命捍卫着国家安全。2014年，北京化工大学13名大学生应征入伍，光荣地成为云南边防武警的成员，赵超群就是其中之一，目前正在临沧芒卡镇边防检查站服役。

我的职责就是守卫国门

引导、禁止前行、敬礼。面对每一个通过的人、每一辆通过的车，赵群超都要重复这样的动作。一天下来，他要敬三百多个军礼。当他走向被检人或者被检车辆时，总是执行标准的军人动作。记者问赵群超，这个地方这么偏僻，有必要站这么标准的军姿、敬这么标准的军礼吗？他说："芒卡边检站虽然地处偏远，但这里是国门，而我们这些武警战士，代表的不仅仅是军人的形象，更是我们国家的形象，我们得拿出精气神来。"说完，他走向了一辆白色的凌志车。

"你好，请出示证件。""你好，请下车接受检查。""你好，请打开后备厢。"赵群超指着一个用纸盒子装的绿叶植物，问："你好，请问你携带的是什么植物？"开车男子支支吾吾。"是红豆杉，对吗？""这个……""你带红豆杉做什么？""这个……带回去自己种。""带到哪里去？""孟定。""请稍等。"

安排好另一名战士看守车辆后，赵群超联系了值班班长做后续处理。红豆杉是世界公认的濒危物种，是冰川纪时代留下的古老物种，已有250万年的历史，生长缓慢，可以提取出价格昂贵的抗癌物质，是被禁止私人买卖的植物。

记者问赵群超："你认识这种植物？"他说："自己以前看书的时候看到过，没想到今天还真用上了。""这里是中缅边境，有很多珍贵的植物、动物，有的人就以走私倒卖国家明令禁止的珍贵植物、动物牟取暴利，而我们的职责就是坚决地打击这种行为，守好国门。"

危险是一定的

在得到上级允许后，记者跟随赵群超巡逻了一次中缅边境线。芒卡镇边检站附近，植被覆盖茂密，在一片橡胶林后，就是原始森林。紧挨着边境线，就是水势汹涌的大湾江。在多雨的七、八月份，这里的山路更是泥泞不堪。如果不是赵群超和他的战友们的保护，其他人就有滚落到江里的危险。

"蹲下"，赵群超的班长一边小声地提醒，一边做着蹲下的手势。大家一脸疑惑地蹲了下来。1分钟后，就听到一阵摩托车的声音，由远及近。在不足50米的时候，班长带着赵群超和另外一名战士冲了上去。"站住！下车！""不许动！双手抱头！"紧接着就是盘问、检查、处置。原来，是三个走私香烟的偷渡客。打击走私贩毒、维护边境稳定，是边防武警一项重要的工作内容。而直面走私贩毒，危险系数极高。面对穷凶极恶的走私犯、毒贩，很多年轻的武警战士献出了宝贵生命。可能在你打开车门的一瞬间，危险就发生了。

问赵群超："你害怕吗？"他特别坚定地说："不怕。我们有防护措施，还有这些战友保护着自己。这就是一名武警战士的职责。"

比起黑夜，我更喜欢白天

晚上8点，国门关闭。闭关之后的芒卡站，四下静谧，只听得到蟋蟀的叫声和大湾江汹涌的涛声。晚上，除了执勤站岗之外，他们也就是看看电视、看看书。对于像赵群超这样二十出头的小伙子来说，他们不能像同龄人那样，在学习之外还有丰富的课外生活。

最开心的事情，就只能是按照纪律要求，在规定的时间给家人打打电话。寂寞，可能是对芒卡黑夜最准确的描述。然而，就是像赵群超这样的边防武警，有的人在这里待了一年，有的人则在这里待了十几年，有的人两地分居，有的人很多年都没有回过家。赵群超说:"比起黑夜,我更喜欢白天,因为白天有很多往来的车辆,有很多过关的边民,我可以跟他们说话,可以有很多事情做。"

在这里,我的厨艺更好了

中午的时候,记者在边检站的厨房里找到了赵群超,除了他以外,还有3名战士。我们只能一边看着赵群超颠勺,一边跟他聊天。

"你怎么还做饭了?""对啊,在边检站,我们就是自己做饭吃啊。听班长说,这里的条件好多了,以前都是在外面的棚子里做饭,外面下大雨,里面下小雨。前几年盖了这间新的厨房,硬件设施改善了很多。我们还自己种了些菜呢。"

一边说着,赵群超一边用手指向了窗外的菜地。"现在我们每天都能吃到从孟定拉过来的新鲜的菜。孟定到芒卡,大约有30分钟山路。""你以前就会做饭吗?""对啊,以前在家里的时候就会。不过现在的厨艺更好了。""那你什么菜最拿手啊?""小炒吧,各种小炒,哈哈!"

边防检查站,一般都地处偏远,对于像芒卡这样的边检站来说,处在大山里面,自给自足就成了他们的一项基本技能。我们开玩笑地说,现在鼓励创业,赵群超的手艺倒是可以开家餐馆了。

"边防人"有句话,叫作"边防无小事,事事通中央"。在这里,他们既要肩负打击枪毒走私、维护稳定的任务,同时还要积极参与地方建设,搞好民族团结,他们既是祖国大门的守卫者,又是祖国大门的建设者。无数人把青春,甚至生命都献给了边防事业。我们,向他们致敬,向如赵群超一样的边防大学士兵致敬。(来源/人民武装部)

本文发表于2015年7月

周　祥：我把青春献边防

"祥哥，有人找你！"伴随着战友的呼喊，一个个头不高，穿着防弹背心，戴着眼镜，黑黑的小伙子向我们跑来，这个人就是周祥。周祥，四川绵阳人，北京化工大学2013级机电工程学院学生，2014年参军入伍，光荣地成为一名战斗在打击走私偷渡、打击吸毒贩毒一线的边防武警。

忙就一个字

"老师，你们是专门来看……"话还没说完，周祥就向一辆即将驶入边检站的客车跑去。阻止前行、敬礼后，周祥让所有人下车，收齐了他们的证件，并告知大家需要对随身携带的包裹进行检查，希望大家能够配合。

在仔细核查每名旅客的身份，并检查包裹没有问题后，周祥示意大家已经检查完毕，可以上车，同意车辆驶离边检站。刚刚检查完这辆客车，又驶来一辆黑色小轿车，里面的两人形迹可疑，值班检查官示意周祥详细检查他们所携带的包裹。

只见周祥从防弹背心前侧掏出十字锥、探针等各种工具，在对包内物品进行检查后，把行李把手拆了下来，用探针对包裹夹层进行了反复检查。从下午3点，到6点，3个小时，周祥从一辆车到另一辆车，唯一一次回到休息区，只是喝了口水，然后又立即回到检查的工作中。

我们问周祥："你累不累啊？还背着这10斤的防弹背心。"刚才那个特别有血性的兵，一下子羞赧起来："没事，大家都一样。"是的，这就是"二线"边防武警的工作常态：忙！用"奔劳"来形容他们的工作状态，一点也不为过。

我们粗略统计了一下：5分钟，大约有19辆车经过这里，而这些车既有货车，又有客车、小轿车等。而每辆车，他们都要仔细检查。值班检察官告诉我们：平均下来，他们每天大约要检查上千辆车辆。

我们是打击犯罪的重要一关

小黑江边检站位于三县交界地段，是出入边境与内地的咽喉要道。打击走私偷渡、吸毒贩毒就是小黑江边检站边防武警的主要职责。问起周祥有没有经历过抓捕吸毒贩毒人员，这个羞赧的小伙子眼睛瞬间亮了起来，给我们讲起了他第一次抓捕吸毒人员的经历。

"那天刚好是我和几个战友执勤检查。在检查一辆客车时，我就发现车上有一男一女神情不对，他们的眼神特别涣散，嘴唇发干。靠近他们，就有一种特别的味道。在检查他们随身行李的过程中，我发现了他们手臂上有好多针眼。于是，我把他们带回站内进行尿检。果然，这两人刚刚吸食了毒品。"

吸食毒品的人，有的人精神萎靡，有的人则容易狂躁，伤及他人。枪毒不分家，有的贩毒吸毒人员甚至会携带枪支。我们问周祥："当时你不害怕啊？"周祥说："不怕！还有战友在旁边持枪保护着我呢。那是我刚到这里的第3个月，是我第一次抓到吸毒人员，所以还有点小激动。我们是二线边检站，相对于一线边检站来说，我们查检的工作量就更大，把好关卡的责任也更加艰巨。能够抓到吸毒人员，打击毒品犯罪，既是我自己的一份荣耀，也是为边防事业、国家安全做贡献嘛。"

和父亲的那次争吵

"我家在四川绵阳市的一个村。爸爸妈妈在家务农。我是家里唯一的一个孩子。这种情况在农村来说不多见。"问起家里的情况，周祥沉思了一会，对我们说："我是2013年考上咱们学校的。可就在我考上的那年，我爸因为心脏病住院了。家里是有几万块钱存款的。可是这钱，要么就给我上学，要么就给我爸看病。那一阵，我和我爸经常争吵，我说我不上了，先给他看病。我爸说，先给我上学，看病的事以后再说也没事。后来，爸妈还是让我先上学，他们俩去了广东打工。去年过年的时候，我爸妈在广东，我在云南，老家就只有还没有修的老房子了。"说到这，周祥把头低了下去。

我们问周祥："爸妈知道你在缉毒一线当兵吗？"周祥说："我只是告诉他们我在云南当兵，没有具体说我的工作内容，也是怕他们担心。他们每每问起我平时都干啥,我说,就是训练么,呵呵……"周祥语塞了。

"5月份的时候,我爸给我打电话,说感觉手机信号不行啊。然后我赶紧给我老爸老妈每个人买了一部手机,魅族的,呵呵。这是用平时攒下来的钱买的。"讲起买手机的事情,周祥特别高兴。这是一个好战士,也是一个好儿子!

我爱军营,我想考入军校

"我热爱军营",周祥说,"我向往军营。在大学读书那会,我就申请加入了学校的'军旅之星'社团,在社团中担任后勤部部长"。"这么喜欢军营啊?""对啊,其实当时考大学的时候,想报军校。可是那时身高不够,差了2厘米。上大学之后,自己长了1厘米,后来入伍的身高要求降了1厘米。结果,参军的机会来了,我就把握住了。来到了部队之后,听说还能考军校,我就觉得要是能考入军校就好了,就能让自己在部队待的时间更长一些了。"

"听站长说,后来进医院了,是咋回事?""可能是以前没注意吧,膝盖后来有一段时间特别疼。疼到后来住院了,查了半天也没查出来怎么回事,在医院待了2个月9天吧。""记得这么准?""对啊,在医院的时候,觉得不能就这么躺着,我就看考军校的书。待到快2个月,实在是待不下去了。虽然医生没有同意,我还是回到了部队。"连班长都说:"周祥在没有执行任务的时候,就是在看书,很投入、很刻苦。部队也很支持他,为他创造条件。"

边防武警,全称"中国人民武装警察部队边防部队",是国家部署在沿边沿海地区和口岸的一支重要武装执法力量。而云南省边防总队,由于其所处特殊的地理位置,在防范和打击边境地区各类违法犯罪,打击走私、贩枪、贩毒等跨境犯罪活动,服务边疆经济建设方面发挥了重要作用。在三轮禁毒人民战争中,缴获毒品30.33吨。

2014年,北京化工大学13名大学生应征入伍,光荣地加入了云南边防武警,而周祥就是其中之一,目前在云南省临沧市小黑江边防检查站服役。他们用自己的责任与担当,书写着不一样的青春乐章,他们用生命守卫着国门,保卫着人民的生命安全。(来源/人民武装部)

本文发表于2015年8月

孙殿明：才华溢殿堂，青春当明灿

提起科研，想必大多数人是既向往，又害怕，或者是迷茫的：向往求得真谛后的欣喜，害怕一如既往的平淡，对前方未知的航向迷茫。在北京化工大学校园里，却有这样一位同学，他在科研的道路上几经波折，屡获佳绩，让自己彻底喜欢上了科研与学术。他就是材料学院博士研究生孙殿明——北京化工大学2015年度校长奖获得者。

目标明确，一切有条不紊

2007年的夏天，孙殿明考入北京化工大学。他在填报志愿前查阅过很多资料，也做过多方面的调研，发现自己对高分子材料领域具有浓厚的兴趣，便毅然制定了明确的目标——报考高分子材料相关学校与专业，未来从事相关研究工作。于是，他填报了北京化工大学，并如愿就读高分子材料相关专业。

进入北化后，学校丰富的资源为他施展抱负提供了广阔的舞台。于是，当别人可能还在适应新生活，或者不知道将来何去何从的时候，他已经在为目标奋斗的路上了。

"学校里面有很多与高分子相关的课程、图书，教师资源也很丰富。我会在这些课程上格外用心，也喜欢在图书馆里看书，一泡就是一天，碰到问题也老爱追着老师打破砂锅问到底。"提起本科学习生活，孙殿明非常感谢当初的自己，因为确立了明晰的方向，才让所有的积累更快乐，更高效。

脚踏实地，一切无所畏惧

有了扎实的基础和更加明晰的规划后，孙殿明渐渐品尝到一些阶段性成功带来的喜悦。例如，获得奖学金、"三好学生"等荣誉，让他产生了一些成就感，也让他渴望取得更大程度的突破。

他认为，具有一定的理论基础后，需要在实践中获得检验。于是，大三刚开始，他就联系本科生导师，开始进入实验室做科研。起初的实验室生活，让他感到新奇，也为各种实验仪器设备和奇妙的反应赞叹不已。然而，当全身心投入进去后，他才发现需要付诸太多汗水。

有时候，研究一个问题的原因和解决方案，需要花费大量时间，但因为进度要求，又必须加班加点。虽然只是协助师兄师姐，但本科期间那段披星戴月的实验室时光，让他对科研有了更深刻的认识，也更坚定了自己的初心。

扬鞭催马，一切水到渠成

"选择硕博连读而不是直博，只是想再次用时间和经历来检验自己，是否真的喜欢并擅长科研。"提起读博的初衷，他如是解释。

起初，他的内心在遇到一些挫折后产生了波动。研一期间，孙殿明整天泡在实验室，为了一个细节冥思苦想却不得其解，感到每天的生活枯燥乏味也似乎看不到头，他甚至产生过放弃的念头。

最终，坚持不懈的付出和之前的扎实功底让实验拨云见日，他也在摸索与总结后，终于发表了第一篇论文。他说："研一发表的这篇论文，让自己的方法和智慧获得肯定，让自己的信心极大提升，也让自己更加坚定了以后的道路。"

之后，他仿佛找到了科研之门的金钥匙，整个人状态也焕然一新，积累、突破、坚持、再突破，他陆续在英文期刊上发表论文16篇，影响因子总和已经达到100.02，他引次数108，以第一作者或者第二作者署名的论文11篇，影响因子累计63.94。其中一项重要成果也发表在英国皇家化学会旗舰杂志《Chemical Science》（影响因子 IF = 9.211）上。

在他看来，一切都是水到渠成："自己最初也没想过能发表这么多文章，获得这么多奖项，更没想到能荣获校长奖。我只是一直用最平常的心态做好每件小事，利用好每段时间，坚持自己的初衷，慢慢积累，等到了一定阶段，量变产生质变，自然会结出丰硕的果实。"

相信，有方向，肯努力，会方法，听初心，一定能让求真学术的每一个人有更多水到渠成的佳绩！（来源/党委宣传部）

本文发表于2016年4月

高俊涛：相遇在时空里的青春与大爱

"我就不相信了，他外国人能做到的，咱中国人就不行！"舞台上，年轻的"侯德榜"振臂高呼，铿锵有力的呐喊引发了现场观众雷鸣般的掌声。随着北京化工大学原创话剧《侯德榜》的公演，作为青年侯德榜的扮演者，高俊涛的名字逐渐为北化师生所熟知。

从毫无表演经验的大三学生，到聚光灯下众人喝彩的人物化身，高俊涛用自己对民族化工事业的热爱，诠释着侯德榜精神的崇高内涵。"入戏越深，越让我对侯德榜先生的家国情怀感到敬佩。走下舞台，侯德榜精神依旧时刻激励着我、指引着我不断前行！"

看山是山，看水是水

说来也巧。高俊涛来自福建，本身攻读的也是应用化学专业——与侯德榜先生既是同乡，又是同行。"这可能就是所谓的缘分吧。"

当然，高俊涛能够饰演青年侯德榜，更是得益于一副"铁嗓"，被称为校广播站"台柱子"的他，朗诵一个半小时的台词毫不疲惫。"作为主演，我的每句话都要做到覆盖整个会场，这样才能带动气氛。"

"来到东区，《侯德榜》就是我生活的全部。"进入剧组后，高俊涛一心想的就是怎样把侯德榜演活，而"抠"剧本，就成了他每天的必备功课。

由红碱变为白碱和侯氏制碱法最终实验成功是最重要的两个场景，但在高俊涛看来，剧本描写得太过简单。"搞不清相关的原理，自己记忆起来也很困难。"于是，高俊涛找来大量书籍，将相关的原理自学了一遍，再用自己的语言进行组织。"每一遍讲得都不同，这种感觉就像是'在给台下观众上课'一样。"

"不疯魔，不成活"，一遍遍地揣摩台词，一次次地通宵排练……高俊涛的钻研劲头感染了剧组的每一个成员——饰演李工的焦晓毅就在化工原理上"钻"了下去,而饰演财主的陈星宇甚至还研究起了不同时期的商人形象。

"由于大部分同学都没有舞台经验,排演之初,动作、表情根本没法看",饰演老年侯德榜的冯祖光老师回忆道,"但让我非常感动的是,这帮零基础的孩子很用心,对人物的每一个动作、每一个细节都会潜下心来揣摩"。

凭借着这种匠人精神,《侯德榜》话剧一经公演便引发了观众的强烈共鸣。"刚来学校,就能看到如此精彩的原创话剧,我感到非常荣幸。侯先生炸厂那段独白,让我忍不住流下眼泪。这种民族大爱令我深受触动,以后的大学生活,我找到了方向!"回忆起初次观看《侯德榜》话剧,李菲同学仍感慨万千。

看山不是山,看水不是水

首轮演出后,剧组踏上了巡演的道路。高俊涛用自己愈发娴熟的表演,将侯德榜精神带到了北京理工大学、中国科学院大学、洛阳石化工程建设集团有限公司等单位,最终在"大学生戏剧节"中杀出重围,让无数爱国青年接触到侯德榜精神、北京化工大学精神。

高俊涛时常感叹,饰演青年侯德榜是个巨大的挑战,更是难得的成长经历。除了打磨演技,高俊涛更注重对侯德榜人物心理的揣摩。"要了解《侯德榜》话剧,就要了解侯德榜先生。"

侯德榜先生是我国著名化工专家,在帝国主义和封建主义的双重挤压下发明了侯氏制碱法,并将其推广到世界。抗日战争期间,更是在重庆以一己之力重振中国化工行业。

"最开始,我觉得侯德榜精神仅仅就是奋发进取、锐意向上。"回忆着自己的心路历程,高俊涛一字一句咀嚼道:"巡回演出开始后,我慢慢觉得侯德榜精神更是一种传承。"

说到传承,最让高俊涛感动的便是侯德榜先生的后人们。"他们不远万里从新加坡赶来,常常是拉一把椅子,坐在科学礼堂的中央,剧组的演员围坐在周围听他们讲侯德榜的故事。"

高俊涛经常独自静坐,追忆那个战火纷飞的年代:侯德榜先生一次又一次地改良索尔维制碱法,在那个"欧洲即权威"的年代,凭借着自己不懈努力和刻苦钻研,让当时积贫积弱的中国有了现代工业的萌芽。

"在与德国人谈设备的时候,对方竟提出丧权辱国的条件,侯德榜毅然放弃了谈判。"高俊涛捏紧了拳头，感同身受。"或许没有人能完全定义出侯德榜精神的具体内涵，但这种爱国爱民、百折不挠的精神应该在青年一代中传承下去。"

看山仍是山，看水仍是水

离开剧组后，高俊涛重新回到了自己的生活。

褪去主角光环的他仍要完成学业，也同样会为找工作而烦恼。"我投过二十家，只有两家发出面试邀请。终试还有很多清华北大甚至留洋归来的博士，不得不说压力很大。"

但从参演《侯德榜》那一刻起，高俊涛就明白，"人生的每一刻都是历练，都是修行"。凭借着丰富的学识和演出积攒的自信，高俊涛在众人中脱颖而出，一路披荆斩棘获得录取资格。

现在，高俊涛依旧在努力充实自己，也会尽力帮助低年级的同学排练，因为"要想让更多人了解侯德榜精神，并不能只靠演出，更要靠每一代'化工人'的传承"。

小小的咖啡馆里，高俊涛安静地坐着。他有自己的戏，有自己的人生。（文/曾思源、江晓）

本文发表于 2016 年 5 月

刘一君：工科生的新闻梦，在路上永不停歇

他总是扛着相机活跃在学校重大事件的第一现场，为更多人讲述动人的北化故事，这里有创作北化《南山南》的深情、为募捐助力的坚定、口述老兵故事的艰辛以及率队引领首都校园媒体的豪迈。他说他的梦想就是用一支笔和一部相机，在记录青春的路上永不停歇。

如果只是初次见刘一君，你肯定不会觉得他是一个有趣的人。带着沉重的黑框眼镜，拖着沉重的摄影设备，聊的也是沉重的话题。从退伍老兵问题，到首都高校传媒联盟的日常工作，在他的眼睛里，你看不到一丝妥协。

"探寻新闻背后的新闻"，这是他对于生活和新闻工作的态度。但是严谨的背后，是青春的涌动和笔尖下的使命，"每个人都有理想中的青春，都有你推卸不掉的责任"。当北化版的《南山南》在校园的各个角落传唱，当他了解退伍老兵境况之后潸然泪下，你很难单纯地用趣味性去衡量一个新闻人。他的乐观、热情、执着、不懈追求，都让人为之动容。

人生百味，唱响青春

《南山南》是一首歌，也是刘一君想唱给大家听的青春。每一个北化学子在传唱的时候，内心既有骄傲、新奇，也会回顾在北化的这几年，这肆意挥洒青春的，最美好的几年。当你把所有迷惘、希望、泪水、欢笑混合在一起品尝，这就是青春。很多人在听完北化版《南山南》之后，可能并不知道这首歌的策划到填词都由刘一君完成，但是对母校深深的热爱和感恩已经让刘一君倍感满足。在谈到《南山南》的时候，刘一君总是笑得很复杂，有骄傲的洋溢，也有回味的辛酸："或许我只有一杆笔，一部相机，但是如果能让大多数人引发共鸣，我觉得自己做的事情就有价值。"这或许就是刘一君奔走在全国各地的原因，他希望当代的中国青年去探索，要乐观，脚踏实地走出自己的青春路。

口述历史，以笔从戎

退伍老兵的经历是一个个传奇的故事，也激荡着当代爱国青年的满腔热血。鲁迅先生弃医从文，南宋爱国诗人陆游以笔当剑，必不可少的都是情怀。"既然他们的爱国情怀驱使他们深入敌后做地下工作，数次死里逃生，我这点努力不算什么。"刘一君说得很淡然，现今网上热点很多，但是像刘一君这样深入调查、实地报道的着实不多。

二十几岁的青年人去关注九十岁的抗战老兵，本身就是一种坚持，是对现代社会的警醒。从2013年起，他与陕西抗战老兵营合作关爱抗战老兵20余人，拍摄了大量老兵口述资料。三年来他先后组织北京化工大学学生开展走访老兵活动5次，足迹遍布北京、商州、洛南、丹凤、富平等地。他对远征军炮兵杨德全的报道《92岁抗战老兵：回马枪干鬼子》在中国青年网首页发表，被人民网、中国网等多家社会媒体转发后，引发爱心人士的积极关注、捐款。

每次讲起这段经历，都让刘一君感触很深："我曾经说服我自己，新闻报道的时候不要掺杂个人感情，但是在面对那些英雄的时候，总让人扼腕叹息。"在他心中，一杆笔可以改变自己，也可以改变很多事情。虽然只有一杆笔，但是可以用它把字写得很重，把情用得很深。

辛勤耕耘，善感同窗

对刘一君来说，首都高校传媒联盟也不仅仅只是一个学生组织，更是他辛勤耕耘的家。你可以随时听到刘一君在打电话商量工作的事情，经常为了举办大型活动几天不睡觉，为了新校区建设的报道已经奔波了好几次……"对于一个组织的负责人来说，你的一言一行，代表的就是你的学校，你的组织的形象，你唯有不懈努力，做到尽善尽美。"

2015年12月20日，首都高校传媒联盟第九届全委会在北京化工大学召开。主席竞选环节，他与人民大学、华北电力大学的候选人展开激烈的角逐，最终高票当选联盟第九届主席，成为首都高校传媒联盟九年以来首位非清、北、人、师（清华大学、北京大学、人民大学、北京师范大学）新闻学专业的理工科主席。由于他亲和的为人态度和幽默的语言风格，大家都亲切地称呼他为"草根主席"，北京化工大学也首次成为首都高校传媒联盟的主席团单位。

  他不仅对学校的文化建设贡献了自己的力量，还认为作为同窗，更要懂得人情冷暖，或许这是他给北化学子的另一处温暖：在得知周庆旭母亲发出的求助信息后，刘一君第一时间和学校自强社取得联系，并组织学生新闻中心一道发起了为周庆旭生命救援的募捐活动。作为一名校媒记者的他意识到，周庆旭此时需要的不仅仅是物质上的支持，更需要同学们精神上的鼓励。于是由他策划的《我不认识你，但我谢谢你——周庆旭生命救援祝福视频》迅速推出，视频通过采访周庆旭的院领导、辅导员、室友、朋友为他送去了最温馨的祝福。

  一支笔能干什么？如果没了信念，写出的文字也就没有了灵魂，自然没有铁马冰河入梦来的气魄。今后，你依然会在校园看到带着黑眼镜，背着摄像机的年轻人，他或许会对你轻轻细语："如果你有故事，我们就一起写下青春。"
（文/曾思源）

本文发表于 2016 年 10 月

阎育阳：心筑志愿墙，梦画青春窗

青春的匆匆岁月不算长，650小时的志愿时长，为她的青春年少加宽了意义。校内外的志愿活动都有她无私奉献的身影。现在，她的志愿之花正在内蒙古绽放，为那里的孩子带去花香。

"志愿"两个字在她眼里有着特殊的意义。在她看来，这是一种千丝万缕的情感与念想，很难描述形容，并牵扯着人与人之间复杂的联系。那些人们之间绝无仅有的默契，那些毫无条件的信任和依赖，那些感慨和动容都是让她热衷于志愿活动的理由。"在志愿活动中，这个世界是透明的。"在她的小宇宙里，这就是她波澜壮阔的生活。

风雨世锦赛，同舟梦前行

参与国际田联世锦赛的志愿服务，还是在阎育阳大三的下半学期——大概是五月底到六月初，天气正逐渐由凉爽转向炎热。人在燥热里总是容易气盛浮躁，但阎育阳作为学校负责人全程参与了招募、筛选、面试等各种流程，总共历时一个多月。筹备会，信息统计，志愿者培训、分配、轮岗……她也不太记得这些流程重复了多少遍，只记得在世锦赛开始之前的那些日子，这些事情把她的大脑和行程都填得满满的。

赛事只有9天，而志愿者们每天承受的工作量却是极大的。在那段时间里，她与其他35名志愿者一同沐浴感受熹微的晨光，一同聆听体会夏夜的肖邦，一同接受任务，一同患难与共。因为这段感触深邃，所以直到现在，她都对那段时光记忆犹新。在她看来，这不仅仅是一项国际赛事的体验，更是一次与朋友的风雨同舟。

此外，在那次活动中，阎育阳与其他八位兄弟院校负责人结为好友，在世锦赛结束后他们还时常联系，开展校际活动、共享志愿活动资源。她感觉因为这个赛事，高校与高校之间的距离更紧密了。也许，人与人之间的情感交流在志愿活动之中更为直接,也更为真诚。

一年不长不短,一生无怨无悔

　　内蒙古自治区通辽市科尔沁左翼中旗是国家扶贫开发重点县,也是北京化工大学的定点扶贫县。2015年9月,她顺利通过了考核,成为学校第二届研究生支教团中的一员,来到了茫茫的科尔沁大草原,成为一名初中支教老师。谈及这次支教,她说这像是"冥冥之中的注定"。临近毕业,她不是没有过别的选择,内心也曾起过层层波澜,在选择顺其自然之后,结果如此。

　　支教的生活远比她想象中辛苦。她一个人负责七年级六个班的生物教学工作,一开始的工作强度让她有些难以招架。在从前零星的支教经历里,她从来没有感觉工作如此之重,这让她开始重新审视这次支教。她意识到现在她担负的不仅是知识传授,更是一群孩子的未来。

　　支教半个月之后,她给自己的支教之行下了一个定义:教书,育人。传授课本的理论知识是必然的,但她更希望的是能给孩子们讲讲外面的精彩世界,讲讲对于他们而言陌生的东西。一来可以提高他们的兴趣,激发孩子们的好奇心;二来希望激发出他们努力拼搏的斗志,让他们知道世界那么大,让他们想要去外面走走看看,看山的那边是什么。

调整状态后重新出发

　　备课、上课、批改作业,生活虽然忙碌,她却做得不亦乐乎。工作量并没有减少,而她在里面品味出了幸福。"可能外人觉得来这里支教很辛苦,但我真的不觉得。看着他们的笑容,一切都很值得。"她说这话的时候嘴角有微微的弧度,科尔沁深秋的阳光正映在她脸上,半明半暗地在地上勾勒出她挺拔的轮廓。远处,学生们在操场上嬉闹着,奔跑着……

　　青春年岁如白驹过隙,一晃而逝。这样的时光,也许一生只有一次,总是要留下一些痕迹。如果不去做真实的自己,如果浪费了美好的光阴,如果没去尝试想要的生活,那么这段日子也就失去了它本身的意义。"默默奉献,不计得失"是阎育阳"志愿人"的青春印记,让生命在一次次的奉献中变得温暖、甜蜜。(文/万静宇)

本文发表于2016年11月

韩长坤：北化"刀哥"的责任和坚持

韩长坤，北京化工大学机电工程学院学生，中共党员，国旗护卫队2013级队长。他的生活忙忙碌碌，也井井有条。他很沉稳，看到他做事时的专注认真，很难想到他已经忙碌了一天，没有休息；他很执着，为了一个标准的动作，可以练习几百次、几千次。作为支部的团支书，他把苦活累活留给自己，把机会和荣誉让给同学；作为国旗护卫队的队长，他心里装着沉甸甸的责任，没有一刻忘记国旗代表的荣誉。

"刀哥"不仅是一个称号

相信每一个北化人都目睹过学校国旗护卫队的英姿，"整齐划一、一丝不苟"是他们的标志，韩长坤正是这支队伍的队长和"刀手"。谈起"刀手"，韩长坤难掩自豪与骄傲。"'刀手'是整支队伍的灵魂，所以我必须要做到最好。"

在实际训阅中，"刀手"负责队伍行进的节奏并下达口令，动作能否在规定的时间和地点完成，口令是否简洁明了，都是他要考虑的因素。为了减少口令，增强观赏效果，他提出所有人以他的靠脚声为指令。而这要求他的动作必须标准及时，不能有一点差错。为了达到这个目标，他日夜不分地刻苦训练。2015年9月，在与北京市23所高校的国旗仪仗队检阅式比赛中，他们的训练有素震惊了评委，"当时老师们听到靠脚声都叫了出来"。因为不断地创新和训练，北京化工大学国旗护卫队成为口令下达最少、动作最为流畅准确的一支队伍，再一次获得了"北京高校国旗仪仗队检阅式"一等奖，而他也斩获北京高校国旗护卫队首个"最佳带队队长"称号。

现在，大家都叫他"刀哥"，既是因为他对自己严格要求，时刻保持严谨并不忘创新，更是因为他真正地成了队伍的"灵魂"——他带领国旗护卫队走过的一年，留下了许多辉煌。但他却说，这些荣誉属于全体国旗护卫队队员。

他忘不了，从初试到正式队员，要经过长达半年的训练和考核，为了达到顶级标准，每个周日他们都在烈日或寒风中默默坚持；他忘不了，暑期到来，在别的同学回家或旅游时，他和兄弟姐妹们却拖着简单的行李到八达岭进行封闭式军事训练。"每天都在挨骂，那段日子确实很苦。"

训练日复一日，汗水浸湿一层又一层衣襟，好在有一群志同道合的朋友一起承受，艰苦的训练让他们的友谊更加坚固，让他们的热血涌上心头。在大型活动上"零失误"，便是对他们辛苦训练的最好证明和回报。在他眼中，国旗不仅是革命先辈精神的传承，更是祖国赋予的崇高信仰！

骄傲"机实人"

上大学后，集体活动少之又少，同学之间不免生疏。作为支部团支书，在工作方面他也有自己的一套："大学生活与中学有很大的不同，寝室取代了传统意义的班级，所以以寝室为单位进行管理会很有效率。还要发挥同学们的自主性，这样大家才会拧在一起，有干劲。""支部工作不是'一言堂'，每个人都是这里的主人。"在他的带动下，支部成员实现了共同进步：班级中 GPA 大于 3.0 的人数为班级总人数的 85%，大学生创新创业训练计划项目参与率达到 100%。

他的工作不仅于此。作为党员，他一直默默奉献着。评定奖学金和"三好学生"等荣誉时，他总是把机会让给其他同学。在做好学生工作的同时，他也没有放松学习。大学四年，他专业综合排名第二，获得国家奖学金、人民奖学金等多项荣誉。

他的成绩让人羡慕，而他生活的繁忙也让人望而却步。从早上到晚上，他很少有机会回到寝室，各种事情纷至沓来，不仅有安排好的事情，作为辅导员助理，他还要处理很多临时的事情。但在他身上却看不到丝毫浮躁和疲倦，他正沉稳地、自信地走到他理想的明天。（文/赵晓妍）

本文发表于 2016 年 11 月

管伟江：7 篇 SCI，影响因子累计 74

他多次荣膺国家奖学金，是北京化工大学 2015 年博士生"校长奖学金"的获得者。在周围同学眼里，他更是个不折不扣的"学霸"。

截至目前，他以第一作者身份在 SCI 期刊上发表论文 7 篇，影响因子累计 74，两项重要成果被顶级期刊收录。在师弟师妹眼里，他更是传奇的"学术大牛"。

每天近 10 小时的高强度工作，他日夜不分地泡在实验室里，在一次次试验中探索着科学的奥秘。在导师眼里，他是难得一遇的"好苗子"。

2016 年 12 月 26 日，中山音乐堂座无虚席，管乐合鸣，演奏出一曲曲华美的乐章。一曲奏罢，他身着笔挺的西装，昂首阔步行至舞台中央，从校长谭天伟院士手中接过奖杯——那是象征着学校最高荣誉的"校长奖"。与他并肩的，是一位孕育桃李无数、科研硕果累累的女科学家。

"我不是学霸"

和管伟江的采访进行得断断续续，时不时会被他实验室的工作打断。他的脸白白净净的，没什么表情，只是讲到兴奋处，厚厚的镜片后那双眼睛会闪现出炯炯的光。但这依然很难让人把他和那个传奇的"博士大牛"联系在一起。

以第一作者身份在 SCI 期刊上发表论文 7 篇，影响因子累计 74；累计发表论文 15 篇，影响因子总和达到 116，他引次数 124，其中有两项分别发表在综合类顶级期刊《Nature Communication》和化学类顶级期刊《Angewandte Chemie International Edition》上。因为这样令人艳羡的经历，管伟江总是被人称为"学霸"，不少师弟师妹都来向他求取经验。谈到这些标签，他只是淡淡地说："我真的不是学霸。"

为了验证这些说法是否准确，他专门去网上查过"学霸"这个词的释义：

擅长学习，考试分数很高。"从这个标准出发，显然我不是。我不擅长学习，只是喜欢去做学习这件事；我考试分数不高的，因为考试不是我喜欢做的事"，他边说边习惯性地推了推眼镜，"非要说经验的话，只是做自己喜欢的事情比较容易坚持"。

而一谈到他的研究方向，他的话便多了些，语调也欢快了许多。大三进入毛细管电泳分析课题组是他科研之路的开始。从基础的文献检索和仪器操作开始，一点点学习，不断地尝试，不断地积累，在别的同学都抱怨实验工作量大又繁杂的时候，他却做得很快乐。大量的阅读和实验，从一个课题到另一个课题……

这些经历磨掉了他的困惑，让他的世界愈加清晰。他意识到这个世上还有更多的东西需要探索和发现，这让他感到兴奋。所以在毕业时，当其他同学在有目的地为未来做打算的时候，他毫不犹豫地选择了继续深造，去窥探让他兴奋的"新世界"。做过实验的人都对科研生活的紧张和压力深有体会，但他却感受不到疲惫。他打趣说，如果某一天突然闲下来，可能反而会不知该如何。

"我是一个简单的人"

"如果让你用一个词来形容自己，你会怎么形容？"他回答的只有"简单"二字。无论是对研究还是对生活，"化繁为简"都是他的指南。这源于达·芬奇的一句话：把最复杂的变成最简单的，才是最高明的。

他的生活大致可分三个部分：实验、吃饭和睡觉。这听起来有些枯燥，他反而乐在其中。"简化的生活不会消耗太多精力，我可以把时间和精力用在想做的事情上。"研究越深入，他便会觉得想做的越多，时间越短。用如此短暂的时间去做想做的事又怎么会厌烦呢？

"科研可能是我唯一的爱好。"

"那你也像之前一样去查过'爱好'的含义吗？"

"没有，但在做实验的时候，心里完全容纳不下其他事情，这应该就是爱好了。"

说这句话的时候，他正在刷洗试管。随着缓缓的水流，刷子在他手中上下舞动，所有动作一气呵成，试管不一会便干净透明起来。它们重新被摆上试管架，在灯光的照射下闪着柔和清澈的光。做完了这些，他扯下仪器上的单子，准备开始分析新得出的实验数据。

"我的北化故事"

"来到这里是一个意外,但现在看来也是意外中有惊喜。"在准备考研的日子里,他并没有像大多数同学那样按照指南备考,而是完全按着自己的兴趣来,用他的话来说,来到北化更像是"冥冥中的注定"。

在研究生生活里,频繁的学术交流、更大的自主空间,以及北京这座城市带给他独特的感受,让他找到了释放自我的方式,在攀登学术高峰的路上也愈战愈勇。

给他留下最深刻印象的是 2014 年在希腊举行的第十六届发光光谱国际会议和 2015 年在广州举行的第二届国际聚集诱导发光现象及其应用学术讨论会,两次会议他均作为代表做了口头报告。这几次交流给了他很大的研究启发,也让他意识到,做研究不是闭门造车,而需要不断地与世界各地的研究人员交流,交换信息,共同发展。

这让他想起了小时候熟悉的比喻:"你有一个苹果,我有一个苹果,我们交换之后还是每人有一个苹果;但你有一种思想,我有一种思想,交换之后可能每人有两种甚至更多种思想。我们的研究只有这样才能不断进步,为社会的发展做出贡献。"在交流中碰撞出思维的火花,让科研变得更加妙不可言,他说,这让他很享受。

"勤于躬行践履,科研出真知。敏于见贤思齐,拨云见旭日。浩荡长江知伟愿,直挂云帆御风驰"是他获得 2016 年校长奖时的颁奖词。很多个夜晚,他从实验室出来看到月光下的北化,静谧而安宁。他看过这里的柳絮纷飞,看过这里的紫藤满庭,看过这里的银杏金黄,也看过这里的飞雪飘落,但他看得最多的还是实验室里的瓶瓶罐罐。

他是一名常人眼里的非凡"学霸",是一名普普通通的科研工作者,也是我校众多科研群体当中一个再寻常不过的缩影。也许你会觉得他的生活枯燥而辛苦,也许你并不能知道他在多少个日日夜夜中独自在实验室中奋斗,也许在人群中他都不会引起你的注意,但是,就是像管伟江这样的人,在纷杂的环境中依旧保持着朴素的初心,坚持着自己的这份热爱,继续为科研事业付出着……

(文/乔佳楠、梁若昕)

本文发表于 2017 年 3 月

潘　超：环工学子，用青春记录"往先"

反戴着的鸭舌帽和专业的摄影器材，是潘超的标志。他总喜欢走在熙熙攘攘的人群中，去捕捉路人的千姿百态，去表达自己的喜怒哀乐。城中的一草一木、路人的一笑一颦，都能成为他眼中的景，都能触动他的情。

学无涯，尽逐前路

作为两次国家奖学金和一次企业奖学金获得者，潘超并没有把学习当作一个功利性的事情，或者给自己定下特定的目标。在他看来，学习是一件水到渠成的事情，是一种修为、一种乐趣。他永远也忘不了那些为实验拼搏的日子：每天五点半就要去排气，晚上十点还常常取样检验，虽然很苦，但是并不煎熬。也正是在那段时光里，才真正领悟到了何为"早起三光"：星光，月光，日光。唯有经得住寂寞，忍得了失败，才会有时间静下心来去思索问题、钻研学术。

正是这种聚沙成丘、汇水成海的努力，终于让实验的研究成果在2016年的9月份获得了"第十一届全国环境友好科技竞赛"优秀创意奖，来自各高校的评审专家在答辩会上指出，该技术思路针对现今餐厨垃圾厌氧消化工艺的改良与革新有一定的创新意义和较大的发展潜能。

潘超常用朱熹的一句话来总结学习经验：读书之无他法，惟是笃志虚心，反复详玩，为有功耳。"要说学习最大的乐趣，是提供一个平台，提高你整体的素质，开阔眼界。"潘超更期待未来不可知的人生道路，他把现在的荣誉和证书都深深地锁在箱底，这毕竟只是一个阶段的证明，学海无涯，只有持之以恒，刻苦作舟。

情之深，口述历史

潘超更希望发掘人性中的善良，更渴望唤回社会中缺失的那一部分东西。现代社会，忙碌中的人们往往缺失了最重要的情感，无论是亲情也好，爱情也好，都会在生活中匆匆消逝。2014—2015年，潘超作为导演拍摄口述历史纪录片《往先》。他把拍摄理念直截了当地印在了封面上：对于我们至亲的人，历史没有记下他们，但希望，我们不要忘记。拍摄的那段日子，是混杂着欢笑和泪水的，笑是对亲情的肯定与眷恋，泪是时过境迁的哀叹和当今人"子欲养而亲不待"的悔恨。时至今日，潘超在翻看奶奶的视频时，仍会情不自禁地露出微笑。纵使离乡千里，与至亲仍唇齿相依，或许潘超想告诉大家的正是这个道理。

《往先》最终获得中华慈善救助基金会和崔永元口述历史基金会联合颁发的"年度最佳人气奖"提名及"年度最佳文字记录奖"。作品受到包括崔永元、陈丹青、金马奖最佳纪录片导演周浩、央视导演李伦的一致好评，并受到了北京卫视、凤凰卫视、腾讯新闻、澎湃新闻、《彭博周刊》《北京晚报》《中国慈善家》杂志等数十家主流媒体的报道。同时，纪录片也作为口述历史公映片在全国巡展。而潘超也作为口述历史计划特约分享嘉宾将口述历史公益事业推广到了江西南昌、安徽合肥、江苏苏州和天津等地，呼吁更多的人参与历史，发掘历史，记录历史。

两万五千里长征是任何一个中国人都无法忘记的历史。为纪念红军长征胜利80周年，传承长征精神，追寻红色记忆，用青春榜样的力量引领学生成长，潘超在我校举办的"长征精神，北化情怀"——纪念红军长征胜利80周年主题宣讲会上，带来了《我的长征，我们的长征》主题演讲，将巍峨的雪山、贫瘠的草地都一一刻画在他动情的言语中，时间荏苒，历史永存，长征精神不灭！

青年音，镁光灯下

镁光灯带给潘超的不是功利与名誉，而是一个展示的舞台，一个发声的机会。每时每刻，潘超都在向社会展示北化学子的风采。2015年，潘超代表北京化工大学，应邀参加北京卫视《我是演说家》录制，师从著名主持人鲁豫，完成多篇涵盖内容，包括社会、历史、亲情、成长、传播正能量的演说，更被聘请为凌盛公益基金环保大使，以北京化工大学环境专业学子的身份，立足于电视媒体的公共话语平台，利用其广泛的传播效果，结合自身的专业知识储备，为宣传大众环保理念，树立公民环保意识贡献专业力量，更大大增加了学校的社会影响力。

  2016年7月，潘超更是代表北京化工大学，受中央电视台综合频道邀请，作为节目特约嘉宾参与中国首档大型科学实验节目《加油向未来》的录制。潘超用其扎实的知识功底和极富感染力的舞台表达能力，让全国观众切身感受到了科学之美、生活趣味。当潘超看到电视荧幕上映出母校名称时，他很享受，也很骄傲：能让社会听到自己的声音，听到北化学子的声音，听到当代中国新青年的声音。

  关于未来，潘超更多的是期待，而并非刻意去定制。比起"会当凌绝顶，一览众山小"的豪情，他更偏好的是李白般"三杯吐然诺，五岳倒为轻"的洒脱。

  他依然会背着沉重的摄影器材，行走在北京城大大小小的街道中……（文/曾思源）

本文发表于2017年4月

张　璇：不躬行，终觉浅

"不服输，敢想敢做"是张璇给周围人最深的印象。这个看起来文弱的姑娘，骨子里却有着一股不服输的劲头。因为这股劲头，她看过凌晨的月亮，也看过拂晓的太阳；曾在地铁里大声读过文献，也曾在实验室里低声啜泣。这一切，都是张璇科研路上抹不去的回忆。

三更灯火，不坠青云之志

大学的前两年，周末奔波于北京化工大学东区和北区之间已经成为张璇的生活日常。即使是同实验室里的研究生，也为张璇的拼命劲儿所折服。在大多数同学还在沉浸于离家的自由和对青春生活的憧憬之时，张璇已经踏着星光走在了前面。为了能尽早使用上表征仪器，她总是能准时坐上昌平的第一班车，随着车上昏昏欲睡的上班族一起进城。也只有张璇总是望着窗外，看着点点闪烁的路灯。

在同学眼中，张璇就像着了魔一般，除了科研与学术，仿佛就没有自己的生活。上课，做实验，读文献，查资料……她好像把自己锁在一个小天地里，周围人乍一看摸不清她的思路，生怕她把日子糊里糊涂地过下去。但事实恰恰相反，张璇一开始就知道自己想要什么："每一次新加入一个课题，会以为自己明白了内在的原理。随着实验的深入，逐渐会有柳暗花明的感觉，我所追求的正是这种惊喜。"求知欲促使张璇不能放弃，不敢放弃。珍馐美味只是口欲之奉，绮罗羽衣只是外表之美，知识给予她的愉悦远比物质更加强烈。正是这种求知若渴的精神，才让她迷恋上了多变的材料，电镜上的每一个孔道，都可能通向一个新的科学领域；每一种材料，都可能给人类生活带来深远变革。

第三年她搬来了东区。车水马龙的北三环从未有真正安静的时候，小小的喧嚣都可以是一群人的狂欢。但这没有给张璇的生活带来什么涟漪，她依然像以前一样在实验室、教室和宿舍之间奔波着,只不过少了距离的羁绊,她可利用的时间多了起来。她可以省下坐车和等车的时间来阅读更多的文献,酝酿更多的思路,或者更久地泡在实验室里,从实验数据里寻找可能的突破……

张璇认为,多思考要比盲目实践重要得多,一个科技工作者与操作工的区别就体现在思维层次上。经过无数次实验,结合自己的兴趣和志愿,张璇决定在生物医学材料领域中施展自己的拳脚。

会当凌绝顶,一日看尽长安花

磨杵之功,水滴石穿。经过三年日日夜夜、不分寒暑的努力,一切的荣誉都是水到渠成。她所在的课题组获得了"萌芽杯"科技竞赛二等奖,并发表了一篇 SCI 文章。进入大三,张璇的研究更加细致入微。聚多巴胺介孔微球的形貌受实验条件的影响很大,经过反复调节反应时间、加料顺序以及体系内的含氧量等影响因素,她最终摸索出合成稳定形貌介孔微球的工艺。

几年的努力为张璇搭建起更高的平台,让她能够通往更广阔的世界,去开拓更宽广的领域,去探索更深层次的内容。她已成功申请华盛顿大学的暑期科研项目,这次经历让她有机会独立提出一套科研规划。张璇结合自己的基础知识、实践经历与前辈的指导,对课题发表了自己独到的看法,并终获华盛顿大学高虢虎老师的认可。张璇说,这对她是一次历练,一种提升。

在努力科研的同时,张璇更不忘专业课程的学习:她以均分 93.76 的成绩成为专业第一,并获得了两次国家奖学金、三次"优秀学生"称号。然而张璇并不沉溺于这些光环,她知道这些荣誉只是对过去生活的总结与肯定,前路还很长,需要做的还有很多。

"眼界要比经验更重要,有了思维的高度,你的态度才有效果。"经历了许多科研工作后,张璇想的已经比同龄人多很多:比如她知道经济发展洪流中的热点是什么,知道社会发展过程中大家需要什么。对她来说,她希望用自己的志愿和能力,造福更多的人。

"纸上得来终觉浅,绝知此事要躬行"是张璇很喜欢的一句话。科研正是如此,需要脚踏实地,坚持不懈。仰望星空是层次与眼界,脚踏实地是做人做事的基础。她让身边的人认识到,求索的魅力与力量,也让大家认识到,青春也有别样的活法。(文/曾思源)

本文发表于 2017 年 5 月

任力宁：走进他的"口语王国"

自跨入大学校门的那一刻起，他就有一个信念，通过自己的创业改变一些人的生活。5 人团队，5202 千米的调研里程，从负投入到扭亏为盈，让"互联网+教育"的成果能够融入日常的生活，是他的初心，也是他的实践。

任力宁是北京化工大学英语专业的一名学生，更是创业场上激扬青春的奋进者。除此之外，他还有很多身份：雁栖湖会场的志愿者，青海山区的英语老师……这些都是他的生活剪影，也是他不甘平凡的青春。

寻找生活方向，误入创业"歧途"

创业对于任力宁来说，多少有些像"意外之喜"。

2014 年金秋，任力宁终于踏进了大学校门。当他准备好开始拥抱大学生活的时候，突然丰富起来的生活让他一下子蒙了，不知道哪儿才是努力的方向。"那么拼命地考上大学，难道就是为了在这儿'混日子'？"内心的慌乱和不服让他开始不停地尝试，他没想到，生活的转变也就此开始。

作为一名英语专业的学生，他最喜欢的是去中国人民大学的英语角锻炼口语。开放的环境让他接触到了更多爱学英语的人，口语水平有了很大提高。口语学习带来的快乐让他似乎又找到了努力的方向，但这种快乐没过多久就随着瓶颈的出现消失了。

他发现英语角已经不能满足他的学习需求了。那里每天都人来人往，留下或离开都不会有任何痕迹，但遇事爱琢磨的任力宁却思考起这个问题：为什么会遇到这种瓶颈呢？

发现总是在不经意间。那天他又来到英语角，跟几个同学用英语流利地交流起来。听着他们的谈话，他茅塞顿开：原来关键的原因是大家的口语水平普遍不高，一起练习提高的速度和空间十分有限，大家现在的水平已经是来英语角所能提高的极限了。他突然萌生了一个念头：或许可以通过提升陪练的水平，来充分发挥英语角的作用。

有了这个想法以后，他开始有意识地将自己的想法与一些校外创客和经验丰富的职场人士交流。通过沟通，他发现这个问题在高校、公司等都普遍存在。在他们的指导下，任力宁发现了O2O教育在英语口语教学上有着独特的优势，于是他有了一个更大胆的念头：创办英语口语陪练公司，通过高水平的陪练为更多人提供服务。

一个想法的诞生使他感到了前所未有的动力。考虑到我国西部贫困地区教育资源落后，英语教学更是普及度低的情况，他把目光聚焦到了西部地区，开始了艰难的创业之路。

定下一颗心来，不负心中梦想

想法初步成形后，他开始身体力行地去实现自己的梦想。一行5人，一段长达5202公里的调研里程，这可能是他人生中最勇敢的一次探险——这个想法会有未来吗？

青海是他市场调研的首站。大一暑假，他联系了玉树第一民族中学，同时还邀请了"西部助学计划"的相关公司，一起走访当地的学生、老师以及居民，了解他们在英语学习方面的现状及需求，并为他们进行了为期14天的英语教学。回京后，他并不止步，继续多方联系调研，进一步了解高校对于西部学生及前往西部地区就业人员的特色英语教学方法。通过两次调研，他形成了一万五千多字的调研报告，也发现，这是一次充满希望的冒险！

怀着无比激动的心情，他和伙伴们埋头几天，终于完成了第一份创业计划书。当他挨个公司推广自己的商业模式和产品服务时，却不止一次地吃到了闭门羹，这像一盆冷水，给热情满满的他们浇了个"透心凉"，让他初尝到创业的艰辛，也让他明白，所有的成功都不是轻易的。正是这段经历，让他在许久之后读到雷军的那句"创业的滋味，一方面激动人心，一方面又特别不容易"时久久难以忘怀。"这句话是对我当时内心最真实的写照。"再提起那段"黑暗的时光"，任力宁的话语间依旧充满感慨。

任力宁是个倔强的人，越碰到"硬骨头"，就越要啃到底！于是，在许多个日日夜夜，其他同学在纵情享受大学生活的浪漫与惬意时，他和伙伴们抱着电脑凑到一起，在自习室，在咖啡厅，一遍遍地修改着计划书。"我们一定得做出点什么，不然也太对不起自己了！"任力宁暗自下了决心，手指在键盘上飞舞得也更快了些。

人们常说，机会总是留给有准备的人。在前期大量调研的基础上，他和伙伴们厚积薄发，"众传模式+免费模式+众销模式"的三位一体商业模式应运而生，他们的"新铸力量，生动未来——'新声'英语口语陪练公司"终于问世。在短短几个月内，公司推出了11节线上口语培训课程，不仅将前期投入成本赚了回来，而且还实现了千余元的收入。任力宁也在O2O教育平台上注册了老师，和团队一起为注册学员提供服务。"这只是个开始。"谈到自己的创业路，任力宁如是说。

"创业青年"的多维度生活

为了寻找方向，任力宁尝试着各种各样的角色。在接受采访的前一天，他刚刚结束了"'一带一路'国际高峰论坛"雁栖湖分会场的志愿活动。这是他第一次参加如此高规格的志愿活动，聊起这段经历，他的骄傲与兴奋溢于言表。

凌晨2点45分，闹钟响了，任力宁的意识还没清醒过来，手已经习惯地按停了闹钟。他挣扎着从床上坐起来，窗外的夜色深沉，室友还在香甜地睡着。意识还没清醒，他已经轻手轻脚地拿起盆子去洗漱了。猛朝脸上扑的两把冷水加速了他的清醒。他加快速度，因为凌晨3点20分他们要在会场准时集合，开始新一天的工作……

这是那两个月任力宁每天的日常。在这次志愿活动中，他负责的是论坛当天在雁栖湖会场内对中央电视台等媒体的引导和安检工作。为了这次志愿工作，他推掉了许多活动。整整两个月，从校园内到九华山庄，他和伙伴们反复接受着流程和礼仪上的培训练习，他们的一颦一笑、一举一动都要经过严格的训练。"练习的时候感觉整个脸都要笑僵了。"任力宁笑着回忆道。但严苛的训练并没有让他感到厌烦，反而让他觉得自己得到了升华："作为中国的青年，感觉自己能够为国家尽一份力，哪怕很微不足道，也能实现自己的价值。"

工作结束的当天，任立宁在朋友圈写下这样一段话："能在最灿烂的年华代表祖国迎接这个世界，我真的很骄傲！这次的志愿者经历让我懂得了一个人在成年之际应该怎样去担当！"

这只是他生活的一个小侧写。在繁多的事情之外，任力宁有着广泛的兴趣爱好：他是大学生英语戏剧节的导演，还是校园微电影的最佳男主角，也是一个十足的足球迷……

　　经历和爱好丰富的他，同样有着 3.91 的 GPA、专业第二的排名，每年拿着大大小小的各种奖学金。因此，他常常被问起："是如何平衡自己的学习、活动与生活的？"

　　出人意料的是，他说自己也是一个"拖延症患者"，工作有时也会完不成。"或许是天性如此，我喜欢尝试不同的事情，这可能是敦促自己最大的动力。"

　　任力宁说，当他抱着创业计划书一次又一次被拒绝的时候，他深刻地明白了一句话：从来没有什么成功是理所当然的。当选择了创业这条路的时候，他就不再想停下来，因为前方到底如何，他很好奇，他和他的"口语王国"一起在路上……（文/乔佳楠）

本文发表于 2017 年 6 月

张　宇：草原上的班主任，静待着花开

晚上九十点钟，内蒙古自治区通辽市科尔沁左翼中旗（以下简称"科左中旗"）就彻底安静了下来。黑夜吞噬了远处的山和周围的建筑，只有点点几盏灯火无声地闪烁着，在这沉静的夜里格外耀眼⋯⋯

这样的场景张宇曾足足看了一年的时间。现在的他回到了校园，守着北三环通明的灯火，但思绪却经常会不自觉地飘回那些漆黑的夜晚，和那里苍茫的草原⋯⋯

科左中旗是一个国家级贫困旗县，是全国蒙古族人口最多的旗县。根据中央 2011 年扶贫开发会议的精神，在国务院扶贫办和教育部的统一部署下，我校定点扶贫科左中旗，并从 2015 年起每年派遣研究生支教团前往保康镇保康第三中学支教。一个偶然的机会，张宇被选拔为学校第二届研究生支教团成员并担任团长，那时的他还不知道，他以后的生活将因为这次支教发生怎样的变化。

张宇担任 7 年级 12 班的班主任，并负责数学、历史两个学科的教学。而在此之前，他并没有支教经验，同时由于教学资源较差，学生的学习基础普遍薄弱，一个简单的问题甚至要讲解很多遍才能勉强理解。这样的孩子，能带好吗？

张宇没想太多，"既然基础不行，那就先补基础吧"。他借来小学数学课本，利用自习课和课余时间为孩子们重新稳固小学基础；同时上课放慢速度，耐心指导。经过一段时间的补习之后，孩子们的基础终于提升了不少，他这才开始逐步施展他的教学方法。比如：地理课上采取班级拼图比赛的形式帮助学生记忆 34 个省级行政单位；定期播放《科学探索》《百家讲坛》等节目激发学生学习兴趣，开展历史人物辩论赛促进历史学科学习；为了更好地促进语文学科及传统文化的学习，每周带领学生背诵一篇名诗名篇；为了激励学生，提高他们的学习积极性，张宇主张班级学习实行小组合作模式，每月一次汇总计分，表彰各科优秀学生、进步之星、团队之星等，他自费给学生买来奖品，看着学生们领到奖品高兴的模样，他比自己获奖还开心。

在教学中，张宇一直坚持因材施教，分类实施教学，差生补基础，尖子生拔高，针对学生学习情况布置作业，给学有余力的学生讲奥数……虽然因此他的工作量多了好几倍，但看着每个层次的学生都有所收获，他觉得一切都是值得的。他所带班级历史成绩优秀率、平均分一直排名年级第一；数学成绩不断提高，期末考试时优秀率也为第一。

孩子们的成绩不断提高，学校和家长也越来越认可这几个"学生老师"，他们的支教工作看起来是成功的，但张宇和他的同伴们并不开心。大学多年的学生工作经历告诉他们，贫穷并不可怕，精神上的贫乏是致命的，告诉孩子们"外面的世界"是什么样子，远比传授给他们知识更有意义。

偏远地区还保留着传统的教学模式，一切都以学习为重，文体活动能省则省，学校虽然开设了选修课和自习课，但长时间被任课教师占用上课，与平时上课并无差别。张宇和两个伙伴商量了一下，他们决定就从这两门课下手，把它们真正地还给学生。

他们利用选修课、自习课时间播放"神舟11号发射直播""纪念长征胜利80周年大会直播"等，坚持每天带孩子观看新闻。从多角度多维度去开展素质教育。同时，他们将大学的主题班会、主题团日引进初中课堂，坚持每周开展一次主题班会，一年累计开展了"我的中国心""感恩教育""拒绝毒品、珍爱生命""和校园欺凌说'不'""青春期生理心理健康辅导"等20余次班会，用视频、课件、动漫、讲解、游戏等多种形式开展主题班会教育，进一步帮助孩子们健康成长。

但随之而来的却是质疑的声音："你们这是在耽误孩子学习。""班会课用来讲题啊，为什么要耽搁时间开班会？"……他们的探索刚刚开始就面临着挑战。但张宇始终记得孩子们看到神舟11号发射时惊喜的眼神，他知道那种眼神里蕴含着的是未来和力量。他顶住压力，继续着自己的计划，同时努力提高课堂效率，终于，他用孩子们优秀的成绩和他们的成长来为这些质疑画上了句号。

在感恩主题班会的时候，他顺口抛给学生一个问题："羊羔跪乳，乌鸦反哺，我们的生日是我们母亲的苦难日，我们过生日不回家反而去和朋友们大吃大喝，这样真的好吗？"问题虽然提出来了，但他并不知道学生们是否认真思考过。几周以后，他几乎快忘了这个问题时，一位家长给他打来了电话："张老师，今天我孩子过生日，我还纳闷他怎么不和好朋友出去玩，结果晚上吃饭时他说了句，妈，谢谢你带我来到这个世界。听到孩子说这句话我感动哭了，孩子真的长大了，谢谢你对他的教导。"

这件事让张宇兴奋了好久，因为他看到他的付出是有回报的，"向上向善"的种子终于在孩子的心里生了根，发了芽。

近年来，在国家政策的大力扶持下，保康三中的校园环境得到了很大改善，但是受经济发展、自然环境等条件的制约，这里孩子们的家庭情况并不乐观，留守儿童、单亲家庭、孤儿等群体占比非常高，这在孩子们的身上体现得尤为明显。

张宇记得那会刚开学不久，有个学生一直趴在桌子上，他认为学生没有认真上课，十分生气地说："你怎么一天都趴着，再不抬头听讲我叫你妈来学校收拾你！"结果孩子的回答让他瞬间不知所措："老师我没有妈妈了，我爸爸去外地打工了，我想家。"在和其他老师的谈话中，他了解了学生的大致情况，对自己的口无遮拦感到十分后悔，更是心疼这群孩子们。有一段时间，他甚至不敢询问孩子们的家庭状况，害怕自己无意间的话语伤害了孩子们的心。

但这终究不是办法。班级里的暴力、早恋等情况依旧偶有发生，他曾经也像其他老师一样，用"请家长"的方式来解决相关问题，但毕竟治不了根，这一度让作为班主任的张宇十分头疼。

张宇觉得十分茫然，忍不住向同为教师的父亲取经，父亲的一句话让他豁然开朗："每个孩子都是渴望老师关注自己的，甚至很多调皮的孩子就是为了吸引老师的注意才捣蛋的。"想明白了这点，张宇开始关注班里的每一个孩子，用爱来陪伴孩子们成长。

张宇跟孩子们年龄差距不大，跟其他老师比更容易走进孩子的内心。他充分利用这一点进行突破，平日里没事就往班里跑，多进宿舍、多进家庭，没事和孩子们聊聊家常，慢慢地他发现孩子们愿意跟他说话了。一天班里一个女孩受了委屈哭着来找他，布满泪水的小脸让他心疼不已。他给女孩擦了眼泪，静静地听着她说。说着说着，他了解了女孩的家庭：父母离异，她和姐姐都跟着父亲。直觉告诉张宇这是一个很懂事的孩子，他决定好好地帮助这个孩子。他给孩子讲自己小时候的成长经历，讲述自己身边感人的励志典范，鼓励孩子调整心态。那次聊天以后，他明显感受到孩子性格变开朗了，也更加懂事了，她每天都最后一个离开教室，默默地为大家打扫卫生、锁好门窗，学习成绩也有了很大提高。张宇觉得十分欣慰，还拿出了自己的积蓄悄悄地资助她。支教的一年中，张宇累计为学生购买各类学习用品、资助贫困生两万余元。

学校里很多人不理解张宇为什么把那么多时间用在学生身上，而其中的很多人根本不可能考上高中，"但成绩差真的能否定掉这些孩子吗？每个孩子的内心都是善良的，他们都能成才，我们要做的就是去激活他们内心的感情，做他们心灵的灯塔"。这是张宇一直坚信的教育理念。他永远无法忘记，那次他在活动课上带孩子们打了场雪仗，有个孩子周末在空间里写下：长这么大还是第一次和老师打雪仗,或许我可能考不上高中,可是我们老师给我的影响终生难忘。

支教生活结束后,张宇回到学校,成为一名兼职辅导员。每当他看到身边的学生,总会不自觉地想起支教的日子,还有身边那一群活泼可爱的孩子们。

"支教可能是能影响我一生的事情",张宇又陷入回忆里,"他们身上的善良和天真真的让人动容"。他还记得有段时间自己嗓子不舒服,讲课有些沙哑,一个孩子悄悄地在他的桌子上放了张纸条,上面写着"老师您嗓子都哑了,多喝点热水"。那一刻,他几乎要流泪了。

"用一年不长的时间,做一件终身无悔的事"是研究生支教团的口号,时隔半年,再谈起这句口号,张宇的眼中依然有光闪动:"虽然一年时间很短,我或许也不能改变他们的命运,但是在孩子们幼小的心灵里埋下一颗希望的种子可以影响他们一生。教育是慢艺术,要静待花开。我希望他们以后能够健康地长大,做乐观善良的人。"他说,希望研究生支教团能够一届届传承这种使命,将希望的种子一直播撒,直到有一天无教可支。

虽然离开了保康三中,但张宇和学生们并没有断了联系,他们偶尔会通过电话或者远程互动交流感情,他也继续给孩子们提供着帮助。他把他们的重逢约定在不远的将来:"我答应他们,考上高中就带他们来北京看看,看故宫、天安门,这是我们的约定,我相信肯定会有那么一天。"(文/梁若昕)

本文发表于2018年1月

石美浓：如梅芬芳、香而不浓

从陕西科技大学硕士毕业的石美浓，在博士阶段来到了北京化工大学。这对她而言，其实是个很大的挑战。不同于其他硕博连读的同学，她来到新的环境、新的课题组，意味着在硕士阶段的研究课题可能无法继续，为之前的课题所做出的努力、所获得的成就都重新归零。面对新的课题，她不仅要从头开始研究，还要对以前接触不深的部分知识进行"补课"。她不仅要学化学、还要学编程，不仅要思考实验怎么推进，还要一点一点地学机械设备的应用。因为要边学边做，所以和新课题的磨合过程很多时候是艰难的，用她的话来说就是："我只能在提高效率上下功夫，所以我必须把一天当两天用。"

为了打破国内某品牌防雾霾口罩对市场的垄断，石美浓的导师带领她所在的课题组做起了相关研究。雾霾口罩的研究不是纸上谈兵，而是真真切切的实际运用；不能闭门造车，而是要直接与厂家、与佩戴者的体验感相联系。所以，石美浓不仅要在文献和实验室中潜心钻研，还要经常出差，去生产第一线了解情况。实验室里有她埋头分析材料性能的身影，工厂里也少不了她在机器前反复对比、检查的专注神情，同实验室的师弟师妹们经常会半开玩笑地形容她"不是在实验室里，就是在去工厂的火车上"。两地的奔波并没有使石美浓对研究感到疲惫，相反，在这理论与实践的随时切换之间，她感到更充实，目标也更明确。

"与厂家的沟通更让我意识到，把一个研究成果转化到实际当中是有多么不容易。有时理论上行得通的事情到实际生产中情况可能会完全不同。理论探讨可能需要大胆假设，而实际操作则是小心论证，一步一个脚印，绝对不能天马行空。"

在团队的努力下，这一只完完全全"北化制造"的口罩，测验防护率已可达99.9%。在向我们介绍口罩时，石美浓如数家珍，从口罩的技术原理、外形设计、实验效果等方面一一进行了详细解释。如今，大家可以在各大药店或者网上买到"北化制造"的防雾霾口罩。这只凝结着她和团队成员的小小的口罩，见证着她的努力和付出。

"家庭是我最大的支持"

从本科到硕士，再到博士，让石美浓能够如此坚定地在学术道路上不断前进的，是背后的幸福家庭。与丈夫7年异地恋后走进婚姻殿堂，在这个过程中，丈夫毫无怨言地默默支持着她。从研究生开始，几乎都是丈夫负担着她的学费和生活费。读博期间，石美浓经常需要到外地出差，有时还会长期驻扎在工厂，这使得两个人的生活总是聚少离多，但这并没有影响他们的感情。最让石美浓感动的是，对她想在博士期间以学业为重，暂不考虑要孩子的想法，丈夫也表示了支持，而且鼓励她专心做好研究，顺利完成学业。石美浓常说："在我和丈夫的感情当中，丈夫承担得最多，付出得最多，也牺牲得最多。他凭着自己得努力，在经营着我们自己的小家。在我心里，他就是我最坚实的依靠。"说到爱人，她的嘴角溢出了幸福的笑容。

坚定的感情，幸福的家庭，热爱的事业，石美浓可能是世上最幸福的人了。

"另类"女博士

理工科的女博士容易被人贴上古板木讷、没有情趣的标签。如果真是这样，石美浓可能是女博士中的"另类"了。在采访的过程中，石美浓还在通过微信与师弟师妹们沟通安排年会的活动，背景音乐选什么，视频做到什么程度了，租借的场地是否联系好了，等等，石美浓都热情而又充满活力地参与其中，并且有条不紊、安排得当。天生活泼的性格，加上东北人的热心肠，使她常常参与组织一些科研以外的活动，并感到乐此不疲。在师弟师妹眼里，她是一个学术精湛的师姐，也是个热心细致的大姐姐。带着他们做实验，走进企业实习，每一件事情她都十分认真地对待。

"师姐性格特好，总能和我们打成一片，和她在一块没什么距离感。但我们最敬佩她的地方就是能吃苦，再艰难的环境从没听她抱怨过一句。"实验室的小师妹这样形容她。

如今，石美浓已经博士毕业，她在博士后流动站开启了她科研的新篇章。我们相信，她会一如既往地在科研的路上默默耕耘，如梅花般坚毅，散发着沁人的芬芳……（文/乔佳楠）

本文发表于2018年4月

李　言：再见，"呼伦湖"舰

第一次真正见到李言，是对她的采访。以前虽然会在校园里偶然碰到，或者看到一些有关她的宣传报道，但如此近距离地接触她，还是会感到有些好奇：大学生、女兵、海军、军舰、大海……在约定的采访时间里，她手里提着衣服，大步流星地向我走来。她抬起左手向我示意，一脸笑意。虽然身材瘦瘦弱弱，手臂纤细，但是"豪爽"这个词却不由自主地在我的脑海里浮现出来。

对于报名参军这件事，从小就最疼爱李言的姥姥头一个不支持，父母也表示不赞成。家人都觉得好不容易考上了大学，而且是一个女孩子，去当兵做什么？"但我真的很想去，军人情结一直在我心里。从高考报军校开始，遇到征兵入伍的机会我就去报名。但都没能去成。"

好不容易做通了家人的工作，可身体素质又成了一道坎。第一次报名，体检、政审都过了，但却因为体重不达标而未能如愿。距离她最近的一次圆梦，就这么破灭了。最终这个倔强的女孩子在体育课上大哭了一场。大二的时候，她又一次冲了上去。这一次，她更加拼命地练习体能，终于圆了自己的军人梦，成为我校 2015 年唯一的海军女战士。

李言多次提到，她永远不会忘记入伍第一天的情景，那也是她人生至今最宝贵的回忆。那天，从北京出发到青岛，到青岛的时候已经是晚上七八点钟了。到营区的时候，看着夹道两边敲锣打鼓的战士，一切对于李言都是新鲜的。到营区的第一件事情就是点验，检查她们行李箱里的违禁品、钱、手机。在一个完全陌生的环境里，迎着黑夜，班长告诉李言，你可以去睡觉了。那天晚上李言记得尤其清楚，她和另外一个战友随随便便把床单往床上一铺，挂了个蚊帐就睡了。

"就这么简单，我突然就从大学校园里进入了军营。不知道以后会怎么样，一切的一切都是未知的。但当时我就下定决心：不哭鼻子不流泪，努力做一名优秀的军人！"说到这段，她禁不住笑了。

第二天早上太阳升起，她的军旅生涯就此开始。叠被子、整理内务，李言从一个新兵最基础的开始学起。为了将被子叠成标准的豆腐块,她和战友们把被子铺在地上,拿小板凳压,用军用水壶烫平褶皱。这样做容易叠出豆腐块,但有时候却因为洒水太多,被子会粘上很多地上的尘土。

"新兵连真的是最苦的,但同时也是最让人怀念的。"李言入伍时,正赶上海军开始实战化训练,训练都是全程在营带枪,人不离枪、枪不离身。同时,训练科目有了很大的改变,队列会操结束以后,刺杀、格斗、匍匐战术、战伤救护、游泳、400米障碍等各种科目都开始进行训练。李言的新兵连生活是量化的,每天的生活从早上六点开始,严格地按照时间阶段进行训练,见缝插针地休息一小会儿都非常难得。

"中午的时候,随便找个地方躺会儿,就躺着那么一会儿就觉得特别幸福。"有一次,李言膝盖受伤,连普通的蹲下口令都难以完成,但她依然咬着牙训练,负重三公里跑出了第一名。新兵连的三个月,磨砺出了一个坚忍刻苦、不轻易言败的李言。

对于李言来说,最让她无法忘记的可能就是立肘出枪。开始的时候因为臂力不够,出枪的时候无法达到标准,她就一遍遍不停地练习,直到手肘已经磨出血,和军装粘在一起。下午接着就是游泳训练,她却从不言苦,跳进海水里继续投入训练。还在流血的伤口接触到海水的那种疼痛,只有经历过的人才能体会。有些伤疤,留在了李言的身上;这些伤疤,见证着她从大学生到一名战士的蜕变。

上舰后,李言很快被支队挑选参加我国第一艘航母综合补给舰"呼伦湖"舰的接舰工作。她是观察通信部门报务班的一名报务兵,她的战位位于驾驶室后面的报房,她必须要对她所使用的装备做到了然于心。

李言前前后后出了三次海,一个多月一直在海上。第一次出海,她晕得很厉害。"我只想把自己粘在床上,除了趴着,躺着坐着都难受,站着也难受,什么都不想吃,就只想吐。"李言偏着脑袋,谈着自己的经历,"好不容易感觉稍微适应了,结果船也快要回来了,回来后开始晕码头,站在码头上觉得码头都在晃"。

对于李言来说,她的军营生活里最为重要的就是"呼伦湖"舰入列的那一刻。第一次见到"呼伦湖"舰的时候,它的船身上有铁锈,还有脚手架和龙门吊。但是李言和她的战友们用他们的一点一滴的汗水,慢慢地改变着"呼伦湖"舰。铁锈被打磨掉,重新刷上漆,安装装备——"呼伦湖"舰的报房是目前海军最大的报房。李言提起"呼伦湖"舰就滔滔不绝。"在这个过程中,所有的电台,它在你的了解下安装上去,去了解操作,等到最后入列的那一天,看到那个崭新的舰艇，特别自豪，真的特别自豪！"李言激动地谈到。

在舰上，女兵一般情况下不值夜岗。但最后一次出海，李言主动申请值了一次夜班。遗憾的是，那次值班她并没有看到日出。"呼伦湖"舰以后迎来的很多个日出日落中，它宽大的甲板上再也没有那个瘦弱而坚定的身影，再也没有了那个向着海天一色敬礼的女兵。

2017年9月1日，是"呼伦湖"舰正式入列的日子；而9月2日，则是"呼伦湖"的首批女兵光荣退伍的日子。

越来越临近退伍，班长都劝李言别那么拼命。但是李言却觉得"呼伦湖"舰马上就要入列了，任务重。况且她更舍不得与战友朝夕相处的日子。所以她还是选择了继续工作，这一干就干到9月1日入列的时候，8月31日凌晨她还在加班的状态。接舰工作进入尾声之时，李言以支部全票当选"优秀义务兵"，并记"个人嘉奖"一次。

"呼伦湖"舰正式入列那天，李言穿上一身浪花白，与她的战友们站在军舰上，接受祖国检阅。作为老兵代表发言，她说自己会留下不舍的泪水，但绝不后悔。

《当代海军》杂志把李言和她的战友们的故事制作成专题《再见海军，打仗的时候记得叫我》。临走的时候，李言所在的报务班全体送了她一个军礼，敬完礼，他们转身走了，而李言却泣不成声。

回到学校之后，李言依然保持了在军营中的习惯，对自己依然有着严格的标准。退伍之后，李言成为我校大学生士兵组织"旌旗中队"的第二任副队长，也是第一任女队长；她还代表学校参加北京高校军训特训营，与队友们一起战斗。新的"入伍季"，李言又将成为学校的"参军入伍青春大使"，以她的故事、她的独特魅力号召更多的年轻人走进军营。

"巾帼不让须眉"，李言穿着那身白色的军装，在烈日下，向学弟学妹们介绍着大学生入伍的流程，分享着她依然蓬勃的军营生活……（文/徐姝敏）

本文发表于2018年5月

梅傲寒：想明白，就去努力了

新鲜、憧憬、迷茫，这些看似矛盾的词语汇集在每一个大一新生身上，而我很想知道，有多少人，会在初入大学，就定下了自己四年以后甚至更久的未来的方向。

梅傲寒，算一个。

2019年2月25日，《人民日报》发表了"2018年国家奖学金获奖学生代表名录"，从全国5万多名国家奖学金获得者中筛选出100人，梅傲寒位列其中。

但对于他来说，可能自己也不知道为什么脱颖而出，他脑子里依稀记得申报国家奖学金学生代表的那一天，老师打来电话通知他学院准备推荐他作为候选人，因为手边有其他事情在忙，只匆匆应承下来就挂了电话，再次听到这几个字时，才发现自己的照片简介已经被发布在了《人民日报》上。

不期而至的小惊喜，多像是人生。

"想明白，就去努力了"

就好像一心想到南方发展的他考来了北京化工大学。最初的预想被打乱，怎么办呢？既来之，则安之。四年过去，毕业在即，回过头来再看这一路，梅傲寒说："我特别感谢北化老师和同学的支持，我们学校的平台不仅拥有丰富的资源，而且慢慢有了越来越多和国外高校交流的机会，我相信我们会越来越好！"

反观自身，他说："我最困惑的时候是大一上学期，一直在想自己该去哪儿，到底喜欢什么样的东西？"冷静下来之后，他决定先从分析自己入手，喜欢新鲜感，喜欢挑战性，想走到学术前沿，去碰一下更高的天花板，就出国吧！那里有不同的文化体验、教育方式、肤色人种、沟通语言，会是一方陌生但全新的天地。

大一下学期，有了目标的梅傲寒开始全心准备托福考试，积极了解学校的国际交流项目，接触留学生。2017年，梅傲寒创建了一个专属于北化人的留学平台，专门用来发布国外高校交换留学的相关信息以及学生间的资源交换，这个平台吸引了不少同在国外留学的北化校友、外国留学生，大家一起分享出国交流经验、在外收获感受……很快，它由几个人的"抱团小组织"发展到300多人的"大家庭"。这对于梅傲寒来说，是一段非常宝贵的经历。"国际教育学院的老师们帮了我很多，我遇到了一群很可爱的人，到现在都非常感谢他们！"

接待英国曼彻斯特大学机电院的院长，作为学生代表在国际教育展发表演讲，获得国家英语竞赛二等奖……他努力通过各种渠道去增加自己对于那个陌生世界的了解，大体是得益于此，去加州大学伯克利分校交流的那一年，他只用了很短的过程就熟悉了那里的环境，"听力问题不大，也遇到了很多非常友好的人"。

与此同时，梅傲寒没有落下自己的功课，他拿到了校内学年绩点3.95、国家物理竞赛三等奖、周培源全国大学生力学竞赛优秀奖，去到加州大学伯克利分校交流的那个学期，专业课全科满绩。

"要冷静，要成长"

想象永远比真实美好，结果听起来也比过程轻巧。每个人都有难熬的时候吧，哪有那么多一帆风顺呢？

加州大学伯克利分校是一所与哈佛大学、斯坦福大学共同占据世界学术前三的学校，梅傲寒就读于机械系，他的同学们是来自国内各个高校的专业佼佼者，更为优质的教育资源下，竞争显得尤为激烈。

他也曾经有过一段非常焦虑的时间，"看着身边的朋友们成长得更快，而自己仿佛仍在原地踏步"，这种想法在脑海里挥之不去，甚至会让他对自身能力产生怀疑。

有人说，当你感觉自己站在谷底，恰恰是你开始抬头往前走的时候。在这里，梅傲寒说自己看到了"更宏大的事情"，人是环境中的人，也会随着环境的改变而成长，当天花板拉到足够高的时候，人的手臂触及范围也会随之延展。

冷静下来之后的梅傲寒发现，当在一个环境中遇到的都是比你更厉害的人时，你才不会盲目跟风。"当大佬的'腿部挂件'总是比自己走的要快嘛！"梅傲寒如是说。

"我想当个有趣的人"

这样算足够优秀了吗？非也。

在梅傲寒心里，"优秀"并不代表成绩好，而是"有趣"。"做事积极，在其他方面做得突出的人也很优秀吧，我觉得我来到这里之后最大的改变是我的想法更多元化了。"

他身边有很多这样的人，或者是他的同学，美籍华人，三代移民，从高中毕业就开始搞房地产经营，白手起家，折腾到如今，已在旧金山有属于自己的12套房产；又或者是他的导师，犹太人，8岁时家人被纳粹杀害，钻研学术，在帝国理工大学完成了学业，如今是 A. M. 图灵奖的评委……

"其实学理工的人也有很灵动，很能折腾的，不是大家固有印象里的直男。"如果选择的话，梅傲寒大概更希望大家对他的评价是一个"有趣"或者"能折腾"的人吧。

"比别人好一点的可能在于我大一就想明白了自己要去做什么，有了方向以后就冲着它去努力。"就像瀚海航行的船只需要灯塔，人生也需要去往未来前进的方向，当你看清楚了你所位于的周遭环境时，就拥有了要不要去跳出来打破它的决定权。

如果一定要把他塑造成一个"榜样"的话，那么这个"榜样"想要告诉大家的是：尽快想清楚方向，不要盲目努力。谋事在人，成事在天，万事尽力，便无愧于心。（文/刘笑宇）

本文发表于2019年4月

栗振华：科研之路这么走

4月初的北京化工大学，玉兰花开、海棠争艳，一派生机盎然的景象。等两个月后，当夏日的郁郁葱葱替代了春日的繁花似锦，栗振华也要博士毕业了。在北化校园里生活过的每一个人，都会记得玉兰花开的美丽，而校园里的玉兰花，也见证着很多人的成长：有的是四年，有的是七年，有的是十年，有的甚至更长。而对于栗振华而言，从本科到博士，他在这个熟悉的校园度过了九个春秋。

"积极主动抓住每一次机会"

栗振华初次接触科研，还得从大二说起。大二的时候，学校举办"萌芽杯"课外科技作品大赛。抱着试一试的态度，栗振华报名参加了，当时没想能做出什么成果来，只当是"凑凑热闹"。正当不知道该做什么项目时，他突然想起了家中经营的"天山雪莲菌"。小时候总拿着那东西玩，却一直好奇这"天山雪莲菌"到底有什么奥秘。有了选题后，还得需要一位老师指导。找哪位老师？老师会不会拒绝？这个时候他又有些犹豫了。幸运的是，他没在科研开始的时候选择放弃，还是抱着"试一试"的态度，查了很多老师的研究方向和科研经历。很多年后，栗振华仍记得那一幕，那是他感觉第一次离"学术大咖们"如此之近，虽然只是查阅他们的简历而已。凭着这股子"试一试"的冲劲，他联系老师之后很快收到了回复，他的想法得到了老师的肯定与支持，并指导他进入实验室进行研究，认真把课题做下去。

于是，当大多数同学还仅限于在课堂上获取知识的时候，栗振华已经在学校位于昌平的科技园内做起了实验。在那里，栗振华看到了一个全新的科研世界，各种各样的仪器、实验装置，师兄师姐们激烈的讨论，让他第一次体会到了科研的魅力。在那段时间里，他感到前所未有的新鲜和充实。

如此懵懂的经历，是栗振华在之后多年的科研经历中难以忘记的，也算是他的科研启蒙，为他之后的科研之路埋下了种子。栗振华说："如果我没有抓住机会参加比赛，如果我在任何一个环节选择放弃，如果我没有积极主动联系老师，我可能不会走上科研之路。"

栗振华就是这样一个人，总能在每一次看似平淡的经历中，为自己创造机会，抓住机会。

大三的时候，他联系了白老师和蔡老师进行静电纺丝纤维用于气敏材料的研究，并参加了大学生创新创业项目。研究过程中，栗振华面临的最大问题就是经费紧张。为了研究能够顺利进行，栗振华思索再三，还是鼓起勇气向老师说了自己的难处。白老师了解情况后，自掏腰包，为栗振华的项目解决了6000元经费。这让栗振华十分感动，更加铆足劲做实验、测数据。在研究过程中，有的小组成员没能坚持到最后，中途退出了。而栗振华深知这次机会来之不易，不敢轻易放弃，坚持到了最后。这次经历让栗振华感受到了科研当中的温暖，他下决心不辜负今后的每一次科研。

"每一段经历都给我的成长带来了帮助，对我而言都是宝贵的财富。"回忆起本科几年的学习，栗振华时常觉得，要是自己有一次没有主动联系老师，与老师交流自己的实验想法，可能都不会有后来的实验热情。"主动出击，才能收获更多！"

"有目标的努力才是努力"

我们今天看到的栗振华，是一步一个脚印沿着科研的道路走过来的，但是在大三下学期的时候，栗振华并没有将科研写进自己的规划中，而是准备出国留学。准备出国的日子，每天都泡在图书馆学英语，对于自己要申请什么学校，读什么专业，他没有明确的目标与方向。这样的日子让他感到疲倦，学习也没有动力。那段日子，栗振华是最难受的。"每天醒来像机器人一样，潜意识告诉自己我又该到图书馆学习去了，可是除了学习不知道该做别的什么，没有动力、没有激情。也不知道自己到底想要什么。"直到有一次在去图书馆的路上看到了学校学科交叉班的招生信息，看到了他自己熟悉和感兴趣的研究方向，他感觉一下找回了自己。

"有目标的努力才是努力，有兴趣的刻苦才是刻苦。"栗振华深信方向比努力更重要。所以在之后的研究生生涯中，他一直要求自己有明确的方向和规划。

大四保研之后，栗振华没有放松对自己的要求。在等待研究生开学的日子里，栗振华反而定下心来，认真对自己做了规划。为了能够提高效率，充分利用时间，他决定在大四尽可能多修研究生的课程，那样到研一的时候就有更多时间到实验室参与实验。就这样，在他的规划下，在段老师、卫老师和邵老师三位导师的耐心指导下，他从容而高效地度过了自己的研究生生涯。讲起自己的这段规划，栗振华带着一点点的骄傲。

在后来给学弟学妹建议的时候，栗振华总是会说："进入实验室就要有个明确的目标：我为什么读博？我为什么要做科研？心无旁骛才能成事，若是目标摇摆不定，就永远不知道自己应该做什么。"

"好奇心是最珍贵的品质"

回忆起近9年的学习生活，他认为收获最多、成长最快的并不是博士期间，反而是在大三到大四的过渡阶段。"那时候自己是一张白纸，没有太多的束缚，满心都是好奇，总是有各种各样的想法蹦出来，然后迫不及待地就要去尝试。这个过程是最有趣的。"那时候的栗振华，孜孜不倦地阅读着文献，在文献中寻找各种各样的实验方法，一次又一次地记录着实验数据，尝试了很多。这过程有成功也有失败，但让他最快乐的是对未知事物求知若渴的急切心情，是那种从一个很小的现象去发现科学规律的成就感。不墨守成规，敢于尝试，不断拓展——这是好奇心给他的最大帮助。

一直以来，强大的好奇心是栗振华在科研路上的巨大推动力。从"天山雪莲菌"到"静电纺丝纤维"再到"水滑石"，这些吸引着栗振华，也将他一步一步带入到科研的路上。

正因如此，栗振华一直以来都非常尊重别人的实验想法，努力去保护每一个人的好奇心。"尊重他人的想法，不要直接去否定别人的想法，不要轻易对别人的实验方法说没有意义。每一个想法都值得被尊重。"这是栗振华在意识到好奇心的珍贵之后，一直努力坚持的事。

从本科到博士，9年的时间，栗振华已经从一个懵懂好奇的少年成长为从容坚定的科研者。他感恩所有遇到的师长、朋友、学者，他感恩自己在面对人生的每一次选择都能冷静从容，他感恩这一路的磨炼让他变得更加强大。在未来，栗振华将带着他的科研梦，继续描绘属于他的画卷……（文/乔佳楠）

本文发表于2019年4月

叶热托里肯·巴达义：不是谁的 20 岁都这般精彩

叶热托里肯·巴达义，来自新疆的哈萨克族小伙子。2016 年，在学校的动员和鼓励下，他积极响应国家号召，光荣入伍；2018 年，他退役复学，目前是北京化工大学文法学院法学 1601 班学生，同时担任学校退役大学生士兵组织"旌旗中队"的组织委员。熟悉的人都亲切地称他"叶热"。叶热给人的印象是内敛、腼腆，有时还会有一些"青涩的害羞"，让人很难把他与军地交流的牧民汉语教师、义无反顾的雪地救险、穿越无人区御马戍边等感人事迹联系起来。2018 年，这个哈萨克族小伙子凭借着在戍边期间的优异表现荣立"个人三等功"；退役复学后，他因事迹突出被学校授予校园青春榜样"化大之星"荣誉称号。近期他被评为"第十四届全国大学生年度人物"，这是学校第一位获此殊荣的大学生。在十名"第十四届中国大学生年度人物"中，他也是唯一的一名少数民族大学生士兵。

"西北第一哨"的解放军汉语教师

白哈巴村，是坐落在我国西北边陲，有着"西北第一村"美誉的小村庄，这里也是叶热服役的地方。白哈巴村是个多民族村庄，位置偏远。在这里，有一句话叫"一座毡房就是一个哨所，一个牧民就是一名哨兵"。由于村民接触汉语的机会很少，跟汉族同胞的交流就成了问题。在白哈巴村，居住人数最多的民族是哈萨克族，而叶热又是当时连队中唯一的哈萨克族战士。开展军民联防活动，架起牧民与部队之间的桥梁，做民族团结、鱼水情深的使者，便成为叶热的一项重要使命。

有一次当叶热完成了一天的巡逻任务疲惫地赶回营地时，坐在连队门口的一位老人迎面蹒跚而来，激动地用哈萨克语告诉叶热，自己家里的几只羊越过了防止人畜被野兽伤害的警戒网。老人家急切地用手比画着，此时夕阳已近地平线，因为语言不通无法给其他战友说清事由，老人已在连队等了他近五个小时。叶热安抚了大爷几句后赶忙向连长报告了情况，和战友们一起进入警戒区摸黑寻找，一个多小时后，大爷的几只羊被叶热和战友们赶出了警戒区，老人家开心地连连直道："解放军万岁！"

经过警戒区找羊的事情，叶热发现军民之间交流存在语言方面的障碍，向部队领导建议后，叶热在连队里为牧民们开设了汉语课，为军民搭建起沟通的桥梁，于是他在村里便有了"老师"这一称号。上课地点是营地内空地，他从最简单的日常对话教起，一开始牧民们对此兴致不高，参与人数并不多，后来，也许是认真活跃的学习氛围打动了更多牧民，越来越多的牧民参与了进来，32人的"汉语班"小有规模。为了给牧民们提供更好的学习条件，叶热申请了闲置乒乓球室的使用权，又从仓库里找来了几套桌椅，复印了几本小学语文书作为教材，就这样，他和牧民们的汉语课堂步入了正轨。除了教牧民们汉语，叶热和战友们还会与牧民一起联欢，办起了"军民运动会"，拔河、射箭、摔跤、赛马，民族项目一应俱全。从语言，再到这些哈萨克族的运动项目，叶热和他的战友们找到了巩固民族团结、军民情深的一副良方。

冰雪巡逻路上的生死营救

白哈巴的盛夏有五彩山花、姹紫嫣红，隆冬有玉树琼花、银装素裹，但美丽风景背后常常伴随着想象不到的艰辛。巡逻路上多是险山陡坡、泥沙草潭，又常有狼、熊等野兽出没。这里还有每年长达 8 个月的雪期，最低温度达到零下 50 摄氏度，雪大时会有几米厚。即使是这样，边防战士们依然要在风雪中站岗放哨、边境巡逻，帮助当地牧民解决各种突发事件。记得一次叶热和战友们在巡逻途中发现一辆上山的越野车陷入雪窝无法前行，据被困车辆司机说，车里是他的亲家，在山上的毡房里突发高血压昏迷不醒，急需送到医院救治，命悬一线的时刻车子却深陷雪窝，无法前往医院。于是，连长带领叶热和他的战友们挖雪开道。他们顾不得手被冻伤，刨雪实施救援。身体钻进车头下，绳子一头绑在车的保险杠上，另一头绑在战士身上，这么前拉后推，越野车才开始一点一点地往前移动，终于推动越野车驶出雪窝摆脱困境，为救人争取了时间。看着越野车安全下山，他们才放下心，继续前往防区巡逻。由于常年积雪，这样的情况时有发生。没有救援车，就只能"人力救援"。救人，跟偷渡分子斗争，跟恶劣天气斗争，是叶热和他战友们的家常便饭。

好兄弟"蛋蛋"

叶热的兄弟"蛋蛋"其实是一匹军马。在像叶热这样的边防战士眼中,军马就是他们的兄弟。由于边防线常年积雪,地势崎岖,机动车辆在这里派不上用场,所以巡逻只能靠原始的方式——骑马。

叶热到执勤点的第三天,老班长就给他分配了一匹叫"蛋蛋"的军马,它有一身红褐色的毛,温和、勇敢。"蛋蛋"很要面子,每次巡逻,它都气势雄壮,走在巡逻队的最前面;它也很有耐力,再长途的巡逻任务也没有发过一次脾气。

172公里的边防线,一年至少要巡逻10次。2017年春节前夕,是叶热和"蛋蛋"的第一次远途巡逻。他们一行五人五马,沿途翻雪山、过冰河,穿越原始丛林和无人区。出发当天没走多远,"蛋蛋"便踏上一处暗藏的雪坑,叶热一个踉跄从马背上摔了下来跌倒在过膝深的雪中,庆幸的是他与"蛋蛋"都没有受伤。巡逻路上,几十米宽的阿克哈巴河支流就横亘在他们面前。由于冰面过于湿滑,"蛋蛋"没站稳,他们一同摔倒在冰面上,最后叶热牵着"蛋蛋"小心翼翼地渡过冰河。上岸后,战友们燃起篝火烘干被雪水和汗水打湿的衣服和鞋。森林、雪坑、冰河、滑倒、跌入冰河、没有信号,打湿、烘干、再打湿、再烘干几乎是他们的巡逻常态。

塞北温情时常在,边关冷月亦温存

边防连里的每一个人都肩负着重担,这份重担也许在外人看来只是站岗、放哨、训练,并无挑战性。但叶热和他的战友们认为,这份责任就在于日复一日的坚守,正是那四四方方的哨岗磨炼了他沉稳耐劳的性格。为了学到更多,叶热又主动挑起了队里的其他任务:新训班长、翻译、副班长、军马饲养员、执勤负责人……当荣立"个人三等功"的时候,他说:"这只是能在自己热爱的一方热土上发光发热而已。"

叶热说:"不来一次边关,永远不知道戍边人坚守边关的伟大。这里没有灯红酒绿般炫目的生活,却有战士们的风花雪月。风是铁马秋风,花是战地黄花,雪是踏冰卧雪,月是边关冷月。"

学校是另一个白哈巴

2018年9月，叶热光荣退伍返校。新的学期，新的校区，新的同学，新的自己。适应环境，抓紧学业，退伍不褪色，在叶热眼里，从营门再回到校门，学校其实就是另一个"白哈巴边防连"。部队的好习惯被他带回学校，每天早起、叠被子、洗漱、打扫宿舍卫生，晚上到点准时睡觉。逐渐地，室友也被他带动着改变了不规律的作息，宿舍卫生大有改观，宿舍门上也被学校武装部授予张贴了"军人宿舍"光荣牌。叶热也加入了学校由大学生士兵组成的"旌旗中队"，并竞选成了组织委员，他将带领这支光荣的队伍继续发扬部队的优良传统，在校园文化建设中持续发光发热。

5月，学校的大学生征兵工作全面启动，叶热也成为征兵宣传动员的形象代言人，他戍边的照片被印在了学校征兵宣传的彩页上、展板上；院系里想参军的同学也时不时找他咨询入伍的程序要求、部队的工作生活，他也总是耐心解答；学校里"我是一个兵——微分享直播活动"第一期的嘉宾便是叶热。把自己所知告诉同学们，鼓励同学们到军旅历练，收获不一样的人生精彩，叶热，很"热"，相信他携笔从戎、御马戍边的故事会温暖更多人。（来源/国防在线客户端）

本文发表于2019年5月

高　腾：放弃北大直博的"化大之星"

他成绩优异，总成绩专业第一，连续两年获得国家奖学金。曾参加学科竞赛、舞蹈大赛、科普大赛，有过中国环境科学学会和石药集团中央药物研究院的实习经历。他在科研路上努力开拓，拿到北大直博资格。他是校"三好学生"、优秀学生干部、军训标兵、青春榜样……他是 2019 年"化大之星"——生命科学与技术学院的高腾。

三载光阴，一战功成

高腾从选择制药工程这一专业时，便与其结下了深厚的缘分。

北化良好的师生关系、浓厚的学术氛围让他求知若渴，同时，他深知笃行方能致远。他每日严格把控作息时间，任务本上写满了一周的计划：自习、实验、训练……他说："一旦投入，时间就会静止。"

除了成绩优异，屡次获得奖学金外，秉着深耕专业，潜心钻研的初心，他也沉浸于北化浓厚的科研氛围中。

在申春、郑国均、杨振军等导师的带领下，制备 $Ni/Mg-SiO_2$ 多功能催化剂；实现普拉西坦合成工艺的优化；完成阳离子脂质体和寡核苷酸磷酸根结合模式的计算模拟……他一步一个脚印，走在自己的科研之路上。

第一次接触科研，是他跟随申春老师了解生物质制备航天煤油过程中金属多功能催化剂的制备。在整个学习期间，老师会时常提问他："反应中遇到了什么现象？你觉得为什么出现这种情况？"这种理论联系实践的过程，让他能够更好地将学到的知识具体化，快速地成长起来。现在他的研究方向为结构生物学，师从冯越教授。

三载光阴，汗水与挫折常伴他左右，他也曾因为实验时得不到想要的结果而感到焦急，也曾因为在复习时遇到解不出的难题而感到苦恼，也曾因为训练时汗水流进眼里而感到一阵酸楚……

两周的复习时间里他用掉了十多根笔芯，写下过四厘米厚的总结；为了赶上去东区的班车做实验，午饭常常在车上解决，一个小时前还坐在南口的教室上课，一个小时后就穿着实验服在东区架反应装置……

做科研的人，哪有不这么拼的？如果不能攻坚克难，又怎么取得突破和进展？科研本是逆水行舟，不进则退。面对实验进度慢甚至毫无进展的时候，他焦虑，也做好了投入所有时间和精力的准备，静下心来看看书，与专业课有关的、无关的，写写书评、写写随笔，开个私人公众号分享心得，闲了出去走走，看看离开实验材料和仪器之外的世界，高腾说："这是对生活的尊重。"

而三年如一日地扎进实验室，是他对科研的尊重。大概也正是因为这不懈的付出，百日备战，一朝功成，高腾获得了北大直博的资格，拿到了这张许多人梦寐以求的通行证。

青春舞动，桃李情深

转眼四年，他也到了即将穿上学士服捧着学位证书走出校门的日子。北化四年，谈及母校，他讲了四个字：唯有感谢。

高腾说，北化的四年生活，带给他的不仅是专业知识上的提升与沉淀，还有视野的开拓与精神层次的升华。

"在北化我收获了很多，表面上看是一张张荣誉证书；而实际上，是北化让我从幼稚走向成熟，从无知走向有志的过程，我在一次又一次选择中，逐渐清晰自己对未来的规划，逐渐认识到自己内心的追求！"在北化的这些日子里，他感到无比幸福。

他把重心投入学习科研，可在北化，他的生活里远不只有学习和科研，主持、舞蹈，参加心理节、各类竞赛……甚至通过学校走上更宽的舞台，在第九届首都高校传媒联盟委员会担任播音主持，参加北京市大学生体育舞蹈锦标赛并获得团体舞第二名……

"因为热爱，所以称其为爱好！学习和它们之间应该有所补益，不该相互干扰。"当被问到"如何处理爱好与学习的关系"时，高腾这样回答。

当爱好与学习发生冲突时，他会权衡二者。全身投入和适当放弃，是他的秘诀，熬夜"加班"，地铁读书，赶路吃饭对他来说也是常态。

高腾说："在北化，结识优秀的伙伴，认识专业的老师，他们的帮助让我有机会登上一个又一个舞台，合作、坚持，直面自己的缺点并改正，这些都是我的收获。"

他将永远记得和有着相同爱好的同学们一起奋斗的日子，记得离开实验室时老师教导他的"铭记、厚德"，记得师兄师姐的鼓励和帮助，记得他在这里为自己创造出的精彩生活。

北化对他来说，更像是一个温暖的家。

"毕业后，我想常回家看看。"他微微一笑，初见北化的场景似乎还历历在目。

但行其路，无问西东

北大直博，是多少学子心中的梦想，然而高腾最终选择了放弃这个机会，回到导师冯越老师的实验室当一段时间的"助理研究生"，空档一年扎根实验，尔后出国继续学习。

为什么？

因为他觉得："不能就这么默默无闻地离开自己的母校！"

这是一个很"酷"的决定，背后是三个月的漫长考虑与纠结。

其间，家里人告诉他："如果将来你有幸成为国之栋梁，那么是整个家族的幸运；如果日后混得平平，希望你能为国家培养一个无害的子女。"这句话深深地触动了他的内心，也让他有更大的勇气面对自己做的决定。"是家人无条件的支持让我有决心放下既有的成绩去闯一闯。"高腾说。

他始终认为，忠于内心、适合自己，便是最好的决定。

很多人不理解他的选择，当被问及原因时，他说："生活不该普普通通，放弃直博是我将命运牢牢把握在自己手中的开始！"

关于未来，他也早已做好打算，决定出国深造的他"愿能成为国家栋梁之材"！

走出校园的高腾，以热忱之心投入专业研究，学以致用：和中国环境科学学会赴福建实地勘测；走进实验集团中央药物研究院学习……

因为年轻，所以不甘平庸，想去尝试、去冒险，既知此去必要破釜沉舟，亦不后悔、不回头。崎岖却又充满惊喜的漫漫学术之路上，愿他能不忘初心，砥砺前行，怀揣梦想，再攀高峰！（文/钱程）

本文发表于 2019 年 5 月

赵紫荆：GPA 4.06 的"学霸"是这样炼成的

赵紫荆这个名字，读起来总容易让人想到每年春天一束一束从根部开满枝丫的簇簇红花，先花后叶，野蛮生长，开得热烈昂扬，自成一道风景。

赵紫荆这个人，有人称她"学霸女神"，连续三年位居专业第一，30 门专业课里 19 门在 95 分以上，9 门在 90 分以上。她拿到了国家奖学金、超分子奖学金、校级"优秀生"，还有北大直博资格。

赵紫荆，理学院优培 1501 班学生，2019 年"化大之星"，评委给了她四个字：勤学奋进。

我问了两次为什么？

为什么你能拿荣誉？

为什么你能拿 4.33？

她说，态度。

大学其实并不难

如果给所有参加过高考的人发一个调查问卷，大概会有 80% 的人认为自己"没考好"吧，距离新一轮的高考也近了，又有超过一千万人背水一战。经历过河北省残酷的高考竞争，再加上自己的高考成绩不尽如人意，赵紫荆一直在问自己，高中三年，我到底收获了什么？

她开始在记忆里去回忆、确认、衡量自己的高中生活：被严格的时间表安排的每日作息，被缩减到每月两天假期的自由时刻，被老师严格限制把控的学习进度……这样度过的高中三年时光，付出的辛苦与努力，到底换来了什么？

"我觉得高中的学习生活养成了我现在的学习习惯，包括人生观、价值观等等，有很多都是在高中阶段形成的。"

来到北化以后，赵紫荆心里一直铆着一股劲儿，带着她往前走，往上走。

当"平时不学习，期末搞突击"成为个别大学生的学习常态时，赵紫荆仍然坚持认真听讲、记笔记，课后及时复习，完成当天课程的学习任务。

考试周她每天早上8点起床，抱着课本去图书馆坐一天，等闭馆音乐响起时收拾书包回宿舍洗漱休息，考试之前只需要同往常一样按部就班地复习笔记、刷刷习题，不慌，也不乱。

这份底气，来自她始终如一的坚持。

就像鲁迅说的把别人喝咖啡的时间用到工作上，赵紫荆也把别人看剧、追星、打游戏的时间大部分用在了学习上。

你看，当别人预习的时候你在复习，是不是就多了几分胜算？

在赵紫荆眼里，成绩的高低取决于态度，设定目标是为了提高效率："要给自己定一个目标，比如每门课程最后能取得怎样的分数，那你就会奔着这个去努力。而且平时也是要学习的，考试周突击能拿3，但是拿不了4.33。"如果你有心里想要的东西并且清晰地知道获得它的途径，那么剩下要做的只有一件事，那就是全力以赴。

她对自己的专业谈不上热爱，但确有兴趣在。兴趣是最好的老师，但不是唯一的老师——别人眼里"必有一挂"的四大化学她大部分能考到95分以上的成绩，思想道德基础与法律修养等基础课也能拿到85~90分。不是所有学的东西都要喜欢，但可以把它学好。

"大学知识真的没有那么难的，主要是你的态度要摆正。"赵紫荆如是说。

活动其实不耽误学习

把每天中大部分时间用来学习的赵紫荆，同时也是理学院学业发展辅导中心的主任。大二的时候，她组织并参加学院考前辅导讲座、日常志愿答疑，担任过高数期中考试辅导讲师以及分析化学期末考试考前辅导讲师。为了平衡学习和工作，她只能早出晚归，挤出时间来学习，对，是压缩其他休息放松时间去学习，而不是以工作为借口耽误学习。

在学业发展辅导中心，赵紫荆付出了很多，也收获了很多。"我们的课程在学院内认可度很高，在这里我认识了很多很厉害的人，给别人当过讲师自己也会受益。"

作为班里的学习委员，赵紫荆负责考前印发考试资料，协助老师进行教学工作，平时也会经常为同学答疑，互相促进提高。

她在基础专业课程学习之外，还积极参与各类学科竞赛，如全国部分地区大学生物理竞赛二等奖、北京市数学竞赛三等奖、北京化工大学数学建模竞赛二等奖……

学科竞赛拿奖有什么技巧吗？

把学过的"大学物理"和"高等数学"再深入学习一遍。

大学四年来，赵紫荆参加"萌芽杯"竞赛获得院级一等奖及校级二等奖；参与"北京化工大学大学生创新创业训练计划"两项；参加了全国化学类专业大学生科技活动交流会；参加"一带一路""折花送老人"、社区公益日的志愿活动；参加交谊舞大赛……

她没有孙悟空用不完的分身，能拿三年专业第一，是因为她心里的标杆从不动摇："我没有让这些（学生活动）占我的学习时间。"

你叫她学霸，叫她女神，她其实就是个普通女孩。刚上大学也迷茫无措，定了几番才找到目标，喜欢看电影、美食、逛街，跟好朋友旅游打卡，但她更知道什么是主、什么是次，在应当的年纪做应做的事。

"我也喜欢追剧追综艺，但是上学的时候从来不看剧的。"

"大一的时候基本把北京想去的地方都去过了，后边几年就专心在学校学习。"

"跟朋友也时常出去聚餐什么的，只不过没有放松自己。"

她是你我，又不是你我。

在北京化工大学，每年有 3 千多名本科生入学，他们每个人的人生不尽相同，有人致力于钻研，埋头课本、扎根实验；有人多才多艺，在学业以外的领域另辟天地。

一个人精力有限，要得必有舍。你选择了什么样的生活方式，很大程度上决定了将来要成为怎样的自己。播下的种子不会立刻发芽，但它一定在将来的某一天，结出你想要的果实，只要你按时浇水、定期施肥。（文/刘笑宇）

本文发表于 2019 年 5 月

王慧妍：要坚强、要向上

"我是一个要强的人。"王慧妍长得不算漂亮，眉眼温柔，讲出来的话却带着十成的坚定。

她今年 20 岁，已经撑起了家里的半边天。同年的姑娘讨论哪个牌子的护手霜味道更好闻时，她的手上已经因为长期干活磨出了老茧。

王慧妍是个农村孩子，从小跟着父母下地干活，早早学会了浇水施肥。后来，父母外出务工，留下姥姥姥爷照顾尚且年幼的她。看着上了年纪的姥姥姥爷为了她忙里忙外，王慧妍知道，自己该长大了，属于她无忧无虑的童年，比一般孩子结束得要早些。虽然身量尚小，哪怕只提半桶水，她也要尽力去分担家务劳动，端不稳锅碗瓢盆的时候，看她摇摇晃晃捧着铝盆往前走，姥姥都要留心会不会摔着这个小娃娃。

可以自己独立提起满满一桶水的那一次，王慧妍别提多高兴了，她把这当成自己"长成一个大人"的标志，从此以后，就要由她来代替常年不在家的爸爸妈妈来照顾姥姥姥爷了！切菜炒肉、浆洗缝补，这个女孩凭着一股不知道哪里来的劲头飞快地长大，在姥姥姥爷还没反应过来的时候，他们那个记忆里走路摇摇晃晃的"小娃娃"已经出落成了能够反过来照顾他们的亭亭少女。不借旁力，独自上场，手上的老茧成了她的"荣誉勋章"。

要坚强，眼泪不能解决问题

"我还记得，小时候姥姥一直骑着三轮车带我出去，长大一点后，我就让姥姥坐在后面，自己骑着三轮车，带着姥姥去她想去的地方。"她说这些的时候脸上带着笑，一面讲一面回忆相处时的温馨快乐，脑海中那个坐在她的三轮车后座摇着蒲扇代替母亲陪伴她成长的老人，此刻或许正在天上看着她吧。

2016 年春天，王慧妍的姥姥被诊断出食道癌晚期。为了不打扰正埋头备战高考的她，家里人商量后选择了隐瞒这一消息。

6月8日下午，最后一科英语考试的结束铃响起，王慧妍放下笔的时候觉得无比轻松，她脑海里冒出了各种各样的想法，浮在最前面的一个，是她要赶紧回家，去见见姥姥，她一定很开心！回到家的时候，没有想象中的等待和拥抱，只有家里人平静地告诉她："姥姥住院了，咱们去医院陪着她吧。"她的眼泪瞬间决堤，像开了闸门似的往下淌。

那是食道癌晚期啊，她能帮姥姥战胜癌症吗？

见到躺在病床上的姥姥后，王慧妍决定决不再哭了，她心里想着，只要她能坚持住不哭，姥姥就一定能挺过来。她推辞了所有的聚会留在医院里陪着姥姥，凡事亲力亲为。姥姥的癌症让喉咙越来越小，进食变得一天比一天困难。她想尽办法喂姥姥吃饭，吐了就拿盆接着，擦干净后继续给姥姥喂饭。姥姥担心花销，要求停药，家里人不肯，她像哄小孩一样一日三顿劝着姥姥乖乖吃药。对她来说，哪怕家里没有钱留给自己上大学，也要留住姥姥的命。

每天，只要王慧妍醒着，她就陪着姥姥聊天，她性格不算内向，却也从没想到自己一天能说那么多话，能讲那么多有趣的事给姥姥听，就好像想要把她往后几十年生命里的话，在这一个星期里全部说出来。夏天天热，老人受不了长时间吹空调，姥姥睡着的时候，她就守在床边，一下一下给姥姥打着扇子，左手累了换右手，右手酸了再换回来，也不知道哪儿来的精气神，一天到晚想尽一切办法转移姥姥的注意力，让她开心。

或许她的陪伴能减轻病痛的折磨，但姥姥一天比一天虚弱的身体却骗不了人，病痛折磨得老人体重仅有六十多斤，皮包着骨头，脸上棱角分明。每次她去扶姥姥坐起来吃药，摸着姥姥身上硌人的骨头，她的心都揪得难受。

为了不影响姥姥接受治疗的心情，王慧妍没有选择，她只能自己变得坚强，她知道家人不垮，病人才不会垮，所以她每天脸上挂着笑，像没事儿人一样说说闹闹，假装姥姥只是得了场寻常感冒，她想竭尽所能，在姥姥的住院期间，给她最大的支持与关爱。

六月中旬，王慧妍的姥姥因治疗无效，选择离开医院。

姥姥辞世后，她在灵堂前陪了七天七夜。精神上紧绷的最后一根弦最终还是断了，悲伤再也隐藏不住，在葬礼上号啕大哭。

哭过之后，她再度平静下来。她想，如果要让姥姥在另一个世界不再担忧，那么自己就要带着老人的期望，坚强地走下去。

要向上，做人常怀感恩之心

读书时父母不在身边，姥姥姥爷在学习上帮不了她，王慧妍在课业上有着极好的自觉自律。姥姥姥爷曾教导她："咱们不比吃喝，不比穿，咱就和他们比学习。"这句话一直激励着她。从初中开始，王慧妍学习成绩名列前茅；高中时，她是学校尖子班里的优等生；进入大学后，更是将学习放在首位，凭借学习成绩拿到了毕思宁奖学金、国家励志奖学金、人民三等奖学金……

学习时遇到困难，王慧妍从不怯懦，她去查书籍、找方法，实在没有头绪，她就去不厌其烦地请教老师和同学。身边人说，这个小姑娘身上有一股"牛劲儿"。

"我会自己给自己找动力，因为我是个要强的人，喜欢和那些学习成绩好的同学比。"小时候，王慧妍所在的班里有一位成绩同样优异的同学，两人包揽班里成绩的前两名，他们每次考试之后都会进行讨论，总结反思，相互进步。她向来听话，铆着劲儿跟人比学习，为了对得起和她最亲近的老人，也为了对得起自己。

作为班长，王慧妍还经常在班里组织主题为"常通话问问"的班会，呼吁班里的同学们要怀有对父母的感恩之心，并且要关心父母，父母的恩情，是我们无论如何都报答不完的。在她的影响下，班里同学也时常把对父母亲人的感恩念在嘴边，挂在心上。王慧妍告诉我们，感恩这个词，不仅仅是指感恩生育我们的父母，对那些曾经帮助过我们的人也要常常心怀感恩。她从小缺少父母陪伴，却从不抱怨这个世界对她有任何亏欠，反过来，她对身边人说，我们要对这个社会充满善意，赠人玫瑰，手有余香。

她积极参与各种志愿服务活动，努力去帮助社会上那些需要帮助的人，为建设和谐友好的社会做出一份贡献。2017年5月，她获得北京红十字会急救证和昌平地震局颁发的"学习标兵"奖牌。

王慧妍记得，姥姥教导过她："做人要善良，要有爱心。"她想让姥姥看见，自己成了她所期待的人。于是她尽自己最大的能力，帮助那些需要帮助的人。在做志愿的过程中，虽然辛苦，但从不倦怠，她内心有喜悦和满足。除此之外，她还号召和组织班里的同学与她一起加入志愿服务活动，多次组织班级同学去养老院等地方做志愿，打扫卫生，带领班级获得"优秀团支部"的荣誉称号。"我们班的同学一起做志愿的时候，不仅仅能够增强同学之间的友谊，对于志愿服务传播也是有意义的。希望可以呼吁更多的人来加入我们。"

　　昨日种种，皆成今我。一步步地经历与成长，最终成就了如今的王慧妍，我们愿所有人被世界温柔以待，也希望直面过风雨的北化学子，能在心口洒进阳光，让世界看到一个坚强的你，一个不被挫折与失去打垮的你，一个眉眼舒展，在风雨中窥见彩虹的你。（来源/党委宣传部）

本文发表于 2019 年 7 月

高　媛：放弃直博机会去西部支教的北化女孩

从 2017 年开始，高媛的人生经历了多次转折，可以用一句话来概括：本科毕业前报名参军入伍，重返校园后又担任国庆 70 周年群众游行"开天辟地"方阵教官，然后在这个特殊的毕业季放弃直博机会到西部草原支教。

这个活泼开朗的内蒙古女孩，每一步都走得出人意料。但仔细梳理后就会发现，她的人生始终有着一个恒定的价值坐标，那就是"服务社会，服务人民"，从走出校园到穿上军装，从远离家乡到回归草原，"拼搏"与"奋进"概括出了她的青春主题词。

爱红装，更爱"武装"

2019 年暑期，高媛收到了学校战友发来的消息，询问她是否愿意担任国庆 70 周年群众游行"开天辟地"方阵的教官。此时，她正在"恶补"入伍期间落下的课以备战考研，一时没能做出回答。

时间对她来说太重要了。承接训练任务就意味着几乎不会再有充足的精力来复习功课。那晚，她躺在床上辗转难眠，手里握着一直压在枕头底下的军装臂章，两年军旅生活的点点滴滴一遍遍地在脑海中重现。

"去，我一定要去。"她在兴奋与忐忑交织中做出了这个决定，并开始回顾队列教学法，在心里不断重复着"立正、稍息、向右看齐"等口令。她甚至有点迫不及待，希望天能早点亮起来，这样她就可以早点穿上那套"久违"的迷彩训练服了。

三个多月后，国庆 70 周年群众游行队伍中，由北京化工大学师生组成的"开天辟地"方阵第一个走过天安门广场。高媛是该方阵的教官之一，同样也是彩车展演的预备队员。

作为首都教育系统服务保障庆祝活动宣讲团的成员，她在分享时讲道："尽管最终没能和其他同学一样登上彩车，但我并不遗憾，因为我们的初心都是想为祖国的 70 周年华诞做一点贡献。青春无问西东，岁月自成芳华。"

和其他朋友一样，她爱美食、爱追剧、爱漂亮的衣服，但她更钟情于那英姿飒爽的"戎装"。所以，她擦去脸上的"红妆"，剪去长发留起精神的短发，穿上干练的军装，在训练场上摸爬滚打，在风吹雨打中将青春雕琢成"铿锵玫瑰"。

谈及她入伍的初衷，她说："参军是我从小的梦想，军旅是向往也是情怀。2017 年是我入伍的最后机会，之后就超年龄了，所以我要紧紧抓住最后的时机。"不知道入伍考核科目，她就在 38 摄氏度的操场上每天坚持长跑和仰卧起坐，"不管考不考这些，我觉得好的身体素质一定可以加分"。

2017 年 9 月，高媛如愿踏入军营，服役于原武警云南边防总队。在结束近三个月的新兵连集训生活后，她被分配到总队司令部信息通信站工作，任文书职务，也曾被外派到云南省公安厅执勤，承担过话务员工作。

"我来自草原，我知道那里更需要我"

成绩优异，加之综合素质过硬，2019 年，她顺利地拿到北京化工大学直博的资格。然而她却做了一个令所有人不解的选择——放弃直博，参加研究生支教团，到西部去支教。

"你已经有当兵的经历了，没必要再去支教了。""参军入伍，你已经比同龄人晚了两年，再去支教太亏了。""多少人想直博没有机会，你却放弃。"……很长一段时间，这样的劝说，高媛不知道已经听了多少遍。

但没人能动摇她的决定，就像她当年决定去军营历练自己一样，"我来自草原，我知道那里更需要我"。她说，退役后战友们还有很多驻守在祖国的边境线，她在这里服务基层，也是与她们并肩作战的另一种方式。

层层选拔后，她顺利入选研究生支教团并担任团长。从大学生到大学生士兵，再到如今的支教团老师，多重角色的转变勾勒出她多彩的青春图谱。

为此，她带领队员们用一年的时间为支教服务做充分的准备：在校团委实习锻炼提高综合素质，前往北京化工大学附属中学听课学习中小学教学技能，虚心向往届队员了解服务地情况，带队参加团中央和内蒙古各项培训。

在分配岗位时，她又主动提出前往条件最艰苦，位置最偏远的内蒙古自治区通辽市科尔沁左翼中旗努日木镇中心小学，那里距离她的家乡鄂尔多斯有

1500多公里，生活并不如城市那么便捷。高媛很清楚，在这个蒙语中意为"湖泊"的地方，很可能连洗澡都是一种"奢侈"。但她毫不介意，"正是因为这样，我更要去那里，为当地的发展尽一份绵薄之力"。

之所以有这样的底气和信心，是因为她的身后，有母校助力打赢脱贫攻坚战的决心。北京化工大学始终高度重视教育扶贫工作，利用人才和智力优势，组织基础课教师团队与定点扶贫学校持续开展"心桥工程"教育教学扶智共建项目。

近年来，共40余名化学、物理、数学等学科的教师为当地1700余人次中学教师开展120余场教学指导和业务培训。2015年以来，学校累计派出420余名支教团成员以短期服务和长期接力相结合的方式奔赴内蒙古、贵州、广西、新疆等地开展支教活动，并为当地留守儿童、贫困学生组织捐款捐物、设立奖助学金等。

草原"鸿雁"，放飞西部梦想

2015年起，学校每年选派3名优秀毕业生前往国家级贫困县——内蒙古自治区通辽市科尔沁左翼中旗保康第三中学开展支教服务。至今，累计教学已超过5000课时。

教学工作中，研究生支教团紧扣学生年龄特征，进行教学模式创新，将动漫、微视频、历史辩论赛、地理拼图大赛、班级诗词大会等多元化形式引入课堂。他们所带的班级在历次考试中均名列年级前列，形成的教学模式为当地基础教育改革创新积累了宝贵经验。

大家始终不忘"扶贫扶志"支教初心：捐赠爱心图书室，关爱贫困生、留守儿童等特殊群体学生，家访足迹遍布各村落。同时，同学们自筹经费设立"鸿雁"助学金，资助品学兼优且家庭经济困难的学生，立志要把这些学生一直供到大学。五年来，研究生支教团成员累计自筹投入扶贫资金超过9万元。

第二届研究生支教团团长张宇连续四年资助贫困生超过4万元，第五届支教团刘心照联系社会公益力量为100多名学生捐赠价值2万余元的学习、生活用品，第五届支教团孙铭泽在新冠肺炎疫情期间为服务学校捐赠2000余只口罩等防疫物资。

尽管张宇已经从这里"毕业"多年，但他一直关注着支教团的发展："我们做一点力所能及的贡献，就可能让当地的孩子多一份成长成才的可能，我们倍感荣幸。"

在研究生支教团的协调下，2017年3月27日，北京化工大学国旗护卫队队员为保康第三中学的同学们进行了升旗仪式科目汇报表演，并组建了通辽市第一支标准化国旗护卫队——保康第三中学国旗护卫队，在当地全面地推行素质教育，引导学生"德智体美劳"全面发展。

此外，育阳阅读班、美术兴趣小组等多个第二课堂示范课程相继开设；年均开展"爱国主义教育""诚信教育"等20余场主题班会，全面投入班团队会，为团员讲授团课，设立团员队员先锋岗。

五年，他们用接力的方式扎根科尔沁草原，成了最受学生喜爱的老师。支教团也获评通辽市优秀支教团，北京化工大学2017年度"校园青春榜样·化大之星"等荣誉，成员中1人获评全国优秀西部计划志愿者，2人在全国考核中获得"优秀"等次，5人获评通辽市优秀西部计划志愿者，6人获评科尔沁左翼中旗优秀西部计划志愿者，1人获评2018年北京化工大学校长奖。

走出黔山，用爱点亮希望

在研究生支教团扎根西部草原的同时，也有一支队伍向着祖国西南的黔山深处挺进，这就是学校2016年组建的"筑梦黔西"爱心支教团。

学校启动的大型公益爱心助学行动"走出黔山"，定向帮扶贵州品学兼优、家庭经济困难的青少年顺利完成学业。四年来，"走出黔山"公益爱心行动，募得善款25万余元，全部用于当地贫困学生的教育资助，受益学生累计200余人。

每年7月，他们都要跨越2300公里，在翻山越岭之后抵达贵州省毕节羊场镇理化中学，亲手将募集的"助学圆梦"50000元善款交到孩子手中，并开展暑期支教活动。四年来，先后有50余名北化学子奔赴贵州贫困山区支教，累计帮扶300余名儿童。

在北京化工大学举办"走出黔山"公益盛典现场，受助儿童代表贵州省羊场小学五年二班余丰吉、羊场小学校长陈祖垚登上了舞台分享他们和北化支教团的故事。几年下来，更是有多名受助学生考上大学、走出大山，开启了不一样的人生。

广大青年学子为贵州山区贫困学生走出黔山搭建起了坚实的青春桥梁，数十位学生受邀前往北京参观学习，为他们种下了一颗颗梦想的种子。

后记

  近年来，学校大力推进"青年服务国家"项目，每年暑期组织数十个团队前往贫困山区中小学开展支教服务，他们像星星之火一样播撒在辽阔的祖国大地，助力数十名留守儿童完成学业，为上百名贫困学生建立长期跟踪联系培养机制。

  听党话，跟党走，北化青年在服务西部、服务基层的过程中唱响了一曲曲誓把青春许祖国的动人旋律，在打赢脱贫攻坚战，全面实现建成小康社会的历史进程中留下了北化青年浓墨重彩的青春印迹。我们有理由相信，广大北化青年必将在习近平新时代中国特色社会主义思想的指引下，为实现中华民族伟大复兴的中国梦贡献更大的青春力量。（来源/党委宣传部、校团委）

本文发表于 2020 年 8 月

张　健：被科研"耽误"的"马拉松运动员"

张健，中共党员，北京化工大学化学学院 2015 级博士研究生，师从何静教授，研究方向为生物质催化转化，可细化为利用纤维素制氢从而利用氢能等清洁能源逐步取代传统的化石能源和生物乙醇的转化及下游产品的开发。博士在读期间以第一作者发表高水平论文 6 篇，并参与发表学术论文 3 篇；申请国家发明专利 2 项、国际发明专利 1 项。曾获北京化工大学校长奖学金、唐敖庆奖学金、博士学业奖学金、国家公派留学奖学金等。

用奔跑"撕开"迷茫彷徨

每次至少十公里，每周至少跑五天是他雷打不动的跑步习惯。张健常跟同学开玩笑说，他是一个被科研"耽误"的"马拉松运动员"。无论风雨无论晴，你都可能在跑道上看到他。

"有些事情不是看到希望才去坚持，而是坚持了才看得到希望"，这就是马拉松带给他的感受。日复一日，年复一年坚持下去的信念，让他奔跑的脚步不曾停歇。

无论是在国内实验遇到瓶颈时的迷茫，还是在卡尔斯鲁厄理工学院漫长而孤独的夜，长跑都能"撕开"张健内心的迷茫彷徨，为他迎来黎明。"长跑不仅仅带给我健康的体魄，更赋予一种牵引我不断前行的精神。"

他坚信，守得云开见月明，脚能抵达的远方，定比路长。

坐得住"冷板凳"，自己动手搭设备

鲁迅先生说："其实地上本没有路，走的人多了，也便成了路。"在张健眼中，科研就是在人类知识的边缘拓荒，康庄大道是需要一步一个脚印去开拓的，科研工作者的脚下必定蜿蜒崎岖。

很多人都看到2020年似是张健文章"井喷"的一年，但并不知道，他从2013年就开始攻读研究生，直到2017年才拥有了自己的第一篇论文。四年里，他曾埋头苦干却毫无进展。尽管也曾出现新思路灵光一闪，仔细查阅文献后却发现相关研究的论文早有其他学者发表。

坐得住"冷板凳"是科研工作者必须经受的考验。那看似沉寂的四年，对于张健后来的成长也具有重要的意义。在做第一篇论文——乙醇吸脱附的原位红外表征以探究机理的过程中，由于最专业的测试机构预约爆满，但他并不想因此而降低严谨的科研标准，课题不得不就此停滞。

越是艰难越向前。与其等待浪费时间，不如自己动手搭建一套装置出来。说干就干，他们开始搭建自己的原位红外装置，通过利用固体碱协同金属Ni做催化剂，他将产氢效率从24%提高至31%，并揭示了固体碱与金属Ni间协同催化C-H键与O-H键活化的机理。再进一步通过调控金属颗粒表面缺陷位，张健使得纤维素产氢率再创新高，从31%提升至70%。

在这四年，张健身边不乏突飞猛进取得丰硕科研成果的同学，但是他说："比起飞得高，脚踏实地才心安。"

异国他乡，感受祖国的深情

新冠肺炎疫情期间，张健曾留学于德国卡尔斯鲁厄理工学院。初到德国，陌生环境下的语言障碍，实验过程中遇到的瓶颈，疫情带来的恐惧，加之对家乡和祖国的思念……这些复杂的情绪交织叠加，都曾让张健彻夜难眠。

刚开始的那段时间，他很少和别人说话，孤独与他如影随形。在这种压抑的情绪无处排解的时候，张健收到了一份最珍贵的礼物——来自祖国的抗疫救援包。要知道，在卫生纸都被抢售一空的日子里，这份礼物不仅是一粒定心丸，更是一份来自祖国的深情。

"纵使疫情形势如此严峻，祖国永远都在身后"，他说，这份情赋予他风雨无阻、持之以恒的决心，度过疫情期间留学这段艰难的时光。

张健说："作为一名中共党员，饮水思源才能苦荼回甘，虽然报效家国的路道阻且长，但我定会心存希冀，因为我相信，无论是科研还是人生，双脚走过的地方，即使贫瘠荒芜，都能走出美好未来。"

在张健看来，获得博士研究生校长奖学金，离不开实验室的良好资源和浓厚学术氛围，更离不开导师的因材施教和悉心栽培。（来源/党委研工部）

本文发表于 2021 年 1 月

杨少轩：在毕业设计中找到科研的兴趣

杨少轩，中共党员，北京化工大学材料科学与工程学院 2017 级博士研究生，师从王峰教授，研究方向为碳基电催化材料的制备以及在能源转换器件中的应用。博士期间以第一作者发表高水平论文 4 篇，并参与发表学术论文 6 篇，此外还发表国际会议论文 4 篇及国内会议论文 2 篇。曾获校长奖学金，博士生国家奖学金，北京市普通高等学校优秀毕业生，首都大学、中专院校"先锋杯"优秀团员，校级"三好学生"，"优秀班干部"等荣誉。

好之者，不如乐之者

"我最大的爱好是睡觉"，这既是杨少轩幽默的自我打趣，也是他繁忙科研工作的写照。作为实验室仪器的负责人，杨少轩需要负责紫外可见光谱仪、原子吸收光谱仪等多台大型仪器的运行与维护工作，还要兼顾自己的科研任务。

宿舍和实验室"两点一线"的奔波，每日与之相伴十二三个小时的实验仪器，凌晨依旧灯火通明的实验室……这些都是杨少轩眼中习以为常的风景。

"板凳要坐十年冷，文章不写一句空"，科研工作需要耐住寂寞的"冷板凳精神"，以及日复一日的耐心和坚持。

谈及自己从事科研的初心，杨少轩认为很多都是巧合，或者说是"顺理成章"。第一次对科研产生兴趣，是杨少轩完成以清洁能源装置的氧化还原电催化材料为课题的毕业设计。

当把完成的论文拿在手中时，杨少轩感慨万千，这看似薄薄的论文，也是他在实验室度过无数个日夜，经历一次又一次从头再来的见证。虽说现在看来本科阶段的实验设计并不复杂，但对于那个时候的杨少轩来说，也充满了意料之外的漫长和不易，这是杨少轩学术道路的起点，也是他对科研产生兴趣的起点。

"兴趣—成果—兴趣"的良性循环激励着杨少轩在科研之路上坐得了"冷板凳",扛住了实验没有进展的那些时光,科研成果也终将水到渠成。

苟日新,日日新

作为科研人员,杨少轩在科研工作中常常会遇到各种困难。让他记忆最深刻的是在博士课题研究的初始阶段,因为研究方向较新,可供参考的文献并不多,因此他在初始阶段材料制备方面的摸索以及材料表征等方面一度遇到瓶颈。

但他选择另辟蹊径,例如在锌空电池等应用上,他通过球磨的方式实现了从三维材料到二维材料的剥离,这种无热解、无载体的方法能够有效提升催化剂活性位点数目,从而提升催化材料的性能。

"创新对于科研来说是很关键的因素,但创新并非凭空而来,问题解决也不会一蹴而就,需要前期打下坚实的基础,才能在科研中发现新问题,在问题研究中找寻新方向。"谈及创新,杨少轩这样说。

不忘初心,知行合一

作为一名共产党员,杨少轩在科研上不断探索的同时,时刻不忘为身边的老师、同学们服务。

研究生期间,他在学校党委办公室的行政锻炼岗上,完成了大量的党务工作与学生工作。在实验室和党支部中,他积极发挥党员先锋作用,积极引导身边的同学向党组织靠拢,多次参与开展红色"1+1"共建等活动。

同时,他将在学生党员引领工程中心的学习经验转化为实践指南,积极引领身边的研究生党员恪守初心,时刻不忘担当民族复兴大任。在为师生服务的过程中,杨少轩立足岗位、知行合一,不断磨砺自我、充实自我。(来源/党委研工部)

本文发表于2021年2月

邱大平：累积影响因子超 70 的北化博士

邱大平，北京化工大学材料学院 2018 级博士生，师从杨儒教授，研究方向主要为多孔炭材料的结构设计、合成及电化学储能应用。邱大平博士在读期间在众多知名学术期刊发表高水平论文 10 篇，其中以第一作者或共同第一作者署名 8 篇，累积影响因子超过 70。荣获 2020 年校长奖学金、2019 年博士研究生国家奖学金、2019 年校级"三好学生"等多个奖项和荣誉称号。

"一波三折"的投稿之路

2019 年初，邱大平曾向本专业的某权威期刊投稿论文，可半个月后他等来的却是来自审稿人的拒稿意见。在经过反复的评估后，邱大平仍坚定地认为这篇论文论据充实、足够新颖，于是他在导师杨儒教授的鼓励下选择向编辑申诉，但编辑仍决定尊重审稿人的原始意见拒稿。

当自己满意的论文被一次又一次驳回时，邱大平曾一度陷入自我怀疑，他也曾犹豫是否该降低对发表期刊水平的预期。但那时，导师杨儒教授在反复推敲过邱大平的论文后，鼓励他继续投稿，并随稿附上对审稿人的回信，请求编辑发送给该审稿人再对该论文进行重新评估。

最终，功夫不负有心人，审稿人对此次申诉表示了高度认可，该论文也得以顺利发表。

邱大平认为，科研需要虚心听取他人的建议，但那些意见只是一种参考，科研工作者也要保持科研定力，在科学论证的前提下对自己的成果保持自信，持之以恒地开展工作。

"走出去",碰撞出创新的火花

学而无友,孤陋寡闻。科研不是闭门造车的过程,独自踱于象牙塔中只会故步自封,而学术会议就是一个让相同、相似研究领域的人走到一起的交流平台,同时,也为学术思路交流提供了分享与讨论的机会。

邱大平曾多次参加国际国内的学术会议并做口头报告,如2019年第十届集成分子/材料科学与工程会议、第四届能源化学与材料国际研讨会、第一届材料科学与工程学院研究生—本科生—留学生联动学术交流会、2019年和2020年的两届北京化工大学材料科学与工程学院研究生博学论坛。

这些经历都给邱大平提供了与业内知名学者直接交流学术问题,快速了解本领域和相近领域学术前沿及行业动态的机会。在会议上不同思维方式的碰撞也开阔了邱大平的眼界,使他学会用更开放、包容的态度投身科研工作。

做科研,他不是一个人在"战斗"

新冠肺炎疫情期间,对邱大平博士毕业至关重要的几篇学术论文需要额外添加补充实验,这让身在湖北的他十分焦急。

就在此时,假期留校的师弟师妹们经过商议,决定在他的远程指导和参与下为他先做一部分工作,这让邱大平十分感动。尽管师弟师妹们面临着研究方向不一致、实验方法不熟悉等重重困难,但他们没有抱怨,还是与邱大平频繁地远程沟通,帮助他完成了部分补充实验。

实验周期长,非常耗费精力,师弟师妹们就轮班驻守在实验室;实验原理不清晰,他们就熬夜"啃论文",力求了然于胸;实验中遇到了操作的难点,他们就时刻与邱大平保持视频通话。师弟师妹们雪中送炭式的关怀和帮助让邱大平深切地体会到:"做科研,他不是一个人在'战斗'。"

科研道路上的他不是孤身一人地单打独斗,良师益友的提携也是成功的关键。沮丧时有人激发你的信心,在困难之际有人给予你奋发向上的勇气,在迷惑时彼此讨论找出方向,科研之路才能乘风破浪,直挂云帆。(来源/党委研工部)

本文发表于2021年3月

曹　东：挫折中寻找科研机遇

曹东，北京化工大学化学工程学院化学工程与技术专业 2018 级博士研究生，师从程道建教授，主要研究方向为高效电催化剂的设计及开发。

曹东博士在读期间共发表高水平论文 8 篇，其中以第一作者或共同第一作者署名 5 篇，参与申请专利 3 项，参与国际国内学术会议 6 次，参与研究课题 6 项。曾获硕士研究生特等奖学金，研究生优秀学生干部，2020 年有机无机复合材料国家重点实验室博学论坛一等奖，2020—2021 学年北京化工大学校长奖学金等荣誉。

提前修满全部学分，披星戴月不觉苦

研究生入学伊始，为了能尽快进入实验室开始课题研究，曹东为自己安排了密集的课程，用列任务清单的方法提高学习效率，不再纠结于考分预期，仅仅是简单又充实地排满学习任务。从图书馆清晨开馆到深夜闭馆，总能在二楼看到他的身影。也正是这披星戴月不觉苦的精神，让他提前将所需学分全部修满。

万事开头难，进入实验室后需确定实验方案，这就需要阅读大量的英文文献。阅读英文文献对曹东来说并非易事。当看到实验室其他同学文献阅读的进度，曹东下定决心提高英语文献阅读能力。

每每遇到陌生单词他就全都整理到随身携带的小本子上，利用碎片时间巩固记忆。通过阅读大量的英文文献，他逐渐发现了文章结构的规律，掌握了快速提取主旨的方法，提高了阅读英文文献的效率。

实验方向明确后，为了尽快合成出理想的催化剂，曹东经常通宵达旦地在实验室工作，凌晨的实验室，经常可以看到他的身影。学必求其心得，业必贵其专精，科研也如此。做好时间规划并持之以恒地坚持初衷，脚踏实地，戒骄戒躁，同时要站在巨人的肩膀上思考，精益求精，深度钻研，苦心人，天不负，有志者，事竟成，科研的"鸡汤"需要慢慢地熬。

解读"不完美"催化剂的故事

科研路上不只有康庄平坦的大道，还会有荆棘丛生的曲径，实验失败是每位科研人都曾拥有的经历，曹东也不例外。

在制作核壳结构纳米线时，因为合成失败，制备催化剂的表征达不到预期。于是他从称量时天平状态、反应容器洁净度到磁子大小、搅拌速率，从气速快慢到室内温度等各种因素开始，细致地检查实验的每一个环节，企图从中找寻失败的原因，从头再来。

但经过三四个月的摸索后，曹东还是得不到理想的催化剂。当他和导师交流结果后，导师的一番话使他醒悟："为什么一定要力求完美，得到理想形貌的催化剂呢？说不定这种催化剂也有属于它自己的故事。"于是曹东开始对现有的多孔合金纳米管催化剂进行系统的调控和表征，花费了两年多的时间，竟获得了意想不到的结果。

正是这段不寻常的经历让曹东对待科研有了不一样的思路，对待合成失败有了更为积极乐观的心态。实验达不到预期，对他来说不再是打击，反而是他科研的机遇。这便是曹东最想跟科研路上的前行者们分享的，成功失败往往相对，失败并非是科研的梦魇，换个角度看待或者把目光放长远，我们就会发现它竟是到达新大陆的一次契机。

虽说顺水可以推舟，但逆水才能行舟，困境或许才是我们科研路上的试金石。

——标注，一个点一个点修改

曹东说："导师和师兄们在我学术起步阶段，将他们所有的积累和领悟倾囊相授，让我从自己擅长的领域着手，慢慢建立起自信，并找到学术归属感。"

虽然科研这条道路是孤独的，但是在研究的过程中与师长的相互交流也是不可或缺的。初涉英文论文写作时，虽已尽全力但结果仍达不到预期。比起一个人思考修改，曹东更愿意积极主动与导师交流。

"记得在写第二篇文章时，每完成一版我就去找导师修改，寻求意见。虽已凌晨一点半，程老师仍一字一句地仔细阅读，就连参考文献中标点符号的使用错误也一一进行标注，一个点一个点带着我修改。"最终，经过程道建老师与曹达鹏老师反复带领曹东修改六次之后，曹东的这篇文章得以顺利发表。

此外，在实验过程中，实验室师兄、师姐也给曹东提供了至关重要的帮助，他们毫不吝啬将自己的科研经验倾囊相授，吴登峰、许昊翔这两位师兄还教会曹东如何分析数据与剖析机理。

虽说每一位科研人都是一个孤独的灵魂，但在科研的道路上，并不是只有自己一人的单打独斗，齐心协力方能披荆斩棘，同舟共济方能乘风破浪。（来源/党委研工部）

本文发表于 2021 年 4 月

陈明军：矿井下的粉尘"克星"

陈明军，北京化工大学机电工程学院2017级博士，师从张有忱教授，研究方向为纳米纤维绿色高效制备及其过滤的应用。他的研究成果首次将熔体微分电纺纳米纤维应用于煤矿井下高浓度粉尘的防治，改善了煤矿工人的呼吸防护现状。博士期间，陈明军发表了相关学术论文18篇，申请并公开发明专利9项。

"知识"在矿井下"碰了壁"

"当我看到有的工人们带着容易堵塞的口罩，呼吸艰难的样子，我才意识到自己所学的知识与矿井下真实的环境真的差太远了。"陈明军回忆起他在国内某煤矿研究院的四年工作经历时说到。

2013年，刚刚研究生毕业的他满怀信心，立志用一腔热血投身于井下除尘事业。可当他真正走进井下，才发现煤矿井下条件复杂多变，且一些煤矿粉尘治理都属于粗放型，国内外相关研究报道相对较少。

他进一步观察研究后发现，科研中对煤矿井下工人呼吸健康问题少有关注，目前市场上的防护面罩普遍存在易堵塞、呼吸困难和有效时间短等问题，难以发挥较好的防护效果，大多数工人都不愿佩戴。

他也曾"安慰"自己："科研就是拓荒，得一步步来。"但当他真正放慢进度，试图将所学的普适性知识应用于煤矿井下粉尘的具体防治时，才发现自己掌握的理论竟是如此单薄，根本无法满足工作中的实际需求。

看着勤勤恳恳，却时常灰头土脸的工友，面对矿井下亟待解决的重重现实问题，陈明军坐不住了，他决定重返校园继续深造，更有针对性地去探究空气过滤领域的未知世界。"只有理论与实践结合，理论应用于实践才能够做到'知行合一，经世致用'。"他对这句话深信不疑。

他从矿井来，又为矿井去

煤矿井下煤尘浓度可高达 2000 毫克每三次方米，是空气重度雾霾 PM2.5 数值的一万倍，能见度不足 1 米，严重威胁着井下一线工人的呼吸健康。据我国卫生健康事业发展统计公报，2019 年我国报告尘肺病 15947 例，占职业病总数的 82%。

"尘肺病被称作杀人不见血的软刀子。"陈明军进一步解释说，如果工人们长期暴露于这样的环境中，又缺乏必要有效的防护装备，被吸入的粉尘颗粒会在末梢支气管下的肺泡中沉积，引起肺组织弥漫性纤维化导致的全身性疾病。

他通过查阅资料了解到，目前国内有众多煤矿工人及家庭身受其害，而他们中有的人没能及时发现并治疗。这些资料和他的亲身见闻，成为陈明军在科研道路上克难攻坚、披荆斩棘的动力。他坚定地说："我的目的很简单，就是用科研改变煤矿工人的生活。"

来到北京化工大学后，陈明军将纳米纤维制备与过滤应用作为自己博士的研究方向。针对煤矿井下粉尘浓度高、粒径小，传统滤膜阻力大、易堵塞的两大难题，他创新地提出基于纳米纤维滤膜的多级过滤组件，实现了煤矿井下用防尘面罩的高效低阻、高容尘量及可清洗的功能。

庆幸的是，该技术现在已经在部分矿井得到推广使用，受到业内人士的普遍好评。去年年底，陈明军所在的机电工程学院与柳湾煤矿开展了"为了煤矿工人的生命安全与健康"党团共建活动。他们带去了超轻高分子泡沫球—纳米纤维多级结构过滤系统及防护面罩，并与工人们一起下到矿井，进行佩戴测试。

"这个面罩带起来呼吸更容易了。""面罩打开后里面的滤膜没有以前那些（面罩的滤膜）那么脏。""这个面罩可以戴很久，不用像以前那样频繁更换滤膜。"……一线工友们对面罩给予了充分肯定。

用科技成果造福于民

2020 年年初，新冠肺炎疫情暴发，口罩成为人们生活的必需品。"最紧张的时候，一个口罩能被炒到几十元或者上百元，甚至有钱都不一定能买到口罩。"陈明军说，他和实验室的老师同学又一次坐不住了，都觉得该做点什么。

春节尚未结束，他就在实验室张有忱、杨卫民教授的指导下，将纳米纤维的制造及过滤的成果应用到防疫口罩的量产中，带领团队的多名研究生线上线下开展对"可复用口罩应急项目"的研究攻关，设计并建立了一整套熔体微分电纺滤膜生产线。

其间，大家连续多月驻扎在合作企业，生产快换滤膜口罩的核心部件——高效低阻滤膜，缓解了口罩产业供应链紧张，核心防疫物质熔喷材料产能逼近极限这一局面。

与此同时，针对疫情初期国产装备熔喷布过滤效率普遍不高的问题，陈明军将博士课题研究成果"高压电场辅助牵引细化技术"扩展应用到山东通佳、上海金纬机械等企业生产的熔喷设备上，为改善熔喷布过滤性做出突出贡献。

他说："科技工作者就是要坚持面向经济主战场，面向国家重大需求，面向人民生命健康，把最热切的科研情怀与社会需求紧密联系在一起，用科技成果造福于民。"（来源/党委研工部）

本文发表于 2021 年 4 月

陈永兴：用画笔，战斗在另一个"战场"

5月4日，《人民日报》专版刊发"本专科生国家奖学金获奖学生代表名录"，北京化工大学机电工程学院产品设计专业2017级学生陈永兴荣耀上榜。

他勤奋好学，担当作为，充分展现新时代学生党员的先锋模范作用，尽己所能为校争光。入学以来，学业综合成绩排名一直位居专业第一，连续三年获评国家奖学金；新冠肺炎疫情期间，以"艺"抗疫，多幅作品被主流媒体刊发报道；2019年，为我校"开天辟地"方阵设计专属纪念杯，成功申请专利并制作成品发放给参与师生。担任机电工程学院学生会主席，团支部书记，获评校年度"十佳团支书"等12项个人荣誉；学科竞赛方面，斩获首都高校大学生心理绘画竞赛一等奖、北京市工业设计大赛一等奖等国家级、市级荣誉21项。

用画笔，战斗在另一个"战场"

2020年新冠肺炎疫情暴发之初，陈永兴就积极投入到网络抗疫思政阵地，通过学院微信公众号等平台普及抗疫知识、宣传抗疫事迹、增强抗疫信心，累计编辑微信文章四十余篇。

用作品传播思想，一直是他努力的方向。围绕着提高防疫意识、全面战胜新冠肺炎疫情的信心、全球共同抗疫、向援鄂医护人员致敬等方面创作10余件作品，被新华网、学习强国、人民日报等主流媒体转发报道，各平台阅读量累积突破三百万次，得到诸多专业人士的肯定认可。

在一幅名为《百毒不侵》的海报作品中，可以看到带有浓厚中国传统文化特色的门饰"铺首"口中衔着一把宝剑，上面写着"COVID-19"（新型冠状病毒肺炎英文缩写），极具视觉冲击力。陈永兴解释说，这幅作品以中国传统的建筑门饰"铺首"为灵感，"铺首"作为门上的神兽，寓意驱魔辟邪，守护门神。在这里表达驱散病毒，百毒不侵。向人们传达新春佳节，只要在家隔离，关好大门，必能百毒不侵。

表达战"疫"的积极态度，对他人的友善提示，对生灵的敬畏以及对一线医护人员和志愿者们的敬仰和感恩之情都融入了陈永兴的作品中。机电工程学院教师詹瑾评价他："每幅作品随时间的推移，从风格和表现手法上都有着丰富的变化。灵活地运用了不同的元素。在充分展现所要表达内容的同时，也让整个画面和谐地与当时的情景相融。"

"还记得动物们因为人类隔离在家，才敢来玩耍的新闻吗？有没有人知道到现在为止我们失去了多少物种？"陈永兴也把这种焦虑和思考用画面表现出来，创作了公益海报《我的眼里只有你》。他认为，保护野生动物是一项持续的公益活动，这次疫情的暴发更让我们清楚了人与自然和谐相处的重要性。他用手绘画出动物们渴望生存的眼神，呼吁人类明白，世界是我们共有的，请善待每一种生灵。

精心雕琢 1700 人的"盛典记忆"

2019 年 10 月 1 日，庆祝中华人民共和国成立 70 周年大会隆重举行，天安门广场举行盛大阅兵仪式和群众游行。其中，由我校师生组成的"开天辟地"方阵第一个走过天安门广场，接受党和人民的检阅，陈永兴就是其中的一员。时隔一年后，方阵的每一位同学收到了一份特殊的礼物——两只"开天辟地"方阵的原创纪念水杯，其中一只是印有"开天辟地"方阵的"70"专属水杯。

作为这款纪念水杯的设计者之一，陈永兴经过了十几版繁杂的修改，不断打磨造型、细节、尺寸、比例、材料和样式。他动情地说："从草图到建模渲染，几十 GB 的文件融汇出最终的'70'款纪念杯造型。"细心赏析这款纪念杯，会发现它将红色的数字"70"字样与杯身和手柄巧妙融合，贴心地雕刻了每一名参训师生的姓名。

这是他人生中第一个实现批量生产的作品，他仔细雕琢每一处细节，在选材上也别具匠心地结合了特殊工艺，使杯身在添加热水后，会显示出每个人的定装照片。校徽等"北化元素"也巧妙融入，充满浓浓的北化特色和盛典情怀，成为凝聚起方阵 1700 人共同回忆的重要载体。并且，这款纪念杯已申请成为专利。

他表示："能为祖国献上这样一份贺礼让我感到非常荣幸，如果十年以后再看到这个杯子，希望拥有它的人能够记得 2019 年暑假在操场上风雨无阻流下的汗水，记得走过天安门那一刻的喜悦和自豪。"

"既然做了选择，就要负责"

回归班级，他是那个为同学们"操碎了心"的团支书。在保证自身学习的基础上，他积极带领身边同学一起参加学科竞赛，先后获得了国家级、市级等各级竞赛奖项16项。他认为："独行快，众行远。既然做了选择，就要负责。"

大一时，班级整体成绩一般。而现在，在他和其他班干部的带动下，全班同学 GPA 均达到3.0以上。设计1701班班级气氛团结向上，班级活动丰富多彩，班级凝聚力紧握如拳，在多项评比中斩获佳绩，北京市"先锋杯"优秀团支部、校红旗团支部等集体荣誉先后收入囊中。当然，这些荣誉的背后少不了陈永兴的汗水，撰写答辩稿、制作视频PPT、现场答辩，这些都是他一肩挑。

他坦言，人的精力是有限的，产生惰性很正常，但一定要分清事情的轻重缓急，合理规划时间，找到能放松自己的最佳方式，适当运动、听听歌都是不错的选择。"最重要的是目标要明确，心里憋着一股劲，就能坚持下来了。"

学生、设计师、画者、学生干部……众多身份"标签"和荣誉光环交织于他一人，但并没有让他迷失对自己的定位。他喜欢规划，从入校开始一直保持着这个习惯，并在反复的实践和调整中明确了自己适合什么、想要什么，找到与时代共振的最佳频率。

回顾大学四年，他非常感谢两个人——他的导师和辅导员。他和导师的关系更像是朋友，因为老师非常信任他，疫情期间师生一起制作网络宣传作品，让他深切感受到了周小儒教授的敬业精神和赤子情怀。"那段时间，周教授基本每天只能休息5个小时左右，还要带领学生发挥学科特长，运用专业知识鼓舞人心、传递信心，即便面对高强度的工作，他依然一丝不苟。"

而辅导员孙大鹏老师，总是在学习和工作中，身体力行做示范，这样的引领是潜移默化的，促使他也选择成为一名兼职辅导员，继续为学校散发光和热。幸运的是，陈永兴现已免试推荐攻读北京化工大学硕士研究生，并担任兼职辅导员。"大学四年里，辅导员对我的影响很深，所以现在我想成为他那样的人。"

在以后的日子里，他将继续奋斗在学生工作的最前沿，关怀学生，帮助学生，服务学生，矢志青春，回馈学校。他希望学弟学妹们能够想清楚自己要什么，能够度过充实、有意义的大学四年时光，要懂得取舍，最好能够在学业和工作之余挤出时间好好看看这个丰富的世界。（来源/党委宣传部）

本文发表于2021年5月

冯俊飞：高，实在是高！

每年学校运动会上都有许多激动人心的"夺冠瞬间"，一些运动员甚至会打破纪录，他们身上都有值得我们学习的东西，或是永不言弃的坚毅，或是超越极限的信心，这些运动员彰显着北化人的体育精神，是北化青年学子的榜样。

"一厘米"引发一段短暂的遗憾

冯俊飞自小热爱运动，初中时就成了体育特长生，但在练习体育这条道路上，他并非一帆风顺。"当时离目标就差了一厘米"，冯俊飞不无遗憾地说，那是他参加中考的跳高考试。但也就是那"不起眼"的一厘米让他短暂地离开了运动场。到了高中，他放弃了体育，转而把主要精力放在了文化课上。对于未来，他并没有明确的目标。

在与其他同学共同备战高考时，他逐渐意识到这一方教室并不是他的梦想，田径场才是属于他的主场。他的天赋与努力早已注定了他不平凡的命运，2018年夏天，冯俊飞以优异的成绩考入北京化工大学社会体育专业，不忘初心，不忘热爱，重回赛场，继续追梦。

除了在户外上课训练，他们还安排有大量文化课程。冯俊飞对人体生物、运动材料和运动历史等理论课程非常感兴趣。他学习的理论知识非常丰富，一些与物理、化学和生物有关的知识都在他的涉猎范围之内。

"人要在多元丰富的知识中收获成长"，冯俊飞对理论的重要性有极为清晰的认知，他也很庆幸自己能在本科阶段收获如此丰富而广泛的知识。

<<< 第二章 青语青询，风华正茂

打破纪录是偶然与必然共同作用的结果

打破校运动会的纪录，对冯俊飞来说是一次偶然与意外。在参加运动会比赛之前，他没有想过"这次会跳得这么高"。

大学阶段，冯俊飞最好的成绩是一米七五，而他这次运动会的跳高成绩竟高达一米八六。

然而这样的好成绩于他而言也是一种必然，是他付出汗水与拼搏之后应得的回报。早在初中时，冯俊飞曾创造过一米八二的好成绩，他那时的水平已经非常接近国家二级运动员。在校运会开始前一周，冯俊飞每天都保持规律刻苦的训练，在一次次"重操旧业"中，他似乎又重新攀登到了曾经的高峰。

"纪录是我的，但也不完全是我的。"回忆比赛过程时，冯俊飞非常激动，"我先选择了一米七的高度，结果一跳就过了"。在挑战一米七五的高度时，他稍微有些紧张，"一个人走在破纪录的路上"带给了他心理压力。

一次、两次、三次，他终于跳过了自己曾经的极限。此后，他信心大振，一米八、一米八三、一米八六。最后一次尝试时，冯俊飞往后退了几步，站定，深呼一口气开始奔跑，接着，他停下脚步侧身飞跃，从那根象征着"校运会跳高纪录"的杆子上飞了过去，掌声和欢呼声雷鸣般响了起来。

他终于顺利赢得比赛，在北化校运动会的跳高纪录上留下了浓墨重彩的一笔。

得知自己打破纪录的那一刻，冯俊飞感到异常激动，他为超越从前的自己而骄傲，也因为学校再创佳绩而感到自豪。但他认为，运动的魅力就在于不断突破自己，在他当时的状态下，取得这样的成绩还远远不够。他坚信通过勤加练习，下次还可以取得更好的成绩。

以专业的知识对抗运动员的天敌

"伤病是运动员的天敌"，他自己对此深有体会。冯俊飞曾因为伤病耽误日常训练，他说："琴如君子，三日不弹则手生荆棘，体育训练也是这样。"一次伤病有可能导致运动员一周甚至一个月无法训练，因此，冯俊飞未来打算报考运动康复专业的研究生，在深造的同时力争用自身所学帮助更多运动员在经历伤病之后尽早恢复到原有状态。

"科比是对我影响最大的人，也是我最喜欢的运动员"，和科比一样，冯俊飞心里也有一个体育梦，他和科比一样执着而坚定地追寻自己的梦想，勇敢而无畏地面对人生道路上的困难与挑战，他怀着与偶像相同的坚毅与信念，向着更远的远方奔跑。（文/陈宇晴）

本文发表于2021年6月

党丹沁：有"颜"又有"才"

党丹沁同学在大一学年时就有过国家奖学金的提名，"这次获得国家奖学金对我来说不只是学习方面的肯定，也是综合能力的肯定"。谈及那段经历时，她表示大一学年自己最大的优势只有成绩，在大二学年，她积极参加了各类项目、比赛，"这些都是成长的可贵经历"。她认为，正是这些经历充实了自己，国家奖学金的意义也正是鼓励同学们全面发展，得到综合素质的提高。

脚踏实地 行稳致远

学习经验方面，党丹沁这样说道："独善其身。"她认为学习要多关注自身，不要攀比，不去影响他人也不受他人影响，"学习是要学自己的习"。党丹沁同学平时比较讲究做事效率，提前规划，不将任务拖到最终截止期限。

谈到自身的优点时，党丹沁同学认为是有目标的努力，她不会盲目努力，目标是行动的准则，有目标有努力才能不断提升自我。

平淡 努力 幸运

党丹沁同学用这样三个词来形容大学生活。"首先是平淡，每天认真学习，课余时间会读读书，看音乐剧，似乎没有什么大的改变，但也正是这些平淡的日子里我不断提升着自己。"其次是努力，她认为，对自身要有一定的要求，只有足够努力，未来才能有更多的选择。最后是幸运，她说："很幸运遇到我的同学、舍友、老师，他们给予了我很大的帮助，也很幸运能获得国家奖学金，参与答辩的每个人都很优秀，我能获奖还是有些小幸运的。"

大学生活中，党丹沁同学说对她影响最大的是参加模拟法庭比赛，准备比赛的过程中，从不熬夜的她也会为了写一份文书熬夜到两三点钟，"很辛苦也很满足"，这次模拟法庭的经历也让她明确了未来的方向。

逆境中敢于热爱 生活渐遇佳境

党丹沁同学认为，遇到生活中的低谷期要有合理的排解方式，自身的心理压力可以多和同学、室友沟通，同一专业的朋友更能理解学习中存在的困难，也能为在困境中的我们指明现在应该做什么，能做什么；来自外界的压力，可以和老师、父母交流，听取意见，但多数事情还是要靠自身去经历去克服。

她希望学弟学妹们能够有良好的作息习惯，早睡早起，对生活保持一份热爱，在逆境中敢于热爱，希望同学们的生活都能渐遇佳境。（文/杨会瑶）

本文发表于 2021 年 7 月

黄思洁：适合自己的才是最好的

当被问到得知自己获得国家奖学金那一瞬间的感受时，黄思洁同学表示："很开心！除此以外，还有一种被他人认可的感觉，这种感觉对于我来说是很美妙的。"

平时只需要做好自己该做的事，让每一天都过得充实而有意义，这是黄思洁同学一直所坚持的，并且她也很享受日常生活中的充实感。"不过那时候我们还要准备答辩，答辩之后才能拿奖，所以还蛮焦虑的。"她接着补充道。

谁的青春不迷茫？总有一盏明灯照亮前行

"有，我现在还是比较迷茫。"这是黄思洁同学关于迷茫这个话题的回答。很多同学感到迷茫时会无所事事，也会陷入迷茫的痛苦之中，黄思洁同学表示自己也经常感到迷茫，但是她认为迷茫和无所事事并不矛盾。

"人在不同的时期会受到各种各样因素的影响，这个时候就要去激励自己，继续走下去。"的确，谁的青春不迷茫？但是在我们迷茫的时候，总有一盏明灯于黑暗中亮起，指引着我们继续前进。

每个人的"明灯"都不同，对于黄思洁同学来说，这盏"明灯"有时是自己的目标，有时是自己的兴趣爱好，有时是自己的榜样，比如伍尔夫、汉娜·阿伦特。"我觉得女性在任何方面都可以做得很好，那些我极力想成为的人、想要过的生活以及想拥有的思想状态在不断引导着我。"她这样说道。

适合自己的才是最好的

进入大学以后，我们的时间安排相比于从前更加灵活，但是相应的问题和苦恼也随之而来，比如不会安排时间。在时间管理方面，黄思洁同学采用的办法是先模仿他人的时间表，再慢慢调整到自己舒服的状态。

他人的时间表能给我们提供的只是经验和借鉴，而每个人自身的情况不同，所以除了借鉴，还需要自身的调整以及长期坚持。"适合自己的才是最好的。"黄思洁同学的这句话不仅可以用在时间管理上，也可以用在学习方法上。

面对学习任务变重、课程难度增大以及老师上课节奏变快等问题，黄思洁同学说："也没有什么特殊的方法，我就是在课后多花一些时间，并且不断摸索怎么学才能找到最适合自己的状态。"学习疲惫的时候，她会通过看书和看电影来放松自己。有时她也会什么也不想，什么也不做，仅仅是坐着发呆，让大脑暂时忘却一切。

不一样的追星

说起大学期间的难忘经历，黄思洁同学认为是和老师们聊天。"和老师聊天的感觉就像是追星一样。我深深地被自己崇拜的人的优秀气质所吸引，这让我很开心和满足。"黄思洁同学这样说道。

除了和老师们聊天，黄思洁同学也一直和曾经的同学、朋友保持着联系。"我们每天都在聊天。彼此分享身边发生的事，遇到困难了大家也会帮我出主意。这也会让我感到放松和愉快。"

"先有变异，然后才有选择的过程。"这是黄思洁同学想和同学们分享的一句话。对此，她这样解释道："当你发现自己被困在某个困局里的时候，要主动去打破现状、去搅乱现状，然后再去发现新的可能。"

而面对已经到来的暑假，黄思洁同学给同学们的建议是好好休整。每个人都有自己的安排，或许还是之前的那句话："适合自己的才是最好的。"希望同学们度过一个充实而有意义的假期吧！（文/罗霖）

本文发表于 2021 年 8 月

刘乔溪：做勇于追梦的北化人

此时已是晚上九点，楼下的灯早已陆陆续续熄灭，从远处看，只有零星几个窗户还亮着灯光，推开五楼办公室的门，就能听到"哒哒哒"的打字声。桌前灯仍照在她的侧脸上，显得格外认真。

她就是化学1701班团支部书记、心理委员，化学学院学业发展辅导中心主任，化学学院本科生第二党支部副书记刘乔溪。她所在的化学学院本科生第二党支部，17名学生党员中，有47%留在本校继续深造，有53%将在清华大学、浙江大学等高校继续深造，实现了全员升学，深造率达100%。

她轻轻合上笔记本，开始讲述她的故事。

不忘初心，在反思中成长

思绪带回了开学之初，那时候她刚刚考入了北京化工大学，和大部分同学一样，对大学生活有着无限憧憬和向往。在参与学生工作之初，不难避免地出现了学习和工作之间的冲突，她明显感受到了来自学习和工作的双重压力。面对这些无形和有形压力的她也曾经考虑过放弃这个工作，但是她一想到自己做学生工作的初衷是为同学们服务，她就充满干劲。

在接下来的时间里，她会提前进行一个合理的规划，例如在上课之前，抓住时间去预习，在课上投入百分百的精力，课后认真完成作业。这样，既保证了学习，又使自己有了更多的时间去投入工作当中。在不断磨炼自己的同时，她也培养了对时间合理规划的能力，不仅有益于学习还有益于工作。在大学四年之中，自始至终，挺过一个又一个的难关，最终成就现在的她。

报效祖国，奋斗无悔青春

"我们的宗旨就是用心服务同学"，说这句话的时候她的眼神无比坚定。

在成为党员之后，她更加严于律己，时刻发挥着先锋引领带头作用，同时也在各个方面提升自己。在大学期间，身为党员的她，深入北京各个乡村社区，积极参加各种社会实践。

提及收获最多和感触颇深的经历，她脱口而出的就是参加中华人民共和国成立70周年群众游行。

她回忆，那段日子非常辛苦，每日早起，每次训练都要好几个小时，在操场上风吹日晒，而且没有午睡。不光如此，训练之余的有限休息时间，她还要参加暑期实践。虽然苦，但是她非常自豪、骄傲。"因为我是真的在为我的祖国奉献出我一份小小的力量"，她笑道。

在国庆节当天，近距离看到三军仪仗队和受阅部队从面前经过，回想自己在社会实践过程中真切地感受到祖国的日益强大和富强，从心底里为自己是中国人而感到自豪。

不负韶华，当时代追梦人

"我选择保研，是想做好一名辅导员，努力成为学生成长成才的引路人和健康生活的知心朋友，为党的教育事业努力奋斗"，同时她也提到要在工作期间要打好专业知识基础，为以后做科研铺路，通过科研为祖国贡献属于她的一分力量。

心怀感激，寄语学弟学妹

对于自己的大学四年，她说非常感谢自己遇见的每一位老师，还有并肩奋斗的同学们。"他们每一次对我学习和工作的建议和肯定，都在我大学四年过程中，起到了至关重要的作用，非常感谢他们！"

她希望学弟学妹在进入大学后尽快明确自己的目标和理想，并嘱托：生逢盛世，肩负重任。做有信仰、有理想、有担当的新时代青年，征途漫漫，惟有奋斗！对于丰富多彩的大学四年，她祝愿大家都能成为最好的自己。（文/孙煜林）

本文发表于 2021 年 8 月

崔益铭：多重身份，使命不变

"信念就是力量"，这是物流1901班崔益铭同学的座右铭，担任北京化工大学国旗护卫队团支书的他，还在2020级军训中担任教官，这样一位拥有"双重"身份的同学，你，难道不好奇吗？

爱国初心 每天都在做有意义的事

崔益铭同学热情开朗，在班级担任心理委员，他关心同学，积极组织心理观影会等活动丰富同学生活，曾获得人民奖学金一次。课外文化活动中也有他的身影，他曾是我校主持人团成员，完成了"一二·九运动"85周年系列活动开幕式等主持任务，获得北京化工大学第十五届"十佳主持人"称号。同时作为一名入党积极分子，曾带队参加"大学生讲思政课"活动并担任主讲人，其作品"增强国家安全意识，做忠诚爱国者"获得二等奖。

崔益铭同学于2019年10月份报名北京化工大学国旗护卫队，成为一名预备队员，经过训练和三轮考核后于2020年6月成为一名正式队员。"接近两年的时间里，我从刚开始对穿上军礼服的向往，到现在深刻明白国旗护卫队队伍精神，能加入这样一支拥有优良作风、严明纪律的队伍是我的荣幸。"

崔益铭同学加入国旗护卫队的初衷很简单，他也十分庆幸能成为其中一员，"我的每一天都在做有意义的事"。担任国旗护卫队2019级团支书的他，经常会参加一些纪念活动，代表队员进行倡议宣讲，每当他站在国旗与纪念碑下，心中的爱国情怀会更加强烈。

国旗护卫队的训练与选拔包括军姿、齐步正步跑步三大步法与步法变换、沙袋负重训练等内容，可以看出国旗护卫队的训练都有一定的强度，然而在问到是否觉得训练强度大这个问题时，崔同学回答说"还可以"。在平时生活中，他经常会向旌旗中队中退伍的班长们学习，了解到部队的生活后，他认为国旗护卫队的这些训练相较而言已经很轻松了。

训练遇到困难时，崔同学会回想自己加入国旗护卫队的初心，回想革命烈士的事迹，他想到那些伟大的革命烈士面对过的困境，便觉得自己遇到的困难算不了什么。

身份转变 使命不变

崔益铭同学担任了此次2020级军训的一名参训教官，从国旗护卫队员到教官的身份转变，他适应得很快，这也得益于平时在国旗护卫队对预备队员的训练。"队列动作我都很熟悉，困难的是，我相比于退伍军人担任班长的同志来说缺少部队经验，在内务与条令条例的掌握上也有不足。"因此，在军训开始前，崔益铭同学参加了北京市非现役教官集训，这对他承担教官工作有很大的帮助。

在问到国旗护卫队员与教官这两段经历的相同之处时，他说道："身份发生了转变，但我的使命从未发生过变化，无论是队员还是教官，宣扬爱国情怀，承担青年职责都是我最大的信念。"

互相学习 争取实现参军梦

在参训过程中，崔益铭同学希望自己教给其他同学们的不仅仅是军事技能，更希望能激发同学们的爱国情怀，这也正符合他担任教官的初心——激发巩固同学们的爱国信仰，锻炼同学们在逆境中的受挫能力。

在训练过程中，他对待同学们十分严格，但在结束训练后，他也会注意调节同学们的情绪，不让同学们过于紧张、疲惫而影响生活与训练质量，组织同学们拉歌、做游戏、上前表演节目……这让他与同学们亦师亦友，相处十分融洽。

军训中最令他印象深刻的一件事是有一位同学在参训过程中不慎受伤，在获得班长休息的许可后毅然坚持参加不牵扯伤处的训练。"他们都是好样的，都很让我佩服，在他们身上我也学到了许多。"

崔益铭同学很珍惜这次作为教官参训的机会。"我一直都想参军，高中时期报名过空军招飞，成年以来也一直积极报名应征入伍，但一直未能如愿通过，目前正在等待第三次入伍体检的结果，如果有幸能成功入伍，这次经历让我更有信心与决心去当一名好兵。"

　　亲身参与到国家国防教育后，崔益铭同学更能感受到国家的强大。"正是因为那些卫国戍边的战士们，我们才能有和平幸福的生活。"

提高逆商 寄语学弟学妹

　　崔益铭同学希望同学们对军训的印象不仅仅是苦和累，更要从中明白面对逆境要不断坚持，提高逆商——这才是军训对他们个人而言最大的意义。

　　军训作为国家规定的必修科目，让同学们掌握军事技能的同时，也是同学们参与国防建设的另一种形式，通过军训促进同学们树立国防观念、国家安全观念以及科学的人生观、世界观以及价值观，同时也加强了国防后备力量的建设，激发了同学们的爱国情怀。他希望同学们都能在这次经历中提升自我，为在新时代建功立业积蓄能量。（文/杨会瑶）

本文发表于 2021 年 8 月

徐天然：做一个"舞动"的志愿者

"长大后我就成了你。"熟悉的歌词表达了莘莘学子对老师的感恩与怀念。然而，当这个"你"变成"志愿者"时，这背后会有怎样的故事？让我们一起来聆听经济管理学院徐天然同学的讲述吧。

赠人玫瑰，手有余香

谈起第一次的志愿经历，徐天然同学回忆说："高中的时候，学校的志愿团经常组织大家一起参加志愿者活动，我就是在那个时候第一次做志愿者。我记得我的第一个志愿者身份是宋庆龄故居讲解员。"

第一次的志愿服务经历让徐天然同学意识到，从小到大，无论是在家还是在学校，都是父母老师在为我们付出，我们很少去为别人、为社会付出。接过志愿者这把火炬，徐天然同学突然感到了自己的价值所在。"那是一种'赠人玫瑰，手有余香'的感觉。"

长大后，我就成了你

后来上了大学，徐天然同学一有时间就报名参加志愿者活动，并且已经把"志愿者"作为除了"大学生"以外的身份。

今年暑假期间，徐天然同学在北京市丰台区某医院做抗"疫"志愿者。她的工作是在医院门口引导患者填写疫情防控筛查表：提醒患者扫码填写，帮助不会打字的患者在线填写，并为没有手机的老人填写纸质版登记表……有些患者因着急而大声抱怨，她会耐心劝导，平复其情绪；有些患者说不清自己的家庭住址，她就会慢慢引导并耐心聆听，从而写出正确的地址。

"寒假期间，北京发生新冠肺炎疫情时，我也在这里做志愿者。当我看到门口各色的伞排成一条长队，看到雪中传递的医疗用具，看到领队爷爷湿漉漉的蓝马甲时，我突然感受到了一种作为志愿者的使命与担当。尽管和一线抗疫人员相比，我所做的一切微不足道，但是能为北京的疫情防控贡献自己小小的力量，我已感到无比荣幸。"

丽江古城也留下了徐天然同学做志愿者的身影。作为旅游志愿者，她主要负责文明引导、旅游咨询等工作。因为对古城的地图早已谙熟于心，所以她可以很快指出准确的位置，并向前来咨询的游客推荐好吃好玩的地方。

"曾经我也是这里的游客，刚来这里时会去向古城志愿者问路；如今我站在了古城志愿者的岗位上，能够亲自帮助到更多的游客，有一种'长大后我就成了你'的感觉，这是情怀也是责任。看到游客从满脸困惑到眉头舒展，我也不由得跟着开心，仿佛看到了当初的自己。那种感同身受会因为曾经换位过而更加深刻。"

于平凡中彰显伟大

志愿者做多了，徐天然同学对于"志愿者"这个身份也有了不一样的体会。"刚开始会觉得一份工作新鲜有趣，但是连续几天做同一份工作的时候，我也会感到单调乏味。"

有时做志愿者也会不被旁人理解。"做这么多又没报酬，你就是个免费劳动力。"这样的言论也让徐天然同学想过放弃。不过，她总是能调整自己的心态。"我觉得从整个活动事项的角度来看，志愿者做着最基础的工作，却又是不可或缺的那一部分。志愿者所做的一切，都是在为社会建设添砖加瓦。可以说，志愿者是城市精神的名片。"

践行志愿精神，收获珍贵友谊

谈到做志愿者对自己的影响，徐天然同学表示比平时多了一份志愿者的奉献精神，并且将这种奉献精神带到学生工作、班级事务中，经常为团体建设主动贡献自己的力量，并且不求回报热心帮助身边的同学。除此之外，在参加各种志愿活动的过程中，徐天然同学也认识到了很多同样有爱心的小伙伴，收获了珍贵的友谊。

舞动青春，传递快乐

除了做一名志愿者，徐天然同学也是一名舞蹈爱好者，还参加了今年学校校歌MV《追光》的拍摄。她从小就喜欢跳舞，很享受跳舞的过程。"舞蹈本身就具有一种美的感染力，而且它作为一种表演形式也是在传递情感。当你在舞台上把舞蹈表现得淋漓尽致时，观众也会沉醉其中受之触动，你的情感就传递给观众了。"

最后，徐天然同学表示，跳舞和做志愿有一些共通之处，做志愿能使受帮助的人快乐，舞蹈也同样能把快乐传递给观众。这些都是积极向上的能量，可以给彼此带来治愈。（文/罗霖）

本文发表于2021年9月

颜昊清：把专业"学"成爱好和生活

每年的国家奖学金答辩精彩纷呈，从中脱颖而出的更是全面发展的青年才俊。北京化工大学官方微信团队专访国家奖学金获得者候选人、数字媒体专业2020级学生——颜昊清。

明确目标，照亮理想前程

接受采访时，颜昊清同学说："获得奖学金只是一座里程碑，而不是最终的目的地。哪怕得不到这一份荣誉，我也会朝着自己的目标坚定不移地走下去。"可以看出，获奖对他而言是一份极大的荣誉，但更是通往实现最终目标征途上的一份鼓励和动力。

在实现理想的旅程中，颜昊清同学也收获了很多其他耀眼的成绩：人民二等奖学金、中国青年网"金葵花在行动"大学生创意短视频优秀奖、北京市第七届中国国际"互联网+"大学生创新创业大赛三等奖、校级"爱国心·报国情·强国志"大学生讲思政课微视频二等奖、新媒体工作室优秀干事奖……

正是日积月累的磨砺，才有了现在自身能力的不断进步，或许这也就是他能够在众多同学中脱颖而出的原因。

发散兴趣，激发最大潜能

常说兴趣是最好的老师，颜昊清同学表示自己的兴趣是摄影和拍摄剪辑视频。大一时他便定好了未来将会选择数字媒体专业的目标，他的专业和他所加入的新媒体工作室在工作内容上契合度也很高。

在兴趣的驱动下，不论是专业学习还是工作内容他都十分积极地对待。"短视频的创作会锻炼我的故事创作能力，让我学习更多的视听语言并制作出更加优质的作品。就像在一些活动现场拍摄，许多画面都是转瞬即逝的，所以必须保证对设备操作的熟练性，正所谓熟能生巧。"颜昊清同学如是总结自己的拍摄经验。

正是专注与兴趣激发了他最大的潜能，使他有一双发现"美"的眼睛和细腻的感受学习能力。同时他也参与了学校广播台配音大赛等活动的策划以及报名成为学生志愿者，不断历练自己的能力，丰富自己的专业履历。

历练、坚持、合作，收获成长

每个人都是一步步成长，不断地实现自我提升。在问及颜昊清同学是如何经过历练获得成长时，他说最重要的是大一期间参加的一些比赛，经历过后才明白困难都是可以克服的，并用"合作"这个词总结。大学不仅提供了更好的教学平台和更好的队友选择机会，也提供了在比赛合作中历练自己并发挥优势的机会——只有在合作中才能踏上成为更好的自己的道路。

颜昊清同学用一个词概括了解决问题和缓解压力的方法——"行动"。不论是活动答辩的紧张复杂，平时生活的琐碎芜杂还是学业工作的繁重任务，颜昊清同学永远都是摆正心态然后行动起来。"动起来永远是解决问题的最好方法"，这也给其他同学面对压力和困难时提供了应对方法。

不忘初心才能愈行愈远

问起颜昊清同学刚入学时的心态和目标，他表示一开始既激动又迷茫，但也明白鱼与熊掌不可兼得，应当以学习为重，所以只是参加了一些感兴趣的社团和学生组织，同时给自己树立了一些比较容易达成的短期目标来进行阶段性的自我提升。

正是因为坚守本心，在选择方向上不盲从，在学习工作上不断磨炼自己，在比赛竞争中坦然应对，才能在人生成长的道路上不断突破自己。正如他所说的："做成一件事并没有想象中的困难，只要在每一个环节都认真对待，善于学习，就一定能有所收获。"

在成长的道路上，在面对无数个分岔路口时，榜样的故事和精神都如一盏明灯，指引我们继续奋力向前，逆水行舟。愿我们都能像颜昊清同学一样，但行前路，不负韶华。（文/李瑾琪）

本文发表于 2021 年 11 月

侯守成：GPA3.92，获7份推免资格的"宝藏男孩"

从大一刚入校时的内敛，到保研面试中的自信；从"不敢讲话"的少年，到学风朋辈的高数讲师；从默默无闻的"小透明"，到学校宣传片的"男主角"，他用"知识、视野和机遇"三个词概括了大学生活，他就是侯守成。

侯守成，北京化工大学数理学院电子科学与技术专业2018级本科生。本科三年GPA达到3.92，专业成绩、综合成绩均排名年级第二。除此之外，他还获得了国家奖学金、人民奖学金、社会资助奖学金、素质拓展奖学金、全国大学生数学竞赛二等奖、"互联网+"大学生创新创业大赛北京市三等奖、嵌入式暨智能互联大赛全国三等奖（北部赛区一等奖）、北京市高校数学建模校级联赛一等奖、"国庆70周年先进个人"称号，被评为北京化工大学"三好学生"、北京化工大学优秀生。

如今，他已保送至南京大学攻读电子科学与技术专业博士学位。

一个今天，胜过两个明天

回忆起三年的学习经历，侯守成坦言，自己的求学路并不是一帆风顺。"大一的时候对自己的专业发展方向并不明确，也没有掌握正确的学习方法，导致花了很多时间去学习，但依旧没有取得令人满意的成绩。后来不断反思，不断改进，才慢慢取得了进步，大三下学期的单学期GPA就达到了4.13。"

寒来暑往，日月穿梭。每天晚上六点到十点在图书馆学习成了他雷打不动的习惯，图书馆的闭馆音乐也成为他听过次数最多的旋律。正是三年如一日的付出，在大四学年初，他收到来自中国科学院院物理所、中国科学院院高能物理所、中国科学院院微电子所、北京航空航天大学、北京理工大学、北京师范大学、南京大学的七份保研推免资格。而他最终选择南京大学的直博，朝着自己的梦想继续迈进。

不忘初心，强国有我

2019年，侯守成有幸参加了庆祝中华人民共和国成立70周年群众游行"开天辟地"方阵。作为方阵的一员，侯守成步伐坚定地走过天安门广场。他后来和师友家人们说，走过天安门的那一刻，是他人生中最为自豪的瞬间，他为自己是一名中国人感到骄傲。

回到学校，侯守成也在用实际行动践行"强国有我"这句誓言，把对祖国的热爱融入学习生活的点点滴滴中。

谁能把握机遇，谁就心想事成

用知识回馈社会，这是侯守成求学的初衷，所以在努力学习的同时，他也积极参加校内外的各项实践活动。

大二学年，他作为学校学风朋辈的高数"讲师"，利用自己的课余时间帮助学弟学妹们答疑解惑。"虽然备课需要花费一定时间，但是能为学弟学妹提供学业上的帮助，还是十分值得的。"

刚开始的他是忐忑的，不敢大声讲话，但是看到学弟学妹们信任的眼神，他更坚定了自己的选择。"我也逐渐喜欢上这个身份，毕业之后也想成为一名大学老师，为更多的同学解答他们的困惑。"

在"学霸"的外衣下，侯守成也有一颗"文艺"的心。"大一的时候曾想要报名十佳主持人大赛，但是因为自己的胆怯放弃了。"他提到，"大三的时候看到了学校宣传片选角的推文，于是抱着试一试的心态报了名"。

这次"意外"的尝试，让他在镜头前的惊人天赋展露无遗，宣传片的导演和摄影都表示，他很有灵性，简单描述一下故事背景，就可以快速进入角色。

也正因为如此，在学校国际宣传片《序章》拍摄结束后，校歌MV《追光》再次选用他作为男主角。"两次宣传片的拍摄让我对学校的历史和文化有了更加深入的了解，我为自己是一名北化人感到骄傲。"侯守成说。

侯守成表示，在北化的三年学习生活让自己蜕变了很多，他懂得了对人要真诚，做事要专注，对学术要抱有审慎的态度。未来的路上或许布满荆棘，但只要认定梦想，就永远不会迷茫！北化人，加油！（文/赵丹萌）

本文发表于2021年12月

第三章　序章再启，追光前行

我们骄傲，母校之光，自强不息，激流勇进；
我们自豪，春风化雨，栋梁柱石，桃李缤纷。

——《母校之光》

新校区土建工程师张海龙的一天

清晨六点，工程师张海龙一如既往地准时起床，利落地做着简单的洗漱。不远处，昼夜不停的施工声正此起彼伏，微凉的晨曦中，座座塔吊耸立，似乎在昭示着新一天的忙碌。

张海龙，昌平新校区驻地土建工程师，今天是他驻扎新校区建设工地的第五个月，也是辗转全国施工的第十一个年头。

当天，新闻网记者走进昌平新校区，跟随张海龙体验了驻地工程师忙碌而充实的一天。

"做工程，任何细节都马虎不得"

虽然正式上班是在八点，但张工还是早早地来到了办公室修改图纸，准备当天的早会。"把工作做足了，心里踏实"，多年的驻地工作经历，使他养成了严谨的工作习惯。

简洁、高效，是整个早会给人留下的深刻印象。会议上，工程师们汇报着施工动态及监理工作，并就当天工作进行安排。"施工进度很快，大家都铆足了干劲"，张海龙如是说道。

早会刚结束，张海龙就马不停蹄地参与到了接下来的专家讨论会。这是建设施工中非常重要的一个环节，每当进行到危险系数比较大的项目时，都会邀请相关领域的专家对施工图纸和方案进行反复的论证。大家对照着施工图纸一点点排查，发现问题就立刻讨论修正，避免工程后期耗费更多的人力物力。"做工程就是这样，任何细节都马虎不得。"

讨论会一直持续到十二点半。简单吃过两口午饭，张海龙又回到了办公室修改图纸。"工程师工作的重点就是仔细查看图纸，根据施工的实际情况在必要时对图纸做出修改。"他看得非常仔细，似乎要将每一处细节都刻到脑中。

待他再度抬起头时，已是下午两点。揉着发酸的肩膀，张海龙没有丝毫想要歇息的意思，大手一挥。"走，去工地！"

每一天，用脚步丈量工程的质量

登上玉屏山驻足南望，眼前已不再是去年的杂草丛生，取而代之的是一派热火朝天的施工现场。耸立的塔吊、轰鸣的铲车、忙碌的工人……处处充满着勃勃生机。

"现在正是施工的黄金时期，工程进度比较快。我每天至少要来工地两次，不亲眼看看施工质量如何，心里还真不踏实。"张海龙边走边说，并熟络地和工人们打着招呼。

虽然平时话不多，可张海龙一到现场就立马进入了工作状态，不断向现场监工询问施工情况并提醒注意事项。每到一处，他都能准确说出这里的工程标准和今后的用途。"这是我们工程师必备的基本功，只有这样才能对工程的质量负责。"

一路上走走停停，尽管凹凸不平的工地上布满障碍，但张海龙却走得十分轻松。十一年来坚持步行巡视，已经成为他雷打不动的习惯。"我喜欢步行，这样可以把工程看得更仔细些。"新校区一期建设的工地距离指挥部较远，再绕一圈工地至少得有10公里的路程。工地上洒满了工人们辛勤的汗水，当然也布满了工程师们坚实的脚印，他们用脚步丈量着工程的质量。

"看着楼层一天天拔高，我也是蛮有成就感的。有一天当我再来到北京化工大学的时候，那时的心情肯定是和你们不一样的。我是看着它从钢筋水泥变成宽敞明亮的校园的，那种感觉无法言传，就像是看着自己孩子长大一样。"

"清明节抽空回趟家，想女儿喽"

去年年底，新校区完成了校内树木的绿化种植。开春以来，发芽开花的树木吸引了不少南归的鸟儿在此筑巢，成为"入住"新校区的第一批客人。

"每天下班的时候，看到树上归巢的鸟儿，心里就会有一些想家"，谈到家人，张海龙的脸上不觉扬起了幸福的笑容，"女儿今年两岁了，正是活泼可爱的时候。她和我最亲，每次回家都黏着我不让我走"。

工地的生活比较单调，张海龙每天最期待的就是下班后能给家里打个电话或者和女儿视频聊天。其实有很多次，他都有理由请一次假回家，但他又有更多的理由说服自己留下来。"家庭重要，工程也重要，我们不能耽误了工期影响学生的入住。"

张海龙说他还是比幸运的，两年前女儿出生的时候他就在家里。去年年底新校区的另一位工程师的妻子在家待产，工地上施工正紧，走不开。直到孩子出生以后那位同事才请了假，连夜赶回家里，但只隔了一天又回来工作了。就这样，从项目开工到现在，无论刮风下雨，风吹日晒，驻地工程师们始终坚守在工地一线，严把质量，严控安全，为新校区建设做着贡献。

"清明节工地上照常施工，几个工程师会轮流值班。我想趁清明节抽空回趟家"，安全帽下，张工的眼睛里闪着些许期许，"确实想女儿喽"。

傍晚时分，工人们结束一天的辛劳，陆续开始下班。他们三五成群地走在一起，或闲聊几句家长里短，或哼唱几段地方戏曲，疲惫的身体在这个时候终于放松下来。

"这些辛勤工作的建筑工人，值得我们格外尊重，他们是坚守一线的无名英雄。"望着眼前的场景，张海龙的话语中颇多感慨。

在很多人眼中，工地或许是凌乱与嘈杂的代名词。但只有当你真正走进这里时，才会发现这里的一切都是充满人情、有血有肉的，因为这里是由一个个有故事的人组成的。

这些人中，有为子女积攒学费的父亲，有为妻子外出打拼的丈夫，还有为赡养父母远行的游子……他们口音各异，家庭背景不同，但是他们都在用自己的努力为这片工地贡献着自己的智慧和汗水。

"塔吊运不了的建材，是他们用肩膀扛上去的；铲车到不了的地方，是他们用双手挖出来的"，张海龙神情肃穆，一字一句地认真说道："我们应该向他们道一声感谢！"

后记

五十八年前，北京化工大学肩负着"振兴祖国化学工业"的重任诞生，一路披荆斩棘，终育得桃李芬芳、硕果累累；如今，昔日的传承又在南口这片神奇的沃土上开枝散叶，孕育着"宏德博学，化育天工"的崭新希望。

就让我们共同见证昌平新校区的崛起，更让我们永远铭记所有为之奋斗的建设者们！（文/刘一君、江晓）

本文发表于 2016 年 4 月

新校区灯火阑珊处的静与动

崇山峻岭湮没在夜色当中，早已没有了它蜿蜒盘旋的形态。站在马鞍山上眺望，在这弥漫着的巨大的黑暗之中，只有新校区的灯火和天上的繁星遥相呼应。巨大的吊臂发出低沉的轰鸣声，铁锤在水泥钢筋上奏出短促而清脆的乐章。

天上的繁星，草里的虫鸣，机器的轰鸣，这就是新校区的晚九点——静谧又富有生机。

钢筋铁骨，百炼精魂

空气中弥漫着浓厚的沥青味，一桶桶融化了的沥青翻腾着气泡。"明年学生就要入住了，天气不热的时候我们都是昼夜施工的。"工人们手持火枪，在吹扫完地上的粉尘之后，将黏稠的沥青融化在地基上。夏总工测量完地基高度之后，兴奋地指向一大块空地："这是食堂的后厨，到时候会装配运输食材的电梯。"虽然没能坐上电梯，我们一行人已经感慨万千了。

顺着工程师指引的方向望去，工人们正在给一座初具规模的建筑群安装管路。"一个半月就能封顶了，这是学校现代化的校医院，占地五千多平方米，建成后将会是这一片最大的医院。"远处的探照灯射过来，将火热的工地照得如同白昼，三两个工人扛着管道从吊桥上走过，由于腾不开手，对我们点点头，露出大方的微笑。今夜很静，我们能清楚听见师傅们喝水的咕噜声；今夜不静，施工设备巨大的轰鸣淹没了一个个平凡又伟大的身影。

阑珊灯起，梦想未息

伴随着工地上的火热施工，办公楼内也是一番忙碌景象。办公楼里没有巨型探照灯，没有整齐的口号，但是所有的工作都在有条不紊地进行着。会议室大门紧闭,从外面隐隐能听到里面对新校区将来的规划"前期压力很大,明年学生就要入住了,但是水电燃气还是一个大问题。"兰老师解开了领口的扣子,湿透了的衬衣紧紧贴在身上,"但是现在都有转机了,前期协商都做好了,主要就是等待校外管道的铺设了"。他笑着,喘着气跑进了会议室,还要为明天的工作做好规划。

办公室的灯依然亮着,希望在这里萌生。

"如果把新校区走上一遍,两个小时也不够,但是我常常拿着相机一次次地走,现在这并不仅仅是我工作中的一部分了。"小曹负责新校区的宣传工作。她笑称在工作之余带着沉重的设备穿行在工地上是"散步",很多时候要在崎岖坎坷的土路上前行,甚至要在脚手架上攀行。在我们看来,这一次一次映入眼帘的除了黄土建材之外还有什么呢?"校区建设的一点一滴,我们和它一起成长。"小曹打开相机,一张一张地给我们翻看图书馆的相片,除了日期之外,一眼看过去我们根本看不出区别,但她总能说出它又添了几层,周边又多了什么建筑。"可能就像自己的孩子一样,它的一点一滴我们都想记录下来。"现在新校区已经有了自己的网站,大家随时可以在上面看到工作的进展和最新的动态。

月明星稀,踏梦梭行

原本五点就应该沉静下来的新校区,到了九点依然人来车往。不时听到楼下汽车发动的声音,从黑暗中透出两道光,这是一个刚刚要回家的工作人员。"班车五点就走了,但是如果有会议的话,大家都会坚持到八九点,所以很多老师只能开车上下班。"预算部王老师从2013年就来新校区工作,到一期二期工程结束后,她仍会处理一些后期的核算。她接受采访时还要不时地看看电脑,在她的敲击下,一张张报表,一张张文件从这里发向各个办公室。正是这种常态化的努力,才让新校区发生了翻天覆地的变化。我们可能看不到新校区楼房一层一层地长高,看不到昌平群山中的灯火通明,看不到一辆辆车深夜在高速上穿行,但是我们却看到了新校区的崛起,看到了寂静的山区有了生机。这并不是纯粹的加班,更多的是责任、是担当,因为他们所从事的工作,承担着学子们的期盼和北化的未来。

九点的新校区,更凉爽的天气,不一样的忙碌。当我们正在北三环的樱花街畔享受喧嚣与繁华之时,无数新校区的工作者还在昌平那个叫作南口的地方忙碌着。他们办公室的灯亮着,他们家里的灯也亮着……(文/曾思源)

本文发表于2016年6月

那一刻，他们流泪了

近日，一张国旗护卫队 2012 级毕业生在退队仪式上流泪的照片引起了大家的关注。虽然在这离别的季节，我们已经习惯了泪水；但当泪水在一个国旗护卫队队员脸颊流过时，依然让我们感到震撼与动容。那一刻，是什么触动了他们内心坚毅的心弦？今天，让我们一起走进国旗护卫队，从一个普通退队队员的视角，去感受他们的世界……

"没想到第一次上学校新闻，竟然是因为哭相。哎，好丢人啊。"国旗护卫队队员胡凤燕这样调侃她在退队仪式上流泪的样子被抓拍到，而且还上了学校主页新闻的事情。

"其实，国旗护卫队给人的印象，都是很严肃、很'高大上'的。作为这个组织的成员，怎么可以轻易掉眼泪呢？可是，仔细想想，我在这个组织竟然已经掉过好多次眼泪了。"胡凤燕一边笑着说，一边抹去眼角的小泪滴。

从魔鬼训练走出来的护旗手

"集训真的很'魔鬼'，背十字架挺腰板、绑上沙袋踢正步、夹着扑克练身形，一天下来除了吃饭、睡觉，就是训练。对于刚到大学的我来说，真的是没有吃过这种苦。"胡凤燕说："没有状态，跟不上节奏，就是那个时候的我，最真实的状态。每次训练，我都会被二哥（国护教官）单独点名。每次点名，我真的好想找个地缝钻进去。好丢人啊！开始的那几天，几乎每天晚上，我都会在被窝里抹眼泪。'退出吧，也许这个组织并不适合我。'那个时候，我真的曾经闪过这个想法。现在想想，还好没有'付诸实践'。"

"有一天，二哥忽然找到我。他说：'燕子，别灰心，面试时三个小时军姿都挺下来了，这点困难算啥呢。作为国旗护卫队的一员，守卫国旗，是包括你、包括我在内的，咱们每一个队员的责任啊！从今天开始，你来做护旗手吧！'"

听到这个消息后,她惊呆了。她甚至怀疑自己听错了,在她看来,以她的水平,不给队伍拖后腿就不错了。胡凤燕接着说:"后来,也不知道从哪里来的一股劲,别人休息了,我就跑到训练场,自己给自己加练,太阳越大,我练的时间越长,别人练10个小时。作为护旗手是要持枪的。女生嘛,手臂不是很有劲,我就给自己手臂再绑上一公斤沙袋。即便吃饭的时候,我也带上。这样一来,手臂有劲了,持枪动作就相当稳定了。后来,我回家帮忙做家务的时候,连我妈都说我,手臂相当有劲啊!"

"当我作为护旗手走过检阅台的时候,那感觉,好爽啊!谢谢二哥,谢谢国旗护卫队这些兄弟姐妹,如果不是他们,我想,我今天可能上不了头条。"说完,胡凤燕还向记者展示了一下她的肱二头肌。

"三连冠属于我们"

"去年,我们2012级国旗护卫队代表学校参加在北京航空航天大学举办的北京高校国旗护卫队检阅式比赛。比赛很关键,因为咱们已经拿了两届比赛的第一名了。能不能蝉联三连冠,就看这次了",说到这里,胡凤燕的眼睛一下子睁大了:"为了备战这次比赛,我们提前结束了暑假,跑到延庆的军训基地进行全封闭式集中训练。偌大的训练场,只有我们的口号声。那个时候,八达岭长城简直就是属于我们国旗护卫队的!"

"当然,和风景同在的,还有二哥的升级版的魔鬼式训练。一天的训练下来,大家的腿、脚都肿胀得不行,水泡、血泡太正常了。晚上,在我们的宿舍,二哥这个在白天和'魔鬼'一样的人,用红花油为每一个人擦脚、揉脚,细致得就像换了一个人。""很难想象吧?你看他那么一个外表看起来相当严肃的人,还有这样的一面。""为了这次训练,本来打算出国的人推掉了出国的计划,本来打算参加培训班的人,也推掉了培训班的安排。国旗护卫队,真的挺神奇的。这可能就是我们所理解的'忠诚'吧。"

终于,功夫不负有心人。他们在北京航空航天大学的比赛又拿了第一名。虽然是和清华大学、北京航空航天大学这些学校的国防生进行PK,但大家一点都不逊色。他们用行动证明,普通大学生一样可以做得很好,而且做得更好。说到这里,那种自豪感在胡凤燕的脸上洋溢。"在宣布名次的那一刻,我真的特别激动。一下子没控制住,又哭了。只是,这一次是感动的泪水。"

一个人的哨位

在毕业典礼上执行升旗任务,是每一届国旗护卫队队员最后一次升旗任务。"这个环节,对这个队伍而言,对每一个国旗护卫队队员个人而言,都意义重大。"胡凤燕这样告诉记者,"对于我们每个人来说,都希望站在那个小小的方块队伍里,走过主席台接受检阅,以这种特殊的方式为自己的国旗护卫队生涯画上一个圆满的句号"。

"听说最后你没有上?"

"是的,我没有上。"

"不觉得遗憾吗?"

"遗憾啊,毕竟是没上。不过,也不遗憾。那次,我恰好是一个人在队伍的最后一排。你想,一个四四方方的队伍,多整齐。如果最后一排只有一个人,看起来总觉得不太好。也许,我有强迫症吧,我觉得,这个组织是需要完美的。"

"所以,即便是老师让你上,你还是坚持要下来?"

"是的。"

"所有人都在注视队伍,为队伍点赞的时候,你一个人站在国旗下,什么感觉?"

"我觉得挺自豪的。"

"不后悔吗?"

"不后悔。你看,我现在也是'网红'啊。后来,我知道老师在朋友圈里发了一个状态,叫作'一个人的哨位',就把当时我的情况分享给了大家。结果好多人都认识我了。"

"我们听指导老师说,其实那时,你有掉眼泪。"

"嗯,很复杂吧。但是,这个时候,必须得有人下来,得有人'牺牲'。我觉得我可以。"

"这是国旗护卫队一直所说的'荣誉'吗?"

"算是吧,至少是我自己所理解的一种。"

"也许是我自己太多愁善感了吧。在国旗护卫队这样一个最不相信眼泪的地方,我还是哭了好多次。给我们录视频的时候,哭了,退队仪式上,摘臂章的时候,哭了。我觉得自己还算是一个挺坚强的人,可是,每每到了那个时候,总是……",说到这里,胡凤燕不禁停顿了一下,扶了扶眼镜,擦了擦眼角。

"在国旗护卫队里,我们称彼此为'战友'。我想,这应该是在大学里面,唯一一个这么称呼彼此的学生组织吧。因为,胜利的时候,我们在一起,失败的时候,我们在一起,快乐的时候,我们在一起,流泪的时候,我们更是在一起。"

胡凤燕哭了,每一位国旗护卫队队员都哭了……这泪水包含了太多的内容。他们用大学四年的青春时光去守护国旗护卫队这个家,哭过、笑过、爱过,也恨过;奔跑过、跌倒过、勇敢过,也放手过。他们仍记得最初谈到为什么要加入国旗护卫队时那澄澈坚定的目光,也记得无论何时都紧握着彼此的双手,不抛弃、不放弃……(文/张珊瑚)

本文发表于 2016 年 7 月

2016级准新生代表的访谈报道

7月19日，北京化工大学2016级准新生和家长代表座谈会在东校区行政楼203会议室举行。中国工程院院士、校长谭天伟出席座谈会并为准新生代表发送首批录取通知书，赠送书籍《探索化学化工未来世界》。相关省份招生组组长代表、2016级准新生及家长代表参加了此次座谈会，北化新闻网记者对部分准新生代表进行了采访。今天，让我们一起走进他们的世界，倾听"准新生"们的心声……

"状元"的"大学梦"

一进会议室，就看到一位身材健硕的同学安静地坐在桌子一角，在黑衣服的映衬下，他显得比其他同学更为沉稳。他就是宋源珺，来自天津，是学校在天津录取学生中的"状元"。"在报考之前也考虑许多学校其他的专业，但是最后还是选择了机械设计制造及其自动化，主要是觉得这个专业的就业前景很好。"刚刚来到一个陌生的环境，他明显还有些拘谨，说话声音轻轻的。而当谈到即将到来的大学生活的时候，他腼腆地笑笑："我希望我的大学是忙碌而充实的。我喜欢踢足球，希望在大学能够参加关于足球的社团和活动！"说到这里，他的话就多了起来，声音也洪亮了些。在得知每个学院都有足球队，开学后还有"新生杯"系列足球比赛的时候，他脸上的笑容更深了，声音也透着兴奋："那太棒了！我超级喜欢！"

在采访中，宋源珺的父亲也在现场。他和蔼慈祥，带着淡淡的儒雅气息。谈及宋源珺的成绩和志愿，他的话语中有着掩饰不住的骄傲："学校很不错，孩子很喜欢。高考完之后，择校、择专业都是自己做的决定。我尊重他的决定！"

<<< 第三章 序章再启，追光前行

我还是想当个"学霸"

来自河北的杨欣宇和爸爸坐在一起，正有说有笑。他的高考成绩是645分，比一本线整整高出120分，是学校在河北录取的理工类最高分。当说起自己选择的专业——高分子材料与工程时，杨欣宇有好多话想说。"我自己喜欢化工，希望在化工领域有所发展，在了解到北化的高分子材料与工程专业在全国都是数一数二的之后，我就毫不犹豫地选择了这里，希望在接下来的四年里，通过学习我能够在这方面变得更好。"

在高中的时候，听好多学长学姐说过他们的大学生活，这使得杨欣宇从那时起就对大学生活充满了向往。"之前有很多人跟我聊过他们的大学生活，在他们的经历里，学习被放在了一个不是很重要的位置上。"尽管听过很多，但当他说的时候，语气里还是有些吃惊。现在，他即将真正迈进大学校门，对于这些，他也有了自己的想法："虽然之前也听过这样的一些说法，但是我还是觉得学习永远是最重要的。我希望自己能够在大学里坚守住自己，不要放弃学习，也希望自己能够进入一个学风很好的班级。当然，我也期待精彩的课余生活，但这只是当作一种放松。我还是想在大学里当一个'学霸'。"说这些的时候，他浅浅地笑了笑，眼神里有满满的憧憬。

做实验的女孩子很帅

黄可来自北京西城区，是学校今年在北京录取的学生中的第三名。她是个典型的"北京大妞"，开朗又直爽，有些古灵精怪。在采访中，她一口地道的京腔听起来总是带着股酷酷的劲儿。

"在高中我最喜欢的课程是化学，而化工与化学，这两者之间有着许许多多的联系，所以在报志愿的时候，我就毫不犹豫地选择了北化，并且填报了高分子材料与工程专业。"谈到报考北化的原因，她笑了笑，有些调皮，又有些骄傲。"可能有些人觉得女孩子学化工比较累，但是你想啊，女孩子穿着白大褂做化学实验，那多帅啊！成为一名科学家是我从小到大一直以来的梦想！"

从小生活在北京，黄可也像许多女孩一样多才多艺。虽然有这一身的"艺术细胞"，但是她对这些却不太在意。"我希望我的大学生活有着浓厚的学术氛围，这样我才可以更好地督促自己，锻炼自己"，说这些话的时候，她收起了之前的嘻嘻哈哈，神情变得认真了些。"当然，我也喜欢唱歌跳舞，也期待丰富的课余生活，但是这些都不能是影响我学习的理由，而且我还想出国深造呢！"

理工科学校的文科姑娘

第一眼看到高圣延的时候，觉得她是个十分温和的姑娘。她说话细声细语的，但思路却很清晰。她今年高考 614 分，高出重点线 79 分——这是学校在河北录取的文史类最高分。

"我选择的专业是国际经济与贸易，好像在一群理工科的同学中显得比较奇怪。"说完，高圣延调皮地吐了吐舌头，眼神向别处飞了飞，一下子就打破了之前对她的"温和"的印象。"我们之前也在网上查过，咱们学校最近这几年综合发展很不错，不仅理工类专业发展很好，像国际经济与贸易等经管类专业发展前景也挺好，所以比较之后，我们就让孩子填报了这里。"高圣延的母亲在一旁补充道。说这话的时候，她的手放在高圣延的头上，眼神满是温柔和骄傲。

高圣延虽然是个响当当的学霸，可调皮又爱玩的性格显现得也是越来越明显。"我希望大学里面课余活动能丰富一点，自己能多参加一些社团活动，因为这些都是全新的体验。经历过高考，希望大学里面有更多的时间做自己的事情。"说这些的时候，她爽朗地笑着。

写在最后的话

在跟这些"准新生"代表们交流的时候能够感受到他们的语气里包含着很多东西，有初入北化的兴奋，有对未知环境的好奇，还有对大学生活的向往——这是属于他们的，也是属于每一个曾经到来和即将来到北化的学子们的。都说，他们有着最好的年纪，在这个年纪里，"梦想"不是一个矫情的词，而是一个年轻又真诚的承诺，对自己的，对未来的。它有着最真实的血肉，住在心里，融化在血液里，只要伸手便可触及。在不久后，2016 级的新生们即将带着别人许许多多的嘱托和期望，带着自己对未来的憧憬和梦想，来到北化开始自己的大学生活。愿以后的四年里，他们的梦想能在这里落地，生根，绽放，有鲜艳的花朵，还有美丽的果实。（来源/党委宣传部）

本文发表于 2016 年 7 月

致敬青春，卫国戍边

——学校大学生士兵赴云南边防服役情况纪实

曾经以为，边境线离我们很遥远，遥远到让人没有任何具体的概念；但当边境线距离你只有三五米远的时候，你似乎刹那间明白了"家国"二字的沉重；曾经以为，大学生士兵有"大学生"的光环，在部队里大多也就是从事一些文职行政类工作，"一线稽查""生死抉择"与他们怎会相干？但当亲眼看到他们雄赳赳、气昂昂坚守在边境线，无惧艰险、不畏生死时，他们带给我们的不仅仅是震撼，更是七尺男儿顶天立地的豪迈与铮铮铁骨的霸气。

2016年7月18日至29日，北京化工大学武装部两位老师再次深入云南边防一线，探望学校10位服役大学生士兵，了解他们在部队服役、生活情况。同行的还有学校宣传部老师，以及《北京日报》新闻中心主任李学梅、摄影记者邓小虎等。在近10天的行程里，他们的足迹遍及芒市畹町镇、陇川县、瑞丽市、临沧、景谷县、普洱市、江城县、勐海县、西双版纳傣族自治州、景洪市、昆明市等十几个地方，省内行程2000余千米。在"八一"建军节到来之际，让我们向我们的人民子弟兵致敬的同时，也向他们——坚守在祖国边防的大学生士兵，表达我们的敬意！

王禄粼：我的边防 你的世界

王禄粼，海南人，北京化工大学文法学院英语1301班学生，2015年9月开始在云南边防服役。

群山环绕、道路险峻、灌木茂盛、雨水丰沛，河的对面是缅甸，而公路的这边就是我国的领土。这是记者跟随王禄粼和他的战友们巡逻中缅边境90号至92号界碑时，对中缅边境芒棒段的第一印象。然而，越是这样条件恶劣、地形险要的地方，越是为贩毒走私提供了便利。

设点查缉是边检站打击贩毒走私的一个非常重要的方法,而同时,这也是他们工作内容中非常危险的一部分,特别是遭遇负隅顽抗的毒贩时,有的边检战士甚至献出了自己宝贵的生命。问到王禄邻:你参加这种伏击,直面危险,会害怕吗?王禄邻说:"不怕。随着实战经验的增加,也越来越了解遭遇这种紧急情况时该如何进行处置。而我们能力的增加,对犯罪分子也是一种震慑。"

"如果我们的平均寿命是80岁的话,我只不过是为别人站了四十分之一的岗,而另外的三十九份都是别人在为我们站岗,在保卫我们的安全。"王禄邻的话让人很惊讶,惊讶在这句话出自一个刚刚20岁,脸上还略带稚气的小伙子,惊讶军旅生活竟给他带来这么巨大的影响。

王聪:19岁的担当

陇川,傣语称为"勐宛",意为太阳照耀的地方。而在太阳光辉之下,仍有吸毒贩毒的阴暗挥之不去。2016年,陇川被国家禁毒委员会列为"毒品滥用危害严重地区重点关注县(市)"。北京化工大学信息科学与技术学院2015级学生王聪便在位于陇川的德宏州机动大队二中队服役。

"生死"对于很多人来说都是一个沉重的话题,而"生死抉择"却是这些边防战士必须经常面对的事情。机动中队的任务之一就是及时处置重大突发事件。而在云南边防,每每处置这种重大突发事件,都很有可能涉毒涉枪。对于这些边防战士来说,每一次处置重大突发事件,都要做好直面"死亡"的准备。王聪身边就有战友在执行任务中牺牲。

记者问王聪:"在执行这种重大特殊任务时,其实都有可能要面临'生死抉择',你不怕吗?"王聪答道:"在最危险的时刻,在国家利益受到损害的时刻,我们必须冲在最前面!在那个节骨眼的时候,根本不允许我们考虑个人安危。我们是军人,我们必须上。如果真的有一天,让我在国家利益和个人生死之间做选择,我会毫不犹豫地选择前者。"这便是一个仅19岁的青年战士对于"生死抉择"的考量。

赵猛:守卫没有界碑的边防"线"

"我负责维护的水电线路,就是我所守卫的边防线,只是没有界碑而已。"

正在云南边防普洱支队勤务中队服役的北京化工大学 2013 届继续教育学院学生赵猛这样介绍他所执行的边防任务。

"执行这个看起来特别普通、不够轰轰烈烈的水电维护任务，你会觉得失落和后悔吗？"

"不后悔。入伍前，我就学水电维护。现在当兵了，能把自己的技术很好地用起来，我觉得挺值的。"

"甘做螺丝钉？"

"部队需要大家所说的'轰轰烈烈'的岗位，但其实需要更多那种'默默无闻'的岗位，而且更多的人也是在'螺丝钉'一样的岗位上奉献着。水电维护虽然普通，但对于我们的部队，对于我们的国家安全同样重要。水电线路就是我的'边防线'，只是一条没有界碑的'边防线'而已。"

吕清维：从实验班"学霸"到机动部队"全能兵"

"现在的你，跟刚入伍那会相比，多了满满的精气神啊！"记者指着吕清维刚入伍时的照片，跟他聊起了入伍这两年的生活。吕清维，北京化工大学生命学院 2011 级工程实验班学生，2015 年 9 月，吕清维报名参军，成为云南边防机动中队的一名武警战士。

吕清维说："机动部队属于全训单位。所谓全训单位，就是一周六天，天天高强度训练，做好充分的应战准备。"400 米一圈的跑道，吕清维需要戴着头盔，穿着防弹衣、作战靴，持枪，打上背包，负重 20 多千克，从一次跑 20 圈，逐步增加到一次 40 圈，16 千米。教导员告诉我们："别看吕清维身材不是最魁梧的，但是他的体能训练、作战技术训练绝对是走在前面的，成绩很好。"在队部办公室里，吕清维自豪地展示了由他设计、制作的中队宣传海报，以及由他拍摄制作的摄影作品。

2015 年 2 月，缅甸北部爆发战乱，已危及我们国家人民的生命财产安全。吕清维和他的战友奉命前往边境地区维护边境安全稳定。吕清维告诉记者，那时，他目睹了战乱给边境人民生命财产安全带来的破坏，让很多人失去了生命，失去了亲人，失去了家庭，战争是离他们如此之近。想一想，我们能远离战争，能有和平的生活环境，是多么的来之不易。我们真的要好好珍惜今天的幸福生活。

陈勇均:"辣白菜"的军旅人生

陈勇均,男,北京化工大学理学院 2013 级学生,辽宁抚顺人。因为爱吃"辣白菜",所以在部队里就有了"辣白菜"的绰号。

见到陈勇均的第一件事情,就是帮他接通与学校理学院孟庆云老师的电话。早在来看望陈勇均之前,孟老师就叮嘱,一定要代他向陈勇均问好,鼓励他在部队好好服役。

"刚刚入伍的时候,我是被分配到勐宋口岸,执行查缉任务的。我还清晰地记得,那是 2015 年的 9 月 18 日,我在晚上查缉。晚上九十点的时候,有三个人驾驶两辆摩托车迎面开来。拦下来询问,原来是三名缅甸人。在其中一人的摩托车上发现了一个塑料袋,打开一看,10 块冰毒。""前面这个摩托车的不说话,后面的那个就要跑。我跟战友三步并做两步,一脚把他踹了下去。""很惊险啊!""当时没有觉得害怕,后来想想,还是有点后怕,因为也不知道他们是否携带武器。后来,我也获得了个人三等功一次。"

"后来,我被调到了机动中队,机动中队就以训练为主,在紧急情况下,执行反恐维稳任务,职责也不同了。我的边防军旅人生还是比别人更丰富的。"

"退伍后,你有什么打算?""8 月底,我就要退伍了。退伍后回学校,我得赶紧把落下的课程补起来。回去后就要大四了,也要面临就业了。""你是会三种语言吧?""嗯,我是朝鲜族。所以,除了会汉语,还有英语、朝鲜语。""得抓住优势呢!""我想着回去后还是得找找孟老师,让老师为我指导指导。"

王冠、王泽晨:兄弟"狙击手"

见到王冠、王泽晨的时候,他们正趴在地上,端着狙击步枪进行射击练习。得到批准之后,记者才可以在训练间隙的十几分钟和他们聊一聊,向他们带来学校老师和同学们的问候。王冠、王泽晨是北京化工大学文法学院的学生。2015 年 9 月,两人一起在云南边防西双版纳机动一中队服役。今年 6 月,两人又一起被选调参加集训,主攻狙击,成为集训队伍中的兄弟"狙击手"。

王冠说:"狙击是实施震慑,近距离歼灭敌人的重要手段。狙击实施一旦失败,将会造成暴露,很有可能对敌我双方形势造成巨大影响。因此,成为一名合格的、优秀的狙击手,除了要求有高超的技术之外,还要求有过硬的心理素质。"

狙击手要练身体,他们平常的拉练负重30千克,从景洪市走到勐海县(大约50千米),一走就是一个白天。其他战士可能在下大雨的时候就不用训练了,狙击手们反而是要在这样的天气趴在泥水里,一个小时、两个小时,一动不动。狙击手还要练心理,他们有一项"捡石子"的训练项目:一共200个小石子,班长随意一把捡走一些,剩下的,每个战士在规定时间里数,数错一个石子,跑一圈。在数石子的时候,还会有人在旁边打扰你,敲锣打鼓放鞭炮。记者问王泽晨:"你跑了几圈?"王泽晨很不好意思地说:"两圈。"

王冠向大家骄傲地展示着他们的训练成果:两枚打穿了的瓶盖。100米,静态打穿瓶盖,是狙击训练中比较高的水平了。这几个瓶盖,他们格外珍惜,说:"目前的技术还不稳定,还需要更刻苦的训练才能让技术稳定,才能成为合格的狙击手。"

写在最后

我们的行程有限,没能看望每一位驻守边防的大学生士兵;我们的笔墨亦有限,没能详细记录看望的每一位大学生士兵的全部事迹。无论是我们探望途中偶遇的道路塌方、泥石流等危险,还是凌晨半夜跟随边防战士在边境线设点稽查,这对于我们只是一次体验、一次经历。而对于我们的每一位大学生士兵,他们所面对的情况不知要比这凶险多少倍,他们身上所展现出的不畏艰险、不惧生死的气概,让人敬佩,甚或是敬畏。我们很难想象,这些十八九岁的"娃子",昨天还是校园里的"嫩苗",今天却已是矗立边防的大树。在"八一"建军节这个特殊的日子里,无论你是在享受假期旅游的惬意,还是在教室里挥汗如雨备战考研,无论你是在绕膝父母享受天伦之乐,还是奔走在大街上兼职打工,让我们一起向他们的青春致敬!向他们卫国戍边的青春致敬!(来源/党委宣传部)

本文发表于2016年8月

新校区建设"招标人"的故事

走进新校区招标采购办公室（以下简称"招标办"）的大门，电话铃声正此起彼伏。"不好意思，我得接个电话。"他们稍微点头致意，还没说完这句话，就拿起了话筒——这是此次采访中常见的一幕，而这样的一幕一幕，也构成了他们每天的工作和生活。

招标是建设施工的前置工作，招标工作的顺利与否直接影响着后续施工的启动和工期。同时，"招标"又是个非常敏感的环节——这是个卡在"钱"字上的关口。我校新校区建设规模大、工期长，仅一期工程就涉及几十亿资金——这更彰显了招标工作在整个新校区建设中的重要性。

每一个字句都有章可循

在接受采访的时候，甄老师刚接完一个电话。新校区建设指挥部成立不久，他就来到了这里，处理招标的相关工作。

新校区招标办的工作是将工程部、技术部、预算部等各个部门的需求汇总，为建设选出最符合要求的合作单位和产品。此外，新校区建设指挥部日常办公用品的采购，新校区建设过程中所涉及的所有合同也都由招标办负责。

在密密麻麻的文档里，甄老师很快找到了想要的文件。这是新校区建设第一标段（第一教学楼、第一实验楼）施工总承包招标的标书，也是新校区总承包招标的第一份招标文件。在这份 341 页的标书里，清楚地记录着这两栋单体建设的每一个技术指标和细节需求。他还清楚地记得，为了这份文件，他们准备了一个多月，在拟订的时候讨论了整整两天，到最终定稿的时候，这份文件已经被修改到了第 14 稿。

这些招标文件大部分都存放在新校区建设指挥部的档案室里，二十多平方米的屋子里，一本本厚厚的文件塞满了铁架子。在这些文件中，这份 341 页的标书不是最大的，也不是最厚的。这一本本"大部头"的每一个字句也都有章可循。

"新校区的招标工作跟校内其他工作差别很大，我们也没什么参考的，都是摸着石头过河。"新校区建设时间紧，任务重，为了加快进度，招标办的人硬是边学边干，结合新校区招标工作的实际，摸索制定出了新校区建设的"合同网络图"，从头开始规划新校区总体招标工作。同时，招标办依据国家和市级相关法律法规，参考行业规范，相继制定了《新校区建设招标采购管理暂行办法》《新校区建设招标采购管理暂行办法实施细则》《新校区建设暂估价项目招标采购管理办法》《新校区建设项目招标代理机构管理办法》《新校区建设招标采购企业考察管理办法》等相关规章制度，保障新校区招标工作合法、科学、有序地进行。

"对招标工作而言，只要有一处审查不到位，结果最后肯定会显现出来，所以我们的责任特别大，一处也马虎不得。"

"哪里舍得休息"

暑假刚刚结束，许多人正慢慢从假期轻松的氛围中走出来，开始重新适应紧张的上班生活。但对新校区建设指挥部的人来说，这种状态与他们毫无关系。从成立之日起，他们的寒暑假便只是一周的轮休，而即使是这样，李老师这个假期也没有休息。"工期太紧了，哪里舍得休息啊。"采访时，他刚从一个评标会的现场赶回来。与甄老师一样，他也是招标办的"元老"之一。

为了让新校区建设顺利进行，招标办的每个人都承受着巨大的压力。"加班"已经是一种常态，而因为新校区地理位置的限制，他们几乎从未按时下班回家。"我们这里的时间能缩短就缩短一点，好为后面的工程腾出时间。"说着，李老师又打开电脑，开始修改一份标书。

以一个三到四亿元的施工标招标为例，按照新校区招标工作的流程，这个标从开始准备到投入市场需要75天左右，而由于新校区工期较紧，他们经常要"多标并招"，这意味着目前仅有的四位全职工作人员要身兼数职，在不同的"标"之间来回变换角色，在短短的时间里完成调研、考察、询价、文件起草、接受报名、现场踏勘、回复质疑，以及组织开标、评标、清标、定标、公示、签约等一系列工作。在他们的工作表上，几乎隔两三天就要开始一个新的招标项目，而从年初到这个暑假结束，他们已经完成了十几个标的招标工作。

"宁可流标，都绝不能将就"

高老师是全职老师中经验最为丰富的一位。在来到新校区建设指挥部之前，她就从事过相关的工作，但是面对新校区的招标工作，她有时候也会力不从心。"有一些情况之前也没有遇到，只能一边工作一边学习；而对以前遇到的情况，现在也会有一些新的问题和看法。"

自从来到招标办，经她手的已经有大大小小的几十个标。"无论金额大小，都要一步不差地走流程，这样才能确保万无一失。"

在招标过程中，金额大的标往往市场广阔，承包商的数量多，规模大，招标有着较大的选择空间；而一些金额较小的标，由于市场需求少，承包商的数量和质量都有所下降。而这些"小标"影响的是人的主观感受。正是因此，与前者相比，后者更值得关注。"'小标'体现的是一座建筑的'软实力'，这对一座现代化的建筑而言尤为重要。"对这些"小标"，他们的态度很明确："我们招来每一个标，如果失误的话是不能再重来的，无论哪一个，宁可流标，都决不能将就。"

"我们都明白这是为了什么"

下午三点多，记者敲开了张老师办公室的门。"不好意思，我这里还有个合同要处理，麻烦稍等下吧。"他正说着，手边的电话又响了起来。2013年4月，新校区指挥部刚刚成立的时候他就来了这里，现在已经是他在这里工作的第四个年头。

大约二十分钟后，合同处理结束了，记者再次走进了他的办公室。

"压力、责任，这是从事新校区招标工作给我最深刻的印象，选择到单位，选出好单位，这是我们一直以来努力的目标。"在采访中，张老师如是说。

我校招标工作一直秉持着"公开、公平、公正"的原则，但真正做到这样却并不容易。"我们的工作一直有'两不'原则，就是'不吃供应商一顿饭，不拿供应商一样东西'。"在招标办，工作人员都不得私下与供应商接触，即使在新校区内接洽工作，与供应商见面也得有两人以上在场。"不存私心，这不单单是为了学校，也是为了我们自己。"

合理、合法、经得起推敲——这是新校区招标工作一直以来的追求。但这背后包含着的是每位工作人员辛勤的付出。每一份标书，每一份合同，每位招标办的工作人员都会逐条逐句地反复推敲、审阅，精确到一个标点符号，而代理机构刚开始很多文件都是套模板了事，所以他们甚至改变了代理机构的工作习惯。"有时候晚上十点把文件给对方发过去了，他们十二点多再给我们发回来"，张老师说，"他们说，从来没遇到我们这样的单位，招标文件都可以写一本博士论文了"。

后记

2013年至2014年，新校区招标办顺利完成了新校区建设有关招标代理机构、造价咨询服务、设计、勘察、基础设施施工等招标采购工作。2015年至今，招标办陆续启动并全部完成了一期工程十类单体建筑施工总承包及工程监理的招标，顺利地完成了招标、签约、备案等工作。2013年至今，新校区招标办完成以学校作为招标采购人委托或自行招标项目59项，自行采购项目161项，签订合同332份，合同总金额近20亿元；完成新校区建设暂估价项目招标13项，采购项目1项，签订合同14份，合同总金额2亿多元。

这是我们能看得见的数字，我们看不到的是这每一个数字背后的真诚、汗水和付出，里面饱含的是每一位"招标人"对新校区无私的奉献。未来，他们还将继续忙碌在第一线，为新校区的建设保驾护航，输送源源不断的动力。新校区"招标人"的故事，还会一直未完待续……（文/梁若昕）

本文发表于2016年9月

图书馆"诞生记"

来到新校区,远远就能看到图书馆正立在一座座塔吊之中。它的"绿幕"已经拆掉,外墙流畅的线条已具雏形,它就是新校区的第一栋单体建筑——图书馆。2015年的9月28日,这里还是一片空旷的荒地,一铲黄土在空中扬起——图书馆正式奠基。转眼间,图书馆迎来了它的"一岁"生日,在过去的一年里,它正发生着巨大的变化……

20个月的距离

对一所大学而言,图书馆是"灵魂"之一,不仅因为它是校园学习生活的重要场所,更因为它几乎储存着一所大学所有的知识和能量、传承与积淀。作为新校区的核心建筑之一,图书馆从建设伊始便被外界寄予厚望。

图书馆的设计早在2013年7月就正式启动。考虑到师生的使用需求和新校区总体设计规划,学校几次召开会议,征求各方意见,设计方案七易其稿。终于,同年10月底,设计方案初步确定。

但这对图书馆建设工作而言,才是刚刚开始。

一个设计方案到一张张施工图之间的距离有多远?答案是20个月。在这20个月里,工程师们对设计方案进行扩充,将设计图纸上那座气派的建筑落实到每一个精确的数据上。每一个数据的背后都是他们若干次的讨论,因为一个小小的失误都可能导致整个过程重来。他们经常说的一句话就是"数据不敢错,也错不起"。在那20个月里,让大家印象最深刻的是许多次在讨论间歇中看看窗外,上一次抬头时还在半空的太阳已经快要沉到山下……终于,2015年6月,图书馆的施工图正式确定,图书馆的建设也即将拉开帷幕。

每次提到这些的时候,新校区建设指挥部技术部的赵老师总是有些感慨。"我们的目标是把图书馆做成学校的地标建筑,每一步都要慎重,毕竟它存在的时间比我们更久。"

"时间就是命令"

在图书馆的封顶仪式上，土木工程师姜昕鹏比谁都高兴。他负责图书馆的土木建设工作，这是他亲手塑造的又一个"孩子"。"虽然进程有些小波折，但想想这里以后会有许多年轻的孩子在这里学习，还是很满足。"姜工如是说。

而 2015 年的施工的确让姜工有些无奈。十一、十二月降水量比往年异常地多，导致图书馆基础施工等许多作业迟迟不能完成，后续的工程也只能延迟进行。而到了 12 月底，因为雾霾、大风、极寒等种种恶劣天气的影响，图书馆的施工停摆过三四次，这严重影响了工人的工作热情。春节假期也是姜工无奈的另一个因素——这意味着新校区的建设又要停摆二十天左右。尽管过了大半年，但姜工说起这些事情的时候还是有些紧张。"图书馆的工期很紧张，时间就命令，不能耽误。"

图书馆的水暖工程师高晓辰对此也是深有体会。他和其他几位水电工程师一起负责图书馆水暖及各种线路的排布。每一堵墙，每一个吊顶里都藏着他们的精巧和心思。他们的工作伴随着土木建筑，贯穿了图书馆建设的始终。他们要根据实地情况模拟出最优方案，建筑的设计、装修等都是他们要考虑的因素——这意味着他们找到最优方案的时间被压缩在土木建筑紧张的工期里。"我们得几个人一起做，因为一个人不够用。"他笑道。

尽管如此，图书馆建设依然在稳步推进。今年 2 月 29 日，图书馆 B1 区地下室顶板浇筑，冲出正负零，这意味着地下部分的施工已经顺利完成，图书馆"出"了地面；7 月 19 日，图书馆正式封顶，这意味着图书馆的主体结构已经全部完成。现在，图书馆正在进行二次结构的砌筑及外幕墙的施工，机电安装工作也已经展开，预计明年 6 月份完成交付。

"经得起考验"

劲峰是房屋建筑工程部的部长，新校区一期所有单体建筑都"绑"在他身上，他经常笑自己"一刻也闲不下来"。说到图书馆的建设，他感叹道："图书馆的建设是经得起考验的。"

从图书馆施工开始，"质量"就是一个被所有工程师挂在嘴边的词。综合各种因素，图书馆冲击"鲁班奖"有很大的希望——这是我国建筑行业工程质量的最高荣誉奖。为了达到这个目标，他们在工作中要求极为严苛，"一个螺丝钉都不能错"。

图书馆的外观像一摞错落摆放的书，这种设计赢得了许多人的赞赏，但也意味着内部复杂的结构和设计，这对工程的质量、安全和进度提出了更高的要求，无疑加大了施工的难度。所以在施工中，工程师们要经常与设计单位、监理单位、施工人员、技术人员、预算人员、行业资深专家等一起探讨，大会小会成了家常便饭；他们还会在深夜到工地进行查访，及时解决现场施工中各种各样问题，确保工程顺利进行。

在天气好的晚上，巨大的探照灯照亮了高高耸立的塔吊，也照亮了工程师们匆匆的身影，他们的身后，黑色的山体隐隐可见。锤子的敲击发出清脆的声音，回荡在图书馆的周围，即使走远了也隐约可以听见。他们说，这对他们和建筑，都是考验。

后记

新校区——说起这几个字只是轻描淡写，但背后却凝聚着几代北化人的心血。图书馆的建设还在如火如荼地进行着，这只是新校区建设的一个缩影。当看到一栋栋建筑正拔地而起，当走到这片土地，我们才能够感受到走过58年的北京化工大学新的心跳……（文/梁若昕）

本文发表于2016年9月

新校区体育馆"顶升"纪实

2016年10月9日是国庆假期后的第二天,许多人正逐渐从假期的状态中恢复过来,新校区体育馆的施工现场气氛却有些紧张,所有人的目光都盯在工地旁小小的电脑屏幕上——一项项数据正在不断地变化着。数据终于定格,新校区体育馆大跨度钢结构网架成功升顶。这标志着该工程主体结构施工中难度最大的节点被顺利攻克——体育馆终于有"顶"了。

"'顶升',升的也是心里的大石头"

顶升是指利用工具将在地面上就地拼装或灌筑成型的屋盖结构逐步顶升到设计标高的施工方法。许多体育馆顶部都会有网架状的结构,顶升就是将这类结构升至体育馆顶部。新校区体育馆屋顶罩棚跨度较大,采用网架整体顶升的施工方案,即在地面上进行网架拼装,利用顶升支架把网架提升至目标高度。

顶升法较为先进,施工过程中涉及工艺及设备较多,而面对新校区建设时间短、任务重等现实情况,它便成了综合各方面的最优选择。

网架的零件有两千五百余个,想要把如此之多的零件在短短两个月之内制作、拼接并安装完成并非易事。这考验着施工人员的技术及协调能力——这确实让工作人员们发愁,他们感觉"心里压了一块大石头,沉甸甸的"。姜昕鹏是体育馆的土木工程师,也是众多网架拼接工作人员中的一员。8月23日网架开始拼装后,他每天去工地的次数由两三次变成了四五次。夜里新校区巨大的探照灯下,他还在加班加点地盯着组装进度,"时间太紧,恨不得跟他们一起干"。

网架顶升并不是一项单独的作业,屋面砌筑、幕墙、机电安装等专业都与顶升有搭接,现场交叉施工多,施工协调组织也是难点之一。为此工程师们不得不经常开"碰头会",沟通工程的进度问题。虽然这增加了他们的工作量,但他们也表示理解。"钢结构安装应该是整个项目施工的中心,但我们也都有各自的压力，只能互相体谅。"

14天后，网架完成了初次顶升。接着18天后，网架拼装完成。网架每上升一次，工作人员们的心里就稍微轻松一些。"'顶升'升的不只是网架，还有我们心里的大石头。"

"精确不仅是数字上的"

将一个巨大的网架"升"到屋顶并与底座无缝对接对施工的精确性提出了很高的要求，"监测"就成了顶升施工过程中提到最多的两个字。考虑到网架的体积、重量及形状构造，施工过程中关键部位的受力情况，网架的变形及位移情况，日照、温度等都可能会对工程的质量产生影响。

为了确保施工的精确进行，施工人员对结构进行施工全过程模拟，根据结果制定施工监测方案；同时对每一环节实施现场监测，了解实际结构不同施工阶段的变形状况和构件内部受力情况，用监测结果对施工全过程模拟进行修正。

"模拟和现场监测结果必须要互相印证，我们不允许有误差。"

他们的计算过程尤为严谨，拼装过程中就预先计算出各球节点空间坐标及相对坐标，精确控制各球节点间的相对位置，并在顶升过程中，利用预先粘贴在球节点上的反射片监测重要节点的位移，确保监测工作的精确性。

对施工人员来说，精确的意义还不止如此。他们还记得，在某次顶升结束后的监测中，他们发现网架的位移值和临界值十分靠近——这在理论上没有问题，但在实际中这可能会为后续施工及使用埋下隐患。他们立刻召开会议排查原因，并寻找解决的对策。

"我们要求的精确不仅是数字上的，更是实际使用中的。"

施工安全比天大

虽然每次顶升前都会进行方案模拟，但真正操作阶段仍会有误差，需要根据监测结果进行嵌补。嵌补施工是在高空填补好顶升过程中的缺口。由于其在高空作业，散件安装，安全防护难度较大，一不小心就会发生事故。好几次，姜昕鹏都为施工人员动作上小小的不规范而大动肝火。"有人才有工程，施工安全比什么都重要。"这是他最常说的话，语气里没有任何商量的余地。

在实地施工中，嵌补施工遵循从中间到两边、从下往上的补缺原则，尽量减少嵌补杆件受焊接应力和温度应力的影响，防止网架因嵌补而产生局部过大变形。工人们使用钢跳板搭设高空行走通道，对安全防护措施进行验算分析，嵌补完成后对焊点进行再次检测，以确保安全防护措施的安全性。每次嵌补姜昕鹏都亲自到工地上监督，盯着工人们的每个操作步骤，遇到不规范的操作，他就大声呵止，毫不留情。他说，对这些留情，就辜负了对工程的责任。

后记

体育馆目前已经完成了主体结构及二次结构施工，已经进入室内样板装修阶段。顶升完成后，体育馆也将继续启动屋顶的砌筑工作。体育馆凝聚着北化人的期待和希望，让我们共同期待这座雄伟的建筑，也让我们共同期待新校区，期待北京化工大学新的希望！（文/梁若昕）

本文发表于 2016 年 11 月

新校区建设的"较真儿人"

说起"审计",大多数人都会联想到成摞的报表,密密麻麻的数字,还有为了那些数字无比拧巴的人……在新校区有这样一群人,他们每天都这么"拧巴"地工作着,和数字较劲,和施工较劲,也在和自己较劲。他们有一个共同的名字,叫"审计人"。"精确"是他们最高的工作准则,却也是最大的压力来源。

麻烦事

谈到审计工作,夏老师无奈地笑了笑:"审计其实是个麻烦事。"新校区开始筹建时,夏老师便着手参与前期各项服务类合同的审计工作,他也是在新校区监督审计办公室工作时间最长的人。

造一栋楼到底要花多少钱?如果问审计人员这个问题,他们能够精确到"元"甚至更小的单位。"精确"是对审计工作唯一的要求,建设的每一笔花费都能从他们这里查个明白,审计的一切工作也都是围绕"资金"展开的。简而言之,他们要确保一栋建筑从投资立项到最终竣工结算之间的每个环节、每个步骤的资金流动都是合理合法的,这包括了投资立项阶段投资估算的审计,勘察设计阶段设计概算的审计,招投标阶段招标控制价的编制及审核,各项合同文件的审计,施工过程中对变更洽商签证费用的审计,还有后期工程竣工后的竣工结算审计等。同时,他们还要负责新校区建设校外审计公司的监督管理工作。这些过程复杂且漫长,贯穿了一栋建筑建设的全过程。这样看来,如果说施工建设是一栋建筑的孕育过程,那么审计工作更像负责了它的"前世"和"今生"。

施工并不是有了图纸就可以一劳永逸。一栋建筑从纸面落到地上需要经过许多次修改,地理位置、环境因素乃至施工因素等都会成为设计修改的原因,因此建设过程中因施工变动而产生的审计项目就成了他们最常接手的一类。审计人员在接到变动申请后,要到现场实地考察,根据现实情况给出审计意见。"每一个事项我们都要有审核意见,少一个也不行。"说着,夏老师打开了他们的管理软件。软件清楚地显示着,今年到目前为止,仅他一人名下的审核意见就多达 2200 余条。

从事审计工作二十几年,夏老师经手过的审计项目难以计数,对审计过程也早已轻车熟路。这次新校区审计工作他看得很重,也看得很轻:"新校区建设很重要,但我们要做的,就是认真地审核好每一笔费用。每一处都对了,整个工程自然也就对了。"

不得闲

在多数人印象中,审计工作就是坐在办公室里,审阅一摞摞的报表和密密麻麻的数字。但新校区建设的审计工作却不仅于此,他们得看文件,还得经常参与各类招标项目的考察,参加招标文件讨论会,确保能够监控到资金利用的每一个流程。

自从来到新校区,监督审计办公室的老师们很少休假,还有几位老师直接住在了那里,随时随地监督工程的变化。因为工期压力,他们经常在下班返回东区后,去食堂扒拉上几口饭,又匆匆地返回东区的办公室,继续与一本本文件、合同"斗争"几个小时,直到完成手头的工作。有位老师打趣道,若不是因为新校区建设,他也不会有机会在多年后再次看到学校的夜景。

年底更是他们"不得闲"的时候。各种付款和结算都扎堆在年底,可以预见到,今年年底将是他们最忙碌的一段时间,竣工结算审计也将列入计划——这是一栋建筑所有审计项目中工作量最大的一个。对他们而言,这又是一场"硬战"……

望来路

大学毕业之后夏老师就来到北化,这一干就是二十几年,这次新校区建设是他作为审计人员第三次参与学校重大建设项目。"我很幸运,赶上了学校几个重要的发展时期。"说到这里,夏老师的语气里有说不出的满足。

事实上,他每参与一个大的建设项目都意味着学校又进入一个快速建设发展的阶段。第一次是20世纪90年代，那时现在的北校区开始破土动工，第二次则是建设东校区的逸夫图书馆、科技实验楼。在他和同事们的见证下，这些建筑破土、动工、建设、竣工，像要破壳的鸟儿，铆足了劲啄破外壳，露出美丽的翅膀。这些变化在岁月里积聚、沉淀，凝聚成我校如今的规模和样貌。而那些他们经手过的建筑们，正在为一代代北化学子们挡风遮雨，成了他们学习知识、铸造梦想的殿堂，也成了他们青春岁月里难忘的回忆。

那时夏老师还年轻，而现在他已到中年。当年一起合作的同事们也都陆续离开了工作岗位，只剩下他又投入到新校区的建设中。"我们的人变了，但共同目标不会变，就是希望学校越来越好。"他说这话的时候背对着窗户，窗外的阳光正绕过他的身影撒进屋里，把桌子上笔的影子拉得好长……

"万花园内出新苑，众皆不识审计花。"1983年冬天，在北京装甲兵招待所，新中国第一任审计长于明涛亲笔写下了这样两句话；三十多年后，在新校区监督审计办公室，有这样一群人，秉承着审计人的忠诚与责任，来来回回地思索，反反复复地推敲，为新校区建设把好命脉，守住关卡。为审计者，审大计也……（文/梁若昕）

本文发表于2017年3月

驻守在离天空最近地方的"北化人"

——北京化工大学驻藏大学生士兵服役情况纪实

这里的平均海拔在 3300 米以上,气候寒冷,空气稀薄。这里位于西藏与四川、青海、云南交界的咽喉部位,是川藏、滇藏公路的交会之处,同样是西藏自治区的东大门,被誉为"藏东明珠"。

扎曲和昂曲两条河流在此汇聚,以"澜沧江"的名字沿横断山脉奔腾而下,流经东南亚多个国家,滋养了千年文明。

这里也有一群战士,十几个月前,他们还是北京化工大学校园里的学生,而现在,他们却在几千千米外的青藏高原上,头顶国徽,手握钢枪,驻守在离天空最近的地方,践行着军人的誓言。

赵纪彬:高原上的扬旗手

用赵纪彬的话说,自己似乎命中注定就应该当兵。怀着对绿色军装的向往,他在大一时加入了学校的国旗护卫队,出色的综合素质让他在一众队员中脱颖而出,被选为手执礼刀的"刀手"。但他总觉得,国旗护卫队的制服虽然帅气,但毕竟不是真正的军装,心中对于军旅的渴望,没有因为参加国旗护卫队而消减,反而更加强烈。为了从军,他跟自己较劲了三年,也和父母"斗争"了许久,终于在即将超龄的最后一年,踏上了开往部队的末班车。

阳光帅气的外表和出色的身体素质让他迅速崭露头角:因为在国旗护卫队的训练经历,队列科目成绩优秀,在新兵连就给全团新兵进行队列示范;新训结束后连里评选"优秀士兵",他更是高票当选;部队入藏后,他的体能优势更凸显了出来,即便是被大家谈虎色变的武装 5 千米越野也难不倒他。一次偶然的机会,他被选为团国旗护卫队的扬旗手,这让他的军营生活与校园生活突然间有了重合,让他恍惚间觉得,"那些日子又回来了"。

时至今日，他还清楚地记得第一次升旗时的情景。那天他紧张得要命，感觉心都要从胸膛里跳出来了。虽然也曾经多次在学校参加升旗仪式，但紧张感从没有像这次这样强烈。场地不大，全团几百双眼睛都炯炯地注视着他们；战士们双手垂在身体两侧，肃穆又庄严。他突然觉得，这次是"来真的"了，自己终于穿上了真正的军装；而身边的，正是曾经被自己视为生命的国旗。

随着指挥员一声令下，他和另外一位护旗手手捧国旗，迈着整齐的步伐向升旗台走去。挂上国旗，他挽起国旗鲜红的一角蓄势待发，当雄壮的国歌声响起，他用尽全力将手中的国旗抛向空中，鲜红的旗帜顺着高原的晨风一下子飘扬起来。他抬起右臂，向国旗敬了一个标准的军礼。头上，天空湛蓝，白云朵朵；远处，雪山隐现，草原苍茫……这一刻，在他脑海中深深定格。

部队的升旗活动没有在学校时组织频繁，但每个月抽出时间来和战友们一起筹备升旗仪式，已经成了赵纪彬的一种"职业习惯"。他希望，在退伍之前，能够把这面旗一直升下去；在退伍后，他将把这面高原旗留在心里，带回学校，带去远方……

张思远 刘威力：驰骋在高原

要问从拉萨到昌都有多远，汽车连的许多战士都有发言权。用刘威力的话说，从拉萨开车到昌都简直不能更"酸爽"。

2016年4月，部队接到命令需要从营区进藏担负任务。刘威力原来是装甲车的驾驶员，部队进藏时缺司机，就把他借调到了汽车连。和他一起来的还有同样来自北化的张思远，两人从新兵连起便一直在同一连队，一年多的时间相处下来，早已经成了要好的哥们儿。

刘威力是随着装备梯队搭乘火车进藏的。列车驶过海拔五千多米的唐古拉山口时下雪了，巍峨的雪山在簌簌的落雪中更加美丽神秘，而原本热闹的车厢却陷入了无边的寂静，刘威力和战友们无心欣赏这美丽的景色——强烈的高原反应让他们感觉晕乎乎的。刘威力说，当时能够听见的只有火车轮和铁轨摩擦发出的轰鸣声。

火车在路上颠簸了两天，终于到达拉萨，在短暂的休整之后，他们又开车踏上了去昌都的路。

那条路上有许多海拔4000米以上的高山，山顶皑皑的白雪依稀可见。在旅行者眼中，这是无比壮美的风景，但对汽车兵们来说，这是不敢眨一下眼的险道。路只有两车宽，一边是峭壁，另一边则是高耸的山崖，崖下是激流滚滚的江水。老兵说这段路有 99 道弯，远远看去，就像一条曲折的哈达挂在一座座高山之上。

虽然已经是 4 月，但藏区还是不时会见到雪花蹁跹，白晃晃的积雪让人有些睁不开眼。刘威力赶快找出墨镜，避免引起雪盲。因为缺乏驾驶经验，他只能坐在副驾驶上，给老兵当副手。在路上，他们经常遇到被落石砸中的地方车辆，车的前机盖都陷了下去……每每看到这些，他的心都提到了嗓子眼，一点也不敢放松。

经过三天四夜的长途跋涉，他们终于到达了昌都；同一时间，张思远也随部队抵达邦达机场。对作为汽车兵的他们而言，真正的"历练"才刚刚开始。

军用运输车有八米多长、三米高，把它倒入车库要比小客车难上许多。两人练了很多次，还是一不小心就会蹭到倒车杆。班长的训话时不时响起，小伙子的倔劲一下子就冒了出来：非得练好不可！

在之后一个多礼拜的午休时间，大家经常会在练车场看到刘威力或者张思远的身影。中午的高原光照强烈，驾驶室内热气腾腾，动不了几下汗珠就顺着毛孔往外淌。车里的小伙子一丝不苟地盯着后视镜，手把着方向盘，心里计算着车和边线的距离。"铛"的一声从车尾传来，车又撞上了车杆。不知道听到多少次"铛"的声音之后，车终于稳稳地停到了边界线之内。张思远不知道用什么词才能形容那个时候的心情，"反正就是特别高兴"。

从驻地到邦达机场有一百六十多千米，像从拉萨来的路一般，蜿蜒崎岖，两侧依然是悬崖峭壁，还有奔腾不息的澜沧江。这条路连接着山里和山外，承担运输部队的物资和给养的重任，是部队的生命线。现在，他们俩已经在这条线上行驶了一年，圆满完成了多次运输与训练任务，两人的累计行程都达到了三千千米。再过几天，他们又要坐进驾驶室，在这条生命线上继续驰骋……

熊书锋：跨界多面手

2016 年 4 月份连队调动，要选拔新的炊事员。炊事员属后勤岗位，平时训练少，自由度较高，是许多战士眼中的"香饽饽"。起初熊书锋对这个岗位并不感兴趣，却因为连队要选素质最好的战士而"被选拔"了上来，开始了"大厨"生涯。

当炊事员比想象中难得多，光培训学习就足足有一个月。在这一个月里，他每天都要观摩学习，背诵各类菜品的制作方法，掌握各种厨房应急措施……在厨训结束后，他终于能够独立做出一桌可口的饭菜。看着战友们狼吞虎咽，他觉得所做的一切都是值得的。"战友们能及时吃上热乎、干净的饭，就是我们工作的意义。我们做的是后勤保障工作，就是要保障他们的生活，让他们能心无旁骛地训练生活，这与在训练场上刻苦训练同样重要。"他说。

炊事员经历也让他对父母的付出有了更深的体会。"以前在家饭来张口，不知道做一顿饭要费这么大的劲，以后等回到家，我要做饭给他们吃。"他腼腆地笑着说。

随后，作为连队里少有的"高才生"，他又被调到连部担任文书，但每天面对着电脑、登记本并不是他想要的军旅生活，便主动请缨"弃笔从戎"，回到了班排。现在在工作训练之余，他发挥自己的特长，充当起了连队的通讯员，用笔和镜头记录着这里的故事。他庆幸自己参军的选择，"只要来到部队，就会有成长"。

这种成长还体现在思想观念上。现在熊书锋说话时不时会带出"形势任务""工作指示"之类的词，这和以前的他可大不一样。此前，身为"90后"的他个性张扬，对政治问题毫无兴趣，觉得与自己关系不大。但在参观完团史馆后，这些想法开始转变了。

熊书锋所在部队的前身是战功赫赫的"老五团"，先后参加过抗日战争、解放战争和抗美援朝战争，先后涌现出很多英模人物和英雄集体。在抗战胜利70周年大阅兵时走过天安门广场的武警部队方阵中，有七面红军旗帜，其中的"血战磨河滩钢铁连"就来自这支部队。熊书锋还清楚地记得，当时听着老兵讲团史，看到"老五团"的先烈们为了革命的胜利浴血奋战、壮烈牺牲的画面时，他的心跳得很快，胸腔里有一种喷薄而出的自豪感。那一刻他突然感觉到了身为一名"老五团"传人肩上所承担的责任。"没有他们就没有今天的我们，我们应该而且必须把这些伟大的精神和血统永远传承下去。"这些话深深地烙印在他的心上。

陈滨滨：闽南小子的军旅生涯

说到军旅情结，陈滨滨恐怕是这几位战士中最深的一个。为了来参军，他可是反复折腾了几回。高考时，他报考了军校，但未被录取，而后又报名飞行员，因为身体原因落选，两次与军营擦肩而过的经历使他对部队的向往更加强烈。在大学里，刚刚上完大一的他看到了校武装部的征兵海报，便毫不犹豫地再次报了名，体测、体检、政审，在经过一次次严格的审核后，入伍通知书如约而至。他终于如愿以偿地穿上了军装，戴上大红花，带着对部队的憧憬和向往，走进了绿色的军营。

"为什么这么想要来参军？"

"这是我从小的梦想。"

为了圆这个梦，陈滨滨从入学初就开始着手准备。进入大学，周围同学都像是飞出了笼子的小鸟，尽情地挥霍着刚刚得来的自由，而他的身影与周围同学有些格格不入：每天雷打不动地坚持跑步、按时作息，为的就是打下好的身体基础，顺利入伍。

刚到部队时，陈滨滨体格瘦弱，胳膊和肩膀没什么力气，但却被分到了迫击炮班，每天都要操作20多千克重的炮筒训练，这对体格单薄的他来说是一项严酷的挑战，果不其然在第一次考核中就拿了一个不及格的成绩。但这并没有打消他的积极性，反而激发出了这个闽南小子心里的"轴劲"，他告诉自己，一定要练好！当别的战友还在休息时，他就偷偷地扛起炮筒，到训练场地里来来回回地练习。几次之后，他的右肩就肿了起来，但迷彩服一披，他又像没事人一样。时间就在一次次默默的训练中悄悄流逝着，几周以后，他已经能让沉重的炮筒在手中运用自如。

"当时感觉肩膀疼吗？"

"还好，我也不太记得了。"

为了增强臂力，他专门加强单杠二练习的训练，从一开始的8个、10个，到后来的30多个、40多个，长期握住单杠来回翻转，使手上的老茧磨破了一层又一层，但他毫无怨言。功夫不负有心人，在一次团里组织的"训练达人"评比中，他在战友们的见证下，以一口气做101个单杠二练习的成绩刷新了团里的纪录，也获得了"警营许三多"的"雅号"。这让他在训练中找到了快乐，他决定要一直这样练下去。"我想用这个项目来挑战自己，看看自己究竟能做成什么样。"他说道。

写在最后

4月底行驶在高原公路上，草原正在渐渐苏醒，一群群牦牛悠闲地散步；远处，苍茫的雪山若隐若现，山顶长年包裹的雪衣看起来高远又神秘——这风景是美丽的，但这份美丽却需要更多人来守护，而我们很庆幸，在千里之外终于见到了这些人。

　　与这些战士的相逢是在海拔两千多米的高原上——这是离天空最近的地方，最近的却也仅仅是天空。这里地处偏僻，空气稀薄，初上高原时，强烈的紫外线让人睁不开眼，走路稍微快些就会气喘吁吁……这些对我们而言都只是一次短暂的经历，但对他们而言却是每天都要面对的日常。他们就是我们身边普普通通的同学，或许曾和我们在校园的某个角落里擦肩，但也就是他们，正在克服恶劣的条件，在这苍茫的高原上，一步步长成挺拔的树，扎根在离来路几千公里的地方。他们在这里的短短几年是辽阔大地存在千万年中的一瞬，却是他们人生中最美丽的年华。在最后一次采访结束的时候，我们目送战士回到营地，夕阳下的他的影子被拉得老长，我们突然发觉，印象中那个十八九岁的战士已不再是个孩子，而已经是一名真真正正的军人了，正是他们，把青春播撒在这雪域高原之上，就像春回大地时漫山遍野的格桑花，用自己的美丽装点着距离天空最近的地方。（文/梁若昕）

本文发表于 2017 年 5 月

"数"说新校区,这些数字你应该知道

2014年6月12日,昌平东北部马鞍山的山脚下人头攒动,格外热闹,北京化工大学新校区奠基仪式正在这里隆重举行。"……相信通过社会各界、广大校友及全校师生员工的共同努力,昌平新校区建设必将取得圆满成功!"党委书记王芳话音未落,台下早已掌声雷动。掌声挟着机器的轰鸣,在山脚下久久回荡……

三年的时光对于普通师生,可能转瞬即逝,但是对于新校区的建设,这三年承载的是北京化工大学发展建设的责任和使命。三年里,征地工作圆满完成,总体规划达成共识,单体建筑拔地而起,生态环境生机盎然……在新校区即将投入使用的时候,我们以"数"为线索,带领大家回顾新校区建设的点滴……

1964亩:新校区征地总面积1964亩,校园内面积1789亩,规划总建设规模为104.59万平方米

出于历史原因,北京化工大学原由3个校区组成,但总体占地面积仅812亩,随着学校事业的快速发展,基本办学用房和科研用房紧张已经成为制约学校发展的重要因素。为拓展办学空间,积极响应国家号召,疏解北京非首都核心功能,从2003年开始,学校在通州、大兴、顺义、房山、平谷等区县进行新校区选址,选址工作历时八年,综合考察交通、环境等多方面因素,学校决定在昌平区建设新校区。2016年3月,新校区取得全部1551亩国有建设用地不动产权证书。

新校区位于昌平区南口镇东北部的马鞍山地区,距八达岭高速陈庄出口约2千米。东邻清华核能技术研究院,西邻待开发住宅小区,北靠海拔215米的马鞍山。从新校区到东校区距离约为45千米,乘车约50分钟。

37.3 亿：新校区一期建设预计投入资金 37.3 亿

经测算，新校区建设一期共征地并投入建设 10 个单体项目、28 个基础设施项目，采购实验设备及配套家具预计总投资约 37.3 亿元，其中包括征地费用约 9.8 亿元，单体项目建设费用约 19.5 亿元，基础设施建设费用约 5 亿元，实验设备及家具购置费用约 3 亿元。

新校区一期建设投资金额巨大，建设标准极高，环保要求严格，材料设备品质一流。建设过程中，在厉行节约、严控成本的前提下，秉持"一线品牌、一流品质、国产优先"的原则进行材料、设备的选择。在招标采购过程中，每项重要材料设备推荐至少 3 个国内外一流品牌；在施工过程中，严查材料设备质量及施工质量，确保项目建设品质和环保标准。

10 栋单体建筑：新校区一期共建设教学楼、实验楼、图书馆、体育馆等 10 个单体项目，共计 34.47 万平方米用房

2015 年 9 月 28 日，新校区举行了图书馆开工仪式，这标志着新校区单体建筑建设正式开始。新校区一期共建设教学楼、实验楼、图书馆、体育馆、学生公寓、食堂、工程训练中心、后勤服务楼 F 座、青年教师及留学生宿舍、锅炉房 10 个单体项目，共计 34.47 万平方米用房。今年九月，新校区将正式全面投入使用，届时将满足三个年级 1.2 万名本科生学习和生活的需要。

同时，新校区按照"一次规划，分期实施"的原则分三期建设，二期计划建设第二教学楼、第二实验楼、学生宿舍二期、大学生活动中心、校史博物馆、科技文化中心等 12 个单体项目共 22 万平方米用房，三期计划建设各类科研用房 34 万平方米。建成后将满足全部本科生和 50% 研究生共 1.83 万人及教职员工 1500 人学习和生活的需要。

绿建三星：新校区第一教学楼符合
我国绿色建筑评价最高级别标准
——绿建三星标准

按照我国《绿色建筑评价标准》规定，绿色建筑认证分为三个等级：18项达标为绿色一星；27项达标为绿色二星；35项达标为绿色三星，是中国绿色建筑评价标准中的最高级别。新校区一期10个单体项目实现了绿色建筑100%全覆盖，其中第一教学楼为绿建三星标准，第一实验楼、图书馆、体育馆为绿建二星标准，其余单体均满足绿建一星标准。

据新校区建设指挥部介绍，新校区教学楼教室、图书馆阅览区和宿舍墙壁均采用绿色无污染的硅藻泥材料；所采购的学习桌椅、床等配套设施均为板式或钢制家具，房门采用钢制转印门；体育馆采用进口复合聚乙烯运动地板等，并严格遵守国家相关环保标准；学校还专门委托具有资质的检测单位，待投入使用前进行严格的环境监测，确保室内无污染、无异味。

除建筑材料和采购设备严格遵守环保标准外，新校区教学楼内设置二氧化碳浓度监测设备，可适时启动新风系统，新风系统中的静电除尘装置可有效降低空气中的PM2.5有害颗粒物质的含量，确保空气质量清新，最大限度地保障师生身体健康。

2114套摄像头：新校区校园重点区域布设监控
摄像头共2114套，实现重点区域监控"全覆盖"

新校区规划建设和投入使用过程中，始终将"平安北化"建设作为根本原则，在校园重点区域、各楼宇出入口、公共走廊等位置均布设监控摄像头，其中室内共设置1955套（含人脸识别系统50套），室外重点区域159套。同时，在人员稀少或较偏僻的区域设置立柱报警装置16套，触发后可即刻定位报警地点；校园周边围墙上安装周界摄像头和电子围栏，共设置50个防区，防止人员翻越。

由于篇幅有限，此篇未能将新校区建设成果一一列出，仅能选取其中最具代表性的数字在此展现。我们也可从中窥见，一个崭新的北京化工大学新校区正如朝阳一般喷薄欲出。雄关漫道真如铁,而今迈步从头越。如今,新校区已经拔地而起,这必将是我校跨越式发展的又一座里程碑。同舟共济征远途,新区崛起耸云天,让我们携起手来,共同书写北京化工大学发展的宏伟蓝图。(文/梁若昕)

本文发表于 2017 年 7 月

"相遇"在北化的三代人

在昨天的游园活动中,一张图不胫而走,在北化人的朋友圈中引起了强烈的反响,这张图即"三代北化人"。图中的傅茂、傅国检、傅勖祖孙三代人在北化度过了悠长难忘的葱茏岁月,难以割舍的北化情结在他们身上流淌着。化大来而又往,在三人身上越系越紧的,是北京化工大学对三代人深深的羁绊。

一代奋斗:白手起家

傅茂老先生是学校的离休老师,也是三代北化传承的源起。1959年,从中国人民大学毕业不久的他从化工部调到学校的前身——北京化工学院,他经历了学校在南大楼临时校舍办学的艰难日子,也见到了今日昌平新校区的宏大与先进。内心万千思绪,但他口中却只说出几个字:"不忘初心呐!"

傅老先生踏实肯干,先担任学校首任团委书记,后又担任学校经济管理学院的前身——工业管理工程系的筹建负责人,是专业(学院)创建的元老。

"最初办这个系是光棍两人,没有教师,没有教材。我们是第一次办经济管理系,名字想了好久,开始叫管理工程,排列的时候是五系。"

工业管理工程系创建于1983年。在国家高等教育复苏之际,在一所以理工见长的大学创办文科专业,这听起来让人无比振奋,却也着实困难重重。没有教师,没有教材,也没有学生。傅老先生只能利用自己的关系,反复写申请,一遍一遍地跑手续,想尽各种办法和其他高校合作……历尽艰难,跟跟跄跄,他们终于把这第一个文科专业办了起来。自那之后,傅老先生便在系里工作,直到离休。

一代奉献：命运轮转，一生相伴

傅国检老师今年即将退休了。出于历史原因，傅老师曾在乡下短暂插队过一段时间，后进入北京大学学习图书馆学情报学专业。在母亲退休后，他便接替母亲，于1981年来校工作。十分巧合的是，傅老师也是1958年出生，今年也60岁了。可能正是因为这种缘分，他对学校有着特殊的感情。多年来，他收集了许多学校的校徽徽章，从最初红牌样式的一直到现在的。"改天拿给你们看看"，他嘴角带笑，"很多你们可能都没见过"。

一代成长：年少有约，心之所向

和爷爷爸爸都不同的是，北京化工大学是傅勖实实在在的"母校"——他是学校信息科学与技术学院自动化专业2004级本科生。从小他便住在学校的职工宿舍楼，儿时在太阳下疯跑的日子就在学校的校园里度过。学校的一砖一瓦都在他脑中编织，网罗起所有童年的记忆。在他眼中，北化就像鲁迅笔下的三味书屋，笔墨纸砚中还有无限乐趣。高中毕业填报志愿，傅勖放弃了上海、广州其他不错的选择，第一志愿就报了北京化工大学。在他的眼中，北化就像他的第二个家。

"当时特别激动。"傅勖回忆起收到录取通知书时说道。在本科即将毕业时，他又以交流生的身份到日本早稻田大学学习。他的前半生都浸在北化里，这所学校，就这样耳濡目染地左右着他生活的足迹。

采访手记

因为年岁已高，傅老先生只能借助轮椅，由人推扶前行。临走之前，他与我们握手，笑着说感谢。花白的头发闪着银光。这里是他们奋斗过的地方，是他们奉献过的地方，更是他们成长的地方。

六十载同舟风雨，从化工学院到化工大学，六十载的轮回在三代人身上传承。而在远方，还有万千的北化人，有着割舍不断的牵绊……（来源/党委宣传部）

本文发表于2018年9月

鸿雁南飞，他们的心却留在了北方草原

"鸿雁/天空上/对对排成行/江水长/秋草黄/草原上琴声忧伤/鸿雁/向南方/飞过芦苇荡/天苍茫/雁何往/心中是北方家乡……"

一曲《鸿雁》传遍大江南北。这首传唱度极高的内蒙古民歌高远悠扬，让人听到脑海中便不自觉地浮现出草原的苍茫与辽阔。而对北京化工大学研究生支教团的成员们而言，这个词如今有了一个新的含义，那便是他们自发成立的助学金。他们希望，这项助学金能够变成他们与保康第三中学（以下简称"保康三中"）的孩子们之间的纽带，帮助这些草原上的孩子们飞得更高更远，宛如报信的鸿雁一般，为家乡的发展带来好消息。

一年南归心向北

在历史上，内蒙古科尔沁左翼中旗（以下简称"科左中旗"）曾是一个闪亮的名字，这里是清代辅佐两代帝王的孝庄文皇后的故居，涌现出了抗垦起义的嘎达梅林、世界马头琴大师齐宝力高等众多杰出人物，有着优良的精神传统和深厚的文化底蕴。而时代发展滚滚向前的车轮似乎忘却了这片曾经辉煌的土地，由于自然条件和地理位置等因素的影响，这里的发展愈加迟缓，目前，科左中旗是国家扶贫开发重点县、自治区革命老区和通辽市扶贫增收重点旗。自2011年起，北京化工大学定点扶贫科左中旗，并从2015年起每年选派研究生支教团，前往当地保康三中进行为期一年的支教服务工作。

保康三中是一所寄宿制初中学校。在各级政府的帮扶下，这里盖起了漂亮的楼房，教室里课桌椅、投影仪、网络等基础教学设施一应俱全，乍一看似乎与普通的城市初中并无差别，但是学生的家庭经济状况却与先进的教学设施并不相称。受经济发展、自然环境等条件的制约，许多父母被迫离乡打工，孩子中留守儿童、单亲家庭、孤儿等群体占比超过60%，学生家庭中因病致贫、因残致贫的现象也是屡见不鲜。虽然也曾经听说过有的学生因为无力负担学费而辍学打工的消息，但当这件事真正发生在自己身边的学生身上时，第一届支教团团长王磊依旧感到十分震惊和痛心。他深知，在这贫困又偏远的地方，只有读书才能改变学生们的命运，乃至改变这里贫困落后的现状。因贫辍学的孩子每多一个，他的心就沉重了一分。

这种感受也噎在第一届支教团成员赵子叶和林崇阳的心里，几个人总觉得应该为这里的孩子做点什么。建立图书室成了他们为孩子做的第一件事，他们希望如此能给孩子们提供更多的阅读渠道。王磊和北京化工大学联系，希望能在校内为学生们募集一批图书，这一想法马上得到了北京化工大学的认同和支持，除了从学生群体中募集图书外，学校还为学生们集体采购一批图书，小小的图书室建成了。

虽然规模很小，图书种类并不齐全，但这里却成了孩子们心中的乐园。每每开放，总会有学生来翻看借阅，他们沉浸其中认真专注的模样让王磊、赵子叶和林崇阳几个人感到欣慰。在服务期满后，他们特别叮嘱下一届支教团成员，一定要把爱心图书室继续运营下去，让学生们继续感受读书的快乐。

第二年，保康三中设立了"育阳"阅读班，每周开展一次读书分享讨论会。"育阳"是这个阅读班的发起者、第二届支教团成员阎育阳的名字，也表达了支教团成员想要让学生们通过阅读打开心灵的窗户，感受知识的阳光。

"像鸿雁一样纯洁、善良、勇敢"

虽然服务期已满，这所学校、这里的学生们却成了每届支教团成员离开以后最大的牵挂。他们会利用闲暇时间回保康三中看看。两年来，已有26人次重回草原，或给学生们开上一次班会，或和学生们谈谈心、上门走访。在他们的心中，早已把这群学生当成了自己的弟弟妹妹，把这片草原当作自己的第二个家。

或许是由于对学生们共同的关注，几届支教团成员也迅速熟识起来，每次聚会上，"我的那群学生"总是大家绕不开的话题。

但每次谈到这个话题时，气氛都有些许凝重。学生们在千里之外的境遇和命运总是让他们止不住地担心。阎育阳就曾有几个学生辍学来北京打工，虽然在她的劝说下，学生们还是回家重返课堂，但这件事情总让这个善良活泼的姑娘心里不是滋味。

而学生们身处逆境却依旧刻苦学习、自强不息的劲头更是让支教团的成员们十分感动。第三届支教团成员杨映天回忆，自己的一名学生父亲早年去世，母亲长期在外地打工，生活中只能和姐姐住在救济房里相依为命，每个月靠低保生活。虽然生活贫困，但姐弟两人十分争气，姐姐在学校一直名列前茅。他们的"家"空荡荡的，只有一床土炕和一墙贴得整整齐齐的奖状。

目睹了学生们的学习和生活情况，支教团成员们越来越迫切地想要为这些家庭贫困但品学兼优的学生们做些什么。一次聚会上，设立爱心助学金的想法被提出，成为大家共同努力的目标。

想法虽好，启动资金从哪儿来？在杨映天的倡议下，他所在的党支部正准备举行义卖活动，用义卖资金资助保康三中的一名学生。他提出可以将支部的资金融进助学金中，余下的金额由四届支教团成员均摊。就这样，首笔助学金4000元凑齐了。

2019年5月11日是北京化工大学研究生支教团十几个年轻人难以忘怀的日子，在科左中旗政府、团旗委、保康三中校长和师生代表的共同见证下，"鸿雁"助学金启动仪式正式在保康三中举行，4名学生成为首批受益者。

"……鸿雁的洁白和展翅高飞是人们心目中纯洁、善良、高尚、勇敢的象征，助学金取名'鸿雁'表达支教团和大草原割舍不断的情谊，也希望同学们能够按照习近平总书记要求的那样立鸿鹄志，矢志艰苦奋斗，像鸿雁一样纯洁、善良、勇敢……"仪式上，王磊介绍助学金取名"鸿雁"的缘由。

研究生支教团将持续资助这4名学生，直至他们完成高中学业，同时，支教团每年还将继续选拔资助对象并进行持续资助，名额也将从4名不断扩大。

"陪他们熬过最艰难的日子"

发放一笔助学金仅仅是个开始，接下来，支教团将建立人才培养库，长期跟踪这批孩子，从思想、生活、学习等各个方面全面关注他们，帮助他们更好地成长。

这种跟踪培养机制对第二届研究生支教团团长张宇来说并不陌生。早在启动助学金项目之前，他就已经资助了一名学生，还有十天左右，这名学生即将踏上高考的考场。

资助这名学生也是偶然。在保康三中支教时，张宇和这名学生的初中班主任同在一间办公室。学生虽然已经毕业前往其他高中就读，但依然经常利用每个月仅有的一天休息时间回校探望曾经帮助过他的老师，这种感恩的心让张宇十分感动。在和老师的交流中，张宇逐渐了解到这名学生的家庭情况并不乐观，在被他身处逆境依然刻苦学习的精神感动之余，也渐渐萌生出了资助他的想法。

"和初中阶段教育不同，高中教育不属于义务教育范畴，学生的学费负担对这些家庭而言更重了。等这些孩子进入大学，他们将会享受到国家许多优惠政策，那些足够帮助他们完成大学学业，而现在我们能做的，就是陪他们熬过这段最艰难的日子，让他们能走进大学校园，有机会看看外面的世界。"张宇提及资助初衷时说道。

作为一名支教团成员，张宇羡慕的对象是他在中国大学生骨干培训班时的导师。他的导师是全国第一届研究生支教团成员之一。前几年，他受邀参加了曾经支教地的学生的婚礼。张宇觉得，如果自己也能等到那一天，那将是人生最大的幸福。临走前，张宇和他帮扶的学生约定好，等到他考上大学，就带他去北京，去看长城，看天安门。

与张宇同行的还有北京化工大学研究生支教团四届 12 名支教同学们。四年间，支教团集体累计投入扶贫资金超过 7 万元，他们的心愿也都大抵相同。"一个孩子考上大学，走出草原，改变的就是一个家庭，试想十几年后，在我们的帮助下，一个个草原学子成长成才，那该多么幸福啊！"每每想到这里，第三届支教团成员赵梅总是无比兴奋。

曾经，他们是北去又南归的鸿雁，给科左中旗的孩子们衔去知识的光和热；如今，他们更希望学生们能化作鸿雁南飞，去看世间繁华，给苍茫的草原衔回知识和发展的希望，让这片土地终如《鸿雁》这首歌中唱的一般，歌声远，琴声颤，草原上春意暖。（文／梁若昕）

本文发表于 2019 年 6 月

国庆阅兵预备役方队里的北化人

10月1日上午，庆祝中华人民共和国成立70周年阅兵式在北京天安门广场隆重举行。由中国人民解放军、武警部队和民兵预备役部队约1.5万名官兵、580台（套）装备组成的15个徒步方队、32个装备方队，陆、海、空航空兵160余架战机，组成12个空中梯队，接受检阅。

一场阅兵里，有从"1949"到"2019"的时光折叠，有"这盛世，如你所愿"的感慨自豪，有"东风快递，使命必达"的无限骄傲。还有一个身影，他昂首挺胸走过天安门广场，挺直的脊梁不仅代表着预备役军人的使命和责任，还代表了北化人对祖国的深深热爱。他，就是我校退伍大学生士兵、国庆阅兵民兵预备役方阵队员王思远。

2010年，王思远以大学生士兵的身份参军入伍，服役于原武警93机动师直属队警卫连。参军，就是为了报国，在部队服役期间，王思远一直以最严格的标准要求自己，积极参加并出色地完成了深圳海关换勤，以及"卫士11""卫士12"演习执勤工作等各项任务。服役期间，曾获"十佳新兵""学习雷锋先进个人""执勤能手""训练标兵""优秀士兵"称号及全师队列比武第一名。

2012年，王思远退役回到学校，脱下军装，却不褪军人本色，现在的他，担任学校国旗护卫队队长，坚定地用一抹绿色，守卫鲜红的国旗。

或许是对军营的感情炽热，王思远将部队所学特长也带到了工作中，三年时间，他服务有参军意愿的学生投身部队，帮助165名北化学子圆梦军旅；学生入伍后，他本着"兵送走，不撒手"的原则，利用每年寒暑假的时间前往共计全国30多个省份百余家单位进行慰问……

2015年，作为本科生代表，他曾现场观礼抗日战争胜利暨世界反法西斯战争胜利70周年阅兵。看着步伐整齐的阅兵方阵从面前走过，近距离感受到新时期改革强军浪潮下人民军队迸发出的蓬勃生机与豪迈气概，那个场景给他留下了深深的震撼和久久不能平复的激动心情。那时的他还没有想到，4年后的这一天，他也将成为受阅方队里的一员，在万众瞩目下肩扛着中国军人的使命与荣光走过观礼台。

  为了能够参加此次国庆阅兵活动,王思远特意申请了延期毕业,以便全身心地投入到方队训练中,以最好的状态、最饱满的热情接受党和人民的检阅,把中国军人的飒爽英姿、把北化人的家国情怀展现给全世界!

  方队训练期间,他仿佛又回到了曾经的军旅生活,高强度的训练下,整个人仿佛水里捞出来的一样,他不觉得辛苦,只觉得光荣,一直以高标准完成训练任务,严格要求自身,从未缺席过一次训练操课,也因此,他被分配到了排面的"钉子兵"位置。王思远说,走进军营,方知赤胆忠心,百炼成钢;脱下军装,定要征途如虹,不懈奋斗。这是他的感慨,也是他的理想。

  阅兵已经结束,但在王思远记忆里,这一天将永远鲜活,永远激励他奋进、向上!

  王思远说:"参加庆祝中华人民共和国成立70周年阅兵任务,使命崇高而神圣,责任重大而光荣!2015年9月3日阅兵时,我荣幸地成为学校本科生代表现场观礼,而今作为徒步方队的一名受阅队员,更是唯一一名来自北化的退役大学生士兵,更感到无比的荣耀,誓为荣誉而战,为学校争光!"(文/刘笑宇)

本文发表于2019年10月

助力阅兵观礼，北化校友做了这些事

10月1日的天安门广场，红旗猎猎招展，歌声响遏行云。庆祝中华人民共和国成立70周年大会、阅兵式、群众游行隆重举行。在这场盛典中，有太多太多的精彩瞬间令我们印象深刻。

这十里长安街，有我校退伍大学生士兵、国庆阅兵民兵预备役方阵队员王思远昂首阔步走过；有我校1700名师生刻苦训练3个月组成的"开天辟地"方阵的声震寰宇；有"立德树人"方阵中迎风飘扬的北化校旗；有分布在21个岗位的700余名北化志愿者；还有在幕后为这场盛典默默助力的北化校友，他们为这场盛会的"幕后英雄"。

魔术手吴刚和他的消失座椅

9月30日上午，天安门广场上的红飘带景观中间空荡荡。

10月1日天才亮，一个东西长超170米，南北纵深超130米，最高处达6.5米，需要迈58级台阶才能登顶的巨型观礼台，出现在广场上。观众可以站在2层楼高的地方俯瞰阅兵仪式和群众游行。

10月1日晚8时，观礼台上的2.7万多个座椅消失，中间30米的甬道变身成华丽的舞台。

10月2日清晨，观礼台消失，一个巨大的祝福祖国花篮绽放。

5小时进场搭建完成，3小时变身联欢活动大舞台，3小时完成撤场。

巨型观礼台如同魔术表演一般出现、精准拼装、变形、快速消失，能走、会变！

背后了不起的"魔术师"，是北京建工安装集团的建设者们，而这次搭建任务的副总工程师吴刚，正是我校化学工程专业852班校友。

"从1984年庆祝中华人民共和国成立35周年首次承接天安门临时观礼台搭

建任务，到庆祝中华人民共和国成立40周年、50周年、60周年，纪念中国人民抗日战争暨世界反法西斯战争胜利70周年，北京建工安装集团5次承担天安门临时观礼台搭建任务，10次承担'向人民英雄敬献花篮仪式'记者台搭建任务。"对吴刚来说，在天安门搭建观礼台的任务并不陌生。为迎接中华人民共和国成立70周年，吴刚再度受命，再进天安门广场。

作为中华人民共和国成立70周年庆祝活动的重要保障设施，临时观礼台项目主要为国庆庆祝大会观礼嘉宾提供观礼平台，包括广场内、外两个区域。

与以往不同，这次搭建提出了一些前所未有的要求。

"以往搭建需要15天，拆也需要10天。可这次，9月30日广场上要举行敬献花篮仪式，有观礼台的话往北拍天安门全挡住了，所以得等到仪式结束后才能搭。10月1日中午，阅兵和群众游行结束后观众才能撤离。但当天晚上8点就要举行联欢活动，观礼台得承担舞台功能，还得撤座椅做舞台装饰。10月2日凌晨，广场上还要搭建祝福祖国的大花篮，观礼台必须连夜撤出来，给花篮搭建留出时间。"吴刚介绍。

密集的活动安排留给搭建观礼台的时间，从15天压缩到5个小时，必须有颠覆性的创新方案才行。

在海量查阅国内外资料的过程中发现，航天万山公司生产的一种特种车辆，用在造船厂里，看上去就像是长了轱辘的平板车，没有驾驶室，没有车斗，却可以前后左右360度转向，驮着一段段船体拼装到一起。

看台，能不能也用这种车辆驮着，一段一段拼起来？

看台什么样，车辆要多大，车辆和看台之间如何连接，驮上看台后车辆之间如何拼接，车辆如何前往广场，如何撤离……安装集团与设计单位反复研究、论证、计算、实验、推演，最终确定，采用特种运输车车载观礼台单元模块、现场整体拼装方式来完成这次任务。既要保证观礼台有足够的强度和刚度，又要实现轻量化和反复拆装，导致观礼台的结构非常复杂，设计、加工、运输、搭建难度都非常大。

按照方案，广场内的观礼台低区现场搭建，中区和高区由32辆驮着看台模块的特种车辆组成。高区每个模块长35米，宽8.75米；中区每个模块长37.4米，宽8.75米。中、高区看台和模块车分别停放在北京市35中学原址操场和北京坊的空地上，9月30日下午进场搭建。10月1日中午观礼结束后，2.7万余个座椅全部拆除，再进6台模块车，把观礼台中间的甬道填满，观礼台移交给联欢晚会，布置成舞台。当晚的活动结束后，再将这些"巨无霸"撤走。

航天万山公司负责提供40辆特种车辆（包括两辆备用）；北京建工集团负

责看台模块的生产、座椅的安装拆卸以及观礼台进场搭建、撤场的整体组织，北京公交集团负责组织司机。

10月1日当天，负责拆装座椅的工人，约2200人要在2小时内拆除2.7万多个座椅。看台被分六个大区，再分为若干个小板块，对应每组30个人，负责拆除、装车、清扫垃圾。负责用电动扳手起钉子的年轻人要经过培训，年纪稍大体力好的负责往车上抬座椅，负责开叉车的是技术工，细心的妇女们负责清扫工作。

北京建工安装集团整合航天万山公司、祥龙物流公司、中石化销售北京石油公司、公交集团、北奥盛典公司等7家单位的力量，经过3个月的加工，1个月的演练、转场、合练，临时观礼台历时五个月，终于全部准备就绪。

"从35中学原址到天安门广场，全长约3.5千米。停放在这里的23辆模块车一辆接一辆全开出去，光车队就长1.5千米，非常壮观！全世界还没有人这么做过，我们是首创！"吴刚说："携大国重器在盛典时刻亮相天安门广场，表达对祖国的无限忠诚与祝福，是我们为中华人民共和国庆祝生日的特殊方式。"

音响师闫欣和他的声音花园

北京第七九七音响股份有限公司，在本次及历次国庆阅兵及庆典活动中承担音响保障工作，而七九七音响的总工程师，主要负责主席和总理讲话的话筒总体方案设计、实施，以及活动当天天安门城楼上扩声方案以及现场音响保障工作的，正是我校2006级电子信息工程专业校友闫欣。他不仅在本次国庆活动担任音响保障指挥部中的首长话筒组组长，主持全部的音响设计工作，还主持过60周年国庆阅兵和抗战胜利70周年的首长话筒的设计工作、音响保障工作。

相较于之前几次的工作，这一次，闫欣又面临着新的问题。"首先，这次的规模要比以前都大，音响设备的使用的数量更多，系统联调联测的工作非常大；其次，由于活动区域很大，混响和延时的问题对城楼的声学环境有明显的影响，如何确保主席发言时能不受到远处广场声音的干扰也是我们要解决的问题……"

尽管外部区域区域相对开阔，但是城楼上有局限，主席讲话时是在城楼的前廊下，背后大殿、头顶回廊、前方汉白玉围栏这些区域，构成了城楼上以后复杂的声场环境。面对这些困难，闫欣带领团队通过多次的演练，不断熟悉每一个流程、环节和设备，确保了在10月1日当天圆满地完成了音响的保障任务。

对于城楼的扩声系统设计方面，他们分析了城楼上复杂的声学环境，针对城楼上自身的音源和广场、长安街、东西华表区域的不同声源对城楼声音效果的不同影响，进行场景划分，针对不同场景，进行不同的扩声调整。

"在主席讲话时我们需要将前廊顶部的区域减少输出，以保证主席讲话的语音清晰度；在鸣礼炮时减少礼炮声音的输出，增加仪仗队的脚步声拾取；现场扩音时，一般会为了给讲话者更好的声学感受，减少现场其他音源反射和延时对讲话者的影响，都会单独设置返送音箱以增加给讲话者的直达声……"

解决了既有问题，新的挑战也随之而来，闫欣发现广场的现场音源距城楼更远，延时更为严重，为了保证主席讲话时不受影响，就更需要增加返送音量，提高直达声。但这两只音箱要放到不影响视觉效果的位置，放到正中两侧的汉白玉围栏下面，又很容易产生啸叫问题。

如何解决这之间的矛盾，找到一个最佳平衡点，闫欣和他的团队做了很多方案，比如使用阵列技术减少拾音角度，调整话筒声学特性……最终通过对声场的计算，设计出只针对返送音箱所在角度对拾音信号进行抑制的话筒，使主席能够清晰听到返送音箱的直达声，保证了10月1日当天活动的顺利进行。

（来源/百度新闻、797AUDIO）

本文发表于2019年10月

北化首届毕业生姚世信的报国故事

10月1日的阅兵场上，装备方队最后一个出场的是东风-41核导弹方队，作为我国战略核力量的重要支撑，它的现身让不少军事迷们眼前一亮。从弹道导弹到巡航导弹，从常规导弹到核导弹，它们是支撑强国梦、强军梦的坚强实力，是维护和平、捍卫和平的坚强盾牌。而这份军事力量发展的背后，也有"北化人"的身影。

如果把目光转回到2018年9月15日的北三环东路15号，你在校园里会碰到一位眉发皆白，穿着干净浅色衬衫的老人。

他就是姚世信。

他是我校第一批绝密专业的学生，为国家军事力量的发展做出了"北化人"的贡献。半个多世纪后，谈起在母校的学习，谈起为国家的奉献，他依然如青年时一般，神采奕奕，满怀热忱。

选择化工 初心不改

姚世信就读的高中是一所重点中学，从招生简章上看到了5月份刚刚成立的北京化工学院（即北京化工大学）之后，这所学校就成了他的第一志愿。"我后面的志愿是清华北大。"说到这儿，姚世信的笑里有点孩子似的小得意，因为对化工感兴趣，当年的他一门心思想考上北化，"如果北化不要我，我明年还考这儿"。

1958年秋，带着对化工有机的满腔热情，姚世信走进了北京化工学院这所成立不足三个月的学校的大门。那时的他还不曾料到，跨出这一步，会对他60年后的人生，产生多么大的影响。"当时学校只有三个系，我就是冲着有机系报的，别的我都没报，也不调，一心想要学有机。"

回忆起在北化上学的五年时光，姚世信说，母校给了他很大的影响："我是咱们北京化工大学培养起来的，有机化学的老师讲课非常好，老师们教了我很多……"

毕业五十五年，母校相较读书时已经发生了不小的变化，看到学校建起的逸夫图书馆、高层宿舍楼、高精尖实验室后，姚世信言语中难掩兴奋："我非常高兴看到咱们学校有现在的发展，所以校友返校活动，我都参加了！"

读书时起，姚世信就不是一个身体特别强健的人，他曾赴上海经历了一段"特别清苦"的实习岁月。一个多月的实习结束回到北京后，体格检查结果显示他的肺部发生了感染。他不断地感冒、发烧、咳嗽，为了不留级，只能咬紧牙关坚持着。"当时工作起来不要命，年轻时候什么也不懂，什么也不怕。"

仗着年轻人特有的激情和热忱，二十出头的姚世信毕业后义无反顾地投入到一项会严重影响他健康的工作当中，半个世纪以后的今天，他再回忆起来时，仍然对此充满自豪，甘之如饴。"我现在身体很棒，不管怎么样都坚持下来了。工作以后，不管是哪些方面，我都参与了，国家军事力量的进步，也有我一份力！"

报国无悔 使命担当

他今年快要 80 岁了，花白的头发掉得厉害，随身的布包里带着当天必须服用的药物。谈起自己的病情，姚世信的表情没有太多波动，仿佛给我们讲的是别人的故事。

"我参与过空爆，现在还有二级工伤——国家工伤如果是一级就残废了——我的病就是因为这个。爆炸就在天空，就在脑袋顶上，你说害怕不害怕？"怕，怎么不怕？哪怕从视频上看过模拟爆炸的人都能体会到那种惊心动魄的震撼，又何况是身处爆炸现场的人呢？

空爆结束后需要实验人员马上进入现场。"那时候不在乎，几次空爆我都去了。第一次空爆的时候有十几根柱子，每根柱子都是那么粗的钢管。"姚世信边说边用手比画。"一百多米的架子，百分之七十多全气化了，那么粗的钢管全找不到了。"

一次次的亲身参与，姚世信也亲眼见证着中国核工业的发展。"后来威力更大了，现在咱们国家强盛了，不怕落后了，我很高兴！"姚世信不住地重复着最后一句，可见能够亲身参与其中，对他来说是一件多么值得引以为傲的事情。

从绝密专业到绝密工业，参加工作后的姚世信经常要冒着巨大的危险深入到实验的第一线,参与空爆试验为他带来了伤病和癌症,让他不得不在以后的生命里依靠药物同病情作斗争。"整天吃药。"如果他没有亲口说出这些,大概任谁也不会想到这个看起来蛮有精神头的老学长正经受着病痛的折磨。"现在我的病基本上控制住了,没有变得更严重。如果继续恶化的话,我可能已经不在人世了。我很幸运,我感到很幸福,我从没后悔过自己的选择!"

作为建校第一批学生,姚世信和他的同学们对母校有着难以割舍的深厚感情,六十年的时光流逝,让青葱少年变成了需要人搀扶陪同的花甲老人,让曾经只有一栋南大楼的化工学院变成了如今有着三个校区的北京化工大学。

看到校园里的同学们,姚世信忍不住感慨:"我们很多同学都去世了,我虽然得了这两次病,但是得到了很好的治疗,现在走路还挺有劲儿。我在这里学习过,为国家付出过,真的感到挺幸福的,感谢国家!感谢学校!"

为了表达自己的感动与感激,姚世信还特意带来了一首诗:"化大建校六十载,人才培养千千万。今朝共度化业界,名扬天下代代传。"他把这首诗写在红纸上,封上薄膜保护,郑重献给学校,一如他当年提起钢笔在报考志愿上郑重地写下"北京化工学院"。红纸黑字,写着他的初心不改,写着他的使命担当。

再回到校园,姚世信口里不住念叨着的,依然是北化学子的学风和对祖国的贡献。他认真叮嘱:"希望咱们学校越来越发展壮大,为国家输送更多的人才。咱们年轻一代要好好学习,锻炼好身体,工作以后为国家多做贡献。"(文/刘笑宇)

本文发表于 2019 年 10 月

中国成功接种"非典"疫苗的第一人

"沧海横流，方显出英雄本色。"每一场灾难都是考验北化人担当的试金石，正因为我们拥有这份担当并且能够传承这份担当，我们才能一次次战胜困难，迎来最终的胜利。

中日友好医院距学校东校区只有一街之隔，兰万里不知曾多少次路过那里。2004年5月22日，他"跟平常打普通针一样"在那里注射了疫苗，从而"幸运"地成为我国第一个成功接种"非典"疫苗的人。

说他"幸运"，不仅因为他虽第二个进入注射室，却成为我国接种"非典"疫苗的第一人（第一名受试者注射的是安慰剂），更是因为他在接种疫苗以后，身体并未产生异常反应。而这种"幸运"既是他一如既往甘于牺牲和奉献的志愿精神的"护佑"，更得益于我国科研医疗水平的实力保障。

十六年过去了，兰万里不再是当年新华社记者眼中那个羞涩、文弱的男孩了，这位曾为人类攻克"非典"自愿做出牺牲和尝试的志愿者，现已成长历练为学校的一名中层干部。如今，有很多像兰万里一样的"北化人"，正众志成城，共克时艰，坚守在抗击新型冠状病毒的一线。

沧海横流，方显出英雄本色

在后来接受媒体采访时，他常常用"想到非典时期人们的恐慌和非典给人们带来的危害"来表达自己当时报名的初衷。现在回想起那段经历，兰万里说："有这么个机会能亲自参与其中，自己也感觉到很自豪，作为一个大学生、一名共产党员也能为抗击非典做出自己的贡献。"

2004年4月20日，他光荣地加入了中国共产党，他说自己在入党宣誓时，就曾对自己说只要国家需要，他会毫不犹豫地站出来。而两天后，他得知了招募"非典"疫苗志愿者的消息，"作为一个党员，我觉得我应该去做这件事，我应该为社会尽一份责任"。

其实，兰万里的事迹只是我校众多抗击"非典"故事的一个缩影。十七年前的那场战"疫"，北化人始终万众一心、冲锋在前，为那场疫情阻击战贡献了强有力的"北化力量"。

那为什么我们可以？为什么我们能够胜利？

2003年，时任我校北校区工作办公室副主任李二英写给驻隔离区辅导员的一封信也许可以告诉我们答案："目前情况紧急，你一定要发挥共产党员的先锋作用，不辱使命，把隔离区的学生工作做好，完成学校交与的任务……有很多话要讲，但太忙了，你一定要好好工作，有情况及时上报。"

信的落款日期是5月27日——"非典"疫情最严重的一段时间。信中"先锋作用，不辱使命"几个字深刻体现了北化人的担当作为，我们有能在关键时期顶得住、站得出，有迎难而上、敢于作为、共克时艰的光荣传统。

"很自豪为中国抗击'非典'做出贡献"

如果将成功接种"非典"疫苗作为兰万里人生中的一个分界岭，那前四年在北化的学习生活，已经为他这一壮举做好了铺垫，志愿服务精神的种子也在他的心中生根发芽。

早在2002年8月，他曾随学校社会实践团前往江西省临川县进行支教活动，帮助贫困失学儿童，他说："我在江西走访失学儿童时，心灵就受到强烈震撼！我们只要有一点小小的资助，就能改变这些孩子的一生。所以，我非常希望能为减轻老区的贫穷，能为社会的进步做点事。"这次难忘的支教经历也指引他踏上了一条无怨无悔的志愿服务之路。

一年后，"非典"爆发了。当时正读大三的他因感冒发热被校医院隔离，最后虽被证实只是虚惊一场，但兰万里深切地体会到了"被隔离"时的孤独与无奈。大四那年，"非典"疫苗研制出来了，他通过认识的中日友好医院的一名大夫了解到"非典"疫苗项目正在招聘志愿者，他就立刻赶去报了名。

"听到中日友好医院将开展非典疫苗的一期临床试验的消息后，我也没多想，主动找到了负责此项工作的负责人，表示希望作为志愿者参与进来。"他说，他想做一点有意义的事。

兰万里十分清楚这是一次冒险的行动，他自己也表示"要说一点儿不紧张是假的"。他把这个想法告诉了几个要好的朋友，哥们儿的鼓励与支持让他更加坚定了。经过认真思考，他瞒着家人签下了知情同意书。

作为一个大学生、一名共产党员，他在心里反复安慰自己："我是大学生，万一有什么情况我可能比别人描述得清楚，作为学生党员，我更应该主动站出来。"

接种完第一针疫苗后，兰万里被留在医院观察了2小时，没有什么异常反应后，医生让他回到了学校，此后的生活、学习和往常一样，没有什么变化，身体也没有异常反应。直到第28天，他通过了各项检查并成功接种了第二针。

"守土有责、守土负责、守土尽责"

兰万里2000年考入我校，毕业后留校工作，至今刚好20年。他说自己人生中最美的时光都留在了北化，这里不仅教给了他知识，学校的大环境也培养了他踏实务实的作风。

兰万里深情地说："当年有很多人问我为什么敢去做这个实验，我的答案就是，北化的环境对我个人的成长产生了巨大的影响。"在他的记忆中，当时他的身边到处都是在一线抗击"非典"的工作人员：校医院医生、食堂师傅、宿管人员以及各级领导。为了师生的平安，他们毫不犹豫地站了出来。"正是这些人顾全大局，不顾个人安危的精神深深影响了我，使我最终做出了接种疫苗的决定。"

如今，他是我校新校区建设办公室的一名老师，春节以来，就已经开始参与我校抗击新型冠状病毒的工作。他当前的主要任务是协助领导做好施工单位和本单位员工的疫情防控，采取各种措施、尽最大努力保证所有在新校区留守的施工人员的健康安全。"守土有责、守土负责、守土尽责。杜绝疫情进入校园是一项政治任务，我们一定能圆满完成。"

今天，学校有很多像兰万里一样的人，从当年被学校"奋不顾身"守护的学生，成长为现在冲锋在前守护北化的教职员工，他们身上传承了北化人面对风险和挑战豁得出、顶得上、靠得住、战得胜，敢于斗争、善于斗争、科学斗争、持久斗争的精神！

这种精神，就是汇聚北化人与国家、民族同呼吸、共命运的强大力量！这种精神，就是联结全体北化人共克时艰、同舟共济的强大力量！这种精神，流淌在每一位北化人的血液里，渗透在每一位北化人的骨子里……十七年前的那个春天，我们曾经一起战胜"非典"；2020年的春天，我们更有信心、更有决心、更有能力再赢一回！（文/刘一君）

本文发表于2020年2月

北化教授穿上"蓝马甲"秒变护校人

近日,学校在"致北京化工大学全体教职工的倡议书"中发出"北京化工大学抗击疫情党员先锋岗动员书""抗击疫情,共克时艰'家园防控志愿者'召集令",面向全体教职员工发起倡议:"主动承担'抗击疫情党员先锋岗''家园防控志愿者'任务,为抗击疫情贡献'北化力量'。"通知发出以后,广大教职工积极报名,主动参与到疫情防控工作中来。

"教授、博导"守校门

"同志您好,现在是特殊时期,没有备案是不能进去的,这既是为您的健康着想,也是对咱们校园安全负责,您说是不是?"在这位身穿蓝色马甲志愿者的耐心劝说下,一位没有备案但希望进校门的老师十分配合地离开了。

可能很多人并不知道,眼前的这位没有架子、说话和气亲切的志愿者叫密建国,他是我校化工学院的教授、博士生导师、民盟盟员,也是我国流体与材料统计力学领域的专家。他从2月10号开始参加了学校工会发起的"校园防控教职工志愿者"值班。

他说自己在微信群里看到学院转发的招募通知后,就第一时间与学院取得联系,并填写了报名申请表,他自信地说:"我身体素质好、免疫力强,参与值班没有问题。值班前我从家里带上标准的防护口罩,值班过程中又拿到了保卫部门发放的手套、眼罩、安全服,防护措施很周到,很安全。"

这场战"疫",共产党员不能做旁观者

于景华老师住在西校区附近。她在2月8日看到招募通知后,就立即报了

名。同时,她还把通知转发到了图书馆工会的工作群里,组建了图书馆志愿者服务群,把图书馆所有的志愿者召集在一个群里,便于传达学校对志愿者的要求。

于景华老师说:"哪有什么岁月静好,是有人在为我们负重前行!在这场战'疫'中,没有旁观者,我是共产党员,能为守护师生生命安全尽自己一点儿绵薄之力,我感到十分荣幸!"

报名之前,于老师向爱人表达了自己报名的想法,"他也是党员,非常支持我报名"。她说,每天都有正能量的消息传来,从习近平总书记亲自对疫情做出指挥部署,到一批又一批医务工作者们义无反顾地投入作战一线。"他们都舍小家为大家,我们也应该向他们学习。国家的政策以及学校的管理都给了我战'疫'必胜的信心!"

袁建超老师也在图书馆微信群里看到了招募通知,他没有来得及和家人商量,直接报名参加了昌平校区志愿者活动,他说:"我相信家人一定会支持的,现在国家有难,我们每一个人都有责任和义务出手相助,更别说我还是一名党员,更应该向前冲才对。"

此前,他响应号召,一直"宅"在家里,每天通过新闻了解到各行各业的人都在用自己的方式为战"疫"做贡献,他也一直在等一个机会。"前一段时间感觉自己真是有劲使不上呀!这次我要抓住一切机会,听从国家和组织的召唤,尽自己的能力为国分忧,为学校分忧。"

"提高免疫力,准备随时去战斗"

林洁老师从2月11日下午两点起,在东校区西门一直值班到五点半,主要负责对出入西门的车辆人员进行检查。值班结束后,她表示:"我做好了充分准备,值班过程没有感觉到累。值班过程也很愉快,感觉自己做了一件非常对的事情,能尽己所能为疫情防控做点事,很荣幸。"

林老师是我校退休返聘人员,在学校工作了三十多年的她对学校有着深厚的情感,她早就把学校当成了第二个家,在她看来这是北化人的应尽之责。每天全国各地都在为武汉加油,特别是一线医务工作者的事迹更是让她感动,"这次能守护自己的'家',我绝不能缺席。经历过非典,我觉得自己能行"。

报名之后,为了能胜任这份特殊的"工作",她从多方面做了充分的准备,她笑着说:"我报完名之后,就在家好好吃饭,好好睡觉,增强自己的身体免疫力，准备随时去战斗。"

虽然教职工志愿者在出门前都准备好了口罩等防护用品，但在正式上岗之前，保卫部也向大家分发了手套、眼罩、安全服等，确保教职工们的安全。

"在一线值守，我并不担心会有意外情况发生，出入学校的车辆、人员基本都能按值班人员的要求配合检查。结束回家之后，我也会立刻洗手，对衣物等进行消毒处理。"林洁老师说。

2月15号上午她在南门还有一次值班，她将继续全力以赴，站好这班岗。

同心战"疫"，守护我们的家

如果要问他们为什么会去报名志愿者，他们会答：

"这段时间没去过任何地方，也未与任何外人接触，可以确保安全，满足值班条件。"

"在这场战役中没有旁观者，我是共产党员，想为守护师生生命安全做志愿服务，尽自己一点儿绵薄之力！"

"每天看着全国上下都在为武汉'加油'，特别是在第一线的医务工作者的各种事迹，让我很感动。"

"现在国家有难，我们每一个人都有责任和义务出手相助，更别说我还是一名党员，更应该向前冲才对。"

…………

虽然他们报名参加志愿者的答案不尽相同，但每一个答案的背后都深藏着北化人相同的家国情怀和使命担当。这是一场同心战"疫"，全体"北化人"一起来守护我们的北化、我们的家。

虽说立春后的北京依然春寒料峭，但校园里的花草树木已开始渐渐苏醒，它们蓄势待发，只等一声春雷、一场春雨的召唤，就能在春风里萌发绽放。

我们相信，疫情过后才是真正的春天。这些教职工志愿者们用那一抹蓝色丰富了校园的色彩，为迎接春天的到来默默付出，筑起了一道群防群控的坚固防线。

我们相信，春天一定会来！（文/刘一君）

本文发表于2020年2月

请党组织收下我的"特殊党费"

疫情就是命令，防控就是责任。自新冠肺炎疫情发生以来，全体北化人与武汉人民、与全国人民一道同舟共济、共克时艰，学校各级党组织、全体党员同志更是冲锋在前、战斗在前，以各种方式投身疫情防控工作，让党旗高高飘扬在疫情防控前线。

为什么"敌军围困万千重，我自岿然不动"？因为我们"早已森严壁垒，更加众志成城"。在这场没有硝烟的战"疫"中，学校各级党组织、广大党员同志用勇气和智慧做出了表率。

一位"匿名"党员的特殊党费

2月3日下午——立春的前一天，一笔2000元的"特殊党费"转到了北京化工大学党委党费账户上。缴纳党费的党员为这笔党费专门说明了用途：用于支援防控新冠肺炎疫情。

这位有着二十多年党龄的党员，对于这笔党费没有其他过多的说明，甚至连姓名也不愿意透露，他只是平静地说道："这没什么，应该做的。这是我作为一名党员力所能及的事情而已，不能战斗在一线，也就只能做这么一点儿贡献了。请党组织收下我的'特殊党费'……"

后来经多方了解，我们找到了这位党员，他来自学校数理学院物理学部党支部，但他婉拒了我们采访报道的请求。其实，物理学部党支部中除了这位党员，其他党员同志也在积极用行动为疫情防控工作做着自己的贡献。就在不久前，学部党员与教师积极参与了北京市温暖基金会设立的"温暖武汉"爱心捐赠项目，为坚决遏制疫情扩散、夺取防控斗争胜利贡献力量，累计捐款达2万余元。

一笔1000枚医用口罩的"特殊党费"

就在学校紧张筹措抗击新冠肺炎疫情应急物资时，经济管理学院党委收到了一笔"特殊党费"——1000枚医用口罩。

这批医用口罩的捐赠人侯欣宇老师是我校经济管理学院本科教务干事，同时也是学院机关支部的宣传委员。平时的工作生活中，他经常把一句话挂在嘴边："作为一名普通党员，就应该时刻牢记自己的党员身份和岗位职责。"在得知学院急需防控应急物资后，他就立马动用个人资源积极协调、多方筹措，最终将1000枚医用口罩以"特殊党费"的形式捐赠给了学院党委。

然而，在疫情发生初期，他和家人从外地返京后就出现了高烧不退、咳嗽等症状。他没有丝毫迟缓，立即将自身状况上报给学院抗击疫情工作领导小组，在实施自身防护措施后到医院诊治。在被确诊为感冒后，侯欣宇返家严格按照医嘱自我隔离、按时服药，目前体温已恢复正常，经医院复查后已处于恢复期内。这一特殊时期的"特殊经历"，更让侯欣宇坚定了作为党员要为学校疫情防控工作做些贡献的想法。于是，就有了这笔1000枚医用口罩的"特殊党费"。

一位位从南方到北国的青年党员都在行动

我在岗，我守护，请大家安心！

我在家，我很好，请母校放心！

新冠肺炎疫情发生以来，我校青年学生党员也坚守在家乡的战"疫"一线，从南方到北国，为当地的疫情防控工作奉献着北化青年的青春力量。

徐杰是我校党员骨干培训班第八期的优秀成员，他的家乡湖北黄冈是疫情比较严重的地区。在得知他们村党支部招募党员参与防控工作后，他第一时间报了名。在村口的劝导点检查过往车辆，劝阻拜年的外村人，挨家挨户传达防疫宣传"温馨提示"，疏导村民心理，让大家正确对待疫情。全村378户，他要挨家挨户统计流动人口信息，

每天的微信运动步数超过两万是常有的事。虽然党组织关系不在村支部，但他始终坚定着党员身份不分时间、不分地点，只要需要，党员在任何时候、任何地点都要冲在前面的信念。他那句"我是徐家坳村人，我是党员，我一定

要参加！"的铿锵话语久久回荡在我们耳畔……

机电学院研究生张馨宇的老家位于内蒙古兴安盟的宝范村，共产党员和返乡大学生的双重身份，促使他在疫情发生后，毫不犹豫地加入了家乡的疫情防控工作。初春时节的内蒙古兴安盟，室外气温低至零下20℃，但张馨宇始终没有退缩，无论是外出走访调研，还是填报各种材料，他都做得一丝不苟、精益求精。他时刻提醒，并严格要求自己：我是一名共产党员，我是一名北京化工大学的学生，此时此刻，我应该，也必须投入到疫情防控一线！无论在校，还是在家，先锋模范作用不能丢！

我们向所有党员同志致敬！

交纳党费不仅是党员对党组织应尽的义务，更是党员关心党的事业的一种表现。而在特殊时期交纳"特殊党费"，更是党员为国分忧，为民解愁，充分体现了共产党员义不容辞的特殊责任。

一笔笔特殊的党费，也许数额有限，也许形式特别，但却凝聚着每一位共产党员的初心使命，凝聚着每一位共产党员的坚定信念和崇高追求，彰显着每一位共产党员的宗旨意识和高尚品质。在北京化工大学，在防控疫情的特殊时期，特殊党费可以是具体的数额，可以是应急的物资，也可以是其他任何能够支持、支援疫情防控的形式。从南方到北国，在那些我们叫上名和叫不上名的街道、村庄、社区，一名名北化学子也在用实际行动践行使命，这又何尝不是一笔笔特殊的"党费"！

在这个疫情防控的关键时期，在我们的身边，在防控一线，在各条战线各个岗位，还有许许多多普通党员，他们坚守岗位默默奉献，他们无私忘我奋战在前，为防控疫情做着自己力所能及的贡献。就像那位"匿名"的老党员一样，"我不知道你是谁，但我知道你为了谁"。为了谁？为了心中的信念，为了肩头的使命，也为了最后战"疫"的胜利。

我们无法了解每一个人的故事，但请接受我们崇高的敬意！（文/刘一君）

本文发表于2020年2月

北化人打响科技战"疫"

近日,一组发自武汉的照片传到了谢鹏程教授的手机上,照片中的环卫工人穿戴着由我校机电工程学院高分子材料先进制造"英蓝实验室"生产制作的护目镜和纳米纤维口罩。

这是武汉一线环卫工人自己拍摄的照片,他们"装备一新",显得格外精神。至此,这场跨越千里的爱心接力才告一段落。

"我们关注到在武汉疫情严重的区域,一线环卫工人仍坚守岗位肩负消毒喷洒的重任,同时在直接接触和处理受污染的各类垃圾时存在极大的感染风险,而个人防护物资却十分紧缺。"

谢鹏程教授说,在看到武汉环卫部门发出防疫物资的需求信息后,实验室决定将部分已经生产的护目镜和口罩捐赠给他们,以尽北化科研人的绵薄之力。

3D复印技术转化战"疫"力量

新冠肺炎疫情发生后,学校迅速部署疫情防控工作。今年1月底,学校号召科研人员积极投身科技抗"疫"工作,坚持结果导向,加速成果落地,把实用的研究成果应用到战胜疫情中。

2月2日,英蓝实验室向学校提出了防疫物资生产的申请,学校科研院、国资处、保卫处、后勤保障等各相关职能部门高效协同、快速响应,仅用半天时间完成流程审批,在实验场地使用、生产物资调配、安全生产保障等方面开通绿色通道。

英蓝实验室利用原本为生化实验室准备的护目镜生产条件和原料,采用了自主研发的聚合物"3D复印"智能塑化制造技术,在此基础上,结合本次防疫的特殊需求和用户特点,在极短时间内完成了优化攻关产品。

谢鹏程教授介绍说:"在学校各部门的鼎力支持下,研究室从策划到生产装备的搭建仅用了一天时间。"从2月3日起，利用实验室现有的生产原料进行生产，充分展现出科技抗"疫"的北化速度：3D复印护目镜，制造一副半分钟。

护目镜使用聚碳酸酯为原料，透明度高，对皮肤无毒无害，特别是对人体的贴合性好，充分考虑了长期佩戴时可能出现的问题，可用于医院安保、医导、收费等医务辅助工作者和社区服务人员的防护。

生产装备搭建完成后，谢鹏程教授与在京的几位研究室老师亲自走上生产线，学生工作办公室每天安排留校同学作为志愿者加入进来，化身"车间工人"。在他们看来，"虽然我们不能亲自奔赴抗击疫情的前线，但可以利用科技成果转化为抗疫前线勇士们的后勤保障做点事情"。

谢鹏程教授说："现有原材料的储备有限，目前我们也在积极采购原料，只要新冠肺炎疫情防控需要，我们将进一步扩大生产规模，随时待命。作为科技工作者，我们能够有机会为抗击新冠肺炎疫情做点工作，这是我们的分内之事，义不容辞，定当竭尽全力！"

目前研究室应急制造出带侧光板型的护目镜累计超7000副，已经为武汉、孝感、黄冈、襄阳等地抗疫一线的环卫工人提供了及时的健康防护，同时还捐赠给湖北、北京、广东、湖南、辽宁、河南等地的医院和北京环卫集团、中信环境、中石化等抗"疫"一线单位。

科技战"疫"，北化在行动

英蓝实验室的另一项科研成果——聚合物熔体微分静电纺丝纳米纤维绿色高效制造技术，也在这场战"疫"中发挥重要作用。该发明技术生产的超细纤维空气滤膜，纤维直径达到了可见光的波长（370~780纳米）范围，用这种纤维生产的"微纳丝彩虹膜"高性能口罩已经实现了产业化。微纳纺丝技术负责人李好义博士说："这种'微纳丝彩虹膜'高性能口罩具有高效防护，超低呼吸阻力，消毒清洗后重复使用的绿色环保优势。"

除了英蓝实验室老师和同学们的努力，科研院也向全校发出"关于新型冠状病毒感染肺炎疫情防控期间各实验室酒精、消毒液等消毒物资交由学校统一分配使用的倡议"，鼓励各学院对实验室的现有酒精、消毒液等物资进行清点梳理，为后续统一消毒做好准备。

这就是北化科研人的担当，面对疫情坚决不做"两耳不闻窗外事，一心只读圣贤书"的事外之人，用科研之热情点燃这场战"疫"的胜利之光。

疫情防控是当前学校各项工作的重中之重，我校作为一所行业特色型大学，充分发挥专业特色与优势，坚持结果导向，加强科研攻关，把论文写在抗击疫情的第一线，把研究成果应用到战胜疫情中。

我校的科研工作者，按照坚定信心、同舟共济、科学防治、精准施策的要求，发挥集智攻关、团结协作的优良传统，切实做好各项防控工作。以"功成不必在我，功成必定有我"的胸怀，开展各项工作，为打赢这场疫情阻击战贡献北化科技力量。（文/刘一君）

本文发表于 2020 年 2 月

北化开启"脱贫+抗疫"两促进工作模式

"感谢北京化工大学,有了这批防疫物资,我们对打赢这场疫情防控阻击战更有信心了……"在领取了由北京化工大学定点捐赠的口罩、护目镜等防护物资后,科尔沁左翼中旗(以下简称"科左中旗")保康街道党工委书记包乌云高兴地说。

科左中旗交警大队副大队长白晶也代表交警大队民警表达了感谢,他说:"对于坚守在一线的同志来说,这些口罩,特别是护目镜来的真是太及时了,听说护目镜是北京化工大学实验室自己生产的,我代表队里的战友感谢北京化工大学这份科技感十足的支援和关怀。"

包乌云和白晶领取到的物资来自北京化工大学向定点扶贫地内蒙古科左中旗捐赠的防疫物资"大礼包",包括1000只霍尼韦尔KN95口罩,1万只一次性口罩和实验室加工的600副护目镜。这些物资将即刻发放到当地基层单位,为奋战在疫情防控一线的"战士"们提供安全防护。

守望相助,同舟共济。疫情发生以来,北京化工大学党委坚决贯彻落实习近平总书记"把人民群众生命安全和身体健康放在第一位,把疫情防控工作作为当前最重要的工作来抓"的重要指示精神,在全力做好学校疫情防控工作的同时,时刻关注定点帮扶旗县科左中旗的抗击疫情工作开展情况,时刻惦念着当地群众的身体健康,在校内防护物资"不富裕"的情况下,学校采取"采购+自产"的筹措物资模式,积极沟通、拓宽渠道、多方联络,全力以赴保证物资第一时间送达一线,助力科左中旗打赢疫情防控阻击战。

守望相助,同舟共济,携手战"疫"情

这场突如其来的新冠肺炎疫情,对许多扶贫干部来说是一道扶贫攻坚战的"附加题"。面对挑战,他们没有选择退缩,而是毅然加入"逆行者"大军,同

当地人民一道坚守在扶贫与战"疫"的第一线。

和前两个春节一样,北京化工大学国内交流合作处副处长、科左中旗政府党组成员徐泽敏今年依然没有回家过年,从大年三十开始,他先后到协代苏木哈久嘎查、西毛都嘎查,深入困难群众家里,了解他们的生活情况和年货储备情况,把慰问金送到困难群众手中,为他们送油添米并宣传疫情防控常识,积极投身扶贫旗县的疫情防控工作。

"我挂职三年,也在嘎查村过了三个年。虽然去年我调整了岗位到旗政府工作了,但是我的内心深处依然惦记着村里的乡亲。我感到他们真的把我当成了一家人,这就是我的家,所以尽心尽力参与这里的疫情防控工作,我义不容辞……"徐泽敏动情地说。

忙完手头工作后,他在大年初一才踏上了回家的路。远在黑龙江老家的母亲,今年以来身体一直不是很好,作为儿子他实在难以放心,但也只是在家停留了三天,大年初五就已经驾车回到了工作岗位,继续前往包联乡镇协代苏木检查指导防疫工作。

疫情防控与脱贫攻坚"两手抓""两不误""两促进"

2月27日下午1点50分,科左中旗300余名基层干部和驻村工作队队员早早地在腾讯会议群里完成了签到,大家对即将开启的视频直播讲座充满了好奇和期待……

"科左中旗扶贫战线的同志们,大家好……"下午2点,北京师范大学中国扶贫研究院院长张琦教授,准时通过"云端"为大家带来了题为"我国打赢脱贫攻坚战及未来与乡村振兴的有效衔接"的报告,"我们只要将各种积极因素充分利用起来,一时的疫情绝对挡不住全面建成小康社会的前进步伐,我们一定要坚定信心,坚决打赢疫情防控阻击战,如期全面打赢脱贫攻坚战……"张教授激情地讲道。

特殊时期,信心比黄金更重要,这场报告由北京化工大学组织发起,目的就是要在疫情防控期间,帮助当地干部群众坚定必胜信心,引导他们清醒判断、准确认识、精准施策,坚持做好疫情防控与脱贫攻坚"两手抓""两不误""两促进"。

视频讲座结束后,当地的扶贫干部纷纷表示受益匪浅,意犹未尽。学校派驻保康镇哈沙吐嘎查驻村第一书记靳万民说:"这是一次难得的学习机会,在权威专家的科学分析下，我们既了解了新冠肺炎疫情对扶贫工作的影响，同时也让我们明确了脱贫攻坚与乡村振兴有效衔接的必要性，更加坚定了我们在'十三五'规划收官之年全力打赢脱贫攻坚战的必胜信心。"

"我们坚信有学校党委的坚强领导，有帮扶旗县科左中旗党委、政府和人民的共同努力，我们一定能够实现'两手抓''两不误''两促进'，最终实现科左中旗疫情防控和经济发展的双重胜利。"徐泽敏充满信心地说。

如今，疫情防控已经到了关键阶段，脱贫攻坚任务也进入决战决胜阶段。"我们一定会坚决贯彻落实党中央的决策部署，严格按照学校党委提出的坚决打赢疫情防控阻击战和脱贫攻坚战的总要求，在符合疫情防控要求下，转变工作方式，通过网络视频、云端指导等多种方式积极稳妥地推进脱贫攻坚各项重点工作，坚持一手抓脱贫攻坚，一手抓疫情防控，确保疫情防控抓得紧，脱贫攻坚不放松！"学校定点扶贫工作领导小组副组长任新钢说。（文/刘一君）

本文发表于 2020 年 2 月

北化青年在战"疫"中绽放绚烂之花

习近平总书记在回信勉励北京大学援鄂医疗队全体"90 后"党员时强调:"广大青年用行动证明,新时代的中国青年是好样的,是堪当大任的!我向你们、向奋斗在疫情防控各条战线上的广大青年,致以诚挚的问候!"

关于"90 后""00 后"到底是不是娇滴滴的一代的讨论,习近平总书记在湖北武汉考察时给出了答案:"过去有人说他们是娇滴滴的一代,但现在看,他们成了抗疫一线的主力军,不怕苦、不怕牺牲。抗疫一线比其他地方更能考验人。"

战"疫"打响后,新时代的中国青年正在以"肉眼可见"的速度迅速成长,他们在战"疫"中绽放了绚烂的青春之花。其实,在我们身边,在我们熟悉的同学中,也有这样一群"逆行者",他们有一个共同的名字——北化战"疫"青年。

北化"武汉伢"的科技战"疫"

每当透过窗子看到挂着"武汉加油"横幅的大货车驶向这座他深爱的城市时,家住湖北武汉的丁栋心里总是充满了感慨。

和丁栋有同样感受的还有住在汉川的陈燕武——他是学校英蓝交叉班的班长。在了解到社区防护物资紧缺后,他每天都坐立不安,焦急地思考着能为这里做些什么。

终于,机会来了!在得知学校英蓝实验室要研制一套用于疫情防控的呼吸隔离装置时,他俩没有丝毫犹豫,一拍即合,主动向实验室申请远程参与研发工作。

实验室的老师们出于安全考虑,希望他们可以安心在家隔离,暂不要参与工作,但丁栋和陈燕武"毫不妥协",陈燕武坚定地说:"全国人民都在支援湖北，我们在家怎么坐得住呢？老师经常教育我们要在祖国最需要的地方奉献青春，为疫情防控做点贡献，这也是新时代北化青年的使命。"

丁栋也"倔强"地认为，他们身在湖北能更好地了解当地对防护物资的实际需求，在呼吸隔离面罩研制成功之后，他们也能最快地联系到有需求的单位，保证物尽其用。

这两个"武汉伢"用诚意打动了老师，并毅然走上了北化青年科技战"疫"的青春战场。陈燕武和丁栋通过"云端"与千里之外的实验室连接，与老师们一同参与研究，一起制订、修改生产方案，参与设计并成功研制出了这套为疫情防控专门"定制"的呼吸装置。大家为它取了一个霸气的名字——"新风正气，英蓝王冠"。

这套装置的优势在于，既可以避免近距离相处而导致的交叉感染，实现"隔离病毒不隔离亲情"的人性化救治，还能大大减少人员感染的危险，最适合轻度感染病人佩戴，为抗疫一线的医护人员和人民群众提供重要的保障。

从2月中旬开始设计到月底研制出第一套样品，再到3月底计划生产100套，北化青年参与的科技战"疫"速度令人振奋。陈燕武表示，这些成果的背后离不开以杨卫民教授和阎华教授为首的英蓝实验室团队的付出。"我对老师们充满了感激，为了推广面罩、降低感染率，他们放弃了假期，在实验室加班加点地工作，我代表湖北同胞真诚感谢他们。"

一场跨越南北的战"疫"接力

千里之外的北化校园内，也有一群"90后""00后"大学生忙碌在另一条战"疫"生产线上，他们在英蓝实验室谢鹏程教授的带领下，利用"3D复印技术"生产护目镜，其可用于广大一线医务工作者和社区服务人员在与病患近距离接触时的防护。

他们是寒假留校的学生，在得知实验室由于人手不够产能无法完全释放之后，大家主动通过所在的临时团支部踊跃报名，希望能以志愿者的身份参与护目镜生产。

这16个同学来自不同学院，简单的培训加之过硬的专业素养，他们很快就投入了生产，从周一到周日，上午下午两班倒，每天不停歇生产，做到无间隙换班，确保机器不停运、生产不停工。更有部分同学申请多轮换几次，以保证生产线人手的绝对充足。

"看到一线人员为人民冒着这么大的风险值守岗位，看到实验室的教授们加班加点搞课题攻关，我们作为青年学生也希望能为打赢疫情防控阻击战贡献一份力量。"一位志愿者发自内心地说。

同时，疫情发生以后，校团委也第一时间成立了湖北学生临时团总支，及时了解当地同学的实际困难以及所在小区对防护物资的需求。并动员力量联系快递，把产自学校的战"疫"装备源源不断地发往湖北各地。

这是一场跨越南北的青春战"疫"接力，一南一北两个临时团组织架起了两地战"疫"接力的桥梁，陈燕武就是其中一员。在这些团员的传递下，越来越多奋战在湖北疫情防控一线的"逆行"英雄，陆续收到了这份科技感十足的北化战"疫"装备。

陈燕武清楚地记着，一天早上，他为社区里负责消毒的叔叔送去了由学校实验室生产的防护装备后，那位叔叔向他鞠了一躬，然后说了声"谢谢"。"那一刻我再也没有忍住，泪水在眼圈里打转。"

看到各个小区的消毒员、志愿者们穿戴着由学校实验室生产的防护装备奋战在疫情最前线，每一个为之奋斗和努力的北化人心里都是暖暖的。

青春战"疫"，每一次参与都是成长

这场没有硝烟的战"疫"中，有无数的北化青年在做好自身防护的同时，积极参与当地的疫情防控工作，在战"疫"中绽放绚烂的青春之花。青年学生党员更是冲锋在前，在战"疫"中成长，在战"疫"中践行初心使命。

"早上7点，我戴好口罩与党徽出了门。和往常一样，虽然寒风凛冽，让我的手直哆嗦，但为了接下来能到劝返点做好搭帐篷、贴告示、拉道闸、检查84消毒液和体温表等各项准备工作，我并没有犹豫……"这是数理学院电子科学与技术1704班王小威一篇战"疫"日记的开头。

他的老家位于河南省永城市龙岗镇张集村，疫情发生后，他主动向村委会请战，加入了当地疫情防控的队伍。一次执勤中，他发现和他一起在体温监测点值守的人员中大部分都是退休的老党员同志，他在当天的日记中着重记录了他与其中一位王大爷的对话：

"您这么大年纪了为什么还要冒着寒风来当志愿者呢？您不怕被传染吗？"

"我是一名党员，一名党员就是一面旗帜，小威呀，你要记住，只要有'战场'，我们党员就要当先锋、做表率！即使老了，只要党组织需要，我也会尽力去发光发热!"

这位老党员的话深深刻在了王小威的心上,他明白在疫情防控一线大家可能都会有一丝害怕,但党员的身份给了每个人冲在前面的勇气,让大家时刻都不会退缩。尤其是每当有乡亲们为值班人员送来食品和口罩时,他更感受到了这份坚守的可贵之处。

同为河南人的杨炤奇是学校第八期"双百工程"培训班的学员,他的父母都是党员,每当看到身体欠佳的母亲依然顶着寒风在执勤点坚守,深夜晚归的父亲放下买好的蔬菜就转身消失在夜色里时,身为入党积极分子的他在家坐不住了。

他用自己平时节省下来的生活费买了两桶20千克的84消毒液和两箱方便面,分别送到了小区门卫处和小区附近的防疫服务站,向奋战在一线的工作人员表达感谢,他在防疫服务站动情地说:"这里是党员先锋岗,作为一名入党积极分子,你们是我学习的榜样。疫情最严重的地方就是共产党员初心最坚定的地方!"

"90后""00后",我们才不"娇滴滴"

没错,抗疫一线比其他地方更能考验人!在这场全民战"疫"中,"90后"和"00后"已经接过了父辈的责任与担当,用稚嫩的肩膀扛起了大梁。

从党员、团员到普通同学,从城市、乡村到祖国各地,都有北化青年的战"疫"身影:学校研究生支教团的成员在"云端"为草原上的孩子辅导功课,一些同学挽起袖子参与无偿献血助力抗击疫情,有人填词谱曲用歌声唱响《武汉加油!》,也有人拿起画笔用画作向英勇的"逆行者"致敬……

他们中的一些人曾参与国庆70周年庆祝活动,曾在学校操场上与千名同学一起传递巨幅国旗唱响《我和我的祖国》,而经此一役,相信他们对"爱国"二字有了更深刻的体会。

这场突如其来的疫情是一场大战、一次大考,同样也是一堂终生难忘的大课,让年轻一代快速成长。因此,无论是投身科技战"疫",还是参与各自家乡的疫情防控,北化青年在用行动证明着"90后""00后"才不是"娇滴滴"的一代,也不是时代的观众和看客。

磨炼是成长的催化剂,抗疫是时代给他们的成人礼。我们坚信,在春暖花开时,再次回归校园的北化青年一定会是另一番面貌。我们坚信,"90后""00

后"已经长大。北化青年一定会牢记总书记的谆谆嘱托,以总书记的勉励为动力,努力成为有理想、有本领、有担当的新时代青年,让青春在党和人民最需要的地方绽放绚烂之花。(文/刘一君)

本文发表于2020年3月

北化校友驰援武汉火神山医院建设

2月3日，备受瞩目的武汉火神山医院正式启用，几日后，雷神山医院也投入使用。人民悬着的一颗心终于放下，又关注起了新的问题——火神山医院和雷神山医院的医疗废水和医疗废物会不会造成污染？

实际上，火神山医院和雷神山医院虽然建设任务紧急，但环境保护标准一点没降，污水处理设施与医院同步设计，严格按照医疗废水处理规范和相关要求建设。而其中，就有一个北化人的身影，他叫王伟龙，是我校环境工程专业0803班校友。辅导员解静回忆，说他"不爱说话，比较实在，是个妥妥的技术宅"。

就是这个"技术宅"，在新冠肺炎疫情期间逆行武汉，用他的专业技术，为这座城市，带去了一份北化特色的温暖。

为爱离开，也为爱出发

春节没过完，新冠肺炎疫情在武汉发动了一场猝不及防的偷袭。北京高能时代环境技术股份有限公司的一些核心技术人员，在紧急关头主动请缨援助武汉，向病毒"亮剑斩凶"。他们参与了火神山医院、雷神山医院的防渗工程建设，同时负责医疗废水处理以及医疗废物处置运营，其中就有我校环境工程专业0803班校友王伟龙。

王伟龙，是一位土生土长的湖北孝感人。1月23日，武汉封城。王伟龙父母担心交通限制影响儿子的工作，虽然心里放不下一年未见的儿子，仍以最快的速度给他收拾好了返程的行李。二老说："春节后要上班，咱不能让孩子耽误工作啊！"带着父母的嘱托，王伟龙回到了北京的工作岗位上。

1月29日，得知公司将要负责火神山医院的污水处理运营，他辗转反侧，一夜难眠。内心有激动，有踌躇，有憧憬，也有担忧。他在大学学了四年的环境工程专业,工作后更是成为一名专业技术人员,几十年来受过的教育告诉他,如今国家有难,好男儿就应该迎难而上!他很快下定决心:"这是我的责任,也是我的担当,我不去谁去!"第二天一早,没来得及和家人商量,便主动报名要参与到这场没有硝烟的战斗中。

1月30日晚,他和公司副总经理一起先行驱车前往武汉,于疫情之下逆流而上,奔赴他的工作岗位。

1月底的武汉,早已没有了昔日的熙熙攘攘、车流不息,变得异常安静。天色刚暗,走在马路上连自己脚步的回声都能听得清清楚楚。一连三天,他们找不到一家可以吃饭歇脚的餐馆,只好买点零食应付一日三餐。

武汉降温下雪依然奋战一线

经公司的协调、生态环境部的统筹安排,政府给王伟龙和其他奋斗在一线的同事们送来了热腾腾的盒饭,这才解决了工人们的吃饭问题。王伟龙吃上第一口热乎饭时,突然觉得"很温暖,有家的味道"。

三天后,王伟龙带领7名运营专工组成的废水处理技术团队进驻现场,投入到紧锣密鼓的工作中。王伟龙的同事说他是个闲不住的人,哪里需要就去哪里。"一会和我们工人一起干活,一会统筹项目的技术资料管理,他还总是很乐观地开动脑筋想办法。"

他因陋就简,让工人将废旧的钢板等材料再利用,焊接打造了一个钢构斜坡,成功搭建了一个与卸料卸货区联通的通道;他因地制宜,协调业主方沿路修建挡水围堰,成功解决雨水积水造成设备厂房"水漫金山"的问题,有效保证室内的干燥环境。

为了保证工期,让设备顺利运转,作为火神山医院污水处理的运营方,王伟龙和其他人一起主动协调时间进行设备安装、调试。"咱忙点累点都没关系,能保证工期就行。"

在很多人通过云端监工雷神山、火神山医院搭建的时候,王伟龙和他的同事们也在夜以继日地和时间赛跑。他们千里驰援武汉,用不间断的付出赶建出了一个个救命场地,他们用自己的实际行动书写着人间大爱,让世界见证中国速度。他们的行动,阐释了"武汉封城不是孤城,而是众志成城"。

工作条件简陋,没有办公空间,没有坐的地方。防护服密不透风,穿着防护服工作的王伟龙一天下来,连毛衣都会被汗水湿透。但肩上的责任和使命让他埋头于技术攻坚,一刻都不敢松懈。

环境工程专业、技术出身的王伟龙,对于污水处理慎之又慎。他说:"鉴于新型冠状病毒的传染性强,医院的污水处理工艺标准必须高于普通传染病医院。"火神山医院的废水从排出到处理合格要经过7道严格的工序。首先,在院区内经过全封闭的收集和预消毒处理,之后提升到所在的污水处理站,进行生化处理和再消毒处理。最终,经系统检测合格后,才会排入市政管网。

"火神山医院配备了两组污水处理系统,一用一备,单组设备每天可处置800吨污水。在一组系统发生故障或进行检修时,仍有一组系统可以用,实现双保险。"对此,王伟龙有一个形象的说明:"前期的防渗工程,已经利用HDPE膜为火神山医院地下基础穿上了'防护服',加之医疗废水与雨水得到妥善处理,我们实现了'滴水不漏'。"

在建设火神山医院污水处理设施时,还要特别注意个人防护。公司科学制定了包括"火神山医废污水运营人员安全防护管理制度"等在内的运营管理方案,并将"按要求佩戴防护用品进行安全操作,严格执行消毒杀菌程序"视为火神山污水处理站的运营铁律,在保障工作人员健康的同时,也确保污水处理站全天候安全运营,守住疫情防控环境安全底线。

"通过我们技术、管理、防护三方面的专业处理,加上生态环境部门的严格管控,大家可以放心,绝不会让一滴污水流入地下。"王伟龙和他的同事们这样说。

火神山、雷神山医院的建设速度让人感动,这些舍小家为大家驰援一线的工人更让人感动,正是因为他们的无私付出,我们才能从死神手中抢回那么多条人命。

防护服下,是被汗水湿透了的衣衫,是一颗无私奉献的爱心,是同王伟龙一样的北化人的拳拳赤子心。

以所学报家国,不畏难不退缩,他们是所有北化学子,日后奋发努力的楷模!(来源/党委宣传部)

本文发表于2020年3月

"1班"不一般,3个学霸宿舍全部读研

"班上34个同学,考研保研24人,出国7人,深造率高达91.18%,更是出现了三个'学霸宿舍',18名同学全部'上岸'成功。"北京化工大学优培1601班辅导员王俊琪这样汇报今年的"战绩"。

鲁杨就是优培1601班中的一员,"优培"全名为"应用化学优培计划",优培班是北京化工大学为培养面向化学的拔尖创新人才所建立的理科试验班,然而在入学之初,他并不属于这里。

经过大一一年的努力,他不仅获得了入班资格,而且最终以综合排名第一的成绩被复旦大学化学系录取。他所在的宿舍,也全员保研至复旦大学、中国人民大学、北京化工大学等国内重点大学。

"前三年的积累,汗水洒在了平时"

得知被录取后,鲁杨坦言内心是平静且感动的。"有了前三年的积累,汗水也洒在了平时,最终的结果并不意外,我也在这一过程中成长。"

他和其他室友一样,身上透着一股"钻研"的韧劲儿。每天,当其他宿舍的同学结束一天的学业,娱乐放松的时候,他们几个人可能刚从图书馆回来,正在就某一化学机理进行"大辩论",有时甚至还会拿出纸笔,在纸上画图"较量一番",然后次日再去找老师"评理"。

他和班上其他同学组队参加了各类学科竞赛。由于学校分区办学,主要实验室都集中在市里的校区。鲁杨他们经常早上5点50就到了地铁站,然后坐近两个小时的地铁去东校区做实验,直到晚上8点多再原路返回。

为了实验的进度,他和同组的同学寒暑假很少回家,即便回家也只是待上几天。"实验室对我有吸引力,忙碌十几个小时后,晚上收拾干净实验台,把试管和反应瓶清洗干净,我的心里是踏实的。"

他的青春在实验室这个"反应器"中慢慢催化升华，学校化学实验竞赛特等奖、北京市化学实验竞赛一等奖相继收入囊中。参加的大学生科技创新训练项目，也获评国家级项目和校级表彰。在大四上学期，2篇SCI论文（以第二作者署名）相继发表。

鲁杨的同学陈松，对实验室有着同样的"执念"，2018年暑假，他创造了连续45天做实验的纪录。"每天将近12个小时吧，自己很如鱼得水，也觉得非常过瘾。"凭借出色的成绩和过硬的实验能力，他同时拿到了北京大学和复旦大学夏令营的参与资格，但最终选择了自己最感兴趣的复旦大学某研究所，和鲁杨再次成为校友。

刚入校时，他并没有明确的目标，也没想过保研，直到后来一位"宿舍学长"走进他们宿舍，聊科研、聊人生、聊未来，让他想起了一位老师的话："幸福是奋斗出来的，好成绩是刻苦学出来的。"他便有了继续深造的想法。

"感谢宿舍学长！"

在北京化工大学，宿舍既是同学们休息放松的地方，也可以是大家共同进步的"第二课堂"。除了室友之间的相互帮扶，"宿舍学长制度"也起到了非常重要的作用。

优培1601班辅导员王俊琪介绍说："'宿舍学长'是北化非常有特色的朋辈引领制度，一般从大二同学中选拔优秀代表，在生活、学习和实习实践等各方面对刚进入大学的学弟学妹进行对口引导，他们更容易走进新生们的生活。"

陈松在毕业论文致谢中写道："感谢我的宿舍学长金学长毫不吝啬地分享学习生活的经验和为人处世的准则，在他以身示范的榜样行为中，我努力地践行'尽力争取但不刻意追求'的人生信条。"

受益于那位"宿舍学长"的影响，他在大二时也成为一名"宿舍学长"，想把那份责任、奉献、担当的精神传承下去：给宿舍学弟分享学习资料，讲述这学期的课程该如何学习等。

后来，他和一个宿舍学弟双双获得本科生国家奖学金。在一次国家奖学金答辩会上，学弟在致谢中，特别提到了为他答疑解惑的陈松学长。他曾在协调学习和学生工作时出现了问题，陈松结合他的个人经历，与学弟交流，帮助他走出困境。

在北化，"宿舍学长"成了除辅导员之外，大一新生们的另一个"引路人"，宿舍也成了优良学风养成的关键一环。

2月20日，鲁杨的同班同学伍铭在朋友圈写到"初试400+，To be continued"。三个月后，他收到了心仪高校"拟录取"的消息。他所在的宿舍今年也是"喜报"频传：3人保研至国内重点大学，1人获得国外名校录取资格，2人考研顺利"上岸"。

相比于同宿舍的其他同学，他的"上岸"之路多少有点曲折。"我一开始并没有考研的打算，但在'宿舍学长'的引导下，也看到同班、同宿舍的同学都这么优秀，我觉得自己该拼一把了。"

目标一旦锁定，伍铭就开始了全身心的投入。他在大三时就基本上完成了所有选修科目的学习，为考研腾出充分的时间。尽管有的室友已经有了"着落"，但为了不影响考研的同学，也跟着他们的备考计划按时作息。

"室友们挺照顾我的，他们的成绩也很好，除了作息上配合我们考研的同学，平时在宿舍也会给大家讲题，分享他们的学习资料，就是只要有，就可以随便拿。"伍铭感激地说。

"从有意思到有用"，是北化人的成长

"实验结果出来了，我们的原料对比国外的原料，差别最大的就是硫化铵的浓度。"舞台上穿着"白大褂"的实验员"小姜"兴奋地几乎是喊出了这句台词。北京化工大学学生原创话剧《侯德榜》中，这句话意味着"侯氏制碱法"突破了重大的技术瓶颈。

舞台下，实验员"小姜"扮演者任静的室友们也激动不已，同是化学专业出身的她们，最能体会到实验取得重大进展时的欣喜。她们宿舍也是今年优培1601班的三个"学霸宿舍"之一。

任静是北化大学生话剧团的演员，去年9月获得了北京化工大学的"直博"资格。那一身朴素简洁的"白大褂"不只是舞台上的道具，也是她日常生活的缩影。

"侯氏制碱法的工艺，我在课堂上早已学过，但在舞台上演绎出来，我的体会更深了。我想这就是'化工人'的使命感吧。参演《侯德榜》，也是我隔着时空向化工先驱们致敬。"

任静说，高考后选专业时，她感觉化学这门学科比较"有意思"，可以做各种有趣的实验，"挺好玩的"。但几年的学习，她又发现，化学并没有想象中的

那么"好玩"，但对社会确实非常"有用"。

大三那年，她一边完成学业，一边排着话剧，还要挤出时间去做实验，了解不同方向的学科知识，为将来的保研做打算。在众多复杂的事务中，她已能应付自如。

但初入北化时，她并非如此，常流连于很多社团活动，学习的时间精力被占用，成绩也很一般。好在后来有"宿舍学姐"的辅导，有同宿舍"大神"的督促，她逐渐学会了取舍，学会了时间分配。

"我说的这位'大神'叫许恺妮，已保研到清华大学，我以前早上赖床、上课迟到、课堂走神，她都会提醒我，时不时地就拉我一把。"一起"约自习"和约饭一样平常，周末还会一起去锻炼。在大家互相鼓劲儿、一起努力的氛围中，任静的学业成绩得到了快速的进步，"直博"总成绩排名第二。

辅导员王俊琪表示，对于优培班的同学，在成绩方面他不是特别担心。"一开始我担心他们只会学习，而忽略了其他兴趣的培养。但大家用实际行动证明，我的担心是多余的。"

鲁杨在学院学业发展辅导中心有三年的学生工作经历，把自己的成长经验分享给其他同学，并组织参与过"净水流远"比赛，动员北化学子自制净水器，为解决校内湖水质问题出谋划策。

任静"直博"的专业是"环境友好的催化化学"，她选专业的理由是，环境污染和能源枯竭的形势日益严峻，需要用绿色催化剂来提高很多工业反应的转化率，减少原料和反应过程中的能源消耗，助力实现"美丽化工"和"绿色化工"。

同时，辅导员王俊琪也经常带着大家去其他高校找同专业的同学交流，去参观"两弹一星"纪念馆，组织心理健康节户外趣味活动，在学习之余，促进同学们综合素质的全面发展。

2016年9月，优培1601班的34名同学从全国18个省市齐聚北化校园，在这里刻苦钻研、踏实奋进。四年后，他们即将从这里启航，开始新的人生征程。

相逢总有千言，离别只需二字。疫情之下的2020届毕业生即将带着梦想再次出发，相信经此一"疫"的你们，更能懂得生命的价值，更能体会到责任与担当的分量。青春有很多种样子，大家或继续读研深造，或参加工作、扎根基层，让青春在党和人民最需要的地方绽放绚丽之花。只要胸怀梦想，只要脚踏实地，时光定不会辜负奋进的你们。未来已来，前路可期。（文/刘一君）

本文发表于2020年6月

为这件事，北化师生齐上阵

习近平总书记强调："扶贫必扶智。让贫困地区的孩子们接受良好教育，是扶贫开发的重要任务，也是阻断贫困代际传递的重要途径。"北京化工大学党委高度重视定点扶贫工作，自2012年定点帮扶科尔沁左翼中旗（以下简称"科左中旗"）以来，深入贯彻习近平总书记关于扶贫工作重要论述，积极发挥高校的人才优势和教育资源，组织专家学者、一线教师、优秀学生赴科左中旗深入开展系列教育扶贫工作，协助当地补齐基础教育短板，落实"立德树人"根本任务，通过教育扶贫帮助科左中旗阻断贫困代际传递，为当地打赢脱贫攻坚战贡献北化力量。

对参加这场讲座的很多孩子来说，这是他们第一次看到"洋面孔"，并且还是说着一口流利中文，拥有牛津大学博士学位的教授。但很快，大家就被他幽默生动的讲述和"神奇"的化学实验吸引住了："大象牙膏""捉妖记""穿云箭""法老之蛇"……化学试剂在他的手中不停变换颜色并伴随着奇妙的反应现象。

这是北京化工大学在科左中旗举办的一场高端科普讲座，邀请的正是在网络上拥有百万粉丝的北京化工大学特聘教授戴伟博士。

扶贫工作开展以来，北京化工大学党委多措并举，把教育扶贫作为帮助当地摆脱贫困的治本之策，以教育扶贫为重要途径阻断贫困的代际传递。2019年起，聚焦科左中旗基础教育的难点，也是扶贫扶智的重点——高中教育，学校集中优质人才资源和教育资源，以科左中旗唯一一所汉授重点高中——保康第一中学（以下简称"保康一中"）为试点，实施了"心桥工程"教育教学共建项目。

"北化教授就是我们的及时雨"

"老师们，根据上次的调查，教学的短板集中在圆锥曲线和函数导数应用这部分。在接下来的两节课中，我们专题研讨圆锥曲线篇与导数应用篇。"主讲人的声音和画面清晰地出现在了屏幕另一端的保康一中会议室中。

为了这一场跨越近千里的共建分享课，北京化工大学的部分老师和教授们拿起高中教材，进行集体备课，在从事教学科研之余，和当地老师一道为高考"把脉"。"我们希望把先进的教育理念、教学方法传递给贫困地区的老师，让他们成为火种，点燃贫困学子的梦想。"北京化工大学赵丽娜老师如是说。

这是一支教育扶贫的骨干力量，他们中有北京市教学名师2名，北京市高考指导教师2名，教授8名，副教授15名，资深讲师近20名，先后已开展线上教育教学培训讲座60余场，培训保康一中教师1200余人次。

据了解，"心桥工程"是在前期充分调研的基础上，借鉴学校与北京化工大学附属中学"大手拉小手"的共建模式，吸取其成功经验，创新工作方式方法，以"5+2+N"的模式开展帮扶工作。其中，"5"指的是五门学科一齐共建，"2"指的是线上视频培训交流和线下面对面对接指导双管齐下，"N"指的是在开展日常教育教学指导工作的基础上，围绕实验教学设计、实验设备捐赠等多个维度同时进行帮扶。将大学教学方法和教育理念与高中教学进行有机融合，强调理论教学和实验教学同步进行。

"通过对保康一中的共建帮扶，可以帮助当地高中教师提升教育教学水平，帮助贫困家庭学生顺利完成学业，帮助科左中旗有效阻断贫困的代际传递。"北京化工大学"心桥工程"项目团队杜振霞老师用"三帮助"概括说明共建的意义。

"心桥工程"脱贫攻坚行动受到了科左中旗各单位的热烈欢迎，保康一中的化学教师薛淑玲在一场讲座结束后激动地说："有了北京化工大学的精准帮扶，我们的教学水平得到了快速提升，北化教授就是我们的及时雨。"

他们搭建的这座连接北京与科左中旗草原的"心桥"，也是联通当地群众通往幸福生活的"脱贫之桥"。活动的受益人不只是保康一中的老师和学生，还有这些孩子背后的家庭，并逐渐成为增强贫困地区扶贫成效"造血机制"的示范。

教育扶贫不能"浅尝辄止"

"心桥工程"为充分发挥党外知识分子的重要作用,引导更多教师参与脱贫工作提供了新思路。本批参与教师中,民主党派成员占比近二分之一,张丽丹教授就是其中一员。

今年 63 岁的她已经多次前往保康一中为孩子们开展励志讲座,并为科左中旗全体中学化学教师做关于中学化学学科建设的专题报告。在她看来,高中和大学都是人生中非常重要的转折点,因此"让大学和高中携起手来,陪着孩子走好这段重要的人生之路"显得很有必要。

今年 9 月,她和同事们带着学校为保康一中捐赠的实验仪器再次启程。而为了确保仪器不受损,她就和大家一起把报纸碎片揉成纸球塞在箱子里作为缓冲材料。办法虽"土",但效果不错,也很省钱,因为他们认为:"扶贫的钱,每一分都要花在'刀刃儿'上。"

到目前为止,学校已协助保康一中完成化学、物理、生物三门学科实验内容的提升,围绕高中知识点设计教学实验 20 项,捐赠实验装置 20 套件,并出资 17 万元,帮助完善化学、生物实验室建设。

教育扶贫不能"浅尝辄止",停留在表面功夫上,需要不断结合实际向广度和深度"进军"。在投入大量人力物力的同时,教育扶贫也浸润着北化师生的心血和热情。

北京化工大学大学外语部的张雅凝是土生土长的内蒙古人,在得知保康一中英语教学水平欠缺,存在严重短板问题后,她立即报名加入了高中英语课程指导团队。"那里的孩子很好学,能明显感觉到他们在进步。"

她的丈夫张洪兵教授是北京市"师德标兵"、北京化工大学文法学院大学外语部主任,看着妻子和同事们热火朝天的备课场面,他也坐不住了。"不能让孩子们被高考英语绊住了脚,我们力所能及的努力,就可能改变他们的命运,甚至是家族的命运。"

类似的故事还有很多:不熟悉高中教学方法的战可涛老师向在高中担任物理老师的妻子请教备课;鄢红老师以"科研"的精神研究试题,找到每一道高考题有关的文献资料,整理出文献综述;已经退休的林静老师因家里网络问题不能进行线上培训,专程赶到学校来参加;姜姗姗老师将年幼的孩子托付给邻居照顾,自己却去教育别人的孩子……

帮孩子们"考上大学"是教育扶贫最朴素直接的目的，每位老师都像家长一样，本着"能帮一个是一个，能提一分是一分"的心态，始终牵挂着这群可能并不相识的孩子。

2020年7月28日，北京化工大学收到了来自保康一中的喜报：2020年，保康一中共有315名学生的高考成绩超过了内蒙古自治区高考本科录取分数线，比2019年多了93个人，本科上线率从2019年的32.03%提升到48.84%。

"搭一座桥，引一只鸿雁"已经成为北京化工大学"六位一体"扶贫模式中教育扶贫的重要内容。在教授们成为"高中老师"之前，一群北化学子早已背起行囊奔赴草原开展支教，他们化作"鸿雁"，寄去了来自北京的问候。

"让他们能走进大学，有机会看看外面的世界"

这是一场从2015年就开始的支教"接力跑"，先后有六届21名研究生接续参加。课堂上他们是孩子们眼中"北京来的老师"，不仅传授知识，还播种梦想；课堂外他们是老乡家里的"扶贫工作者"，不仅嘘寒问暖，更解决现实问题。

前几年，他们最害怕看到教室里有了空座位——那意味着又有学生不来上学了。第二届支教团成员阎育阳的班上就曾有几个同学辍学去北京打工。"虽然把他们劝回来了，但这终究不是长久之计。"她现在回想起来，心里也会觉得难受。

然而，最触动他们的是，一次家访时看到空荡荡的房间内只有一床土炕，一面墙上贴满了密密麻麻的奖状。太多的不幸压在了姐妹俩的身上：父亲早年去世，母亲长期在外地打工，只有她和姐姐住在救济房里相依为命，每个月靠低保生活。

于是，在学校的支持下，支教团成员决定用各种方式筹集资金，成立"鸿雁"助学金，帮助这些家境贫寒但品学兼优的孩子。几年过去，已累计投入扶贫资金超过7万元，其中有不少是他们自己的奖学金。"让他们能走进大学校园，有机会看看外面的世界。"支教团成员张宇这样表达他们的初衷。

他们既是科左中旗脱贫攻坚的参与者，也是这里脱贫过程的见证者，贫困正在他们的眼前"节节败退"。第一届研究生支教团成员王磊回忆说："2015年我刚来时，校门口是泥泞不堪的土路，孩子们吃的也不好。现在校门口有了宽阔的柏油马路，大家碗里的肉也明显多了……"

此外，作为研究生支教的有效补充，学校将专业实习与教育扶贫相结合，积极推进短期支教实习活动。2019年，组织41名社会体育专业本科生分赴当地5所学校进行为期两个月的支教实习活动，发挥各自专业所长，协助各学校开展了一系列高质量文体活动。

截至目前，北京化工大学共派出长期支教学生21名、短期支教学生100余名，2020年9月，在原有的支教扶贫基础上，增设科左中旗努日木中心校和宝龙山中学2个支教基地，并增派研究生3人。五年来，研究生支教团累计教学超过4000课时，历次考试中支教团成员所带班级排名均位于年级前列。

同时，支教团成员利用自身优势在服务地精心打造"第二课堂"育人品牌活动，开设"育阳阅读班"、美术兴趣小组、篮球课等6个选修课；帮助成立了科左中旗中小学中的第一支"国旗护卫队"，并召开"爱国主义教育""诚信教育"等主题班会90余课时，为团员讲授团课20课时，用青春引领成长。

新冠肺炎疫情期间，学校一线教师、支教研究生更是主动放弃休息时间，帮助科左中旗初、高中生开展居家学习，尤其是指导高三学生全力备战高考，创新性地开启了"云端教育扶贫"新模式，即使在春节期间也保证交流"不掉线"。

北京化工大学脱贫攻坚工作既聚焦"大扶贫"，也着力"重精准"，重点发挥高等学校的人才和智力资源优势，在"精准扶贫"和"深度扶贫"上下功夫。积极发挥高校科教扶贫和产业扶贫的"王牌"优势，聚焦重点、创新机制、突出特色、整合力量，积极帮扶贫困地区在"输血"的基础上，提升自身的"造血"功能，使其从根本上脱真贫、真脱贫、不返贫。（文/刘一君）

本文发表于2020年10月

"扶贫小屋"装下大梦想

10月17日，下课铃声响起，又到了午饭时间。一些同学并没有像往常那样直接奔向食堂，而是转身来到了启荣园西侧的一顶帐篷前。

原来，在第七个国家扶贫日这天，一场由后勤服务集团精心准备的脱贫攻坚消费扶贫产品展销会正在进行中。

"老师、同学们，欢迎大家光临'扶贫小屋'，这里既有来自大草原的'科左味道'，也有来自河北、湖北等地的优质扶贫产品，物美价廉、种类多样……"于桂英正耐心向驻足的师生们讲解。

记者通过她了解到，消费扶贫展销会的展品全部来自北京化工大学定点扶贫地科尔沁左翼中旗（以下简称"科左中旗"），帮扶地河北省威县、青龙县，52个未脱贫摘帽深度贫困县和湖北省，汇聚了各地100余种特色农产品，供全校师生品尝选购。

"我们冷点没关系，牛肉保鲜更重要"

"扶贫小屋"是同学们给脱贫攻坚消费扶贫产品专卖店起的昵称，因为大家经常能在这里寻觅到便宜又实惠的"零食"。英语1703班的姚颖同学在试吃了一块牛肉干之后，果断决定带一份回去"给室友们尝尝"。

对北化师生来说，学校的定点扶贫工作早已融入他们的日常工作学习中，消费扶贫更是丰富了大家的"菜篮子""果盘子"。现在，大家既可以在学校财务缴费平台的"扶贫专区"线上订购，也可以亲临校内的扶贫产品专卖店。同时，店内也设有线上订购产品样品展示区，顾客可以在现场看到线上产品的质量。

"现在真是太方便了，疫情期间我们进行了'互联网+'消费扶贫模式的探索，增加了第三方购物平台订购，可以实现线上购买直接快递到家。"后勤服务集团商贸中心党支部书记杨雯高兴地说,"但前几年,可不是这样的,我们也是在慢慢摸索新的销售路子"。

据了解,2018年,相关扶贫产品的发放主要依靠提货券。为此,后勤服务集团按照产品类别,提前设计并制作了26个产品套餐的5000余张提货券,再按照领货单位进行细分,师生在购买后需要在特定的时间内现场凭券取货。

2018年12月28日凌晨,一辆满载着科左中旗优质鲜牛肉的大货车顺利到达北京,紧接着就是卸货和发放。当学校工作人员完成交接后,已到了凌晨两点,不少人的衣服都被汗水浸湿,在接近零度的气温下,头发上也"蒸腾"出了热气。

陈永涛就是当时的一名工作人员,他回忆说:"刚开始觉得很热,后来汗退了又觉得冷,我们直打哆嗦。但第二天一早就要把这些牛肉发放给订货的教职工。当时室外的气温刚好符合冷冻条件,因此发货工作就放在室外进行。"

于是,他们就裹着军大衣在室外等着老师们来领货。"要是实在冻得扛不住了,大家就轮换着去屋子里取暖,我们冷点没关系,牛肉保鲜更重要。"

这样的情况,后来也发生过几次。有时部分产品进京后不能直接送到市内,需要学校再派货车和接货员去位于五六环的物流站提货,前后共计转运了近15吨的货物。

但这样终究不是长远之计,从第二年开始,后勤保障部与后勤服务集团在学校的支持下,结合工作实际情况和现实需求开始了新一年的消费扶贫工作计划制订,这样才慢慢有了后来的"扶贫小屋"和线上订货等渠道。

"每一粒米,都有它重要的使命"

经过多年的摸索实践,北京化工大学已经建立起了农产品市场和高校后勤市场直供对接的联动合作模式,把农校对接和精准扶贫结合起来。

学校每年从科左中旗、青龙县、大化县等国家级贫困县区进行直采,实现了从产地到食堂餐桌的"无缝"对接,成功建立了"供、产、销"的一体化扶贫模式。

就这样,产自科左中旗的扶贫米、大豆油、鸡肉等农产品陆续从千里之外"飞"到了北化师生的碗里。"可以说,老师、同学们在食堂吃到的每一粒米,都有它重要的使命——那就是帮助科左中旗人民脱贫。"后勤保障部的王凯笑着说。

精准扶贫需在"精准"二字上下功夫。为此，学校食堂还专门精确统计了玉米、大豆、葵花、小麦、高粱、水稻、花生等食材的年消耗量，与当地农业合作社一起建立了"订单式"种植和采购机制，让消费扶贫更具科学性和建设性。

后勤集团商贸中心主任张弛曾多次前往科左中旗洽谈业务，他表示，正式采购前既要对产品的质量进行严格把关，也要和扶贫企业会商价格，确保以低于市场的优惠价格进货。

采购完成之后，扶贫产品被运往学校，一部分走进食堂，一部分摆入"扶贫小屋"。当然，这些承担着特殊使命的产品有时也会在食堂冷库，隔着一道物理隔离短暂"相遇"，然后通过不同的渠道助力它们"老家"的脱贫攻坚事业。

这么精致的产品贵吗？当然不贵。"从农户到师生之间，我们实现了'零差价'，就像是现在比较火的网络带货，只不过我们'只带货''不盈利'。"

除了师生个人订购之外，相关单位和广大校友们也积极参与到了这场消费扶贫"接力赛"中。学校工会将消费扶贫与工会活动相结合，仅2020年就订购了53万元的扶贫产品，用作工会日常活动的奖品发放。校友总会发动各地校友们和校友企业，通过第三方购物平台购买扶贫产品22.7万元。

疫情期间，两地来往不便，为确保战"疫"扶贫两不误，学校会同扶贫地区厂商负责人、驻村干部创新性地采用了"云采购"模式，通过视频连线的形式了解大米厂商生产、加工、包装等过程，实现产品追踪溯源，促进产品质量提升，保证产品稳定性。同时，主动发挥学科优势，举办扶贫产品包装设计大赛和扶贫产品商业策划书大赛，帮助提高扶贫产品的市场竞争力。

"扶贫小屋"装得下"大梦想"

今年年初，在支部共建"云端"主题党日活动中，北京化工大学商贸中心党支部以"云参观"的特殊形式，向科左中旗敖包苏木扎如德仓嘎查党支部介绍了扶贫产品销售专区的日常工作和服务。

郭晔是参观环节的主持人，当她把手机镜头转向产品陈列区的时候，屏幕另一端的同志们立马被吸引住了，连连发出赞叹——这是他们第一次以这样的形式看到了自己家的农产品。

支部书记胡木任激动地说："真是不错！这样看我们的'土产品'也不土嘛。没想到它们会以这么高端和严整的形式展现给北化师生，感谢北京化工大学后勤党总支，您用心了。"

今年 51 岁的于桂英，在来到"扶贫小屋"上班之前一直在老家务农，属于建档立卡贫困户，年收入只有不到 6000 元。今年 7 月，他和爱人看到了北化面向当地贫困户的转移就业招聘通知后，就立马报了名。"没想到，还真的来到北京工作了。"

她用并不标准的普通话告诉记者，来到北化之前，他们俩靠务农供两个孩子读书。"劳累不说，还挣不下几个钱。后来参加了北化举办的就业技能培训，学习了面点制作技能和电商运营技术。现在又来到北化工作，收入也供得起正在北京读研的女儿了。"她的言谈中流露出满满的幸福与感动。

"这是我们科尔沁草原特产的科尔沁牛肉，做成酱牛肉或者炖牛肉，味道真是没得说……"于桂英不时向前来选购的师生介绍来自家乡的美食。

她说他们两口子现在都在学校后勤工作，愁眉少了，笑容多了，生活质量也提高了，孩子们都争气，要不是赶上国家和北化的好政策，这些他们以前想都不敢想。

同时，"扶贫小屋"还聘用勤工助学的学生在店内收银、理货。同样来自内蒙古的安娜曾经就是其中一员，她说："在母校看到家乡的美食，本来就是件很幸福的事。同时我也是一名党员，在向学校的师生们介绍家乡农副产品的过程中，我感到自豪，也感受到了一种责任感。"

从"在寒风中取货"到如今线上线下便捷下单，从单一的扶贫牛肉到现在 100 多种产品随心挑选……三年来，北京化工大学已经建起了完善的"全链条式""互联网+"消费扶贫体系，在丰富北化师生"餐桌"的同时，也为助力科左中旗地区摆脱贫困面貌贡献了北化力量。今年是全面打赢脱贫攻坚战的收官之年和全面建成小康社会目标的实现之年，在全校师生和科左中旗人民的共同努力下，我们有信心，有恒心，更有决心打赢这场扶贫攻坚战！（文/刘一君）

本文发表于 2020 年 11 月

保研率100%，宿舍六人包揽75项荣誉

深夜，北京化工大学东校区宿舍楼已是一片漆黑，2号楼336宿舍的六位姑娘坐在电脑前，屏幕的光亮映出她们脸上的紧张与期待。当手机显示的时间全部归零，房间内只能听到鼠标的点击声。

这可不是在"秒杀好物"拼手速。10月12日的零点，全国研究生招生网推免系统开放报名通道，这也是她们人生中最重要的时刻之一。向自己心仪的高校提出申请，历经一段焦灼的等待，收到录取结果的回复。

秋实之季满结硕果，而对336宿舍来说，最大的收获是六人全部保研成功。今天，就让我们一起走近这个由来自生命学院的六位姑娘——李敏、赵然、于颖越、王彦立、郑若楠和张勤飞组成的336宿舍，听听这六个女孩儿的故事。

知耻而后勇，知不足而后进

刚刚进入大学，"自由"是大家的同感。在昌平校区就读时就是同寝室的赵然和李敏，也在不知觉间过了一把"自由"的瘾。

但自从大一经历过一次奖学金答辩后，她们就在心里暗下决心：一定要先提高学习成绩，然后才有"资格"做其他事情。她们开始有意识地走出自己的"舒适圈"，将主教学楼和图书馆作为自己的"主战场"。

在奋起直追的"后进"路上，她们深刻地感受到：任何一个不够努力的时刻，都要在日后付出更大的努力才能弥补。每一个0.1的提升都非常不易，其中需要的努力只有拼过的人才知道，所以，她们真诚地建议：无论有没有定下未来的目标，从大一开始都要认真努力。

想要提升绩点，每门课都要达到优秀，面对堆积如山的专业书和学习资料，李敏就一句话——"学就OK了！"这句话不仅鼓励了室友，她自己也确实是这样做的。但行耕耘，不问也会自有收获。相比大一，李敏实现了学年绩点"1"

的提升。

大二那年，学院举办了国家奖学金分享会，听着台上的每个人讲述着自己丰富的经历，李敏倍受鼓舞，她和身旁的室友说："不如先给自己定个小目标，明年也向学长学姐那样站在舞台上讲讲话。"这看似是随意一说，但她却是认真的。

她认真地记录下他们分享的学习经验和方法，尝试过后，她发现：学习方法不是去复刻，适合自己才最重要。她不仅找到了最适合自己的学习模式，也帮助室友找到了合适的学习方法。

从大一至大三学年，她从专业综合排名 50+到成为蝉联 3 个学期的综合排名第一，其中最高学期 GPA4.13/4.33，成为 2019 年和 2020 年国家奖学金的获得者之一。

像她当初说的那样，总有一天会站在舞台上分享自己的校园生活，在前不久生命学院举办的国家奖学金分享会上，李敏说："认真对待生活，生活才会认真对待你，要向着成为一个认真且优秀的'北化人'而前进！"

除了优秀的成绩外，李敏还是班级的组织委员、学院的辅导员助理和火花思维的"小太阳"老师，在成为一个优秀的北化人的路上，她不仅收获了多项奖学金和荣誉证书，还有一份充实且多彩的校园生活。

石以砥焉，化钝为利。从最起初成绩不理想到成功逆袭，背后是勤奋和不停向前的脚步，是及时和认真的自我反思，是不驰于空想，不骛于虚声，敢说也敢做的行动！

成功是偶然里有必然，必然里有偶然

相比李敏和赵然，郑若楠和张勤飞一开始便有着明确的目标。

和很多人一样，她们也会为英语感到头疼。尤其是郑若楠，她并不擅长英语，但是在英语分班考试中，却得到了幸运的眷顾，"蒙"进了英语快班。

随之而来的便是让她感到如噩梦般的口语和非常吃力的师生全英交流课堂。小组讨论时，看着其他同学流利地用口语交流着各自的观点，而自己只能结结巴巴地拼凑几个单词，她意识到这样下去自己会被落下。

作为"行动派"，意识到的就要马上解决掉。为了提升自己的口语水平，郑若楠每天坚持早早起床，找一个没人的地方读英语，对于老师布置的口语作业，她不仅是当作作业认真完成，更是把它作为一个口语练习的话题去拓展训练。

她一直相信：努力一定要配得上所得到的"幸运"。

相比于幸运降临在努力之前的若楠，张勤飞则是在努力的过程中偶遇了幸运。她最大的特点就含在她的名字中——"勤"，她常以"勤勤不怠"自勉。回忆起大学的四年，张勤飞觉得很幸运，不论是进入实验班，还是成功保研，这一路都非常顺利。她很庆幸，在每次幸运来敲门时，都刚好做好了开门的准备。

大二即将结束的时候，实验班开始选拔。早在入学时，张勤飞就从宿舍学姐那里了解到实验班制和选拔要求，早有保研规划的张勤飞一直以进入实验班为自己的阶段性目标。

以 GPA3.37 的成绩顺利地进入了实验班后，除了原本的课程，还新增了许多必修课程，加上大学生创新创业大赛的实验及辅修专业的科研训练和课程，平时的时间变得特别紧张。"任何事情做了之后再抱怨，这是逻辑问题。"这句话一直记在张勤飞的心里，她不会去抱怨事情的繁多，而是想办法提高自己的时间管理能力。

她发现室友郑若楠每天晚上熄灯就睡觉，作息规律的同时还能按时完成所有的计划。在向若楠"取经"后，她画了一个时间轴，把每一次评选作为"研"途的路标，把每一个 DDL（deadline）作为时间的划分点，并为所有的事情依据重要程度设立了一个"星标榜"，从而更合理地分配时间。

脚踏实地，稳步前行。学习是她们大学生活的主旋律，努力与幸运是这段主旋律中最美的和声。

保持冲劲儿，保持热爱，去寻找星光

如果说赵然和李敏属于"逆袭型"的选手，若楠和勤飞是"稳扎稳打式"的代表，那么王彦立和于颖越就是"全能型"的姑娘。

各方面都很优秀的"宿舍学姐"是两位姑娘开启精彩大学生活的第一个引路人。从"宿舍学姐"身上，她们发现大学生活可以过得既有意义又有趣。"优秀是周围的一种常态。你只有让自己的各方面都保持优秀，才是适应这个常态的最佳状态。"这是她们最深的感触，因此在学习之余，她们积极加入学生社团，参加各种校园比赛、学科竞赛、志愿服务、社会实践活动，提升自我，也充实自我。

"静若处子，动若脱兔"是室友调侃颖越的话。于颖越是一个文文静静的姑娘，喜欢民族乐器，竹笛业余八级，但令人想不到的是，她同时还是学院女子篮球队队员和北京化工大学田径队队员，并且多次代表学校参加体育竞赛。

于颖越笑称自己是"冲动型"选手，不仅是在体育竞赛中冲劲十足，在其他竞赛和活动方面，她也是如此，只要举办，她就踊跃报名。大学期间，她参加的各类比赛、活动累计近 30 项。在她看来，不论是不是自己所擅长的，大胆尝试过后，才会知道自己会有什么意外的收获。

王彦立给人的第一感觉是：古灵精怪。但这个喜欢中国传统文化的姑娘，换上旗袍就像变了个人似的，知性优雅。她对于传统文化的喜爱不是浮于表面，而是真正深入了解，她先后获得全国高校传统文化知识竞赛一等奖和"传统文化自强之星"的称号。

在庆祝中华人民共和国成立 70 周年群众游行中，王彦立是"开天辟地"方阵中的一员，选择成为其中一员不仅仅是因为难得还因为一份寄托。赵然曾是学校国旗护卫队的一员，对于参加 70 周年群众游行方阵，她有着更强烈的愿望，但却因 iGEM 国际基因工程大赛比赛在即而不得不选择放弃。

王彦立这边训练很是辛苦，与此同时，赵然和李敏也在紧张地准备着各项实验及参赛材料。虽然真正站在身边的不是彼此，但在同步状态下的她们，是另一种意义上的并肩作战。

2019 年 11 月，王彦立获得"北京化工大学国庆七十周年群众游行和志愿服务先进个人"称号，与此同时，赵然、李敏作为小组成员代表学校前往美国参加 2019 年 iGEM 国际基因工程大赛，团队斩获铜奖。

每一件想去做的事情，都要全力以赴，如果你不知道想做什么，那就都去尝试一遍。这正是她们一直以来的动力。

从昌平校区搬至东校区，六个姑娘怀揣着同一个目标，像节节车厢拼成一列名为"保研号"的列车，在保研路上，与你同行者皆是你的动力，这列"动力火车"拼箱成功，列车编号 336。

而今列车即将奔向下一个站点，相信这列"动力火车"也会将动力带给更多的人。学在北化，奋斗不止，"列车"接力，愿此刻仍在努力的所有北化人，都能赶上那趟"专属列车"，与她们在顶峰相遇！（文/陈彤宇）

本文发表于 2020 年 11 月

这俩学霸，真甜！

一向性格开朗的徐诗琴，这次有点犹豫了，她实在是不好意思开口。因为在她的印象中，常在羽毛球课上给大家做示范的颜亮亮，是学校羽毛球协会的负责人，打球的动作确实非常标准，但话不多，"给人一种不易亲近的感觉"。但迫于期末考核临近，她的接发球怎么都提升不了。于是，在同学的"撺掇"下，徐诗琴终于跑到了颜亮亮的面前，有些慌张地说："同学，你能教我羽毛球吗？"而正在训练的颜亮亮先是一愣，然后淡淡地说了句"好"，就开始给她演示动作。他们两个人都没想到，这段短短的对话，竟为他们后来的故事埋下了最初的伏笔。

相遇："看不惯他傲娇的样子"

回想起那段经历，徐诗琴还是忍不住笑出了声。她说，那晚她和羽毛球课的搭档一直在体育馆里"突击"练球，想着多练一会，体育课通过的概率就多几分。原本，他们也曾想过，找在一旁打球的颜亮亮陪练，"但看不惯他那傲娇的样子"，两人就迟迟没有行动。

"当我俩还在纠结的时候，颜亮亮已经起身离开了，但没想到过了一会，他又回来了——他手机落在了体育馆。"于是，就有了刚才的那段对话。

此后，徐诗琴顺利地通过了体育考试，两个人也渐渐熟悉起来。期末考试临近的紧张气氛，让俩人时不时"约个自习"有了更加自然的理由。

"我们都有'电工学'课，他学得比我好，所以一起自习时，我经常向他请教问题。他就一遍又一遍地讲，直到我听懂为止。"记者问坐在一旁的颜亮亮："一遍遍地讲会烦吗？"他不假思索地回答："不烦啊，讲题过程中，我也加深了对题目的认识。"

当然，性格腼腆的颜亮亮有时也会在其他同学的"提点下""主动出击"：

他会到徐诗琴经常自习的教室去制造"偶然相遇",然后相视一笑,坐下来复习各自的课程。徐诗琴笑着说:"他的'演技'一般,其实我早就看出来了。"

就这样,在"拿下"体育课后,她最头疼的"电工学"也顺利高分通过。她也意识到,颜亮亮只是性格腼腆,而绝非"傲娇",做起事来也非常认真,身上有股钻研的劲儿。

颜亮亮说:"有一天,诗琴在微信上说了好多知心话,我挺感动的,觉得气氛到了,就表白了。"也有一些同学和徐诗琴开玩笑说,她的期末真是"爱情""学业"双丰收。

相识:"性格互补,我们都成长了"

如果没有那次相遇,材料学院的徐诗琴和信息学院的颜亮亮本不会有太多的交集。他们认识之前,各自在班级和学院也都非常优秀,"保研"自然是早早地列入了各自的人生规划中。工科专业的徐诗琴爱好摄影和写作,这些兴趣装点着她丰富的课余生活。她性格开朗外向,在保证学习成绩的前提下参加了许多课外活动。2018年暑假,她曾和同学们一起前往内蒙古呼和浩特了解和林格尔剪纸保护与传承现状,采访到了国家级传承人段建珺。她详细了解了和林格尔剪纸的代表纹样——双马捧寿的制作过程和意义,亲身体会到剪纸艺术的文化温度。高校党支部书记培训班、党员引领中心、"双百工程"培训班、学校60周年校庆志愿者、学院思政教育、党建工作助理,参加国庆70周年群众游行方阵……她是一个热心肠,"一会儿也闲不下来"。原本可以学术保研的她,最终在填报志愿时选择了成为一名学生兼职辅导员。

相比之下,颜亮亮则更热衷于科研竞赛活动。徐诗琴开玩笑地说他是"觉悟不高",颜亮亮则"辩解"称:"参加学术竞赛,拿了奖也是为学校争光,将来也可以在自己的领域为国家出力。"说完这些话,他们看了看对方,都笑了。

确实,颜亮亮有一份让人羡慕的成绩单:GPA:3.96,综合成绩专业第一,共有36门课程获得A及以上成绩(占比67%),诸如"电路原理"和"C语言程序设计"这样"烧脑"的课程,他都取得了100分的成绩。

"只要感兴趣,我觉得都可以考出好成绩。"在他看来,这一点也同样适用于其他领域。"只要喜欢,就会很努力、很认真地去做,结果自然不会差。"

他是个说到做到的人,凭借出色的技术,他成功当选学校羽毛球协会负责人,也成为院系篮球队首发队员。同时,拿到过美国大学生数学建模竞赛

（MCM）一等奖，作为队长负责一项国家级大学生创新创业项目，并以共同第一作者的身份发表一篇 EI 会议论文。

徐诗琴和颜亮亮相遇以后，"约自习"成了两人见面的主要方式，尽管学科背景不同，但对方认真的学习态度都激励着彼此。"受他的影响，我做事没以前那么毛躁了，稳重多了。也感觉他比以前话多了，待人接物也更自然了。性格互补，我们都成长了。"

相知："开心，我们又在一起了"

新冠肺炎疫情期间，徐诗琴和颜亮亮经历了恋爱以来最长一段时间的分离。平时，他们忙着各自的事情，闲暇时打个视频通话彼此鼓励打气一番，居家战"疫"的日子似乎也没有那么难熬了。看着全国人民同舟共济、共克时艰的抗疫行动，一向热衷于志愿服务工作的徐诗琴坐不住了。于是，她戴上了 N95 口罩，戴上了"小红帽"和红袖章，成为重庆市开州区南郊社区防疫志愿者。17 天共计 60 余小时的防疫志愿，她每天都要在社区进行上百次的排查工作，同时还肩负着宣传、讲解防疫抗疫知识等任务。为了提高工作实效，她还专门录制诙谐有趣的防疫宣传语录 10 余条，每天在小区 6 个院落中往返数次，提醒居民注意疫情期间的各项安全事项。

相隔几百千米之外的颜亮亮，在关注全国疫情动态的同时，也制定了一份详细的学习计划。他常说："不积跬步，无以至千里。"期间，他积极准备美国大学生数学建模竞赛，最终以 3 天只睡 12 小时的过程"换得"了一等奖的荣誉。

与此同时，他也正负责着一项国家级大学生创新性创业项目，旨在设计一种帮助聋哑人与普通人正常交流的手势识别系统。每天早起阅读相关文献成了他雷打不动的习惯，共精读 50 余篇中文文献、30 余篇英文文献。

时光从冬流到了夏，国内疫情防控取得了重大战略成果。8 月 15 日，他们终于在北化校园里重逢。

于是，毕业去向成了摆在他俩面前不得不考虑的问题。徐诗琴的成绩不错，本有机会学术保研的她，出于热爱，她还是填报了学校的兼职辅导员。

此时的颜亮亮，也在积极进行保研申请，多所名校已经向他伸来了橄榄枝。"我当时也没多想，就选择了北京航空航天大学，这些学校都差不多，主要是想离她近点儿。"

短短的几句话，让一旁的徐诗琴感动不已。她说："我俩都认为，校园爱情不应该成为两个人进步的羁绊，所以我一直都鼓励他去想去的学校。最后的结果是完美的，我们又在一起了，开心！"

作为徐诗琴和颜亮亮爱情的见证人之一，材料学院2017级辅导员陈思涵表示，很多人都憧憬大学期间有一段甜甜的恋爱，爱情与优秀其实是可以同时发生的。如果能在大学邂逅爱情，希望同学们既要用心呵护，也应保持理性。每个人应该是独立的个体，不能错误地把爱情放在人生最高的地位，奉行爱情至上主义，迷失自己，脱离集体生活。

"我觉得诗琴和亮亮，他们的相遇实现了'一加一大于二'的效果，我看到了诗琴的改变：做事沉稳了，思考问题也全面了。希望他们能一直优秀下去、幸福下去。"陈思涵说。（文/刘一君）

本文发表于2020年12月

2020年,留在"版面"里的北化故事

新故相推,日生不滞。在风雨兼程中,我们告别2020年,迎来2021年。刚刚过去的2020年是极不平凡的一年,一个"极"字,道出了其中太多的艰辛与辉煌:"疫情防控""居家抗疫""云端课堂""返校复课""脱贫攻坚""全面小康""科学家精神"……回顾过去的一年,似乎无法用某一个"关键词"来精准概括,那些充满善意的人,那些温暖感动的事,还有那些留在"版面"上的北化故事……

2月17日,本应是重逢的日子,但学校空无一人。

7时30分,一阵孤独又响亮的脚步声刺破清晨的宁静。没有护旗手,没有学生观众,出旗、升旗、奏唱国歌的环节都由提前返校的辅导员、"退役"6年的国旗护卫队成员葛靖阳独自完成。

这是"一个人的升旗仪式",但也不是——通过网络直播,五湖四海的北化人聚在一起。那一刻,他们都是这场升旗仪式的护旗手。

似乎从来没有哪个春天,让我们如此期待。而为了"春天"的到来,有无数人"顶风冒雪""逆行出征",这里也少不了北化人的身影。

弦诵不辍,云端问道"不掉线"

那场一个人的升旗仪式后,8点30分,新学期第一课如约而至。同一时间、不同地点,纵相隔万里,虽隔着屏幕,但仍如在校园,倍感亲切,师长们的教诲令人如沐春风。

校党委书记袁自煌,中国工程院院士、校长谭天伟通过跨越空间的网络平台为身在大江南北、五湖四海的北化师生员工讲授"开学第一课"。数万名北化师生共同在线学习,同期网络浏览量最高达69.4万人次。从安排部署到制定预案,再到线上教学"全面开花",网络教学"信息化防线"不断加强完善,确

保师生云端问道"不掉线"。通过线上平台，学生可预习、复习、完成作业、测试等，最大程度避免网络故障可能带来的问题；辅以中国大学 MOOC、企业微信、腾讯课堂等其他平台可以进行重点、难点讲解，互动答疑。特殊时期，信心比黄金重要。在特殊的战"疫"时期，更需要充分发挥思政课在凝聚共识、坚定信心、统一行动方面的重要作用，进一步筑牢了全体师生"众志成城、共克时艰"的共同思想基础，在战"疫"中书写思政大文章。

党委书记袁自煌在《中国教育报》发表署名文章《四个维度打造高校战"疫"思政金课》，介绍了疫情期间，北京化工大学党委聚焦"有政治高度""有情感温度""有内容广度""有创新力度"四个维度，把思政小课堂同社会大课堂紧密结合起来，同疫情防控现实背景结合起来，凝聚爱国正能量，传递战"疫"好声音，引导学生把爱国情、强国志、报国行融入实现中华民族伟大复兴的生动实践，自觉成长为担当民族复兴大任的时代新人。

学校按照"停课不停育"，将思想引领贯穿"云端"。充分发挥在线"云端"主渠道作用，把战"疫"过程中的先进典型优秀榜样变成在线教学中的"好案例""活教材"。积极推进在线"课程思政"，将专业知识的学习与疫情防控紧密结合，把立德树人贯穿全员、全过程、全方位"在线"育人实践之中。

"我是党员"，冲锋在前显担当

沧海横流，方显英雄本色。

疫情防控，吹响了党员集结号；哪有困难，哪就有党员的身影。2 月 3 日下午——立春的前一天，一笔 2000 元的"特殊党费"转到了北京化工大学党委党费账户上。缴纳党费的党员为这笔党费说明了用途：用于支援防控新冠肺炎疫情。

还有数理学院辅导员惠永强，除夕夜的他，穿梭在甘肃省的一个小村庄里，焦急地从村头跑到村尾"寻找"网络讯号；餐饮服务中心的邢鹏举大年三十依旧坚守在岗位，妻子也在医院值班，一家人直到大年初七才吃上那顿"迟到"的年夜饭……

他们用行动温暖了初春，让料峭的春寒不再刺骨，也为其他党员同志，尤其是青年学生党员树起了榜样，激励他们坚守在家乡的战"疫"一线，从南方到北国，为当地的疫情防控工作奉献着北化青年的青春力量。

家在湖北黄冈的研究生徐杰主动请缨参加村部防控工作，在村口的劝导点值守，挨家挨户进行防疫宣传，他说："我是徐家坳村人，我是党员，我没有理由袖手旁观。"经济管理学院学生李程浩在父母写下"请战书"后，也加入到了志愿者的队伍中，他说："哪里有疫情，哪里就是党员干部守初心、担使命的战场。"

从南到北，从铮铮誓言到身体力行，在那些我们叫得上名和叫不上名的街道、村庄、社区，一个个北化青年学子同那位"匿名"的老党员一样，用实际行动践行使命、回报乡里，也缴纳了一笔笔特殊的"党费"。

科技战"疫"，北化速度有作为

病毒突袭而至，疫情来势汹汹。面对复杂严峻的疫情防控形势，要坚持向科学要答案、要方法，用好科技这个有力武器，才能看清病毒的"样子"，走对防治的"路子"，凝聚起举国上下科技战"疫"的强大力量。

1月底，学校就发出号召，号召科研人员积极投身科技抗疫工作，坚持结果导向，加速成果落地，把实用的研究成果应用到战胜疫情的实践中。

只有"跑"得比病毒还快，看清它的"面目"，才能战胜消灭它们，"病毒溯源"是一个至关重要的课题。与国内其他科学家"并肩奔跑"的，就有我校生命学院院长童贻刚——一位多次直面病毒，曾赴西非塞拉利昂参与埃博拉疫情防控的老将。

他带领团队在国内首先发现与新冠病毒高度同源的穿山甲冠状病毒，为新冠病毒的溯源提供了重要信息，并创建了新冠病毒药物筛选的替代模。5月，出席国务院联防联控机制的新闻发布会，与其他专家一同介绍新冠肺炎疫情防控国际合作与交流工作情况，并回答媒体提问。

在解决"病毒是什么"的同时，北化的科技工作者也在为缓解"群众戴什么"的现实需求提出北化方案。

张立群教授团队聚焦解决我国医用和民用口罩在疫情期间突出的供需矛盾，与校内外多个科研团队联合攻关，在可重复使用民用口罩材料关键技术方面取得突破，受到北京市领导的高度重视和充分肯定。

为了评价新材料口罩的可重复使用性能，实验室师生齐上阵，志愿参加真人佩戴口罩实验，每人每天佩戴口罩达8小时，然后按规定进行处理和检测，前后持续一个多月。

这项技术及产业化为打赢"疫情防控"和"复工复产"两大"战役"提供

了战略物资储备保障,既面向解决口罩危机,又着力解决口罩垃圾,为更好地应对未来公共卫生风险提供保障。

我校陈建峰院士团队"口罩荷电再生重复使用技术"得到中央领导同志的充分肯定,"口罩荷电再生重复使用"技术方案,得到人民网、新华网等新闻媒体以及中国石油与化学工业联合会等学术团体的广泛关注和转载。

疫情期间,学校高分子材料先进制造英蓝实验室响应学校号召积极投身科技抗疫工作,实验室谢鹏程教授更是化身"车间工人",与假期留校的部分同学一起,采用3D复印智能塑化制造技术生产防疫护目镜产品,一副护目镜生产时间仅需要半分钟,展现出科技战"疫"的北化速度。

北京卫视、《中国科学报》等媒体报道我校采用3D复印智能塑化制造技术生产防疫护目镜产品。

艰难方显勇毅,磨砺始得玉成。在北京市抗击新冠肺炎疫情表彰大会上,我校有机无机复合材料国家重点实验室获评"北京市抗击新冠肺炎疫情先进集体"称号,生命科学与技术学院院长童贻刚获评"北京市抗击新冠肺炎疫情先进个人"称号。

返校复课,线上线下多保障

"美丽的中国啊,一定要保持坚强!等待春天的来到,还有温暖的阳光!"疫情期间,我校一位学生谱的新曲,唱出了北化人期待春暖花开、疫病散去的心声。

在以习近平同志为核心的党中央坚强领导下,经过全国上下和广大人民群众的艰苦卓绝努力,疫情防控取得重大战略成果。

有同学说,多年以后,他一定不会忘记这个在"线上学习"的春天。从家乡顺利回到校园,经历一段"高铁—地铁—摆渡车"的奇妙旅程,然后在校门口依次通过消杀区、测温区,并通过身份核验、查验健康码……眼前的人物和风景逐渐熟悉起来。

而这样的场景在几天前也曾"上演",那是学校为了保障秋季学期开学学生返校进行的全流程演练。"万事俱备,只为返校的你。"

安静的校园逐渐热闹了起来,恢复了往日的欢声笑语。清风习习的操场上,大二年级的学生穿着迷彩服、戴着口罩,在操场上集结,间距超过1.5米,学生可摘掉口罩;教学楼里,教室窗户敞开着,老师正在讲课,同学们分散就座,未返校的同学也能在线听讲……

在学校智慧教学可视化运行平台中心，校内130间教室实况一目了然。所有教室可以实现"互动"。无法及时返校报到的学生，可通过"智慧教学云平台""在线教学综合平台"等渠道线上学习。

时节经冬复历春，又流到了夏。从云端到线下，从家乡到校园，北化还是一派只争朝夕、生机勃勃的景象。这一年，有人怀揣梦想走出校园，或背起行囊志愿扎根西部，或穿上"迷彩绿"携笔从戎；这一年，也有人意气风发来到北化，从校长手中接过录取通知书，也接过北化人的使命与荣光。

经受住这场疫情"大考"的北化人，也变得更加勇毅坚强，成熟有担当。返校后的我们经历了国庆中秋的"双份"欢乐，以更加从容自信的步伐踏上新征程。

除了疫情防控，这些事我们同样值得记忆。

一件大事，倾全校之力，战"疫"脱贫两不误

2020年是脱贫攻坚的决战决胜之年，学校定点帮扶科尔沁左翼中旗临近"交卷"的时间。学校党委聚焦扶贫工作的难点重点，一手抓抗击疫情、一手抓扶贫攻坚，开启"脱贫攻坚+助力抗疫"两手抓、两促进模式。

一种精神，激创新活力，科研报国正当时

中共中央总书记、国家主席、中央军委主席习近平9月11日下午在京主持召开科学家座谈会并发表重要讲话，就"十四五"时期我国科技事业发展听取意见。我校特聘教授戴伟等7位科学家代表先后在座谈会上发言。戴伟教授作为唯一外籍科学家代表，结合自身来华工作经历，围绕科学普及和国际合作两方面发表了自己的观点。11月2日，《人民日报》"新语"专栏刊发中国工程院院士、校长谭天伟《以科学家精神引领高校科技创新》一文，围绕解决"科研为谁做""科研怎么做"和"科研做什么"等问题展开讨论。

一份期待，启崭新序章，凯歌以行再出发

习近平总书记在2021年新年贺词中指出："征途漫漫，唯有奋斗。我们通过奋斗，披荆斩棘，走过了万水千山。我们还要继续奋斗，勇往直前，创造更加灿烂的辉煌！"2021年是中国共产党百年华诞，是"十四五"开局之年，同样也是我国现代化建设进程中具有特殊重要性的一年。序章开启，砥砺奋进，让我们不忘初心再出发，以优异的成绩向中国共产党百年华诞献礼，以北化奋进之笔书写中华民族伟大复兴的绚丽篇章。（文/刘一君）

本文发表于2021年1月

打造"后勤学校",探索"劳动育人"新模式

"我的家乡在河南农村,来北京的9年里,我只做了一件事。"吴华侠随手拿起一笼烧麦,像在欣赏一件艺术品,同学们听得入神,目光也随之转移到了上面,"于我而言,它是可以果腹的佳肴美食,更是值得坚守一生的事业"。片刻沉默后,现场响起了热烈的掌声。

这是北京化工大学"后勤学校"开设的厨艺课堂——烧麦及奶油炸糕制作课程的现场,主讲人吴华侠带来了富有传奇色彩的奋斗故事,还有连同她名字一同被写进中国非物质文化遗产名录的烧麦。

厨艺课由校内外厨艺大赛获奖厨师示范讲解,有"耳福"和"口福"是课程的特点,让故事和手艺入耳又入心。近年来,北京化工大学认真贯彻落实习近平总书记关于劳动和劳动教育的指示精神,于2019年启动建设"北京化工大学后勤学校"劳动教育实践平台,着力打造具有时代特征和北化特色的劳动教育阵地。开课3年来,平台直接服务教育学生近2000人,育人效果辐射全校,已成为首都高校"劳动育人"领域标杆项目。

"第一次上课,就给我问懵了"

后勤保障部与后勤服务集团党总支书记付国柱说:"'后勤学校'是聚焦课堂实效和学生实际获得,根据劳动教育目标及学生实际需求搭建劳育系列课程大纲,规划教学方案,建设理论支撑、实践导向、五育融合的教育课程。"截至目前,已开设40余学时的劳育系列课程。

这种机制下,餐饮服务中心的厨师长王均强有机会从厨房走上"讲台",从厨师变成"老师",教同学们制作菜品佳肴。"我是老厨师了,煎炒烹炸都不在话下,但第一次上课,同学们的问题就给我问懵了。"三年前的场景他仍历历在目。

王师傅来自东北，性格直爽，说话生动幽默，但工作时话很少。即便给新员工培训，他也是做的比说的多。"同学们很真诚，很谦虚，想知道怎么做，也要知道为什么。"

那天，同学们围在他的周围，他多少有些紧张。额头渗出了汗珠，已浸透厨师帽，但他顾不上去擦，只是低着头熟练地切片、切丝、冲洗，然后起锅烧油……这一系列动作他做得完美流畅。"老师，您刚才放了几克盐呀？""老师，土豆丝为啥要泡在水里？""您刚才切得太快了，您能再给我们示范一下吗？"……

听到这些，他连忙放下手上的活儿抬起头，一时觉得"有点懵"，不知从何答起。他突然意识到，眼前的这群孩子和他女儿年纪相仿，可能也没有厨艺基础。"我怎么教闺女就怎么教他们呗。咱就收拾干净，重新开始。"很快，大家就跟上了。

后勤服务是校园环境的重要组成部分，也是学校"三全育人"工作中的重要链条，后勤服务人员的一言一行都会对学生起到潜移默化的作用。学校立足育人的高度，以发挥后勤服务育人功能为导向，建设学习型后勤队伍，提升后勤服务品质，牢固树立后勤服务育人理念。

后厨其他师傅也相继为同学们带来了自己的"拿手菜"，一些人为了"不露怯"，还提前准备了"教案"，开课前会认真撰写讲稿，一遍遍练习。同事之间情景模拟、互相点评和交流经验是常有的事。慢慢地，食堂后厨热闹起来了，烟火气中弥漫着"知识的味道"。煎炒烹炸的声音中不时会冒出一句："同学们，重点来啦！一定要不断地搅拌，不要让花生糊了，听到噼啪声大了就立刻关火……"

"那一刻我很有成就感"

"后勤学校"厨艺课堂是"后厨开放日"活动的有效补充，当时就有同学提出能否在开放日的基础上增加一些体验和参与程度更深的活动。随着相关课程建设不断完善，厨艺课堂已通过 10 期课程讲授，涵盖家常菜、主食、年夜饭等 30 余类菜品的制作，有 400 余名学生亲身参与。

和其他同学一样，朱国政也是通过后勤餐饮的企业微信获取消息和报名。他说："知道这门课的人越来越多，经常'手慢无'。"在他看来，课程之所以受欢迎，趣味性只是基础，"有用"才是关键。

闫欣欣对此表示认同，清明节前她参加了青团厨艺小课堂。作为地道的北方人，此前她并不知道青团是什么，也不敢相信艾草汁可以用来和面。亲身实践后，她不仅掌握了青团的制作工艺，也了解到这一甜品背后的历史和文化内涵。

"那天准备的有绿色、紫色和黄色三种颜色的皮儿，用以区分馅儿的口味。我们就问师傅，能不能做一个迷彩的青团，他就鼓励我们试一试。"她认为，掌握一门厨艺的重要性丝毫不亚于学会一种实验操作，带来的成就感也是类似的。"大学生活是多彩的，不应该只有一种颜色，就像我们做的'迷彩'青团一样。"

厨师长王均强说："做菜过程中，同学们会有一些奇思妙想，只要不影响食用和烹饪安全，我们都鼓励大家去尝试。"在他看来，这也是再创作，是双向了解的过程，一些好的创意也会考虑纳入今后的菜谱中。

"我们计划开设一个'学生厨艺窗口'，在符合餐饮规范的前提下，为学生办理健康证，并进行更系统专业的培训，让他们制作菜品供全校师生品尝。在职业体验中强化劳动精神、工匠精神教育，增强职业荣誉感，体会平凡劳动中的伟大。"餐饮服务中心主任宋家博说。

居家战"疫"期间，闫欣欣和朱国政在学校学到的手艺得以施展。相较于别人，他们具有一定烹饪技巧，学习其他菜品糕点时更容易上手。"当我把亲手做的菜端上桌时，我从爸妈的眼里看到了惊喜，那一刻我真的好有成就感。"

"让孩子们像在家一样"

北京化工大学不断探索并完善"后勤学校"的服务职能和育人功能，以"服务无小事，事事皆育人"为理念，立足毕业生生活技能养成，开设了"教你一门手艺，照顾单飞起居"专题课程。

据了解，开课前讲师会通过各种渠道在毕业生群体中调研，了解大家的实际需求。王均强表示："我们也有孩子，做父母的都希望孩子出门在外能照顾好自己，吃得好、吃得健康。所以，我们教得格外用心。"

"后勤学校"用特有的方式搭建了连接学校与学生情感的桥梁和学生与社会沟通的窗口。宋家博表示："打开后厨大门，学生走进来，师傅也走出去，在'服务者'向'教育者'转变的同时，促进'被服务者'向'参与建设者'转变。"

如今，全员育人、全程育人、全方位育人的"三全育人"理念已经落实在学校工作的方方面面。不久前学校召开的"三全育人"综合改革推进会暨2021年"劳动教育"工作部署会上，校长谭天伟为11名来自各个岗位的"基层保障服务标兵"颁奖，表彰他们以身示范，在服务中育人的突出贡献。

学校是育人大课堂，也是全体师生员工的"家"，让学生深入参与"家庭事务"和"家庭建设"，进而增强大家的归属感，强化劳动实践体验，注重手脑并用、安全适度，启迪研究性思维。自2017年起，学校每年设置400~600个勤工助学岗位，建立健全劳动教育长效机制，形成"认知—实操—固化"的劳动教育闭环。"让同学们像在家一样，真正成为学校事业发展的一分子，而不是旁观者。"付国柱补充说。

目前，学校已形成包含厨艺、园艺、生活技能、卫生防疫、商贸管理、会场礼仪六大类别课程，覆盖校园学习生活的方方面面，年均800余名学生选修课程。校园果树采摘、教具维修实践、垃圾分类引导、超市快递工作体验等一系列实践活动深受学生好评。

目前，2021年《"后勤学校"建设工作方案》已制定完成，按照学校全面落实立德树人根本任务，大力加强德智体美劳全面培养的教育体系建设要求，学校将进一步明确组织机构、岗位职责，优化管理机制和保障模式，把各个服务岗位、各服务环节都纳入服务育人体系当中，为培养全面发展的社会主义接班人贡献北化智慧。（文/刘一君）

本文发表于2021年4月

北京化工大学将劳动教育融入党史学习教育全过程

"你们看！这是我种的苹果树，今年是它第一次开花，我现在能分清好几种果树的花了……"日前，北京化工大学经济管理学院管理 A2001 班的张越拿着手机激动地向爸妈展示自己的劳动成果。以前五谷不分的她，现在已是半个"专家"了。

"不同树什么时候种，坑挖多深，株距多少，每次的浇水量等我都了如指掌。"张越骄傲地介绍着身后的"天工润泽园"，几位大学生正撸起袖子、卷起裤管忙碌着，不时用搭在肩上的毛巾揩去额头上的汗珠，熟练地挥动锄头刨坑填土，先后种下了葡萄、柿子、玉米、向日葵等植物。

据悉，这是北京化工大学依托昌平校区劳动实践基地，将劳动教育融入党史学习教育全过程，多措并举推进"劳动最光荣、劳动最崇高、劳动最伟大、劳动最美丽"的"四最"劳动价值观入脑、入心、入行的一个缩影。

中国工程院院士、北京化工大学校长谭天伟表示，劳动教育是新时代党对教育的新要求，是中国特色社会主义教育制度的重要内容。北京化工大学作为一所特色鲜明的院校，非常注重将劳动教育与专业知识相结合，把劳动精神养成、劳动能力培养、劳动习惯训练贯穿立德树人全过程，努力实现以劳树德、以劳增智、以劳强体、以劳育美的育人效果，全力培养德智体美劳全面发展的社会主义建设者和接班人。

近年来，北京化工大学将"劳动育人"作为落实立德树人根本任务的重要内容，与专业教育相结合，纳入人才培养全过程，着力引领学生树立正确劳动观；以劳动教育为创新点和突破口，全力推进"三全育人"和"五育并举"育人体系建设工作。

第一，着眼于专业教育与劳动教育相结合，开启育人新方向。学校依托优势学科和特色学科，打造特色鲜明的"一院一品""一院多品"校内劳动实践基地。化学工程学院依托环境专业和环保志愿者协会，针对校园柳湖水体富营养化现状，建立柳湖环保公益实践基地，组建柳湖护卫队，着力开展柳湖水质改善工作。

机电工程学院依托机械制造、工业设计等专业，维修改造校园废弃的旧自行车，建立宏德单车劳动教育实践基地。该院通过废旧零件DIY"变废为宝、废物利用"，重组北化人自己的免费共享单车"宏德单车"70余辆，修理车辆1000余次，志愿时长超过500小时。目前，学校已有6个学院搭建了8个校内劳动实践平台，依托平台申请大学生创新项目共计19项。

第二，着眼于党史学习教育与劳动教育相结合，打造党建工作新平台。学校坚持将劳动教育与党建工作深度融合，把"三会一课"开在劳动现场，把党史学习教育放在劳动现场，把"一线规则"落实在劳动现场，形成抓好一点、带动一片、鼓舞一片的良好效果。

生命科学与技术学院依托本科生党总支，充分发挥党员、入党积极分子的示范带头作用，建立化育百草园实践基地。同时，学院教工党支部积极参与到基地建设中，在田间讲专业，在地头谈党史，在劳作中传授书本知识，在言行中诠释劳动价值。目前，共有20余个教工和学生党支部参与相关平台建设工作，带动超过1万人次学生参与劳动实践。

第三，着眼于为师生办实事与五育并举相结合，彰显育人新成效。围绕"我为师生办实事"实践活动，按照"三全育人"和"五育并举"的工作要求，依托"1+1+N"实践基地运行保障机制，即1个学院负责基地运行，1个科研教学项目进行支撑，N个职能部门承担日常保障和支持工作，积极拓展劳动实践内容，让劳动教育更贴近师生实际需要，让劳动教育实践成果更多更好地惠及师生，进一步彰显党史学习教育"效度"。(来源/党委宣传部)

本文发表于2021年5月

听课日志里记录的"难忘的思政课"

"他毅然从自己腹部的伤口中掏出肠子,咬断自杀,壮烈就义。全师仅剩第100团团长韩伟、第3营政委胡文轩和第5连通信员李金闪,他们因跳崖被救得以幸存……"

讲到这里,刘雨菲的声音明显哽咽了,眼圈也随即泛红,但她咬了咬嘴唇控制住情绪,仍一字一句坚定地讲述着那个悲壮的故事。后来,她们干脆放下话筒,"湘江战役是一场让中央红军浴火重生的惨胜之战",声音依旧洪亮。

"当我环顾课堂时,我震惊了。教室里在座的所有同学,他们都在认真、严肃地听,没有一位看手机,都伸长了脖颈,瞪大眼睛,竖起耳朵听。真是前所未有。"显然,被感动的不只是讲述人刘雨菲,还有教室里的其他人。学校教学督导组的听课老师张美麟在听课记录里,写下当时的情景。

翻转课堂:"她不是在念讲稿,而是怀着对先辈的敬仰在演讲"

这是北京化工大学材料学院2020级的一堂"中国近现代史纲要"课,马克思主义学院青年教师司明宇是任课老师。按照教学设计,每节课除了他主讲知识框架和理论阐释外,也会安排翻转课堂——由学生自行组队展示分享。

"长征精神"是刘雨菲这组选择的主题,通过那张小组分工表可以看出,"主讲人""讲解员""资料组""PPT组",每个人都有明确的分工。可以说,讲台上不足20分钟的展示凝聚着他们9个人一个多月的心血。

那是一段家喻户晓的历史,两万五千里路途中发生的悲壮故事更是不计其数,很多场景在经典影视剧作品中都有呈现。主讲人李铭萱说:"历史就是历史,容不得渲染篡改,所以选择的都是大家熟悉的故事,会不会有感染力,我们并没有把握。"这个疑问同样也留在张美麟老师的记录中。

"根据以往的经验,这种模式的教学效果一般不太理想,呈现效果也是参差不齐。"张美麟老师对这节翻转课堂并不抱有太大的期望。在她看来,故事发生在20世纪,离孩子们的生活太远,他们能理解吗?会感兴趣吗?她在听课记录中继续写道:"现在已经如此,只好拭目以待。"

29岁的师长与战友们"血战湘江",16岁苗族战士强渡铁索桥,朱总司令与战士们一起喝牦牛骨头野菜汤……熟悉的故事通过年轻的声音讲述出来,竟这般有感染力和穿透力。"她不是在念讲稿,而是在演讲。他们个个情绪激昂,充满了对红军的尊崇,对先辈的敬仰。"张美麟老师说。

达到这样的课堂效果,也是刘雨菲他们不曾想到的。讲稿在上台前大家已经烂熟于心,能流利舒畅地完成展示已实属不易,其他方面他们从未考虑过。况且,他们还"顶着"上周另外一组同学"中共一大"情景剧展示组带来的压力。

"可能站上台,我们才得以真正沉浸在文字背后的故事里吧。"吴诗琪和李润暄说,有几个瞬间,她们眼前仿佛浮现出当时惨烈的场景。那些英烈几乎和他们同龄。"用现在网络上的那句话来说就是,看着现在的幸福生活,我们突然明白'他们是为我而死'。"

实际体验:"他们在讲述展示中传递信仰"

其实,这组同学上台展示之前,司明宇老师的那段精彩"串词"也为最终效果埋下伏笔。"你们知道《西游记》中,唐僧师徒一共经历了多少磨难吗?"同学们纷纷抬起头,齐声答道:"八十一难。""那他们走了多少年呢?"教室里顿时安静了下来。

有同学难免疑惑,这和历史有什么关系?他笑着说:"他们走了十四年,照这样算,平均两个月才经历一难。"紧接着,他话锋一转:"在中国历史上,有这么一支钢铁队伍,用两年走了两万五千里,经历了三百多场战役,平均每天行军三十五千米以上,翻越了十八座山脉,渡过了二十四条河流……"

李铭萱同学说:"这种老师教学和同学课堂展示的教学模式,不仅激发了我们主动了解史实的热情,还用丰富多样的展现形式让同学们从中有所感悟。"

马克思主义学院教学副院长于文博说:"'长征精神'展示组的反响是马克思主义学院思政课教学中混合式教学改革的一个缩影。"近年来,马克思主义学院把传统学习方式的优势与网络化学习的优势结合起来,通过构建体现信息技术与教育教学深度融合的课程结合和教学模式，回应大学生普遍关心关注的热点、难点、焦点和深层次问题，不断提升思政课的思想性、理论性和亲和力、针对性。

改革成效显而易见，"大家经常给我带来惊喜"。司明宇老师记得那堂课主讲"红船精神"，课间同学们就开始准备，将教室里的第一排桌椅后挪，以腾出空间。随后，13位同学一起走到教室前——他们要以情景剧的形式重现"中共一大"召开时的情景。

开场是一段熟悉的"自我介绍"。"长沙代表何叔衡。噢，这位是长沙的润之兄"，何叔衡扮演者伸手指向了一旁的"毛泽东"。这段精彩的介绍引得一阵掌声。最终他们"讨论通过"了最后一项议题"选举党的中央机构"，并在"中国共产党万岁"的嘹亮口号声中"胜利闭幕"。

"中国近现代史纲要"课就这样活跃起来了，"这种活跃，不是大家一说一笑哈哈一乐式的活跃，而是寓教于乐的过程"。司明宇老师认为，提高课堂"抬头率"不是思政课的目的，让学生有收获才是关键，"因此，需要把教学内容与学生日常联系起来，满足学生精神需求，让他们上讲台，在讲述展示中传递信仰"。

被动化为主动：从"要我学"到"我要学"

材料学院精英2001班吴涵玥说："司老师循循善诱平等交流，我们很愿意参与。"所以，他的课堂，教室里最前排、最中间的位子往往是同学们炙手可热的抢占区。

马克思主义学院一直在探索将学生从思政课的"被动"转化为"主动"，实现从"要我学"到"我要学"的转变。中国近现代史纲要教研室按照"围绕学生、关照学生、服务学生"的基本遵循，实现了思政课堂"教师主导"和"学生主体"的统一。

看似轻巧的转变过程中凝聚着思政课教师的心血，要想让课程内容入脑入心，教师就得"走心"，每个知识点、共情点都要细心打磨，不仅要触及学生的知识盲区，也要按照青年的接受习惯设计讲授方式。为此，马克思主义学院中国近现代史纲要教研室定期组织集体备课，逐章逐节备课说课，不断打磨教学内容，形成精彩教案、课件。教研室主任张丽荣老师更是深入课堂，逐页帮助青年教师修订课件。张丽荣老师说："老师们课前准备的一份PPT素材稿就达到

100多页。"在她的精心组织下,"中国近现代史纲要"课成为校级一流本科课程、在线教学示范课、精品在线开放课。

"要理直气壮地讲好思政课,旗帜鲜明地反对历史虚无主义,如何才能做到呢?"司明宇老师指了指心脏的位置,拿起上节课厚厚的一本讲义,坚定地说:"教师自己先要心中有数,对历史和细节尽可能地了如指掌,再用翔实的史料解答学生的疑问。"

有了交流,有了互动,甚至师生在课间还有了"辩论"和"交锋",一大批理想信念坚定的青年学生底气十足地登上思政课讲台,活跃在校内不同场合,为同学们宣传、讲授马克思主义。北京化工大学的思政课堂逐渐"活"起来了,学生的学习热情"火"起来了,思政小课堂与社会大课堂的结合更加紧密了。

马克思主义学院党总支书记张馨说:"北京化工大学马克思主义学院坚持不懈用习近平新时代中国特色社会主义思想铸魂育人,深刻认识办好思政课的重大意义,发挥思政课教师的关键作用,不断推动思政课守正创新,遵循学生发展内在要求,打造理论、网络、实践相结合的思政课立体课堂,着力培养担当民族复兴大任的时代新人。"

恰逢中国共产党建党一百周年的重大时刻,正值"两个一百年"历史交汇的关键节点,马克思主义学院持续以党史"必修课"引导青年学生学史明理、学史增信、学史崇德、学史力行,做到知史爱党、知史爱国。相信在老师们的精心设计和同学们的积极参与下,思政课上的精神和故事会如同火炬一样,不断在青年学生的心中传承……(文/刘一君)

本文发表于 2021 年 5 月

美育教育实践基地"枫叶广场"建设侧记

沿着玉屏山蜿蜒的山路拾级而上,一路繁花相迎。半山腰处不时传来阵阵歌声,在啾啾鸟鸣的应和下显得格外动听。

这里正在进行的是北京化工大学枫叶广场启用仪式暨枫叶广场美育教育实践基地揭牌仪式,校学生艺术团、学生社团在枫叶广场进行了文化首秀,用青春旋律传递对美好校园生活的期待和学校特色发展的祝福。

据了解,枫叶广场是依托昌平校区"1+1+N"育人实践平台运行保障机制,由文法学院、国家大学生文化素质教育基地、校团委、教务处、北校区工作办公室联合打造的美育教育实践基地,旨在积极推进学校美育工作。

"枫叶广场的落成启用,是立足学校规划发展,统筹校园建设,提升学校发展软实力,形成以美育人、以文化人新格局的重要举措,将成为集文化活动、思想教育与休闲娱乐于一体的校园新地标。"谭天伟说。

盛夏时节,校园里清风拂面。放眼望去,枫叶广场周围蔷薇花娇艳盛放,青杏挂满枝头,燕贺亭坐落在不远处的山头上。几棵五角枫守卫在舞台两侧,枝叶沙沙擎出一片阴凉。

"试剂瓶""白大褂""麦克风""红枫叶"……地面上点缀着同学们亲手绘制的、"化工味儿"十足的巨幅五彩画作。从高处俯瞰,蓝天、绿树、彩绘相映成趣,伴随着同学们的欢声笑语,这里宛若一个隐藏在树荫里的童话乐园。

机电工程学院学生、画作《枫乐》的作者王姗姗说:"在200多平方米的地面上作画,对我们来说是个全新的挑战。开始前,我和其他同学一起收集素材、设计图稿、清理地面,最终呈现的效果是大家集体合作、集体智慧的结晶。"她表示,尽管绘制当天骄阳似火,长时间蹲着勾勒细节会腰酸腿疼,但能尽己所能在校园里"创造美",心里还是十分快乐的。

广场建设期间,教务处拨出专项经费支持场地升级改造,添置了360°全景环绕立体式的户外音响和照明设备。同时,由校团委牵头,同机电学院一起对广场进行了氛围布置。现在,广场已具备了举办各类小型文化展示活动的条件。

与其他校内广场不同的是，枫叶广场远离教学区和生活区，视野开阔、空气清新，开展文艺活动时不会对其他师生造成干扰。

同时，枫叶广场建成启用，将引领学生积极参与到学校美育活动中去，将"美"融入学习生活，用劳动创造美，提升审美水平和人文素养，营造出以美育人、以文化人的育人环境，把具有北化特色的"环境美""文化美""生活美"传递出去，让更多人向往对"美"的追求。

北校区工作办公室主任苏建茹介绍说，建设枫叶广场是学校党史学习教育"我为师生办实事"的一项重要内容，已纳入昌平校区"庆百年华诞，做百件实事"实践活动项目清单。"目的就是为师生提供一个全新的文化活动场地，进一步活跃校园文化，大力推进美育教育，打造学校文化新地标。"

近年来，北京化工大学着力推进"三全育人"综合改革和"五育并举"教育体系建设，努力形成更高水平的人才培养体系。学校在昌平校区努力营造以美育人、以文化人的育人环境，培养德智体美劳全面发展的社会主义建设者和接班人。如今，玉屏山区域已被打造成为学校重要的育人阵地，山脚下建成的"化育百草园"和"天工润泽园"两个劳动教育实践基地，与山上的"枫叶广场"美育教育实践基地遥相呼应，为北化学子成长成才保驾护航。（文/刘一君）

本文发表于 2021 年 5 月

北京化工大学打造"奔跑的党史课"

"咱们得加快进度了,有的'队伍'已经'过草地'了。你们知道吗?红军当年翻越的雪山,海拔都在4000米以上,空气稀薄,人迹罕至……"北京化工大学"校园重走长征路"主题定向越野活动的现场,学校定向越野队的运动员刘鑫宇向同伴讲述红军"爬雪山"的经过。同时,他们要通过学习党史故事完成"打卡",以获得下一关的挑战资格。

该校武装部部长韩悦表示,"奔跑的党史课"是将党史学习教育与主题定向越野运动结合起来,旨在创新学习方式,用师生喜闻乐见的方式吸引更多师生参与进来,让党史学习"动起来""热起来""火起来"。

"血战湘江""遵义会议""四渡赤水"……连日来,长征故事"打卡点"在北化校园内随处可见。普通的校园地图化作"长征路线图",熟悉的校园地标秒变"历史发生地"。

北京化工大学党委书记刘贵芹介绍,学校党委积极创新党史学习形式,将党史学习教育与发展阳光体育运动结合起来,与落实立德树人根本任务、纵深推进"五育并举"工作结合起来,突出融入日常、抓在经常,突出分类指导、因人施教,引导师生在练就强健体魄的同时,抒写好立大志、明大德、成大才、担大任的壮丽篇章。

"奔跑中"创新"大思政课"教学形式

该校坚持将"大思政课"建设融入党史学习教育全过程,既用好历史与理论两本"教材",也用好现实与实践两个"课堂"。"奔跑的党史课"将传统课堂"平面化"的知识学习转变为"立体化"的情景体验,学生既是参赛选手,也是"红军战士",既追求强身健体,也比拼学思践悟。相关数据还将与第二课堂管理系统和教务系统对接,在提升"脑力""心力"的同时锻炼"体力""脚力"。

　　学校坚持以活动抓示范，积极构建校内"大思政"格局，开辟校园党史故事"红色育人线路"，结合党史学习教育进度，持续将"打卡点"打造为校内正能量"加油站"，让思政元素潜移默化融入校园景观，融入日常生活，融入言行举止，让党史学习教育更接地气，更加走心，更见实效。

"奔跑中"检验"实事台账"落实成效

　　登录账号、刷卡扫码就能"奔跑起来学党史"，操作方便快捷。校园内设置的十余处打卡装置，是该校昌平校区"庆百年华诞，做百件实事"工作台账中"奔跑在北化"的重要成果。承接定向越野活动，既是服务师生的"首秀"，也是项目验收的"初试"，师生满不满意、认不认可将作为"销账"的重要依据。

　　当天，一同迎来"大考"的还有分布在柳湖、宿舍楼、玉屏山、教学楼北侧草坪等点位的实事项目。参与者变身项目"验收官"，路线图也是实事"施工图"。学校坚持把师生在意的"关键小事"当作学校发展的"头等大事"来抓，切实用好师生反馈意见这个"参照系"，找准昌平校区"十四五"规划建设的"新坐标""新起点"，将党史学习教育成效转化为增强服务意识、提升工作水平的不竭动力。

"奔跑中"完善"五育并举"工作体系

　　该校坚持将党史学习教育与推进学校落实教育评价综合改革、纵深推进"三全育人""五育并举"工作紧密结合，构建"人人皆育人之人，处处皆育人之地"的工作格局。参与者在体育运动中"野蛮其体魄"，在党史学习中"文明其精神"，"奔跑的党史课"实现了两者有机结合、相互促进、入脑入心。

　　该项活动着力探寻"专业性"和"参与度"的平衡点，实现专业选手"愿意来"，普通师生"跟得上"，全员运动"效果佳"，党史知识"学得牢"的最优解，进而实现"培育一个、带动一批、引领一片"的辐射效应，推动党史学习教育走深、走实、走心。（来源/党委宣传部）

本文发表于 2021 年 6 月

全国第四！北化男篮取得历史性突破

6月18日至19日，第23届中国大学生篮球联赛巅峰四强赛和季军争夺赛在苏州湾体育中心举行。北京化工大学先后迎战北京大学、厦门大学，最终荣获全国第四名，创造了北京化工大学参赛以来的历史最佳成绩。

为期两天的比赛中，北化男篮始终保持着昂扬的精神状态，队员们身披"北化白色战甲"，意气风发，勇往直前，配合默契，所向披靡，无惧对手的强烈攻势，一次次突破层层防守，赢得一个又一个漂亮进球，不时将现场气氛推向新的高潮。在比分稍有落后的时候，队员们并不气馁，配合默契，及时调整状态，迎头赶上，最终将比分定格在84∶93上。

继6月5日在昌平校区体育馆相聚之后，来自全国各地的北化校友又在苏州聚首，为母校篮球队加油助威，再次见证北化男篮的光辉荣耀时刻。"北化加油""北化必胜""北化男篮，一往无前"的呐喊声震耳欲聋，激励着北化运动健儿不断刷新战绩。

闯入全国八强，挺进巅峰四强，夺得全国第四名，北化男篮一路过关斩将、刷新纪录，一次次创造历史，一次次赢得荣誉，彰显着北化人勇往直前、拼搏向上的精神面貌。

北京化工大学篮球队成立于建校初期，近3年，篮球队整体实力稳定保持在北京地区前3强的位置，多名队员入选过中国男篮国家奥林匹克队、三人篮球国家队以及中国大学生篮球联赛全明星阵容。

未来已来，将至已至；球场纵横，奋斗不止。肆意挥洒的汗水浸透印着"北京化工大学"的球衣，他们以青春的名义，守卫北化人的荣光。北化男篮，我们下一个巅峰见！（文/刘一君）

本文发表于2021年6月

精英 1701 班，这个班 28 人继续深造

"全班 30 个同学中，有 28 人被清华大学、中国科学院大学、北京化工大学等国内知名院校，以及帝国理工学院、伦敦大学学院、南加州大学等世界名校录取，升学率高达 93.3%，学生四年所拿奖学金累积超过 11 万元。"北京化工大学精英 1701 班辅导员李腾飞老师拿着毕业生"一生一策"记录本欣喜地介绍。

"精英班"全称为高分子材料与工程精英班，通过具有挑战性的课程设置，富有创新性的科研实践，高水平教师的指导及多种渠道的国际化交流等手段，力争将其培养成面向高分子材料领域的高端杰出拔尖创新人才。

巾帼不让须眉，保研率 100%

班级女生巾帼不让须眉。随着郭一蓉、闫晨阳、曲彦儒三位优秀同学转专业加入精英班，班级的学习氛围更加浓厚了，女生的保研率更是达到 100%。其中郭一蓉、李心怡保研至浙江大学，闫晨阳保研至北京理工大学，邹宛晏、王敏、赵若虹、曲彦儒保研至北京化工大学。

这个结果，来源于她们每个人的锲而不舍。大家努力地奔走在所热爱的"材料王国"里，也成为徜徉在各类科研比赛的"常客"。因此，仅本科期间，曲彦儒就发表了 2 篇论文，邹宛晏、王敏、赵若虹各发表 1 篇文章。

"我们女生之间相处得可好了，常常是一人有难，八方支援。"团支书邹宛晏笑着说，大家除了共同的"爱学习"以外，每个人都有着独特的魅力，比如谦逊随和、热心开朗、踏实勤奋等。"我们在不断磨合、相互包容中找到了友谊的'最大公约数'。"

有难题？"问叶联葳呀"

怀揣着"成为一个科学家"的梦想，叶联葳（wēi）来到北京化工大学精英1701 班。大学四年的追梦路上，他务实求学，以 GPA3.84 的成绩位居精英班第一。他专心科研，大三时便以第一作者的身份发表了 SCI 论文；他热心奉献，在志愿活动、学风朋辈的讲台挥洒热血。点滴的努力汇聚成硕果。最终，叶联葳顺利保研至清华大学继续深造。

精英班的课程难度较高，每当舍友遇到难题，叶联葳都会主动帮助大家解决问题。"很多时候大家不会做的题目，只要一问叶联葳，他就能立马帮大家解答"，室友成谊涛这么夸赞道。

回忆起大学的学习经历，叶联葳说："虽然大家平时看我学习很用功，实际上这也是受到了大家的影响，看着宿舍室友们都有着一股子'钻研'的劲儿，我就不能放弃，要不然我就要掉队了啊！"

北京化工大学非常注重对学生科研能力的培养，通过课程设置、创新创业比赛等激发学生科研兴趣。学校的班车上经常能看到往返于两个校区做实验的学生。

"虽然路途比较辛苦，但开始做实验，所有细胞都兴奋起来了。"叶联葳认为，科研的魅力不仅在于"柳暗花明又一村"时豁然开朗的瞬间，更在于"山重水复疑无路"时上下求索的过程。

科研路上，宿舍同学相互交流，开阔视野，彼此扶持，加油鼓劲，良好开放的学习氛围也促进了每一位同学的进步。他所在的 627 宿舍，也全员保研、考研至清华大学、浙江大学、北京化工大学等国内重点大学。

优秀，不止于学习

作为精英班的贴心"大管家"，班长杨林豹和支书邹宛晏积极服务同学，并通过实际行动向党组织靠拢，成为专业第一批入党的同志。他们有计划地组织团支部成员进行入党积极分子培养，开展理论学习和推优工作，进行党史学习教育和入党教育，充分发挥党员的先锋模范作用。

截至大四，班级共有 10 名同学成为光荣的共产党员。班级同学始终保持爱党爱国的情怀和坚定的理想信念。尽管大三时学业压力最重，仍有 5 名同学踊跃报名，经过层层选拔、训练，最终成为国庆 70 周年群众游行"开天辟地"方阵的一员。

训练时，同学们分散在方阵的不同位置，向祖国母亲诉说同一份衷肠；休息时，大家又很快聚在一起，相互加油打气，驱散身上的疲惫。郭一蓉说："我们并没有因为训练把学习落下，而是更加珍惜时间，分享学习方法，相互督促鼓劲儿，大家比以前更团结了。"

受班级氛围的影响，董敬轩也光荣入党，践行着北化青年人的使命与担当。他始终相信："没有比脚更长的路，没有比人更高的山。"他在担任学风朋辈引领行动中心部门负责人时，曾组织多场讲座与活动，身体力行地参与学校良好学风的引领和建设。他热衷志愿服务，昌平的街头、火车站、小动物基地也都留下了他的足迹。

同时，他还参与了 2019 年中国北京世界园艺博览会的志愿活动，热情的服务和熟练的口语，让参观的游客和外国友人赞叹不已。"虽然每天只能睡不到六个小时，但一想到自己的努力换来这一场盛会的平稳进行，想到游客竖起的大拇指，就觉得一切都是值得的。"

留在北化，成为像"他"那样的人

选择继续留在北京化工大学的，还有即将成为学校国际教育学院辅导员的景昌。此前，他在材料学院学生会有着丰富的学生工作经历，在平衡自己的学习与工作时间的同时，将生活也安排得井井有条。

对于为什么要成为一名兼职辅导员，他说："就像我们的辅导员李腾飞老师一样，他源于北化，扎根于北化，和他交流是一件很亲切、很轻松的事，生活学习上遇到的问题和烦恼，都可以向他倾诉并寻求建议。所以我也想留在这里，成为像他那样的好老师。"

在他看来，"师者，传道授业解惑也"，四年的大学生活中，让他深知一个优秀的辅导员在大学生成长成才过程中有着不可替代的作用。"我希望将自己在北化的学习经历和成长经验分享给更多的北化人。"

同样受到感染的还有范沛祺——他获得了学校的直博资格，将继续跟随班主任齐胜利老师从事科研工作。他说："齐老师身上充满了谦谦君子的风度，既有严谨、细致，也不乏猜想和假设，让我对科研充满了美丽的遐想。感谢齐老师对我的科研思想的启蒙和科研兴趣的培养。"

"不要只注重课本，更多地在实践和思考，同时要注重自身人文素质的培养。"精英班的班主任齐胜利老师的这句话大家至今还记忆犹新。在辅导员、班主任的带领下，精英1701班定期举行学习互助会，开展主题团日活动、志愿实践活动等，班级氛围融洽，同学友爱和睦。

"相逢即缘分"，23个不同省份的同学相聚在了北京化工大学精英1701班，四年的时光，他们用汗水浇灌收获，用奋斗成就自我，在北化的岁月让他们更加茁壮，虽然即将各奔东西，但飞扬的青春、美好的回忆，将永远定格在这一刻！

辅导员李腾飞想对即将毕业的同学们说："精英班的孩子们，心有所信，方能行远，希望你们感念过往，心怀仁爱，精彩才刚刚开始！"（文/杨林豹）

本文发表于 2021 年 6 月

北化原创科研题材校史话剧《化碳为纤》公演

"几代科研工作者为解决'卡脖子'技术接续攻关。他们的故事鲜为人知，却把科技成果应用在实现现代化的伟大事业中。他们离我们并不遥远，他们就在我们身边。"舞台上的"科学家"周达化望着幕布上投射出的这段台词，"两鬓斑白"的他，已是眼含热泪。

这是北京化工大学原创科研题材话剧《化碳为纤》的公演现场。落幕后，现场的观众用经久不息的掌声和欢呼声，向他们身边的榜样，向话剧中科学家人物原型致敬。

"排演原创话剧《化碳为纤》是学校充分发挥校史育人功能、推进党史学习教育与学科专业特色有机结合的重要举措"，北京化工大学党委副书记宋来新表示。主创团队立足学校特色专业优势，充分挖掘中国化工史、材料发展史、学校奋斗史中的红色资源和思政元素。"我们就是要着力用科学家精神教育学生，鼓舞学生，浸润学生心灵，教育引导青年学子勇担强国使命，奋发有为推动实现高水平科技自立自强。"

据该剧学生导演何定谦介绍，《化碳为纤》由学生团队主创演绎，历时两年精心打造，以北化材料科学领域老一辈科学家数十年如一日进行科研攻关的真实经历为主线，以学校碳纤维研究团队1986年至2018年三十多年的研发历程为背景，邀请该校材料科学与工程学院、国家碳纤维工程技术研究中心担任学术顾问，用话剧演绎北化科研故事，在排演中感悟老一辈科学家科技报国的拳拳初心，为党的百年华诞献礼。

数十载呕心沥血，青丝白化碳为纤。话剧成功公演后，"科学家"周达化为早日实现碳纤维技术国产化将毕生心血倾注进实验室"瓶瓶罐罐"的故事迅速成为北化师生热议的话题："泪目，老一辈科学家真是太不容易了。""科研要一棒接着一棒跑，我准备好了。""每个人都是碳原子，想要化碳为纤，任重而道远。"

该校学生工作办公室主任邹德勋认为，该剧之所以受到师生追捧，关键在于找到了校史涵育性、学术专业性与表达艺术性的平衡点，在碳纤维技术国产化研发的紧迫性、专业性、时间延续性里挖掘出有艺术感染力的戏核。以弘扬科学家精神为主题，学生们通过亲自采访、亲笔创作、亲身演绎，将默默无闻的科研工作者"请上台来"，把鲜为人知的科研故事放到"聚光灯下"，用真情实感"注释"定理公式，让身边人演绎身边事，用身边事教育身边人。

公演现场，材料科学与工程学院党委书记赵静就是观众之一。"我好几次忍不住抹眼泪，在学生演员身上，我看到了材料界前辈们服务国家的爱国精神、严谨治学的求实精神、淡泊名利的奉献精神、集智攻关的协同精神和奖掖后学的育人精神，也通过大家现场的反应感受到了新时代青年学子立志科研报国的使命担当。"

为进一步提升话剧的艺术性、科学性和思想性，《化碳为纤》主创团队在公演结束后和材料科学与工程学院党委、国家碳纤维工程技术研究中心党支部开展了一场特殊的组织生活会，就剧本中多处场景进行深入探讨，详细听取与会专家的建议，让故事表达更加顺畅，人物形象更加丰满。

编剧薛旺是该校材料专业2019级的硕士研究生，两年多的创作过程中，他和剧组成员反复打磨优化每一处细节，仅剧本的颠覆性修改就经历了5次。"每一次推翻重来，都是一次思想淬炼。我是材料专业的学生，更能体会到他们的艰辛。"他认为，《化碳为纤》要做的就是用平凡中的伟大讲好故事、树好形象、立起精神。

据悉，近年来，北京化工大学大力挖掘校史中的红色育人资源，先后创作推出了《侯德榜》《归期》《化碳为纤》等系列校史题材原创话剧，坚持以史育人、以文化人、以情感人。系列话剧先后在校内外公演百余场，已经成为深受师生欢迎、"化工味儿"十足、"正能量"充沛的红色校史话剧育人品牌。（文/刘一君）

本文发表于2021年7月

100%深造率的化学学院本科生第二党支部

北京化工大学化学学院，有这样一个支部，他们全员升学，深造率达100%！细心的同学们可能会发现主教学楼里、图书馆里甚至同学们的朋友圈里到处都有他们的身影。化学学院本科生第二党支部的17名学生党员中，有47%留在本校继续深造，有53%将在清华大学、浙江大学等高校继续深造。

积极服务他人的团支部书记

她是化学1701班团支部书记、心理委员，是化学学院学业发展辅导中心主任，是化学学院本科生第二党支部副书记刘乔溪，坚持守初心、担使命，奉献青春。

她勤奋刻苦，努力学习，综合排名第三，目前推免至本校继续深造，曾获"京辉气体科技奖学金"等各类奖学金7次；她全面发展，服务同学，担任化学学院学业发展辅导中心主任期间，组织开展各类学术讲座、沙龙50余场，学术报告42场，为学院学子搭建良好的学业交流平台，为学院学风建设贡献自己的力量；她积极投身志愿服务，参与北京化工大学60周年校庆相关志愿服务活动，庆祝中华人民共和国成立70周年群众游行方阵，并在疫情期间主动请缨成为一名社区志愿者，身体力行践行党员的初心和使命；她积极投身基层团支部建设，开展团日活动、实践活动、集体志愿服务等工作20余次，所在团支部连续两年获得"优秀团支部"荣誉称号；作为化学学院本科生第二党支部副书记，她协助组织开展党支部活动30余次，带领支部同志积极服务奉献，发挥党员的先锋模范作用。

模范引领的"宿舍学长"

他是昌平校区1号楼263、265两个宿舍的宿舍学长,是开设个人笔记公众号的经验分享达人。他是化学学院本科生第二党支部组织委员刘志奇,在科研、竞赛和志愿服务领域全面开花。

他学习刻苦,模范引领,在取得综合成绩排名专业第一的同时,也不忘帮助身边同学,积极整理个人笔记并制作推送,总阅读量达31000余次;他积极投身科研活动,作为队长参与一项国家级大学生创新创业项目并顺利结题;作为学长,他主动参与各类经验分享,帮助学弟学妹们做好生涯规划;作为一名中共党员,他不断提高自身理论水平,坚持用理论指导实践,努力做到知行合一。2019年,他积极参与庆祝中华人民共和国成立70周年群众游行,并踊跃参加志愿活动,四年来总志愿时长达143.5小时,充分发挥了党员的先锋模范作用。

弘扬友爱奉献的志愿达人

他是积极参与社会志愿的志愿者,是庆祝中华人民共和国成立70周年群众游行方阵的一分子,他是北京化工大学本科生第二党支部纪检委员李福臻,勤学笃思,成绩优异。

学习方面,他勤奋刻苦,成绩优异,协助老师,召集朋辈优秀榜样力量,组织多场朋辈授课答疑活动,为学院学风建设贡献出一分力量;中华人民共和国成立70周年之际,他积极报名参加庆祝中华人民共和国成立70周年群众游行,用努力和汗水献礼新中国七十华诞;疫情期间,作为一名中共党员,他积极主动参加社区志愿,作为一名疫情防控志愿者,在基层一线协助居委会排查疫情信息,真切地感受了基层一线工作人员的高强度工作,接触到始终坚持全心全意为人民服务的基层党员同志,促使他立志要努力成长为一名优秀的共产党员,从群众中来,到群众中去,坚持付真心、办实事。

积极进取的学霸大神

他是优培1701班学习委员,是学科竞赛的"领头羊",连续三年获得国家奖学金,他是化学学院本科生第二党支部的孙瑞一。

人生中会有很多选择,大学期间,孙瑞一选择了自强不息。作为一名大学生,他勤奋刻苦,连续三年学术、综合排名双第一,并获得国家奖学金;在各类科研竞赛中也多次斩获佳绩,连续两届获得全国大学生英语竞赛一等奖等竞赛奖项;热心助人,积极分享自己的学习生活经验,成为北京化工大学第一届十佳朋辈讲师的获得者。而作为一名中共党员,他始终以优秀共产党员的标准严格要求自己,在不断提高自身理论水平的同时,坚持将理论与实践相结合,积极投身社会实践中,参与疫情防控、垃圾分类志愿服务工作,用青春和热血铸造人生。不论是学习中还是生活中,他都在努力用实际行动践行着党员的责任和担当。

踏实奋进的科创先锋

他是庆祝中华人民共和国成立70周年群众游行"开天辟地"方阵的一员,曾多次获得各类奖学金,在各类学科竞赛、科研活动中也是屡创佳绩,他是化学学院本科生第二党支部的姜勇。

自踏入大学校门的第一天,姜勇就严格要求自己。他勤学好问,努力钻研,多门科目取得4.33的好成绩,并且积极投身科研竞赛,在萌芽杯、大学生创新创业大赛等都取得了不错的成绩。作为一名中共党员,他不仅全心全意为身边的同学服务,还积极投身于志愿活动,如南口敬老院服务老人、整理实验室等,累计志愿时长已经超过100小时。在2019年,他积极参与庆祝中华人民共和国成立70周年群众游行,坚持用实际行动发挥模范带头作用。如今继续深造的他,会继续发光发热,奉献力量。

这里是思想向上、学风优良、行动积极的化学学院本科生第二党支部。

化学学院本科生第二党支部由17名学生党员组成,包含正式党员12名,预备党员5名。他们努力提升党性修养,严格按照"三会一课"制度开展支部活动,每周采取多样的形式开展集体理论学习;在实践的道路上,他们也从未停止脚步，2019年，与南口镇机关党支部积极开展共建活动，走访北京的新农村、新社区，用视频记录下了中华人民共和国成立70年来翻天覆地的变化；支部内共有12名同志参与庆祝中华人民共和国成立70周年群众游行方阵中；2020年，疫情来袭，多名同志主动报名参与社区志愿服务，为打赢疫情防控阻击战贡献自己的一份微薄之力；2021年，积极开展党史学习教育，紧随"学党史、悟思想、办实事、开新局"的总体要求，积极响应"我为师生办实事"的号召，召开线上保（考）研经验分享交流会，为学弟学妹答疑解惑，在党支部公众平台上给低年级同学分享优秀学长笔记，在沙尘暴天气后擦拭室外晾衣竿，用实际行动践行共产党员的初心和使命。（来源/北化化学青年之声）

本文发表于2021年7月

"红色引擎"为青年人才成长保驾护航

8月17日,《人民日报》要闻版以《培养堪当民族复兴重任的时代新人——高校党建和思想政治工作进展成效综述》为题报道北京化工大学持续面向青年学者开展"红色引擎"工程的特色做法。

"身在异国他乡,最大的安全感来自哪里?就是五个字——我是中国人!"在北京化工大学青年学者"红色引擎"工程特色活动——"引擎茶座"座谈会上,材料科学与工程学院教师薛佳佳深情地分享着自己海外求学的见闻和感受。

每个学年初,学校党员院士、专家学者们都会与青年学者们齐聚一堂,以沙龙的形式,在氤氲的茶香中围绕"青年学者的信仰与发展""科学家的格局观与方法论""科学精神与社会责任"等专题,以立体的视角、生动的话语、亲身的经历为青年人才信仰引航。

青年学者"红色引擎"工程是北京化工大学自2016年起,以青年学者和海外留学归国教师为主体,聚焦"政治引领、政治吸纳、人才培养、人才服务"四个维度,创新性推动实施的特色党建引领项目。

项目实施以来,学校始终坚持以强化政治引领和政治吸纳为根本,以加强师德师风建设为核心,以铸魂科学家精神为抓手,以激发人才创新创造活力为着力点,先后聘请10余位党性强、觉悟高、业务精的"政治导师"和"学术导师"直接指导青年学者成长;成立"红色引擎"特色党支部,充分发挥党组织政治优势、组织优势和密切联系群众优势,创新性开展"结对共建型""实践体验型""议事讨论型""开放分享型"等不同类别的支部组织生活会,校内实验室、侯德榜先生塑像旁、柳湖畔、劳动教育基地的田间地头都留下了青年学者们交流研讨的身影。

系列务实举措使该项目真正成了学校落实党对人才工作的领导,促进青年人才联系沟通,团结凝聚和发展支持,激发创新创造活力的"关键一招"。

"高校知识分子集中、留学归国教师数量众多,学校持续在高层次人才群体中开展'红色引擎'工程,就是要引导这些青年学者无论是在教书育人实践中,还是在攻克关键核心技术瓶颈性问题上,都要始终高扬爱国旗帜,擦亮爱国底色,秉持国家利益和人民利益至上的原则,以落实立德树人为根本任务,以加快实现科技自立自强为己任,把论文写在祖国的大地上,把家国情怀融入立德树人、建设科技强国的创新实践中。"北京化工大学党委书记刘贵芹说。

"对我们青年学者而言,'红色引擎'工程真的起到了'发动机'的作用,它已经成为我坚定理想信念、提升思想境界、促进职业发展的'加速引擎',每一次党员专家学者的生动分享,都让我受益匪浅……"北京化工大学青年学者"红色引擎"工程一期学员、优秀青年科学基金获得者、北京高校优秀共产党员向中华教授在新一期"红色引擎"工程启动仪式上这样总结自己的收获。

5年来,依托"红色引擎"工程,在青年人才中新发展党员10余名,该项目获评北京高校党建和思想政治工作优秀成果奖,入选北京市基层党组织组织生活创新案例。(来源/人民日报、党委组织部)

本文发表于2021年8月

《百家讲坛》里的北化故事

9月10日，正值我国第37个教师节，北京化工大学校长谭天伟做客央视《百家讲坛》"我们的大学"特别节目，与材料科学与工程学院吴一弦教授、马克思主义学院于文博教授，回望北京化工大学建校63年以来的峥嵘岁月，讲述代代北化人的情怀与担当。

谭天伟：三个化学反应阐释北化的大学之道

谭天伟校长在讲述中提到，北京化工大学成立于1958年，是一所与中华人民共和国成长相伴的大学，从建校初期的北京化工学院，到1994年更名为北京化工大学，始终以"化工"为名。节目中，他用三个常见的化学反应——燃烧、聚合、催化，来阐释北化的大学之道。

燃烧：火红年代，精诚奉献。
"燃"起民族化学工业崛起的"星火"

1958年7月14日，邓小平同志亲自签发文件，同意由化学工业部筹建北京化工学院。同年9月15日，北京化工学院正式建成开学。经历过"百日建校"的北化前辈们用自己的亲身言行，为我们留下了一笔弥足珍贵的精神财富。

"你们要好好干，拼命干，要给这所大学带来一种精神。一所大学可以没有大楼，但绝对不能没有精神。"谭天伟校长在节目中引用我校创建人之一赵君陶先生的话，勉励全体北化人继续艰苦创业，砥砺前行。同时，他还讲述了我校老教授周亨近先生为了严守军工保密规定，亲手烧掉了凝聚自己多年心血的《高能燃料工艺学》教材，没有为自己留下任何一页底稿的事迹。

聚合：天工开物，教化育人。"聚"天下英才而育之

聚合是化学反应中一个非常重要的反应，可以把众多的单体"连接"在一起，形成具有超强性能的新物质。谭天伟校长认为，北京化工大学的发展历程似乎也是这样，坚持聚天下英才而育之，把人才凝聚在一起，并把他们培养成具有特殊性能的"聚合物"。

北化是一个聚人才、育人才、出人才的地方。谭校长分享了我校左景伊教授和左禹教授父子两代人扎根北化，为我国的腐蚀与防护研究接续钻研的感人故事，展现了北化人低调、务实而又认真的精神品格。同时，他结合自己的成长经历告诉同学们，要先学做人，再静下心来做学术。而最让他高兴的，不是做出了多少科研成果，而是又为国家培养出了多少栋梁之材。

节目中，他向观众介绍了学校玉屏山脚下的"化育百草园"和"天工润泽园"，以及学校将劳动教育与专业知识结合，把劳动精神养成、劳动能力培养、劳动习惯训练贯穿到立德树人全过程的生动实践。

催化：我们骄傲，母校之光。"催"化学校师生与伟大时代的反应

谭校长认为，大学是一个特殊的阶段，大学的学习与生活对个人的成长而言具有"催化剂"的作用，可以为人生的成长蜕变提供一定的"活化能"，使其沿着正向的、积极的方向发展，让每个走进这里的人脱胎换骨，真正变成具有专业素质，同时德智体美劳全面发展的人才。

谭校长以黄毓礼教授团队通过夜以继日的科研攻关，最终实现染印法彩色电影胶片国产化的事迹，生动诠释了北化人始终坚持"四个面向"，始终坚持科技报国的初心使命。

绿色化工、美丽化工

他指出，进入新时代，北化作为化工领域最具有代表性的高校之一，有责

任和义务去推动"绿色化工"理念深入人心，为"绿色化工"发展培养高水平人才，学校的科研也一直围绕着"如何让化工更'美丽'"这个命题展开，学校的一些科研成果已经在美丽的昌平校区成功应用。未来，学校也将继续在"创新、协调、绿色、开放、共享"上下功夫，推动北京化工大学"十四五"时期内涵式高质量发展。

我校筹建者之一赵君陶先生曾说："我们要建的不是房子，而是一所有好风气、好精神的大学。"如今，我们艰苦创业高楼已起，自信昂扬精神已立，代代北化人接续传承着"立德树人"的大学之道、"教化育人"的大学之道、"科研报国"的大学之道、"服务人民"的大学之道，将继续创一流之学问，接力培优等之人才。

讲述最后，谭天伟校长寄语青年朋友："我衷心地希望你们能够立大志、明大德、成大才、担大任，做到有风骨和气韵，有胸襟和情怀，有筋骨和力量，有理想和奋斗，早日成长为堪当民族复兴重任的时代新人！"

吴一弦：化学就像变魔术一样

吴一弦教授是一个地地道道的"老北化人"，她在北京化工大学度过了十多年的学生生涯，取得了学士、硕士、博士学位。在毕业后，她又选择了留校任教直到今天，并成为一名优秀的北化教师。

1982年，15岁的她从福建的一个小村庄考入北京化工学院，开始了她与北化长达39年的故事。1984年，刚上大二的她就荣幸地入选庆祝中华人民共和国成立35周年群众游行仪仗队红旗方队。巧合的是，35年后，她受邀观礼庆祝中华人民共和国成立70周年大会，又在现场看到了由千余名北化师生组成的"开天辟地"方阵走过天安门广场。

她在节目里动情地说："我仿佛又看到了我的大学生活，我的青春岁月。35年了，变化的是年龄和身份，不变的是爱党爱国的赤子之心。"

如今，已为人师的她经常会被学生问起，该如何寻找科研的方向。她总会向孩子们讲起自己当年通过"写信"与远在国外的导师沟通论文事宜，并系统研究了三个方向才找到最终研究选题的往事，要让他们明白，老师只是引路人，喜欢什么、擅长什么、未来要从事什么，这些问题只有自己最清楚。

武冠英教授于1984年来到北京化工大学工作，建立了国内第一个专门研究阳离子聚合的实验室，系统研究开展阳离子聚合的基础研究和应用研究。1989

年，吴一弦留校任教，加入了武冠英教授研究室，并在这里通过产学研合作，攻克了长期被国外垄断的丁基橡胶关键技术难题。

现在，她传承着北化的师者精神，把她的研究室打造成"聚合之家"和"聚合娘家"。每年都会拿出工资的一部分加入学院的"教授奖学金"中，也把自己获得的"中国青年女科学家奖"的 10 万元奖金，设立为本科生"萌芽之星"奖学金和"萌芽之星小导师"奖学金。

她说，从 1982 年本科入学，到后来攻读硕士和博士学位，再到参加工作，近 40 年间她从未离开北化。"我的大学，滋润了我的点滴成长和进步，也为我们参与国家建设和科技发展提供了舞台。我的大学也是我的家，我的骄傲。"

于文博：初心、情怀和担当

于文博是一名"新北化人"，2016 年夏天，她带着对教师生涯的向往，迈入了北京化工大学的校门，成为一名思政"青椒"。节目中，她用三部北化校园原创话剧，和大家分享了她所理解的北化人的初心、情怀和担当。

第一部话剧是《侯德榜》。她说，当看到演出最后，舞台幕布上投射出侯德榜先生支持推动成立北京化工学院时，她为能够成为这所学校的一员而感到自豪。如今，每学期的第一课，她都会带着同学们来到侯德榜先生的雕像前，讲述他为国为民光辉奋斗的一生，讲述他与北化的故事。

在她看来，侯先生所代表的爱国爱民、崇尚真知的初心早已成为北化人的精神底色。而可以告慰侯德榜先生的是，昔日的北化学子已成为各行各业的中坚力量，从科技前沿到日常日用，"北化制造"无处不在。

第二部话剧是《归期》。这部话剧讲述了北化学子在 1958 年、1978 年、2018 年三个时间节点上，每一次人生选择背后，都是沉甸甸的家国情怀，是小我融入大我的无私热爱。她想到了现在校园里的青春榜样代表——曾驻守西北第一哨的叶热托里肯·巴达义和中国人民解放军三军仪仗队首批女兵，毕业后又选择回乡支教的曹洋同学，他为北化人的青春的选择和奉献倍感骄傲。

而这些家国在肩、忘我奉献、朝气蓬勃的同学的成长故事，成为她在教书育人道路上前进的最大动力。他们每一次会心一笑，每一个真知灼见，聊天时的每一个表情包，也都成为她无比宝贵、永久珍视的财富。

第三部是《化碳为纤》，以北化碳纤维团队数十年如一日进行科研攻关的真实经历为主线，演绎了学校科技工作者们坚守初心、矢志奋斗的故事，展现了北化人科技报国的责任担当。而这些"宁愿黑发变白，也要化碳为纤"的科研工作者的事迹也都成了她课堂上的素材。

于文博教授在节目中提到，这个学期，学校思政课教师酝酿了一件"大事情"。为了让专业课讲出思政味，思政课讲出专业情，在学校的支持下，他们与专业课教师合作教研，走访实验室、召开座谈会，她更切身地了解到，我们身边不仅有突破关键核心技术的战士，还有科技战"疫"的勇士。

节目最后，于文博教授说，这些以化工为名、与时代同行的故事，她会在课堂上一年年地给学生讲述下去。"因为我相信，这里孕育的每一个科学梦想，研发的每一项科技成果，培养的每一名科研人才，都会成为星星之火，传承'北化人'的担当。"

节目播出当晚，"央视频"播放了谭天伟校长和于文博教授的新媒体采访。访谈中，谭天伟校长向观众朋友们推荐了《人类简史》这本书，并向青年朋友们分享了一句格言，交流了自己对"厚德"的理解；于文博教授则在访谈中分享了自己被学校花式"投喂"的幸福记忆，深情回顾了学校60周年校庆时的难忘瞬间。

从点燃民族化学工业崛起的星火，到点亮母校之光璀璨闪耀的光芒，从聚焦国家重大需求的接续求索，到面向人民日常日用的科研攻关，爱党爱国、服务人民的红色基因，早已深深融入北化人的精神血脉之中。宏明德而博学志，秉化育而铸天工。北化艰苦创业高楼已起，我们自信昂扬精神已立。走过63年的峥嵘岁月，这所拥有光荣办学历史的大学，从来没有像今天这样从容与坚定。我们还将继续在全面建设社会主义现代化强国的伟大征程中不忘初心，牢记使命，砥砺前行，接续奉献北化人的智慧和力量。（文/刘一君）

本文发表于2021年9月

罗勇教授,你们的事迹藏不住了

10月19日,北京化工大学收到了一封感谢信,这封信的作者是两位年过八旬的老人,他们要感谢的,正是学校化工学院罗勇教授和他的两位博士生。这些"颤巍巍"的字迹背后,流淌着两位老人深深的谢意,藏着一段细小但又暖心的故事。

北京化工大学领导:

今天我怀着十分崇敬的心情向你们反映贵校老师罗勇及学生姜澜(江澜)和学生王立华的助人为乐事迹。

我们是和平街的普通居民,我84周岁,老伴80周岁,两个老人在中日医院看急诊,人多,程序繁杂,很多事力不从心。

同为输液的病友罗老师看到现状就给予了大力帮助。他让学生姜澜(江澜)去医院搞辆轮椅,姜(江)不知费了多少周折搞来了轮椅。在姜澜(江澜)和王立华的帮助下,顺利地完成了采血、打针、做心电图……这些工作是我一个84岁的老人办不到的。

在输液过程中,我老伴一直呕吐不止,幸亏姜(江)、王二人搞来了塑料袋,使呕吐物免于污染急诊环境。罗老师还提供了清理呕吐的漱口水、大量的卫生纸。

事后我和老伴说:"今天遇到好人了,如果没有他们的鼎力相助,真的很难完成。"

虽说这些事都是小事,但我认为北京化工大学在"教书育人、以德为先"的道路上已结出硕果。真是小事见真情啊!一个大学教授和博士生们能与我们平民百姓相依为命,真心地帮助我们,能不令人感动吗?

>>> 第三章 序章再启，追光前行

我真诚地愿意和你们交朋友，祝你们功德无量、又红又专，成为国家的栋梁！

和平街15区居民 王＊＊ 潘＊＊

2021.10.19

10月25日，北京化工大学官方微信团队通过信中留下的电话，联系到了写信的两位老人，并对他们进行了简单采访。

据老人介绍，两人退休后独自生活在和平街15区。10月19日，王爷爷带着潘奶奶去中日友好医院看病。但由于他们都年事已高且行动不便，面对复杂的检查程序，两人不禁犯了难。

当天，我校化学工程学院罗勇教授由于急性阑尾炎也在中日友好医院急诊科输液，他看到两位老人相互搀扶着，路都走不稳，心里也很是着急。刚好没多久，罗勇教授的两位博士生——化工学院2020级硕博连读研究生江澜和2021级直博生王立华下课后赶到了医院来探望他。罗勇老师就立马安排同学们去帮助老人，这也就有了感谢信里所提到的那些事情。

回忆起当时的场景，王爷爷动情地说："两个孩子一边给我老伴举着吊瓶，一边推着轮椅带着我和老伴去检查。在清理呕吐物的时候，他们一点嫌弃的样子都没有，来来回回跑了好多趟都没有抱怨。"尽管事情已过去将近一个星期，老人在电话那头对他们还是赞不绝口。

罗勇教授认为，他和两位同学只是顺手做了件"不足挂齿"的小事，就没有告诉老人他们的个人信息。"我突然想起来，输液瓶上有姓名，我才知道帮助我们的是罗勇老师和他的学生。"后来，王爷爷和潘奶奶悄悄记下了吊瓶上的名字，又通过"偷听"罗勇和学生的聊天，才得知他们来自北京化工大学。老人笑着说："和我年轻时候一样，也是做科研的。"

80多岁的老人为这点"小事"大动"手笔"值得吗？老人在电话中一再强调，他和老伴身体都不好，年轻人的"小事"对他们来说都可能是"大事"。萍水相逢却愿意为陌生人伸出援手，仅仅通过这件"小事"就可以感受到他们身上大大的善意。"人家这么有学问的人，把生命看得这么重要而去帮助老人，我觉得是高尚的。希望你们能把我和老伴的感谢传达给他们。"

收到感谢信后，罗勇教授和学生们都非常惊讶，他们付出的一份小小的善意竟被两位老人感念至今。"我们常说'老吾老以及人之老'，看到两位老人步履蹒跚的身影，我想任何一个北化师生都不会袖手旁观的。"

赠人玫瑰，手留余香。罗老师和同学们践行着"勿以善小而不为"的信条，

407

用点点爱心温暖了你我。正如两位老人说的那样——小事见真情，我们相信这样的小故事，在北化还有很多。让我们为他们点赞鼓掌，用实际行动向他们学习，继续弘扬校训精神，为"母校之光"增光添彩。（文/刘一君）

本文发表于 2021 年 10 月

因为她，我想勇敢做梦

10月30日，哔哩哔哩原创音乐综艺《我的音乐你听吗》冠军之夜落下帷幕，北京化工大学2017届毕业生杨默依获得了全国第四名的成绩。自信的女孩儿最美丽，舞台上的杨默依真的在发光！具有很强的舞台感染力和共情能力的她通过自己的音乐，激励着更多的人。今天，我们把她的故事讲给你听。

在中山音乐堂举行的新年音乐会上，一首无伴奏混声合唱《Rolling in the Deep》带动起了全场的氛围。站在合唱团前独自领唱的小姑娘，用她那充满爆发力的嗓音完全掌控了全场。她，就是杨默依，那年她才刚上大一，上台前的她还有一些胆怯与紧张。

舞台上的她有着"聚光灯自引体"

2013年，杨默依考入北京化工大学信息科学与技术学院。她的专业虽然不是音乐，但这里却是她走上音乐之路的开始。

杨默依是北京化工大学合唱团的一名成员，在这样一支高水平大学生合唱队伍中，因为自身没有经历过专业的歌唱训练，所以她总会有些不自信。

不过，她的实力并不容小觑，在音乐方面她拥有着先天的优势，老师和学长学姐都表示，她是合唱团少有的从未出现音准问题的同学，也正因如此，在2014年新年音乐会节目的筹备过程中，她被选为了合唱团的领唱。

那时的她心里是忐忑的，在中山音乐堂的后台，即将登台的她心跳得很快，双手局促不安地绞在一起，她能感觉到自己的手心在冒汗。但这样一个有些胆小与内向的姑娘，却带来了极具反差的效果。这也是杨默依与真正的舞台第一次正式的接触。

这一年，她确信她是在做自己喜欢的事情

合唱团是杨默依在学校期间最喜欢的地方，每周和大家一起训练都是她最快乐的时光。"她是从骨子里爱唱歌的姑娘，她的乐感是天生的。"合唱团指导老师这样评价她。大家都认为"嗓音好，乐感强"是上天馈赠她的礼物，但她自己却更愿相信热爱与坚持才是最好的天赋。

她珍惜每一个上台的机会，不论是校园歌手大赛，还是学校的各大晚会都有她的身影，她说："每一个在北化为同学们表演的时刻我都记忆犹新，而且非常开心。"

大二的秋天，她报名参加了全国性的歌手大赛。回忆起这段比赛经历，杨默依印象最深刻的是在清华大学体育馆参加决赛的场景：现场来了几百位北化的观众，他们手里举着的是学弟学妹们自发为她制作的应援牌。他们呐喊着她的名字，为她加油助威。

站在台上的杨默依看着观众席，给了大家一个甜甜的笑容。她很感谢有这么多人来支持她，此时的她已不是在"客场"独自应战，这里就是她的"主场"。

这一场比赛她发挥得非常好，对她来说冠军似乎没有那么重要了，她更想通过这个舞台向大家表达她对音乐那种无以言表的感情。一路跌宕，一路心酸，最终她夺得了大赛的亚军。

她写着自己的歌，勇敢表达她的态度

杨默依一直有一个心愿：办一场个人专场演唱会。让她没想到的是，她的想法得到了学校的大力支持。她拥有了属于自己的个人弹唱专场。

她的个人弹唱会吸引了大量的师生前来观看，现场人气爆棚，不少同学提前半个小时到场都还是没能抢到座位。舞台上的杨默依唱着自己写的歌，收获了一大批的"迷弟""迷妹"。

从大学就开始写歌，离开校园后她也在一步步靠近梦想。2019年，杨默依站上了一个更大的舞台。在《中国好声音》的节目现场，一首《This is me》震撼全场，王力宏和那英先后为她转身。

在节目播出的当晚，杨默依收到了许多来自老师朋友、师兄师姐、学弟学妹的祝贺。从在中山音乐堂担当领唱时的拘谨，到现在的落落大方、自信开朗，多少经历只有她自己明白。

音乐之路不易走，需要内心强大，需要独特性。2021年这个夏天，她参加了哔哩哔哩原创音乐综艺《我的音乐你听吗》。

在节目里，她赤脚上台，一首《卸装》为像自己一样的"大码女孩"发声：不该被定义，不必去伪装。她自信且勇敢地告诉大家："我确信我无比漂亮，魅力四射。"半决赛她换上一身红裙，将《黑夜里跳舞》唱给所有经历过伤害的人，她希望用自己的音乐去放大无尽黑夜中的希望。音乐是思维着的声音，杨默依就是在借音乐表达她的态度。

她做自己的音乐，做有力量的音乐，依然像最初那么坚定。在实现梦想的道路上，杨默依非常感谢学校给予她的支持与鼓励。现在的她走出校门，把北化的声音传播给更多的人。谈到未来的规划，她表示将进一步深造，学习音乐制作。

旋律响起，梦想就不会迷茫。相信这个满怀热情，勇敢歌唱梦想的姑娘一定会将她的这份执着、勇敢与自信传递给更多的人。勇敢去做梦，哪怕一路布满荆棘，只要出发便不认输，这就是北化人的拼搏与倔强！（文/陈彤宇）

本文发表于 2021 年 10 月

党建思政创优引领，五育并举赋能提质

11月24日，一图读懂"中共北京化工大学委员会党的建设和思想政治工作创优行动"（以下简称"创优行动"）在学校官方新媒体平台正式发布。长图以生动具体、简洁明了、师生喜闻乐见的方式详细介绍了这一行动的实施方案。一时间，"创优行动"成为全校师生热议的话题。

作为北京化工大学近年来在落实立德树人根本任务方面探索实践的重要举措，学校党委启动实施"创优行动"，就是为了进一步推动学校党的建设和思想政治工作全面提质，不断提高工作质量和水平，以高质量党建引领学校事业高质量发展，努力培养造就大批堪当时代重任的接班人。

全面提质增效 以创优行动擘画党建思政新局面

近年来，北京化工大学党委全面贯彻党的教育方针，坚持社会主义办学方向，贯彻执行党委领导下的校长负责制，以政治建设为统领，以立德树人为根本，以高质量发展为主题，不断开创学校党建和思政工作的新局面。

如今，站在新的历史起点上的北京化工大学，通过实施"创优行动"，开启了党的建设和办学治校新的探索实践。实施方案明确指出，要把严和实的总基调贯穿始终，认真对表对标；要坚持问题导向，从发现的问题入手，补齐建强短板弱项，聚力打造亮点特色，切实将党建和思政工作成效转化为引领保障学校"十四五"时期高质量发展特别是新一轮"双一流"建设的强大动力，奋力书写立德树人的新时代答卷。

"创优行动"确立了"五大重点任务"，即以政治建设为统领，以立德树人为根本，以强化政治功能为重点，以党风廉政建设为抓手，以政治安全为首要，涵盖了学校党的建设和思政工作的各个方面。同时，行动细化15项具体举措，进一步明确任务目标，优化责任分工，精准有力推进。

为使方案更具可操作性，更"接地气"，校党委理论学习中心组以"坚定不移推进全面从严治党向纵深发展，以高质量党建引领学校高质量发展"为主题进行专题研讨；方案制订过程中，最广泛听取吸纳全校师生的建议和意见，不断优化、细化，确保可执行、能落地、有成效。在此基础上，各学院、各职能部门结合工作实际，根据学校整体方案制定了各单位的落实任务清单及推进举措，切实将行动成效转化为摸得着的行动力和看得见的生产力，确保各项工作落实落细、见行见效。

"这个行动的主题词是创优，创什么优？怎么算优？就是要深入贯彻落实习近平总书记关于高校党的政治建设的重要论述，加强党对学校工作的全面领导。力争通过三年左右的努力，使学校党的建设和思想政治工作全面提质增效。要通过精准施策，补齐短板、树立标杆，时刻保持好中创优、优中更优、精益求精的使命感，探索形成一批可复制可推广的经验做法。"北京化工大学党委书记刘贵芹在学校"创优行动"实施推进会上坚定地说。

结合今年的党史学习教育，学校坚持校本化落地，用好"大思政课"，打造"化工味儿"十足的思政课堂，既讲理论高度，也讲情感温度。为此，马克思主义学院教师多次前往中国化工博物馆进行现场集体备课，梳理形成中国化工发展案例库，真正让身边人讲述身边事，用身边事教育身边人。

与此同时，北京化工大学深入挖掘提炼专业课程中的思政元素，"如盐化水"般地融入课程教学内容中，着力打造课程思政精品课程，评选优秀课程思政教学案例，构建了"五位一体"的课程思政体系，形成了课程思政与思政课程同向同行、协同育人的良好局面。今年4月，学校推进课程思政教学信息化、数字化建设，与相关单位签约共建"课程思政教学研究中心"，强化对学校优秀课程思政教学成果案例的传播推广。

无论是思政课程还是课程思政，教师是关键。学校通过加强思政课教师与专业课教师沟通交流，以支部联学共建、教学工作坊或教研小组等不同形式，提升专业课教师准确理解思政元素内涵的能力。学校3门课程获首批国家级课程思政示范课程，先后组织本科课程思政示范课、优秀课程思政案例、本科"最美课堂"、研究生核心示范课程等多项评选，逐步形成了课程"门门讲思政"，教师"人人讲育人"的良好氛围。

北京化工大学生命科学与技术学院院长、世界卫生组织新冠肺炎"病毒的动物来源和环境来源"工作组中方专家童贻刚教授主讲的"生物工程前沿"讲座充分体现了学校课程思政体系建设的成效。他在课堂上不仅讲述学生关心的新冠病毒的"前世今生"及合成生物学的最新研究进展，还结合自己多次"直面病毒"的抗疫经历及我国疫情防控的生动实践，将党中央对人民生命安全健康的高度重视、中国特色社会主义制度的优越性以及伟大抗疫精神潜移默化地贯穿课程始终。

五育协同发力 以高水平人才培养体系启智润心

为构建促进全面发展的育人体系，突出德育实效，提升智育水平，强化体育锻炼，增强美育熏陶，加强劳动教育，北京化工大学制定实施了《构建德智体美劳全面培养的教育体系，形成更高水平的人才培养体系的实施意见》，不断完善党政齐抓共管、部门协同配合的育人机制，着力构建"五育并举"育人体系，着重强化"体美劳"教育。如今，"教师员工皆育人之人""课上课下皆育人之时""校园处处皆育人之地"的全员、全程、全方位"三全育人"体系已逐步健全。

多年来，学校坚持体育教学改革，一方面制定体育工作专项方案，实施"体育课程创优计划"，确保学生上好体能素质通识必修课和太极拳特色必修课，将体育纳入本科生全过程培养和研究生培养方案中。另一方面，完善体育教育教学评价机制，建立日常参与、体质监测和专项运动技能测试相结合的考查测评机制。"以体育人"的实际成效日益凸显：文法学院研究生杨钏煊入选东京奥运会中国体育代表团，校女子排球队时隔30年再次夺得首都高校排球联赛冠军，学校健美操队多次获得世界级比赛荣誉……2021年，第23届中国大学生篮球联赛中，北化男篮更是一路过关斩将，以全国第四名的优异成绩创造校队历史。

在强化体育教育的同时，学校"以美化人"的美育教育也不断推进：美育课程体系不断健全，美育实践活动更加丰富，校园美育环境持续优化，美育专业建设更加科学，并于今年独立设立艺术与设计系。2021年"七一"建党节前夕，以学生为主体绘制的党史学习教育"百米长卷献礼百年华诞"主题画卷在校内成功展出，获得师生一致好评。

学校美育教育实践基地"枫叶广场"的建设同样得到了师生的点赞。"枫叶广场"位于学校昌平校区玉屏山的半山腰，校内师生可以沿着蜿蜒的山路拾级而上，一路步移景异，视野开阔。学校以此为基础，购置专业音响设备，安装观众席桌椅，组织艺术与设计系学生进行了手工场地彩绘。这里已成为学校的文化新地标。

北京化工大学校长谭天伟在美育教育实践基地"枫叶广场"启动仪式上表示："'枫叶广场'的落成启用，是学校重视美育教育、建设美育教育体系的重要举措，是把具有北化特色的环境美、文化美、生活美融入师生日常生活的重要载体。"同时，该校还在教学楼、实验楼等公共空间设立艺术展览空间，布置美育教育教学设施，不断提升学生认识美、欣赏美、爱好美和创造美的能力与水平。

经过多年建设，北京化工大学昌平校区玉屏山区域已经被打造成学校重要的育人阵地，山脚下的"化育百草园"和"天工润泽园"两个劳动教育实践基地与半山腰上的"枫叶广场"美育教育实践基地遥相呼应。这两个园子都由学生自己开垦、自己播种、自己收获，既有苹果、石榴、玉米等常见果蔬，也有三七、何首乌、冬凌草等与制药工程专业相关的中草药。"不同的苗什么时候种，坑挖多深，株距多少，每次浇水量是多少，这些都需要我们在实际劳动实践中去观察、去了解、去掌握，这不仅是一个劳动的过程，更是一个学习提高的过程。"学校经济管理学院学生张越兴奋地说。

学校着眼于专业教育与劳动教育相结合，打造了特色鲜明的"一院一品""一院多品"各类劳动教育实践基地。例如，机电工程学院建立了宏德单车劳动教育实践基地，通过废旧零件变废为宝，重组校内免费共享单车"宏德单车"。目前，已有6个学院搭建了8个校内劳动实践平台，依托平台申请大学生创新项目19项。

丰富多彩的校内实践活动让学校学生有了重新定义"大学时光"的机会。学校党委副书记宋来新认为，"五育并举"并不是德智体美劳各类活动的简单叠加，而是五育协同发力，形成一个促进学生良性发展的教育新生态场域。在这个场域里，学生的综合素质得到全面发展，进而以更加自信昂扬的姿态在报效祖国、服务人民、奉献社会中实现人生理想。

把握战略机遇 以奋进姿态立足新起点开局起步

"进无止境，唯有前行"，2021年元旦，北京化工大学发布国际版宣传片《序章》，再次吹响"扎根中国，融通中外；立足时代，面向未来"的前进号角。宏明德而博学志，秉化育而铸天工。这所拥有63年光荣办学历史的大学，一如既往地以担当立精神，与时代共奔流，"培养尖端科学技术所需求的高级化工人才"的初心和使命，早已浸入北化人的骨髓，流淌于北化人的血脉。

谭天伟表示："'十四五'时期，是我国开启全面建设社会主义现代化国家新征程、向第二个百年奋斗目标进军的第一个五年，也是学校进一步夯实发展基础、创新发展模式、提升发展质量的战略机遇期。我们要继续坚持把立德树人成效作为检验学校一切工作的根本标准，加强特色发展，超越特色发展，紧紧抓住新一轮'双一流'建设契机，服务'国之大者'和首都'四个中心'建设，推动新发展阶段学校事业高质量发展。"

站在新的历史起点，面对新的机遇挑战，学校在"十四五"发展规划中设定了"三步走"的发展总体目标，通过深入实施"育人为先""人才强校""全球发展""交叉突破"四大战略，重点推进"创新工程人才培养行动计划""交叉学科突破行动计划""北化学者行动计划"等系列行动计划，进而全面打造更高质量、更加卓越的"育人北化""创新北化""开放北化"和"幸福北化"，力争在人才培养、科学研究、社会服务、文化传承与创新、国际交流与合作等方面取得新突破，持续提高人才培养质量和办学水平，加快建设中国特色、世界一流的高水平大学。

"我们要继续深入落实立德树人根本任务，牢牢抓好后继有人这个根本大计，立足两个大局，心怀'国之大者'，更加坚定自觉地践行为党育人、为国育才的初心使命，立足新发展阶段，贯彻新发展理念，服务构建新发展格局，以更强担当、更大勇气、更实作为，努力培养造就大批堪当时代重任的接班人，为实现第二个百年奋斗目标、实现中华民族伟大复兴的中国梦做出北化应有的贡献。"刘贵芹说。（文/顾昕昕、魏长林、刘一君）

本文发表于 2021 年 12 月

"刻""画"百年征程，笔墨"丈量"初心

"艺术创作是要讴歌时代、服务人民的。我们用艺术手法再现历史场景，用大家易于理解接受的形式重温百年党史……"主创教师代表、北京化工大学机电工程学院庄一兵教授在画卷发布仪式上这样介绍创作初心。

这幅长达128米的画卷由该校师生历时三个多月精心策划创作，聚焦党史中的"重大事件""英雄楷模""伟大精神"三条主线，借鉴中国传统图画技法，将百年历史中的重大事件、重要人物等以手绘的形式生动展示。

可以看到，"中共一大""遵义会议""血战湘江"等百余个党史故事跃然于纸上，每个场景的留白处都配有精美的篆刻印迹作为场景注释。该项目负责老师申子嫣介绍，篆刻作品是依托北化"3D"打印技术和激光雕刻技术，制作的百余个建党百年主题系列印章，旨在挖掘特色专业潜能，展示优秀传统文化，进而为长卷"锦上添花"。

机电工程学院党委书记张冰表示："百米长卷充分结合了我校学科专业优势，将产品设计、材料、3D打印、激光雕刻技术等充分运用到党史学习教育，带领师生用一笔一画勾勒我们党的百年辉煌历程和伟大成就，以一寸一分丈量北化人的爱党爱国情怀和立德树人初心。"

"创作党史主题长卷是学校落实立德树人根本任务、纵深推进'五育并举'、扎实开展'三全育人'的积极探索，是将党史学习教育与学科专业特色和课程思政建设深度融合，打造'沉浸式、体验式'党史学习教育形式、推动党史学习教育走深走实的创新实践。"北京化工大学党委书记刘贵芹说。

设计1802班的李艺璇是长卷的参与者之一，此前很少主动接触历史的她，"现在脑子里装满了党史故事"。回忆创作过程，她仍十分激动，"艺术创作讲究'胸有成竹'，要画出百年党史的主题和主线、主流和本质，就必须把史实研究透彻，我们经常拿着一张历史老照片讨论很久"。

"一般长卷在10米左右，'百米'更是考验画者的策划和画面把控能力，还涉及多学科知识的交叉融合，难免会有一些困难。"但庄一兵认为，"精雕细琢"

的过程让学生既"磨性子"也"磨技术",既"练笔力"也"练心力",实现了专业课程和思政教育的完美结合。

记者从该校获悉,为便于观赏和保存,长卷正式发布之前,该校组织了专业学生摄影团队对长卷进行"数字化"摄影处理,展览过程中将数字图像与长卷实物同时展出,实现"艺术"与"技术"完美融合,"整体"与"局部"相互对比,增强了党史学习的交互性、趣味性和科技感,吸引了全校师生争相到场观赏。

创作百米长卷的成功实践,为该校推进党史学习教育走深走实提供了新思路,刘贵芹表示:"我们将以此次实践为蓝本示范,继续深挖相关专业课程中蕴含的思政元素和育人资源,把党史学习教育有机融入各门专业课程中,优化课程设置、丰富教学内容、创新课堂形式,继续推动党史学习教育、思想政治教育与课程知识教育的有机融合,化说教为感知、化被动为主动、化抽象为具象,实现教师党史学习和学生党史学习的互促共进。"(文/靳晓燕、刘一君)

本文发表于 2021 年 12 月